国家出版基金项目
NATIONAL PUBLICATION FOUNDATION

"十二五"国家重点图书出版规划项目
数字出版理论、技术和实践

数字出版产业管理

方 卿 曾元祥 敖 然 编著

电子工业出版社

Publishing House of Electronics Industry

北京·BEIJING

内 容 简 介

本书系统论述了数字出版产业及其管理的基本理论与实践问题，阐述了数字出版产业的产生、发展、概念、特征、分类等数字出版产业基本理论问题；论述了数字出版产业链、数字出版产业组织、数字出版产业布局、数字出版产业发展模式等数字出版产业管理规律与政策；逐一分析了国内外数字大众出版产业、数字教育出版产业、数字学术出版产业和开放存取出版产业等不同数字出版产业领域的运作与管理等实践问题。

本书的编写目的是研究和总结现代技术背景下数字出版产业及其管理的重大理论与实践问题，服务于我国数字出版产业的发展。本书适合编辑出版学和传播学的学生、出版工作者，以及信息服务工作者等人员阅读和使用。

图书在版编目（CIP）数据

数字出版产业管理 / 方卿，曾元祥，敖然编著. —北京：电子工业出版社，2013.9

（数字出版理论、技术和实践）

ISBN 978-7-121-20946-8

I. ①数…　Ⅱ. ①方…　②曾…　③敖…　Ⅲ. ①电子出版物－出版工作－研究－中国

Ⅳ. ①G239.2

中国版本图书馆 CIP 数据核字（2013）第 150597 号

策划编辑：李　弘
责任编辑：张　峻
印　　刷：北京天来印务有限公司
装　　订：北京天来印务有限公司
出版发行：电子工业出版社
　　　　　北京市海淀区万寿路 173 信箱　邮编：100036
开　　本：720×1 000　1/16　印张：21.5　字数：414 千字
印　　次：2013 年 9 月第 1 次印刷
印　　数：2 000 册　　定价：75.00 元

凡所购买电子工业出版社图书有缺损问题，请向购买书店调换。若书店售缺，请与本社发行部联系，联系及邮购电话：（010）88254888。

质量投诉请发邮件至 zlts@phei.com.cn，盗版侵权举报请发邮件至 dbqq@phei.com.cn。

服务热线：（010）88258888。

指导委员会

编辑委员会

序
Introduction

　　数字出版方兴未艾。作为新闻出版业的重要发展方向和战略性新兴产业，数字出版近年来发展迅速，已经成为当前我国新闻出版业转型发展的助推器和新的经济增长点。基于互联网、移动通信网、有线电视网、卫星直投等传播渠道，并以 PC 机、平板电脑、智能手机、电视、iPad 等阅读终端为接收载体的全新数字出版读物，已成为人民群众精神文化生活不可或缺的组成部分。

　　从毕升的活字印刷到王选的激光照排系统问世，技术元素始终是出版业发展壮大的重要源动力。进入 21 世纪，信息通信技术（ICT）的飞速发展成为新经济发展的主要引擎，使得以思想传播、知识普及、文化传承、科学交流和信息发布为主要功能的出版业可以持续、广泛地提升其影响力，同时大大地缩短了信息交流的时滞，拓展了人类交流的空间。计算机芯片技术、XML 及相关标记语言技术、元数据技术、语义技术、语音识别和合成技术、移动互联技术、网络通信技术、云计算技术、数字排版及印刷技术、多媒体技术、数字权利管理技术等一大批数字技术的广泛应用，不但提升了传统出版产业的技术应用水平，同时极大地扩展了新闻出版的产业边界。

　　如同传统出版业促进了信息、文化交流和科技发展一样，数字出版的多业态发展也为 20 世纪末期开始的信息爆炸转变为满足个性化需求的知识文化服务提供了技术上的可能。1971 年，联合国教科文组织（UNESCO）和国际科学联盟理事会（ICSU）便提出了 UNISIST 科学交流模型，将出版业所代表的正式交流渠道置于现代科学交流体系的中心位置。进入 21 世纪，理论界又预见到，网络出版等数字出版新业态的出现正在模糊正式交流和非正式交流的界限，更可能导致非正式交流渠道地位的提升。随着以读者（网络用户）为中心的信息交流模式，比如博客、微博、微信和即时通信工具等新型数字出版形态的不断涌现，理论构想正在逐渐变为现实。

　　通过不断应用新技术，数字出版具备了与传统出版不同的产品形式和组织特征。由于数字出版载体的不断丰富、信息的组织形式多样化以及由于网络带来的不受时空限制的传播空间的迅速扩展，使得数字出版正在成为出版业的方向和未来。包括手机彩铃、手机游戏、网络游戏、网络期刊、电子书、数字报纸、在线音乐、网络动漫、互联网广告等在内的数字出版新业态不断涌现，产业规模不断扩大。据统计，在 2006 年，我国广义的数字出版产业整体收入仅为 260 亿元，而到了 2012 年我国数字出版产业总收入已高达 1935.49 亿元，其中，位居前三位的互联网广告、网络游戏、手机出版，总产出达 1800 亿元。而与传统出版紧密相关的其他数字出版业务收入也达到 130 亿元，增长速度惊人，发展势头强劲。

党的十七届六中全会为建设新时期的社会主义先进文化做出战略部署，明确要求发展健康向上的网络文化、构建现代传播体系并积极推进文化科技创新，将推动数字出版确定为国家战略，为数字出版产业的大发展开创了广阔的前景。作为我国图书出版产业的领军者之一，电子工业出版社依托近年来实施的一批数字出版项目及多年从事 ICT 领域出版所积累的专家和学术资源，策划出版了这套"数字出版理论、技术和实践"系列图书。该系列图书集中关注和研究了数字出版的基础理论、技术条件、实践应用和政策环境，认真总结了我国近年发展数字出版产业的成功经验，对数字出版产业的未来发展进行了前瞻性研究，为我国加快数字出版产业发展提供了理论支持和技术支撑。该系列图书的编辑出版适逢其时，顺应了产业的发展，满足了行业的需求。

毋庸讳言，"数字出版理论、技术和实践"系列图书的编写，在材料选取，国内外研究成果综合分析等方面肯定会存在不足，出版者在图书出版过程中的组织工作亦可更加完美。但瑕不掩瑜，"数字出版理论、技术和实践"系列图书的出版为进一步推动我国数字出版理论研究，为各界进一步关注和探索数字出版产业的发展，提供了经验借鉴。

期望新闻出版全行业以"数字出版理论、技术和实践"系列图书的出版为契机，更多地关注数字出版理论研究，加强数字出版技术推广，投身数字出版应用实践。通过全社会的努力，共同推动我国数字出版产业迈上新台阶。

孙寿山

2013 年 8 月

前 言
Preface

　　在《中共中央关于深化文化体制改革、推动社会主义文化大发展大繁荣若干重大问题的决定》、《文化产业振兴规划》、《国家"十二五"时期文化改革发展规划纲要》、《新闻出版业"十二五"时期发展规划》和《数字出版"十二五"时期发展规划》等党和国家的一系列重要文件中，频繁出现"数字出版"或"数字出版产业"这一概念。这表明发展包括"数字出版"和"数字出版产业"在内的文化产业，已上升为我国重要的国家战略。

　　数字出版产业，是数字技术与出版产业融合的产物，是一种新兴战略型产业。它既具有传统出版产业中内容资源、智力密集等基本特征，又具有传统出版产业所不具有的技术密集、高投入、高风险、高产出等显著特征。作为一种新兴战略型产业，数字出版产业模糊了出版业与其他传播行业的边界，重新定义了内容、渠道和技术等资源在产业发展中的作用机制；改变了传统出版产业链的结构以及产业链中关联企业的利益分配格局；甚至部分改变了传统出版产业的某些产业逻辑（如 OA 出版向读者免费提供全部优质出版物），并具有完全不同于传统出版产业的发展规律。传统的出版产业管理理论以及相关经验，显然难以直接指导当今数字出版产业的发展。因此，基于数字出版产业的特征，研究其发展规律，分析其管理机制，探讨其管理制度与政策，并对其相关理论体系和管理方法进行前瞻性研究，这正是进一步推动数字出版产业发展的当务之急，也正是我们编写本书的目的所在。

　　数字出版产业，仅有一二十年的发展历程，即使在发达国家，数字出版产业的发展也大体处于探索或起步阶段。在一个新型产业发展的初期，支配产业发展的基本规律尚不明晰，产业组织、结构和布局等方面的规律尚处于形成过程中，产业制度与产业政策的定位与效率还有待进一步探索。加之，由于相关前期研究薄弱、统计数据的缺失、统计口径的不一致等原因，书稿的撰写难度很大。书稿中不完善，甚至错漏之处也在所难免。

　　本书由方卿提出大纲、多人合作完成。各章的撰稿人分别是：第1、

4 章由曾元祥和方卿共同完成；第 2 章由曾元祥和王强共同完成；第 3 章由曾元祥撰稿；第 5 章由方卿撰稿；第 6 章由张晓蒙和方卿共同完成；第 7 章由许洁撰稿；第 8 章由敖然和曾元祥共同完成；第 9 章由方卿和徐丽芳撰稿，其中案例部分由许洁、史海娜和刘银娣执笔，敖然提供图片及相关文字，蒋璐、骆双丽负责部分数据的更新。全书由方卿统稿。

本书在选题论证、大纲拟定以及编辑出版过程中得到了新闻出版总署孙寿山副署长、张毅君司长，中国新闻出版研究院魏玉山副院长，电子工业出版社李弘主任和张峻女士的大力支持。在此，谨向以上各位致以衷心的感谢。

编著者

2012 年 11 月 31 日

目 录
Contents

第 5 章 | Chapter 5
数字出版产业发展模式··**119**

第 6 章 | Chapter 6
数字大众出版产业··**139**

第 7 章 | Chapter 7
数字教育出版产业 ··· **175**

第1章
Chapter 1

▶ 数字出版产业

数字出版产业是一个新兴的产业业态。2006 年颁布的《国家"十一五"时期文化发展规划纲要》提出要大力发展以数字化生产、网络化传播为主要特征的数字内容产业。2009 年颁布的《文化产业振兴规划》确定了数字内容和动漫等产业为国家重点扶持发展的产业门类。2011 年 4 月 20 日，新闻出版总署发布的《新闻出版业"十二五"时期发展规划》则明确提出，要加快推动数字出版产业的发展，以带动和提升新闻出版业的整体实力。《数字出版"十二五"时期发展规划》更加明确地对未来五年我国数字出版产业的发展进行了科学部署，指出大力发展数字出版产业，已成为我国实现向新闻出版强国迈进的重要战略任务；明确了到 2015 年，数字出版总产值力争达到新闻出版总产值 25%的奋斗目标，同时还提出了一系列数字出版领域的重大发展举措。新闻出版总署邬书林副署长在 2012 年 2 月 15 日举行的《国家"十二五"时期文化改革发展规划纲要》新闻发布会上指出，数字出版产业将会成为我国"十二五"期间文化产业发展的重点。可见，数字出版产业已成为我国新闻出版业乃至文化产业中重点发展的新兴战略产业业态，具有良好的发展前景，随着数字出版产业的发展不断走向成熟，其在文化产业甚至整个国民经济中的地位也将更加突出。

▌ 1.1 数字出版产业概述

作为一种新兴产业业态，数字出版产业是出版业与数字技术高度融合的产物。数字出版产业，作为一个产业术语虽已为出版业界普遍熟知，但是，目前对于数字出版产业的内涵、外延的界定尚存在较大争议。一些人从传统出版业的数字化视角来理解这一概念，将数字出版产业界定得过于狭窄，或将数字出版与数字化出版等同。例如，中国科学技术大学的周荣庭教授在其《网络出版》一书中就将数字出版的概念等同于数字化出版[1]，而数字化出版主要是指出版形态的数字化[2]，显然不能完全概括数字出版的特征。另一些人则从数字技术与内容产业的结合视角来理解这一概念，将数字出版产业界定得过于宽泛。例如，浙江大学出版社社长傅强认为，随着数字出版浪潮的推进，数字出版的范围已经延伸到了包括移动内容、互联网服务、游戏、动画、影音、出版和数字化教育等几乎所有数字内容产业[3]。对概念理解的不同，会给这一新兴产业的发展带来诸多不便，造成不应有的混乱。因而有必要对数字出版产业作一个简单概述，探讨其内涵、外延，分析其特征，阐述其发展意义，以此明确概念。

1.1.1 数字出版产业的内涵与外延

产业，是具有某种同一属性的企业或组织经济活动的集合。要科学界定数字出版产业的内涵与外延，首先必须对什么是数字出版有一个清晰的认识。

数字出版是近年来才普遍使用的一种概念，期间经历了桌面出版、电子出版、网络出版、互联网出版、跨媒体出版、数字化出版、数字出版等不同概念的使用阶段。数字出版，作为一种新的产业形态，目前还未形成统一的认识。不同的学者从其存储介质、跨媒体性质、内容创建传播服务、出版流程、活动主体、产业链流程再造、文化生产传播、管理等不同的视角[4]，对数字出版做出了不同的界定。形成数字出版认识的差异化和理解的多元化局面，正是导致其产业边界、范围界定的模糊与不统一的根源。

[1] 周荣庭. 网络出版[M]. 北京：科学技术出版社，2004：13.
[2] 张峰. 数字化出版和出版数字化[J]. 科技与出版，2004（1）：57.
[3] 傅强. 数字出版：新的革命[J]. 浙江大学学报（人文社会科学版），2008（4）：85.
[4] 黄孝章，张志林，陈丹. 数字出版产业发展研究[M]. 北京：知识产权出版社，2010：1-6.

　　限于篇幅，这里不可能对相关研究成果作逐一介绍。但是，新闻出版总署有关文件对数字出版的描述或许有助于我们对这一概念的理解。《数字出版"十二五"时期发展规划》是这样描述数字出版的："数字出版是出版业与高新技术相结合产生的新兴出版业态，其主要特征为内容生产数字化、管理过程数字化、产品形态数字化和传播渠道网络化。"2010 年 9 月 15 日，新闻出版总署颁发的《关于加快我国数字出版产业发展的若干意见》则是这样描述数字出版的："数字出版是指利用数字技术进行内容编辑加工，并通过网络传播数字内容产品的一种新型出版方式。"上述两份文件对数字出版的描述，均强调了两个基本点：一是数字出版是基于数字技术的一种新兴出版业态；二是出版流程的数字化。根据这一理解，我们将数字出版界定为：基于数字技术的出版产品及服务生产与传播的新兴出版业态。

　　根据以上对"产业"和"数字出版"的理解，我们可以将数字出版产业界定为：数字出版企业或组织开展出版活动的集合，是所有参与数字出版产品及服务的生产、传播活动的企业或组织所组成的国民经济生产部门，是出版产业、文化产业的重要组成部分。

　　从产业形态来讲，数字出版产业不仅包括传统出版业的数字化部分，同时还包括数字游戏、数字动漫、数字影音和数字学习等新兴内容业态。《中国数字出版产业年度报告》所涉及的电子书、数字报纸、互联网期刊、网络广告、网络动漫、移动内容等多个领域也包含在数字出版产业范畴之中。我们对数字出版产业外延的界定趋同于数字内容产业，主要包括电子书出版产业、数字期刊出版产业、数字报纸出版产业、网络游戏出版产业、数字动漫出版产业、数字音乐出版产业、网络广告产业等多个产业类型，详见第 3 章"数字出版产业分类"。

　　在国外，"数字出版产业"的使用频率远不如"数字内容产业（Digital Content Industry）"这一概念[1]，如欧盟《信息社会 2000 计划》（*Information Society 2000 Plan*）、《澳大利亚数字内容行动章程》（*Australian Digital Content Action Charter*）、《爱尔兰数字内容产业发展战略》（*A Strategy for the Digital Content Industry in Ireland*）、《英国数字内容产业发展行动计划》（*British Digital Content Industry Action Plan for Development*）、《韩国信息白皮书》（*South Korea's White Paper on Information 2003*）等就用的是"数字内容产业"这一概念。我们对于数字出版产业的上述界定，与国外普遍使用的所谓"数字内容产业"大致吻合。

---

　　[1] 张立. 数字内容管理与出版流程再造[J]. 出版参考，2007（2～3）：28.

1.1.2 数字出版产业基本特征

作为一种新兴产业业态，数字出版产业虽然发展历史不长，但与传统出版产业相比，也已表现出了一些鲜明的个性或产业特征。了解和把握这些特征，不仅是科学发展数字出版产业的前提与基础，而且更是有效开展数字出版产业管理的要求。只有了解和把握了这些特征，才能针对这些特征制定科学的数字出版产业发展规划，提出促进数字出版产业发展的思路与对策。

作为代表出版产业发展未来的数字出版产业，在近年来的发展过程中，大致呈现出以下几个基本特征。

1. 数字出版产业集中度高

产业集中度，一般通过产业内诸如销售额等指标排名前几位的企业占该产业总量的百分比来测算，是衡量产业竞争性和垄断性的最常用指标。虽然很难获取相关数据进行数字出版产业集中度的定量测算，但从实践发展的情况来看，数字出版产业的集中度较之传统出版产业要明显偏高。就国内情况而言，由于条块、地域分割严重，传统出版单位没有任何一家表现出"高人一筹"的市场掌控力，而据统计，北大方正、书生、超星、中文在线等占据了国内电子书市场 90%以上的份额[1]，网络文学市场则呈现出盛大文学"一家独大"的局面，互联网期刊市场则基本为中国知网、万方数据、重庆维普、龙源期刊这 4 家数字期刊出版平台商所"独享"……国外数字出版市场也主要为励德•爱思唯尔（Reed Elsevier）、斯普林格（Springer）、汤姆森•路透（Thomson Reuters）、麦格劳•希尔（McGraw-Hill）、培生（Pearson）等出版巨头"把持"。由此可见，"赢者通吃"现象在数字出版产业领域较为明显，表明数字出版产业具有较高的产业集中度。

2. 数字出版技术开发商与平台提供商主导产业发展

传统出版属于内容产业范畴，"内容为王"、内容生产商主导出版业是传统出版业的显著特征。然而，从数字出版产业发展实践来看，技术开发商与平台提供商主导数字出版产业发展的特征较为明显。一方面，数字出版产业的技术属性决定了其发展高度依赖技术的研发与应用，就目前国内外的发展情况来看，技术开发商凭借其在内容生产与传播、载体研发等方面的技术优势，不断创新数字出版的产品与服务形态，在产业发展过程中不断强化其市场主导作用。我国 31 个设立数字出版相关管理机构的省、直辖市、自治区中，多数以"科技与数字出版处"命名，也从侧面说明了数字出版产业技术支撑的发展特性。另一方面，随着数字出版产业平台化趋势的增强，平台提供商的地位也得以凸显，并成为了引领数字

---

[1] 郝振省. 2005—2006 中国数字出版产业年度报告[M]. 北京：中国书籍出版社，2007：26.

出版产业发展的重要主导力量，中国移动基于手机阅读平台就主导了我国手机出版市场的发展。同时，技术开发商和平台提供商在角色上往往是重合的，以数字出版平台技术的研发及其提供而参与数字出版产业链构建的企业，更易于主导产业链的发展。

3．产业发展的平台化

平台提供商主导数字出版产业的发展，由此带来的积极影响，即产业发展的平台化，数字出版产品及服务的生产、提供、消费直接通过数字出版平台开展，成为数字出版产业发展的一大特点。数字出版产业平台化特征主要表现在：

（1）内容编辑加工的平台化，尤其是数字学术出版中，主要通过在线稿件处理平台，实现稿件的在线投稿、同行评议和编辑加工。

（2）产品及服务发布的平台化，我国的四大期刊数据库其实就是以其强大的期刊内容发布平台参与市场竞争的。

（3）分销的平台化，着力打造分销平台，以分销渠道的控制实现对数字出版产业链的控制，正逐渐成为数字出版企业关注的焦点。我国三大电信运营商、新华 E 店、四川文轩九月网、汉王书城、当当网等均纷纷加入打造数字出版物分销平台的队伍，更凸显了数字出版分销平台化的特征。

（4）阅读的平台化，无论是网络阅读平台还是终端阅读平台，基于阅读平台的集成性优势吸引读者已经成为市场竞争的"制胜准则"。亚马逊（Amazon）Kindle 的成功，正是得益于其 Kindle Store 电子书在线平台强大的数字内容资源集成能力。

当下，数字出版平台的建设备受推崇，并呈现出集成化、娱乐化、个性化的发展趋势。

4．数字出版产业的融合性

数字出版产业本身就是出版业与 IT 业融合的产物，表现出鲜明的产业融合属性。随着数字出版产业的深入发展，出版业与 IT 技术产业、出版业与网络服务业、出版业与手机产业、出版业与电信产业、出版业与电子阅读器产业，以及出版业与不同媒介之间的融合将表现得更加明显。数字出版技术为不同媒介内容、不同产业形态的融合提供了可能性。产业融合得益于快速发展的数字出版产业，而数字出版产业未来的发展也必须走产业融合的道路。

5．数字出版产业经济属性的不断强化

随着数字技术的普遍应用、商业模式的渐趋成熟、产业规模的迅速壮大、产业链的不断明晰，数字出版产业的经济特性也逐渐显现。数字出版产业的经济特性主要表现在：

（1）成本特性。传统的纸质出版固定成本高而可变成本低，实现赢利的根本是达到一定规模的发行量。数字出版产业将其更加放大，固定投入成本更高，边际成本更低，因而对规模经济的依赖也更加明显[1]。

（2）进入、退出壁垒特性。由于数字出版产业对固定成本及规模经济要求较高，无论是进入市场时的投入成本还是退出市场时的转换成本，都不是一般企业可以承受的，较高的资源要求和较长的投资回报期，导致一般的出版单位很难开展数字出版业务，这就大大提高了数字出版产业的进入、退出壁垒，以及其产业集中度。

（3）市场的区域特性。全球范围内的数字化趋势已不可阻挡，世界各国出版业的数字化也正如火如荼地进行中，但是不同国家其数字出版市场的成熟度不同，全球数字出版产业的发展极不平衡，其产业的发展方式也各不相同。

（4）市场的双边特征。数字出版企业联结着内容提供商、受众、广告商等多种消费群体，同时其双边市场存在着多边交互性[2]。

6. 数字出版产品的个性化、交互性、跨媒体性和服务性

从当前的情况看，在数字出版市场中，发展最好的往往是那些关注读者体验、提供多媒体阅读方式、注重产品交互性能、延伸个性化增值服务的企业，个性化、交互性、跨媒体性、服务性已经成为数字出版产品及服务吸引读者、赢得市场必不可少的特质。这正是为什么追求个性化体验的 iPad 受到追捧，奉行互动服务理念的培生数字教育出版模式引人关注，而以"内容+终端"提供网络、电子阅读器等多媒介阅读方式的亚马逊成为效仿对象的原因。对此，国内企业竞相效仿以上成功的发展模式，虽效果有待观察，但是他们的成功正说明了数字出版产品的个性化、交互性、跨媒体性和服务性是数字出版产业重要的特征。

1.1.3　数字出版产业发展中的若干重大关系

数字出版具有与传统出版完全不同的产业特性。基于这些产业特征，处理好技术与内容、产品与需求、传统内容资源与数字内容资源、内容提供商与平台运营商，以及传统出版产业数字化升级与数字出版新业态等若干重大关系，对促进数字出版产业的发展具有重大意义。

1. 技术与内容的关系

在数字出版产业中，技术与内容的关系是涉及数字出版本质的一对关系。只有正确理解和把握它们之间的关系，才能够科学谋划和有效开展数字出版业务，

---

[1] 熊英，熊玉涛. 数字出版的产业特征与商业模式[J]. 中国出版，2010，8（下）：41.
[2] 张新华. 数字出版产业的经济特质分析[J]. 科技与出版，2011（1）：43.

避免盲动。从目前的情况看，不少出版企业模糊了这两者之间的关系：或者一味地强调技术的作用，如不少出版社纷纷设立数字出版部，投入重金盲目搭建自己的数字出版平台；或者一味地强调内容的重要性，如一些出版社认为自己拥有作者授权的独特内容，不担心找不到与技术提供商或平台运营商的合作机会。事实上，上述现象均是缘于对技术与内容关系的误读。

那么，技术与内容之间到底是一种什么关系呢？数字出版的实质到底是什么呢？是技术，是内容，或者两者都是？

我们认为，技术与内容是数字出版的两个基本要件。其中，内容是数字出版的本质，技术则是数字出版的手段。用"内容为体、技术为用"来描述两者之间的关系较为妥帖。所谓"内容为体"，强调的是数字出版的本质是对内容的选择、对内容的编辑加工和对内容的传播，离开了内容也就没有了所谓数字出版。所谓"技术为用"，表明数字技术是服务于内容选择、编辑加工和传播的，数字技术的特征或属性进而也就决定了数字出版中内容选择、编辑加工和传播的方式与方法。

从内容与技术之间的这种"体用关系"出发，我们可以将数字出版定义为：基于数字技术的内容选择、编辑加工与传播活动。基于对技术与内容之间关系的这种解读，我们认为在数字出版中真正应该强调的是在内容的选择、编辑加工与传播活动中如何有效地利用现代数字技术来提升出版的质量与效率，而不是追求搭建数字出版平台或所谓流程的数字化。发达国家的数字出版业务主要是通过提升传统出版的数字技术含量来实现的。例如，专业出版商爱思唯尔利用数据库技术组建起 300 000 名高级学者的审稿人团队，实现对出版内容的选择与评审。又如，开放存取出版商 PLoS 基于传统同行评审的弊端，推出了基于网络的开放同行评审制度，借助引用跟踪技术实现对论文影响力的科学评价。再如，不少开放存取出版商运用文本比对技术，开发反剽窃工具，应用于出版内容评审，等等。

技术与内容的这种"体用关系"表明，技术是服务于内容的选择、编辑加工与传播活动的，传统出版中任何环节的数字化均是数字出版的应有之义。因此，我们认为，为技术而技术是对数字出版产业发展中内容与技术关系的误读。

2. 产品与需求的关系

产品与需求的关系，在营销学中已有清晰的界定，即产品是为满足用户需求而生产的。产品对于需求的满足既体现在需求的价值取向方面，又体现在需求的特征与属性方面。也就是说，有什么样的需求就应该有什么样的产品。

在传统技术背景下，出版商通过生产图书、期刊等纸质出版物产品来满足读者的阅读需求。这就充分体现了传统技术背景下出版产品与阅读需求线性结构的一致性关联关系，即以线性结构的图书、期刊产品（主要是指其中的论文）来满足读者的线性化结构需求。

数字技术的兴起与普及，在改变了用户阅读需求的同时，也改变了出版物产品的形态。当前，关于数字环境下用户阅读需求以及数字出版产品形态的研究，虽然受到了广泛关注，但是在数字出版产业实践中，对这两者关系的处理却仍然存在较大偏差。这种偏差突出地表现为，大多数出版企业仍然基于传统出版产业中的产品与需求关系，开展数字出版业务，即以数字媒体，如电子书，生产与提供数字出版产品。所谓的数字出版活动更多地表现为出版载体形态的变化，而不是出版产品内容结构形态的改变。这种形态的数字出版产品显然只能满足用户线性结构的阅读需求，而难以有效地满足新技术条件下用户的非线性结构阅读需求。

发达国家一些知名专业出版商在基于阅读需求变化方面开发的新的数字出版产品走在了我们的前面。例如，爱思唯尔采用语义网技术开发的 Reflect，可以实现论文中科学术语的自动标注，展示多个生命科学领域数据库的内容资源。在《细胞》杂志中嵌入 Reflect，金字塔式的结构可使读者根据自己的兴趣点和理解程度一直点击下去，获取越来越详细的相关内容资源，甚至包括音频和视频资源，实现非结构化阅读[1]。不仅如此，爱思唯尔还将谷歌地图引入在线期刊库，实现学术论文的可视化，提升作者、读者与内容的互动性。显然，这些在线解决方案和产品完全不同于传统的图书、期刊或数据库产品，它们对出版内容资源进行了有效的结构化处理，可以满足传统出版产品无法实现的非线性阅读需求。

可见，在数字出版产业发展中，产品的开发需要更多地考虑用户阅读的非线性需求特征，而不仅仅是产品载体形态的变化。

3. 传统内容资源与数字内容资源的关系

在"技术与内容"的关系中，我们强调了"内容是数字出版的本质"，但是在不同技术背景下，出版内容的组织与表现形态是完全不同的。出版内容资源的组织与表现形态，只有与当时的技术性能相吻合，其价值才能得到有效体现。如果不能充分利用先进的技术手段，对内容资源实现深度加工与有效呈现，再好的内容资源也难以有效发挥其应有价值。

基于这一认识，我们有必要对出版内容资源从技术视角作一个区别，也就是对所谓"传统内容资源与数字内容资源"的关系问题作一个厘清。我们认为，未通过现代数字技术实现拆分、标引，不能实现按用户需求进行重组的非结构化文本、图片、音频、视频资源属于传统内容资源；相反，借助现代数字技术实现拆分、标引，可以按用户需求进行重组的结构化文本、图片、音频、视频资源则属于数字内容资源。若以这一标准衡量，当前我国大多数出版企业所拥有的出版内

---

[1] 何姣. 自下而上：爱思唯尔的新思路[N]. 科学时报，2009-11-27（A3）.

容资源基本都属于前者，真正实现了结构化处理的数字内容资源相对有限。

我国出版界对传统内容资源与数字内容资源之间的关系存在一定的误解。不少传统出版单位盲目认为自身在发展数字出版产业中拥有显著的资源优势。虽然我们并不否认这些传统出版单位在长期的出版实践活动中积累了丰富的出版内容资源，即由于专有出版权所获得的内容资源，而且这些内容资源大多以电子文档的方式保存在出版单位的数据库中。但是，这些所谓的内容资源大多并没有进行结构化处理，尚不能实现基于用户需求偏好的重组，形成满足用户非线性结构需求的出版产品，提供个性化数字出版服务。从这个意义上讲，传统出版单位的这些传统内容资源就好比工业原材料，而非能够直接满足用户个性化需求的工业产品。这种所谓的资源优势如果不借助数字技术实现深加工，那么传统出版向数字出版的转型也仅仅是一个梦想而已。

基于这一判断，我们认为，传统出版单位从事数字出版的切入点不应该是盲目强调出版流程的数字化，而应该是强调资源的数字化，正确理解两类不同内容资源的关系，基于自身的目标市场，选择相应学科领域对享有专有出版权的传统内容资源进行结构化处理，将传统内容资源转化为可以直接满足用户需求的数字内容资源。

4. 内容提供商与平台运营商的关系

粗线条地划分，传统出版产业大致包括出版物内容与形式的生产、出版物发行两大环节，分别由出版商和发行商来执行这两个方面的工作。应该说，数字出版大致也可以这样来理解。但是，数字技术的使用也在一定程度上重组了出版的作业流程。在数字出版活动中，具有强大技术优势的平台运营商发挥着越来越重要的作用，他们一方面为出版商提供强有力的技术支持；另一方面更是高度介入，甚至接管了传统发行商负责的数字出版物发行业务。众所周知的亚马逊就是一个典型的例子。在传统出版产业中，出版商与发行商之间的关系原本就存在所谓"中心"与"龙头"之争。在数字出版产业发展中，内容提供商与平台运营商的关系就更为复杂。基于此，我们认为，科学处理内容提供商与平台运营商的关系就成为发展数字出版产业面临的重大问题。

与传统发行商所面临的物理环境不同，数字技术给平台运营商提供的网络环境易于造就"赢者通吃"的经营格局。也就是说，在数字出版产业发展中，不仅广大中小发行商难以生存，而且大多数内容提供商均需要依托少数大型平台运营商发展数字出版业务。因此，对于大型平台运营商在未来数字出版产业发展中的突出地位，广大出版商必须有着清醒的认识。出版商，特别是广大中小出版商，与其各自为政，自建分销平台，倒不如聚焦于内容的深度开发，以特色内容来提升与平台运营商议价的能力（当然，这并不排斥大型专业出版商自建分销平台针对相对较集中的目标市场开展发行业务）。这是科学处理数字出版产业发展中内容提供商与平台运营商关系的基础。在这样一种关系架构中，内容提供商与平台运营商应该准确定位各自的功能与角色，不宜再纠缠所谓产业发展的"主导权"、"话语权"等问题。

在我国数字出版产业发展实践中，广大中小型出版单位应该及时转变思路，不是与大型平台运营商角逐于分销市场，而是应该朝着数字内容提供商的方向发展，立足于出版内容资源的深加工或精加工，形成有特色的内容资源或数字产品。

5. 传统出版产业数字化升级与数字出版新业态的关系

从产业范畴看，数字出版大致包括两大部分：一部分是传统出版产业数字化升级，如电子书出版、数据库出版、开放存取出版等；另一部分是数字出版新业态，如网络文学、网络动漫、网络游戏、网络广告等。其中，前者是运用新技术对传统出版进行的改造，其发展有利于促进传统出版产业的升级转型，提升传统出版业的服务水平；而后者则是新技术导致的出版范畴的拓展，它的发展有利于开拓新的出版领域，形成新的出版增长点。可见，在数字出版产业发展中，两者同等重要，不可偏废。

发达国家在数字出版产业发展中，数字化升级和发展新业态两者均受到了应有的重视。其中，发展数字出版新业态主要由大型传媒集团（如时代华纳）或 IT企业（如苹果公司）来操作；而传统出版业的数字化升级部分则主要是由传统出版商来负责实施。例如，励德·爱思唯尔出版集团 2010 年总收入 20.26 亿英镑，其中，总收入的 61%来自数字资源，特别是在科技出版方面，收入的 86%来自数字资源；而威立集团数字出版业务则占总收入的 40%以上[1]。

然而，在我国数字出版产业发展实践中，这两者关系的处理却并不尽如人意。其中，尤其是传统出版的数字化升级部分远没有受到应有的重视。中国新闻出版研究院发布的《2011—2012 中国数字出版产业年度报告》显示[2]，2011 年国内数字出版产业整体收入规模达 1377.88 亿元，比 2010 年整体收入增长了 31%。光鲜的数字却掩盖不了我国数字出版产业结构严重失衡的事实。与传统出版直接相关的互联网期刊、数字报纸和电子图书（剔除电子阅读器收入）三者的收入之和不过区区 28.34 亿元，仅约占当年数字出版产业整体收入的 2%。这些数字表明，在网络游戏、互联网广告和手机出版（含手机彩铃、铃音、手机游戏）等数字出版新业态高速发展的同时，传统出版的数字化升级却步履蹒跚。从这个意义上看，

[1] 赵树旺. 数字时代出版营销的模式与趋势[EB/OL]. http://xzj.2000y.com/mb/2/ ReadNews. asp?NewsID=613787. 2012-11-30.
[2] 中国新闻出版研究院. 2011—2012 中国数字出版产业年度报告[EB/OL]. http://www. chuban.cc/yw/201207/t20120720_125664.html. 2012-09-06.

说我国没有处理好传统出版产业数字化升级与数字出版新业态的关系恐不为过。

显然，在我国未来的数字出版产业发展实践中，处理好传统出版产业数字化升级与数字出版新业态之间的关系应该引起业界的足够重视。只有及时修复传统出版产业数字化升级这块"短板"，我国数字出版产业才能获得健康发展。

1.1.4 发展数字出版产业的意义

作为新的经济增长点与出版业未来发展的方向，数字出版产业之所以受到各国政府的高度重视，争相发展，主要缘于其具有多方面的重大战略意义。

（1）发展数字出版产业，具有宣传意识形态与主流价值观的重大政治意义

数字出版产业虽然属文化产业范畴，是文化产业的重要组成部分。但是，这种产业属性并不排斥其所具有的精神文化特征。意识形态属性，同其产业属性一样，仍然是数字出版产业所具有的基本属性。

数字出版产业的意识形态属性主要缘于其数字内容产品本身就包含了一定的价值观念。数字出版单位或组织生产与传播数字内容产品，实际上也就是在宣传特定的意识形态和价值观念。消费者在消费其数字内容产品的同时，也是在消费其中所植入的意识形态和价值观。可见，发展数字出版产业对特定意识形态和价值观念的宣传具有重大意义。

当前，美、英、法等发达国家正是通过其发达的数字内容产业和高技术含量的数字内容产品对外输出其价值观的。在我国，文化内容长期作为意识形态宣传的重要方面，因而，发展数字出版产业对意识形态的宣传和我国社会主义主流价值观的弘扬也具有重大意义。

（2）发展数字出版产业，能够拉动国民经济增长、促进社会就业

作为战略性新兴产业，数字出版产业发展迅猛，势头强劲。以我国为例，"十一五"期间，我国数字出版产值平均增长速度将近 50%，2010 年总产出超过千亿元，占新闻出版总产出的比例超过 8%，成为新闻出版业新的经济增长点。按新闻出版总署《数字出版"十二五"时期发展规划》部署，到"十二五"时期末，我国数字出版总产出将达到新闻出版产业总产出比例的 25%。届时，数字出版产业将为新闻出版业成为国民经济支柱产业做出重大贡献。

不仅如此，数字出版产业还具有较强的辐射作用，对文化、娱乐、旅游、玩具等相关衍生产业的波及效应明显。随着数字出版产业规模的逐渐扩大、在国民经济中地位的逐渐凸显，也将推动其相关衍生产业的发展，从而带动整个国民经济的增长。与此同时，数字出版产业规模的连年猛增，意味着将需要更多的从业人员，由此将会创造更多的就业机会，吸纳更多的社会就业人员。据报道，2011年落户于天津滨海新区空港经济区的国家数字出版基地，其建成后将拉动餐饮、

交通、房地产及相关衍生行业的发展，并带动约 30 万人就业[1]。而另据澳大利亚的有关统计数据显示，澳大利亚数字内容产业就业人数早在 2003 年就已接近 30 万人，占其全国就业人数的 3.1%，并以每年 2.7% 的速度增长[2]。由此可见，发展数字出版产业，能够拉动国民经济增长、带动社会就业。

（3）发展数字出版产业，能够推动文化产业的发展

数字出版产业是文化产业的重要组成部分，发展数字出版产业对推动文化产业发展具有积极影响。这正是《国家"十二五"时期文化改革发展规划纲要》将数字出版产业作为文化产业发展重中之重的原因。同时，发展数字出版产业，通过数字出版技术的创新及应用，能够促进新闻出版、文艺、娱乐、广播影视等传统文化产业的跨越式发展，是实现文化产业升级的推动力所在。因而，国务院于 2009 年颁布的《文化产业振兴规划》也明确指出了要以数字、网络等高新技术，发展移动多媒体广播电视、网络广播影视、数字多媒体广播、手机广播电视等新兴数字内容产业形态，推动文化产业升级。

此外，数字出版从本质上讲，就是一种文化知识信息的传播活动，是以满足消费者精神文化需求为主要目的的产业形态，其所具有的文化属性，对文化建设也具有积极影响。通过数字出版产业的发展，带动文化建设的大发展、大繁荣，这对于提升国家文化软实力具有重大战略意义。

（4）发展数字出版产业，能够带动传统出版产业的发展

数字出版产业与传统出版产业同是出版业的组成部分，是当前出版业的两种不同的产业发展形态。虽然数字出版产业在一定程度上蚕食了传统出版产业的市场，但是，它也从不同侧面带动了传统出版产业的发展。首先，数字出版能够有效地提高传统出版的效益，从而降低其成本。数字出版技术变革了传统出版流程，编辑、印刷、发行向自动化、集约化和个性化方向发展，"内容一次制作、重复使用、多种媒体形态发布"[3]，效益和成本得以极大改善。其次，数字出版产业极大丰富了传统出版的载体与出版形式，传统出版企业的经营范围和市场空间拓宽了，同时数字出版技术也促进了传统出版企业的数字化转型与升级。励德·爱思唯尔、斯普林格、威立等国际化出版集团，正是通过数字出版技术的应用，通过发展数字出版业务，依然能够在数字出版时代保持其国际出版巨头地位，甚至其市场地位较之以前更加强化。最后，数字出版产品的出版发行可以带动传统出版物的配

[1] 张智勇. 国家数字出版基地将带动 30 万人就业[EB/OL]. http://cips.chinapublish.com.cn/chinapublish/sz/jd/tj/201106/t20110615_89532.html. 2012-07-03.

[2] Centre for International Economics. Australian digital content industry futures[EB/OL]. http://www.thecie.com.au/publication.asp?pID=105. 2012-08-09.

[3] 黄孝章，杨昇宁，王佐. 数字出版产业发展模式类型概述[J]. 北京印刷学院学报，2012，20（1）：36.

套出版发行，比如小说在网络上的热销可以转换成纸质小说的出版并带动其发行。

（5）发展数字出版产业，能够推动出版的全球化发展

在传统出版产业中，由于物化出版物产品流通的障碍，限制了出版业的全球化交流和发展。但在数字出版产业背景下，网络技术的优势及便利性，打破了之前在沟通、交流等方面的不便，出版业全球性的交流更为顺畅，企业间的联系更为紧密，大量跨国出版集团如雨后春笋般涌现，推动了出版业的全球化发展。

数字出版产业对出版全球化发展的推动意义主要体现在：一方面是内容生产上，通过网络可以实现全球化组稿和编辑，尤其是在科技出版领域，数字技术的应用使全球化组稿和同步编辑成为可能，这也是为何能产生跨国出版集团的主要原因。另一方面是内容发行上，基于网络构建的数字出版平台可以快捷地将数字化的知识、信息向世界进行广泛传播。因而，我们可以看到国内的 CNKI，其平台用户除了分布在国内，还广泛分布在欧美及中国台湾、中国香港等国家和地区的大学中。有研究表明，在某些方面，数字技术为富有创造力的企业或国际大型企业在全球范围内创造、购买和发行内容减少了障碍、提供了优势[1]。

▍1.2　数字出版产业的产生与发展

在数字化浪潮的影响下，整个出版业的发展呈现两极分化的态势。一方面是数字化加深了传统出版业的危机与困境。在金融危机与数字化的双重冲击下，传统出版业的发展可谓"步步惊心"、"危机四伏"，传统图书市场萎缩，全球不少纸质报刊陆续停产、停刊，实体书店纷纷倒闭，就连鲍德斯这一全球第二大连锁书店也轰然倒下，传统出版业可谓困难重重。另一方面则是数字化促进了数字出版产业的快速发展。各国、各出版单位竞相开展数字出版业务，数字化阅读越来越成为大众化的阅读趋势与选择，产业产值迅猛攀升，产业在国民经济中的重要性越发突出。

简要回顾数字出版产业的产生与发展，不仅有利于理顺数字出版产业的发展脉络，更将有利于我们深刻把握数字出版产业产生与发展的动因，进一步加深对数字出版产业发展规律的认识。本节将从数字出版产业的发展历程和发展现状两方面探讨数字出版产业的产生与发展，同时还将对当前数字出版产业发展的主要问题及其趋势进行简要分析。

---

[1] Centre for International Economics．Australian digital content industry futures[EB/OL]．http://www.thecie.com.au/publication.asp?pID=105．2012-08-09．

1.2.1　数字出版产业发展历程

数字出版产业何时诞生虽然无从查考，但是，数字出版产业是数字技术与出版产业高度融合的产物却毋庸置疑。分析数字出版产业产生的背景，有利于了解数字出版产业的产生与发展；概述数字出版产业的发展历程，则更有利于加深对数字出版产业产生与发展的认知。本部分，我们首先将对数字出版产业产生的背景及形成的条件进行简要分析，然后，在此基础上简要梳理数字出版产业的发展历程。

1. 数字出版产业产生的背景与条件

数字出版产业的产生有其深刻的历史背景与现实条件。我们的研究表明，数字出版产业的产生依赖于以下 3 个方面。

（1）技术背景，即高速发展与迅速普及的数字技术是催生数字出版产业的技术基础

数字出版是在技术进步的推动下产生的。纵观出版业历史上的每一次技术进步，都会给出版业带来革命性的变化，数字出版正是基于计算机技术及通信技术的进步并与出版实践活动相结合而产生的。20 世纪五六十年代以来的计算机技术的进步，促进了计算机硬件及软件的发展，尤其是二进制技术的出现，使得对出版物的电子化编辑、排版、存储、读取等成为可能，电子出版由此而产生。同时，通信技术，尤其是互联网技术和移动通信技术的发展，实现了出版物的数字化生产、传播，催生了网络出版、手机出版等新的出版方式。可以说，技术的进步与其在出版业中的应用改变了传统出版业的产业流程，促进了新的出版理念、出版方式的产生。

数字技术至少从以下 3 个方面为数字出版产业的产生奠定了技术基础。

① 提供了数字化出版介质。出版物必须依附于一定介质载体上才能得以传播，纸张出现之后出版业才得以进入纸质出版时代，而磁盘、光盘、互联网、手机、电子纸等新的数字化载体的出现，使数字出版成为可能。

② 提供了数字化出版工艺条件。不同的出版工艺服务于不同的出版方式，正是由于雕版印刷、活字印刷、金属印刷等传统印刷工艺的出现，人类社会才由此进入了印刷出版时代，而伴随着 20 世纪中后期出现的文本处理、图片处理、音/视频处理等信息处理技术，以及语义技术、本体技术、云计算技术等数字化出版工艺技术的出现，人类社会也才由此进入数字出版时代。

③ 提供了高效的数字内容传播技术条件。一定的流通方式决定了出版物的传播方式，从而也影响着内容的出版方式。网络传播、电子商务、移动阅读等技术

的出现和普及应用，为数字内容的广泛传播奠定了技术基础，从而为出版方式的变革提供了契机。

（2）市场需求背景，即数字阅读、数字娱乐造就的巨大市场需求是催生数字出版产业的市场动因

技术的进步在直接改变文化生产方式的同时，还会影响到消费者的消费习惯，改变市场消费需求。数字技术变革导致了数字阅读、数字娱乐等数字消费的产生，而巨大的数字消费需求正是催生数字出版产业的市场动因。"以数字技术为代表的现代信息技术，不仅改变了出版载体、出版流程、出版组织，改变了出版业的运作方式和赢利模式，而且更重要的是改变了读者、改变了市场。"[1] 在现代社会的知识生产与消费中，数字信息的比重越来越大。由 EMC 公司赞助 IDC（美国国际数据公司）完成的《数字宇宙膨胀：到 2010 年全球信息增长预测》[2] 报告显示：2006 年制造、复制出的数字信息量共计 161EB，开启了前所未有的信息增长时期。这些数字信息大约是现有书籍所含信息的 300 万倍。如果将这些书籍排列起来，总长度为地球到太阳的距离（约 1.5×10^8km）的 12 倍。IDC 的报告同时显示，至 2010 年，这个数字将猛增 6 倍，达 988EB，年复合增长率为 57%。随着知识信息的生产、存储、传播趋向数字化，人们对知识信息的消费也趋向数字化。正如《IT 营销人》所指出的："一切迹象表明，2005 年将是一个不折不扣的数字消费高峰年。"[3] 海量的数字信息、丰富多彩的数字产品以及黏性十足的数字消费行为，为广大内容生产商、信息服务商、数字设备制造商提供了巨大的商机。从这个意义上讲，与其说是数字技术造就了数字出版产业，还不如说是巨大的市场需求成就了今天的数字出版产业。

（3）产业升级背景，即传统出版产业的转型升级是催生数字出版产业的内在动力

在出版业发展的历史长河中，技术的进步不断改变着出版业的产业形态。这从《中国出版史》中"以出版技术的变革为主要依据"来划分出版阶段的事实中应该可以得到印证[4]。出版业今天的产业形态正是技术的不断进步所逐步塑造而成的。公元 2 世纪初，我们的先人发明了纸张，使出版有了基本的物质载体，手写本纸质书"出版"得以实现；公元 7 世纪，我国发明了雕版印刷术，于是就有了印本书出版业；11 世纪，毕昇发明的活字印刷，极大地提高了出版的效率与

[1] 方卿. 关于我国出版业发展战略的思考（三）——出版产业升级[J]. 中国出版，2009（12）：7-8.

[2] IDC. 数字宇宙膨胀：到 2010 年全球信息增长预测[EB/OL]. http://www.e800.com.cn/articles/2007/0713/266402.shtml. 2012-09-06.

[3] IT 营销人. 2005 数字消费高峰年[EB/OL]. http://hzh918.blog.163.com/blog/static/45619620051015652580/. 2012-09-06.

[4] 吴永贵，李明杰. 中国出版史[M]. 长沙：湖南大学出版社，2008.

效益，奠定了商业出版的基础；15世纪50年代，谷登堡发明的铅活字印刷术造就了现代意义的出版业。

20世纪40年代中期，计算机的问世掀起了一场全球范围的信息革命，信息产业应运而生，人类因此迈入信息社会。管理大师彼德·德鲁克更是将这场革命称作"概念"上的革命。那么，这场以技术为先导的信息革命对出版业又意味着什么呢？有人惊呼人类将迈向"无纸社会"，图书将走向"消亡"。2008年9月14日，《纽约杂志》还以《终结》（*The End*）为题发表署名（Boris Kachka）文章，指出面对电子书和新技术的挑战，传统出版业已被"逼到了日薄西山的尽头"[1]。当然，也有人持有完全相反的观点。持这种观点的人看到的是技术给出版业带来的机遇，认为传统出版业在经过适应技术的转型后必将以全新的形态获得重生。

那么，这场数字技术变革给传统出版业带来的到底是机遇，还是挑战呢？我们认为，这场技术变革对传统出版业的影响并不完全取决于技术变革本身，而是取决于出版业，取决于出版业对待技术变革的态度，取决于出版业的因应之道。以数字技术为代表的现代信息技术，改变了出版载体、出版流程、出版组织，改变了出版业的运作方式和赢利模式。出版业只有积极拥抱新的数字技术，完成产业转型、实现产业升级，才有机会获得新生。2009年新闻出版总署颁布的《关于进一步推进新闻出版体制改革的指导意见》就明确指出，要利用现代技术"推动新闻出版产业升级和结构调整"。从这个意义上讲，数字出版产业不是从无到有产生的，而是从传统出版产业借由数字技术转型升级而来的，是传统出版产业在现代数字技术背景下完成的一次"蜕变"。

2. 数字出版产业发展的几个阶段

数字出版的概念，最早可以追溯到1978年4月，J.A.Urqart在卢森堡举办的"科技社会下的出版未来"（The Future of Publishing by Scientific and Technical Societies）研讨会上，提出电子出版（Electronic Publishing）的概念[2]。而电子出版或者说数字出版活动，则发端于20世纪50年代末60年代初，把计算机技术用于科技期刊的编辑出版[3]。数字出版经历了不到半个世纪的发展历程，短短的几十年时间，要对其发展进行分期虽然很困难，但还是有不少人做过尝试。百道新出版研究院首席顾问程三国在"2011年中国电子书产业峰会"上提出了电子书"三个世界"的观点。程三国认为，电子书市场可划分为三种基本类型：电子书1.0是传统纸质图书的数字化，亚马逊是其典型代表；电子书2.0是指在网络发行的原生电子书，盛大文学是其代表；电子书3.0是包括互动与游戏在内的增强型电子书，

[1] Boris Kachka. The End [EB/OL]. http://nymag.com/news/media/50279/. 2012-09-06.
[2] 陈生明. 数字出版理论与实践[M]. 北京：人民教育出版社，2009：2.
[3] 林穗芳. 电子编辑和电子出版物概念、起源和早期发展（上）[J]. 出版科学，2005（3）：6.

苹果公司则是其代表[1]。程三国关于电子书"三个世界"的观点似乎可以看作电子书（数字出版）产业发展的三个阶段。本书将采纳被更多人所接受的按四个阶段对数字出版产业进行分期的观点。

（1）封装型产品出版阶段

封装型出版产品主要指的是利用电子化技术手段编辑、出版的存储于磁带、磁盘、软盘、光盘等介质中的电子出版物。这一阶段是数字出版产业发展的初始阶段，或称萌芽时期。"由于技术的限制，数字出版技术只限于出版物的编制过程中，介质也是相对传统的电磁材料，主要为图书馆、资料室、信息中心和情报所提供服务。"[2]

由于存储率低、不易保存等因素，磁带型出版产品并未得到广泛应用。1956年，IBM公司成功研制出第一台磁盘存储器，推动了以磁盘为介质的封装型出版产品的兴起和发展。1972年，IBM公司又研制出软盘，使得快速的输入/输出成为可能，数字出版产品的形态也转向了以软盘为主。我国1989年出版的第一个正式的电子出版物《国共两党关系通史》就是使用软盘形式的。1985年，飞利浦和索尼联合发布了在光盘上记录计算机数据的黄皮书——CD-ROM黄皮书，宣告光盘的诞生。同年，《美国学术百科全书》推出了纯文字格式的只读光盘版。正是在这一年的德国法兰克福书展上，首次展出了CD-ROM光盘出版物。此后，以光盘出版物为主要产品形态的数字出版获得迅速发展，光盘也在较长一段时期内成为了数字出版物的主要存储介质。

（2）数据库产品出版阶段

数据库是按照数据结构来组织、存储和管理数据的仓库，产生于20世纪50年代末60年代初。"数据库是发展历史最久、影响最广的一种电子信息源"[3]，也是一种主要的数字出版物形式。1959年，美国匹兹堡大学卫生法律中心建立了世界上第一个数据资料库。20世纪70年代数据库产品得到迅速发展，20世纪80年代则走向成熟。数据库在数字出版领域的广泛运用也始于20世纪80年代，主要用于提供文献全文及文献信息的检索服务等。

数据库产品有两种出版方式，一种是光盘版的数据库产品，另一种则是存放于联机检索系统中的全文数据库。前者是数据库产品发展的主要形态之一，比如1995年《人民日报》就以光盘形式出版全文数据库，而我国学术期刊全文数据库最初也是以光盘形式出版的。联机型全文数据库主要通过大型联机系统为用户提供全文检索服务，早期的部分数据库就是采用这一形式出版的。到了20世纪90

---

[1] 程三国. 电子书产业：商业逻辑与现实结构[EB/OL]. http://www.bookdao.com/article/13517/. 2012-09-06.

[2] 黄立雄. 数字出版产业链整合研究[D]. 湘潭：湘潭大学，2010：20.

[3] 谢新洲. 数字出版技术[M]. 北京：北京大学出版社，2002：49.

年代中后期，随着互联网的普及和应用，数据库产品发展为在线数据库形式。我国第一个在线全文数据库产生于 1998 年的中国期刊网。

（3）网络出版阶段

网络出版的萌芽始于 20 世纪 60 年代的联机情报检索服务系统，网络出版真正的发展则在万维网（WWW）产生之后。网络出版形式的出现，推动了数字出版物的快速化、全球化传播，数字出版的传播手段和时效大大提升，促成了数字出版产业的迅猛发展。网络的多媒体性、海量性、互动性等正是当前数字出版物所要达到和追求的基本特性。1982 年美国德克萨斯州的《沃斯堡明星电信报》是所知较早的网络出版物。1994 年中国科学院建立了我国第一个网站，拉开了我国网络出版的序幕。

网络出版物最初主要是将纸质出版物进行数字化后，将其电子版通过网络发行与传播。例如，我国国内第一份网络出版物《神州学人》杂志就是通过这一方式于 1995 年 1 月在互联网上推出其电子版的。到了 21 世纪初期，纯网络版形式的数字出版物才开始出现并得以迅速发展。2000 年，美国作家 Stephen King 成功地在网上出版了人类历史上第一部只发行电子版的出版物——《骑弹飞行》（*Riding the Bullet*），因此《骑弹飞行》也成为了数字出版的一个历史性标杆。如今，越来越多的数字出版物开始选择以纯网络版的方式出版发行。

（4）Web2.0 数字出版阶段

Web2.0 代表的是一种全新的出版理念，倡导用户主导、用户参与、用户分享、用户创造，最大限度地帮助用户实现个性化生产并满足用户个性化需求。Web2.0 背景下的出版物拥有更强的可读性、可写性、交互性。"Web2.0 的这些特性为数字阅读创造了可能性与便利性"[1]，更为数字出版产业的发展提供了新的发展、运作思路和市场机会。在 Web2.0 数字出版时期，谁能更好地把握 Web2.0 的特征，更好地实现和满足用户的个性化需求，谁就有可能占领当下数字出版市场的制高点。

Web2.0 数字出版主要表现出以下几个特点：

① 内容的多媒体性，数字内容不再是纸质出版物的简单数字化。

② 阅读方式的多样性，包括互联网、手机、电子阅读器等多种阅读手段。

③ 产品和服务的个性化，用以满足用户对产品和服务的个性化需求。

④ 传播的交互性，以双向或多向的方式传播数字出版物，将读者纳入数字出版物创作的过程中来。

Web2.0 数字出版代表了未来一段时间内数字出版产业发展的潮流。

---

[1] 李东来. 数字阅读：你不可不知的资讯与技巧[M]. 北京：中国图书馆出版社，2010：66.

1.2.2　数字出版产业发展现状

目前，全球数字出版产业已经步入快速发展阶段，主要表现在大众、教育、专业出版领域都已形成了具有可持续性的发展模式和较为合理的赢利模式，业务开展、资本运作、竞争合作的路径也逐渐明晰化。

1. 我国数字出版产业发展现状

我国数字出版产业规模的真正形成大致是在 2005—2006 年，而我国数字出版产业完整、细致的统计数据的出现，也是始于 2005—2006 年。因而，我们将从发展规模、发展速度以及产值构成三个方面，对 2006—2011 年这六年来我国数字出版产业的整体发展概况进行粗略分析。

（1）发展规模

2006—2011 年我国数字出版产业发展规模统计，参见表 1-1。由表 1-1 数据可知，产业产值从 2006 年的 213 亿元增长到了 2011 年的 1 377.88 亿元，产业规模在六年间猛增了 6 倍多。图 1-1 所示为 2006—2011 年我国数字出版产业规模占 GDP 总量的比重。由图 1-1 可知，虽然我国数字出版产业产值占 GDP 总量的比重仍较小，2011 年仅占我国 GDP 总量的 0.29%，但是我国数字出版产业产值占 GDP 总量的比重却是逐年增加的，2006—2011 年间，我国数字出版产业规模占 GDP 产值百分比的平均增速将近 25%，表明数字出版产业在我国国民经济中的地位和发挥的作用越来越大。

表 1-1　2006—2011 年我国数字出版产业发展规模统计（单位：亿元）[1,2]

产业分类	2006	2007	2008	2009	2010	2011
电子书	1.5（电子图书）	2（电子图书）	3（电子图书）	14（电子图书 4+电子阅读器 10）	24.8（电子图书 5+电子阅读器 19.8）	16.5（电子图书 7+电子阅读器 9.5）
互联网期刊	5+1（多媒体互动期刊）	6+1.6（多媒体互动期刊）	5.13	6	7.49	9.34
数字报纸	2.5（网络版+手机报）	1.5（网络版）	2.5（网络版）	3.1（网络版）	6（网络版）	12（不含手机报）
博客	6.5	9.75	—	—	10	24
在线音乐	1.2	1.52	1.3	—	2.8	3.8
手机出版	80	158.5	190.8	314	349.8（未包括手机动漫）	367.34（未包括手机动漫）

[1] 郝振省. 2009—2010 中国数字出版产业年度报告[M]. 北京：中国书籍出版社，2011：17.
[2] 中国新闻出版研究院. 2011—2012 中国数字出版产业年度报告[EB/OL]. http://www.chuban.cc/yw/201207/ t20120720_125664.html. 2012-09-06.

续表

产业分类	2006	2007	2008	2009	2010	2011
网络游戏	65.4	105.7	183.79	256.3	323.7	428.5
网络动漫	0.1	0.25	—	—	6	3.5
互联网广告	49.8	75.6	170.04	206.1	321.2	512.9
合计	213	362.42	556.56	799.4	1 051.79	1 377.88

注：表中横线代表数据缺失。此外，随着数字出版产业的发展以及对数字出版认识的加深，报告中部分统计口径不同年份间有所变化，详见该报告；2007 年"数字报纸"一项的"手机报"数据本文并入"手机出版"中，故该数据与报告中数据有所出入。

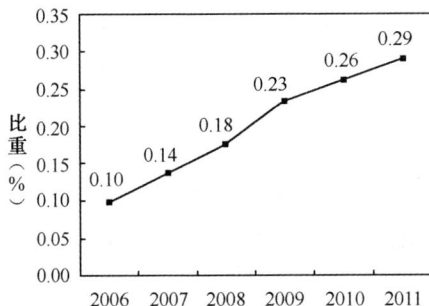

图 1-1　2006—2011 年我国数字出版产业规模占 GDP 总量的比重[1,2]

（2）发展速度

图 1-2 所示为 2007—2011 年我国数字出版产业与传统新闻出版业增长速度情况。由图 1-2 可知，2007—2011 年[3] 我国数字出版产业的平均增速超过了 45%，但近年来发展势头有所放缓，增速逐年下降。这是产业经历一段高速发展后的必然趋势，也可能与全球金融危机有关。总之，数字出版产业进入了一个相对稳定的发展期。然而与我国同期 GDP 约 10%的增长速度相比，数字出版产业还是表现出了较为良好的发展态势。尤其是与我国传统新闻出版业同期的出版物销售收入增速相比[4,5]，其增速依然远高于传统新闻出版业。也正因为如此，人们才对数字出版产业未来的发展潜力和前景满怀期待和乐观。

[1] 中华人民共和国统计局. 中国统计年鉴[M]. 北京：中国统计出版社，2006—2011（因 2012 年纸质版《中国统计年鉴》尚未出版，故 2011 年我国 GDP 总量的数据查自中国统计局网站）.

[2] 中国新闻出版研究院. 2011—2012 中国数字出版产业年度报告[EB/OL]. http://www.chuban.cc/yw/201207/t20120720_125664.html. 2012-09-06.

[3] 由于 2005 年我国数字出版产业总产值数据缺失，故无法计算 2006 年较上一年的增长速度.

[4] 中国出版年鉴编委会. 中国出版年鉴[M]. 北京：中国出版年鉴社，2008—2011.

[5] 新闻出版总署. 2011 年全国新闻出版业基本情况[EB/OL]. http://www.gapp.gov.cn/cms/html/21/1392/201208/762198.html. 2012-09-06.

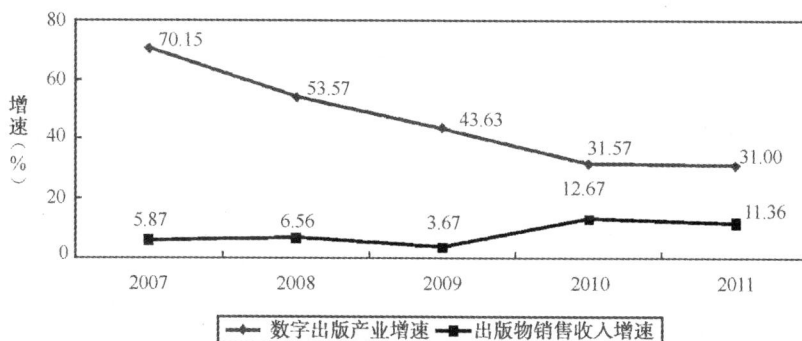

图 1-2　2007—2011 年我国数字出版产业与传统新闻出版业增长速度情况

（3）产值构成

2006—2011 年我国数字出版产业中，手机出版、网络游戏、互联网广告是其最主要的组成部分，占到了整个数字出版产业产值的 95.38%，如图 1-3 所示。而细分到每一年，这六年来手机出版、网络游戏、互联网广告的比重也一直在 92%～98% 之间变化，真正算得上是数字出版产业的"三驾马车"。其余六种产业形态仅贡献了 4.62% 的产值。可见，数字出版产业各门类之间发展极不平衡。尤其是电子书、数字报纸（网络报）、互联网期刊（不包括多媒体互动期刊）这三类传统出版业参与数字出版的重点领域的产值只占 2.04%，而且这些主要还是纸质出版物的数字化成果。由此可见，我国传统出版单位在数字化转型中还有很长的路要走。

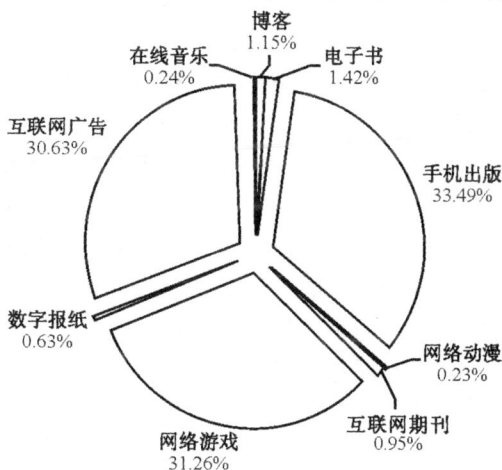

图 1-3　2006—2011 年我国数字出版产业产值构成分布情况[1]

---

[1] 图中数据统计的是六年来数字出版产业各产业类型的总产值占整个数字出版产业总产值的比重。

以上是我国数字出版产业整体发展概况,各产业门类的具体发展情况详见第 3 章"数字出版产业分类"。从上述分析可知,虽然我国数字出版产业在全球经济饱受金融危机困扰、传统出版业深陷发展困境的境况下,仍能够逆势而上,发展势头强劲,并取得一定的成就。但是,我们也应该看到,与传统出版产业相比,数字出版产业仍处于初级发展阶段,众多企业竞相涉足数字出版却各自为营,产业结构不尽合理,产业监管制度不健全致使产业管理混乱,等等,这些都是我们必须正视的数字出版产业发展中存在的问题。

① 虽然我国数字出版产业发展迅猛,并已初具规模,但仍然处于产业发展的初级阶段和探索阶段。我国数字出版产业产值继 2009 年首次超过传统出版业达 799.4 亿元后,2010 年则再创新高首次超过 1 000 亿元,2007—2011 年平均增速超过 45%。这表明数字出版产业的发展速度惊人、规模乍现。然而,我们也应当看到,与传统出版业上百年的发展历史和成熟的发展模式相比,近年来才逐渐兴起的数字出版产业还处于其初级发展阶段,"整体上尚不足以对传统出版产业构成颠覆性冲击"[1]。作为新兴的产业业态,数字出版产业几乎还没有形成任何可供参考的发展规律,产业发展模式也处于摸索和形成阶段,目前对数字出版的尝试和参与几乎都属于摸着石头过河。这也是当前传统出版企业对发展数字出版业务仍持观望和谨慎态度的主要原因。

② 基于数字出版产业喜人的发展成绩、广阔的市场空间和良好的发展前景,众多企业纷纷涉足数字出版领域,产业链上聚集了传统出版商、技术开发商、平台提供商、电信服务商、数字分销商等各色主体,较之传统出版业,产业主体之间呈现出明显的多元化特征。但是,参与的主体虽多,却各自为营、缺少合作,相互间的分工不甚明确,各自在产业链中的发展定位也尚欠清晰,这是当前数字出版产业发展中存在的一大突出问题。传统出版企业,尤其是中小型出版企业进入数字出版领域,既没有技术优势,也没有相应的资金、资源能力,更对数字化特征及趋势把握不足,而显得不知所措。技术开发商、电信服务商等强势进军数字出版产业,虽有技术、资金等方面的优势,却缺乏优质的内容资源,更不熟知出版的运作规律和市场需求,而不知何去何从。其实,二者相互协作、资源互补是最理想的局面,但目前的发展却是各自为营,技术商、平台商凭借其产业主导地位,主导利益分成,致使产业利益分配严重失衡,导致内容提供商对合作的抵触,严格控制优质内容资源,二者缺乏实质性的合作与融合。同时,绝大部分产业主体本着先"圈地"后发展的想法,在进入这一领域之前并没有明确自身的资源禀赋条件和目标定位。例如,当前部分技术开发商和分销商积极向产业链上下游延伸,意欲通吃整个产业链,这一做法既没有考虑自身资源条件和能力是否胜

---

[1] 张立. 我国数字出版产业的发展趋势及对策分析[J]. 出版发行研究,2008(10):6.

任，也没有考虑产业的分工合作，显然缺乏明确的发展定位。

③ 随着近年来我国不断加强数字出版产业发展的整体规划，数字出版产业基地建设的不断推进，我国数字出版产业结构布局得以改善，华北、华东、华中、华南、西南等地区都建有国家级产业基地，整体推进了全国数字出版产业协调发展，一定程度上优化了我的数字出版产业结构。但是，我国数字出版产业结构尚不够合理。一方面，从其产值构成来看，2006—2011 年我国数字出版产业产值构成中手机出版、网络游戏、互联网广告产业产值分别占其总产值的 33.49%、31.26% 和 30.63%，成为推动我国数字出版产业整体规模不断扩大的"三驾马车"，而同期电子书、数字期刊、数字报纸出版产业产值的比值仅分别为 1.42%、0.95% 和 0.63%（详见图 1-3）。由此可以看出，我国数字出版产业结构不尽合理。另一方面，传统出版内容的数字化这类产业链价值增值程度较低的低端产业形态比重过大，如电子书出版产业、数字期刊出版产业、数字报纸出版产业等多以传统内容的数字化形式为主；而完全的数字出版形式[1]以及语义出版、元数据出版、云出版等数字出版中高端产业形态发展缓慢，且比重过低。低端产业比例过重，而中高端产业没有得到应有的发展，产业结构发展失调，这也不利于数字出版产业结构的优化和产业升级。

④ 虽然近年来我国加强了对数字出版产业的规划、引导和管理（如电子书出版产业设置了准入门槛），产业发展混乱局面有所改善，包括《数字出版标准体系》、《数字印刷标准体系》等数字出版产业标准化建设也正如火如荼地展开。但这依然不能掩盖我国数字出版产业制度上的不健全、管理上的不完善等问题。具体表现在：一是相关产业政策的缺失。虽然《数字出版"十二五"时期发展规划》、新闻出版总署《关于加快我国数字出版产业发展的若干意见》等具有积极的政策导向意义，但是国家在诸如产业人才培养、税收优惠、技术创新鼓励、投/融资等具体方面的政策仍稍显缺失。二是多头管理、管理混乱。新闻出版总署、广电总局（二者现已合并为国家新闻出版广电总局）、文化部、工信部等对数字出版产业的多头管理在一定程度上造成了产业管理的混乱局面，同时相关的管理制度不健全，比如目前还没有互联网期刊刊号的管理制度，也造成了管理上的混乱。三是数字版权保护机制尚未真正确立。虽然全面系统地修订《著作权法》和《信息网络传播权保护条例》等工作已提上日程，国家也在积极研究和解决数字出版版权保护机制问题，但是不可否认我国的数字版权保护机制尚未真正确立，数字内容侵权事件此起彼伏，现有的法律机制无法适应数字出版产业发展的需要，也严重阻碍了产业的健康发展。四是行业标准不统一。目前，我国数字出版产业标准化建设工

[1] 指从内容的编辑加工到发布销售完全以数字化形式运作，而没有经过纸质出版的一种数字出版形式。

作严重滞后，不仅基础性标准和关键性标准缺失，电子书等产业的格式标准更是混乱，不同的电子书阅读器采用不同的格式，不同的企业建立不同的标准，行业标准的不统一严重影响了数字出版市场的顺畅发展。

2. 国外数字出版产业发展现状

虽然我国数字出版产业的发展速度较快，在某些方面就其数量而言也达到甚至超过国外发达国家水平。例如，我国电子书的品种已超过 30 万种并成为全球电子书出版第一大国。但就其整体规模而言，我国的数字出版产业与国外出版产业发达国家相比，仍存在很大差距，同时在产业发展的质量方面也有不小距离。因而，有必要了解国外发达国家数字出版产业的发展现状。但因国外数字出版产业归属与统计口径、方法的差异，篇幅以及资料的限制，本书仅简单罗列部分国家数字出版产业中典型产业门类的发展现状，详见第 3 章 "数字出版产业分类"，这里不再赘述。

1.2.3   数字出版产业发展趋势

结合目前数字出版产业发展的现状，我们认为，未来数字出版产业的发展趋势，主要体现在以下四点。

1. 内容资源的集成化

在传统技术背景下，"内容为王" 还是 "渠道为王" 一直是出版业界、学术界争论的焦点。进入数字出版时代，在上述争论的基础上，又引入了 "技术为王" 的争论。事实上，内容、渠道、技术三者在数字出版产业发展过程中，都有其不可替代的作用，三者中的任意一个主导产业链发展既有其理论立脚点，又有其实践典型性。可见，这种争论并没有实质意义。

在数字技术背景下，尽管渠道、技术都十分重要，但是，内容资源作为数字出版产业赖以生存和发展的核心资源或者说是基础资源，作为影响数字出版产业发展的核心因素的地位是不会改变的[1]。但是，值得注意的是，数字出版产业对所谓内容资源的认知，与传统出版产业是完全不同的。分散的、无序的内容资源如果不进行有序化和集成化，是难以发挥其效用的。也就是说，内容资源的集成化是数字出版产业发展的一个重要趋势。

作为数字出版产业核心资源要素的内容资源，其集成化主要朝数字出版平台提供内容的集成化和内容资源的高度集中化两个方向发展。一方面，要求数字出

---

[1] 李燕. 需求约束对数字出版产业的影响研究[D]. 上海：上海师范大学，2011：17.

版平台具备集成海量的、多元化的内容资源的能力，以满足不同用户的个性化需求；另一方面，内容资源向少数企业高度集中，少数实力雄厚的数字出版企业凭借其强大的资源整合力与市场占有力，通过兼并等手段不断强化其内容资源的集成性。

导致内容资源集成化的原因是多方面的。从用户需求的视角来看，在用户需求趋向多元化、个性化的今天，如何平衡用户个性化需求与企业规模化经营之间的冲突，数字出版平台集成性、海量容量的功能性特征提供了很好的解决途径。因而，搭建数字出版平台以集成更多的内容资源满足不同的用户需求，正逐渐成为数字出版产业发展的主流之一。美国数字出版商业模式的重要选择之一就是建立在海量内容基础上的数字出版平台模式[1]。从规模经济的视角来看，数字出版产业的成本特性，更高的固定成本投入以及更低的边际成本，决定了需要占领更大的市场以获取更多的利润补偿其成本投入，因而也就更依赖于规模经济，这从客观上要求数字出版企业追求内容资源的高度集成。盛大文学就是如此一步步走来并最终集成了我国绝大部分原创网络文学的内容资源。从产业集中度的视角来看，数字出版产业的集中度较高，在产业的多个领域都出现一家或少数几家企业"独大"的竞争格局。在市场的驱动下，竞争的优胜劣汰，会促使产业内某一领域竞争力低下的企业不断退出市场，而内容资源则不断向该领域的市场领先者集中。为顺应这一发展趋势，就要求数字出版企业不断增强其内容资源的集成能力。

2. 技术平台的开放共享

数字出版技术平台在促进数字出版业务发展及其市场占有方面发挥着重要作用[2]，因而，平台化既是数字出版产业的基本特征，也是其发展趋势之一。

数字出版技术平台的搭建是一项投入大、回收周期长的浩大工程。独立的非共享平台建设不仅是企业资源的浪费，更是社会资源的浪费。平台的开放共享是数字出版技术平台发展的重要趋势。在2012年亚太数字医学数字出版高峰论坛暨高端医学期刊论文写作与评审培训会议上，万方数据医药事业部总经理张秀梅就介绍道，万方数据医学网将在资源、产品、内容、市场等方面实行全面开放合作的模式[3]。

技术平台的开放共享主要体现在平台资源的开放共享和平台内容资源的开放存取两个层面。第一个层面，平台资源尤其是平台技术资源的开放、共享，解决

---

[1] 钟健华. 从全球视角看国内数字出版发展趋势[N]. 中国新闻出版报，2010-10-25（5）.

[2] 王霞. 国际数字出版平台技术及发展[EB/OL]. http://cips.chinapublish.com.cn/ chinapublish/ hw/rdjj/2010sznh/zlt/201007/t20100720_74329.html. 2012-06-23.

[3] 张秀梅. 开放的时代，开放的数字出版平台[EB/OL]. http://health.people.cn/GB/ 18028019.html. 2012-06-23.

了中小型数字出版企业无力单独搭建数字出版平台的难题。基于云计算的"云服务"概念的产生及应用，使得个体用户和中小企业可借助云服务提供商提供的网络软/硬件资源，无须前期投资即可轻松实现网站的开发和建设。数字出版平台的建设中也同样可以如此，即由实力雄厚的企业搭建一个开放共享的技术平台，多个企业共用平台资源建立自己的数字出版平台。Adobe 公司于 2010 年推出的数字出版平台就与此类似。其在成功协助《连线》（*Wired*）杂志推出 iPad 版本月刊后不久，就宣称对使用 Adobe CS5 技术的出版商开放《连线》所使用的相关平台技术[1]。由中国出版集团创建的中国数字出版网 —— 大佳网，则以"共建、共享、共赢"为理念，凭借其在资金、技术等方面的实力，为国内出版单位提供技术、渠道、资源、创意等方面的支持。中信出版社、作家出版社等一批优秀出版社在大佳网建立了自己的"自助经营平台"，既宣传推广了企业形象，又与同行实现了信息交流共享[2]。共享平台资源是中小型数字出版企业顺应数字出版产业平台化发展趋势的一种重要趋向。第二个层面，平台内容资源的开放存取，这主要是针对数字学术出版而言的。开放存取已经成为学术出版领域的一种重要趋势，因其学术内容资源的开放共享性，得到了科研人员越来越广泛的关注与欢迎。除了 DOAJ（开放存取期刊目录）这类完全的开放存取在线平台外，目前部分商业化的数字学术出版平台也在尝试向科研人员免费开放其部分内容资源。例如 HighWire Press（海威出版社）现已成为全球最大的免费全文学术论文在线平台之一，斯普林格通过"Open Choice"计划在 SpringerLink 上开放了以开放存取方式出版的期刊论文，牛津大学出版社的 Oxford Journals 在线出版平台也允许全球科研人员共享 2002 年以来牛津大学作者出版的学术论文。可以说，在开放存取运动的压力和新的学术交流体系的推动下，越来越多的商业化数字出版平台将会部分甚至可能是全部开放其平台的内容资源，供全球读者共享。

由此可见，平台资源的开发共享对于资源能力有限的数字出版企业将是一种"福音"，可以共用技术平台服务商提供的平台资源。而对于数字学术出版平台而言，重视学术出版领域的开放存取发展趋势，有选择性地实现平台部分内容资源的开放共享，将是需要慎重考虑的议题。

3. 产业链重构将导致现有利益格局调整

数字出版产业链由内容提供商、技术开发商、平台提供商、分销商等多个环节的主体构成。由于资源禀赋条件及发挥作用的不同，产业链不同环节的价值增值（即

[1]中国数字期刊行业资讯. Adobe 推数字出版平台 联合杂志社进军 iPad[EB/OL]. http://www.dooland.com/magazine/article_88074.html. 2012-06-23.

[2] 聂震宁. 建设中国最大的数字出版平台[EB/OL]. http://news.163.com/11/0520/17/74GVLV8N00014JB6.html. 2012-06-23.

分享的利润）有所差异，由此形成不同的产业链利益格局。传统出版产业链的利益格局可以用产业链理论中的"微笑曲线"来概括[1]，即处于产业链上游的出版环节和下游的发行环节分享大部分利润，而印制环节仅分享少部分利润。数字出版产业链内部的利益格局较之传统出版产业链则更为复杂，不仅整个产业很难用"微笑曲线"或诸如此类的规律加以简单概括，而且不同国家和地区之间的不同产业形态，其产业链的利益格局都会存在很大差异。但是，从当前实践来看，数字出版技术及平台对产业的引领作用，决定了技术开发商、平台提供商以及与前述二者角色重合的分销商主导产业链的利益分配，而内容提供商（包括作者）缺乏定价话语权，处于产业链的低端。目前国内的手机阅读市场正是这种局面。

在这种产业链格局下，处于产业链低端的以传统出版单位为主的内容提供商，参与数字出版的热情与积极性必然会受到影响，并会导致与技术商合作的"貌合神离"，产业链各主体缺少深度融合与分工协作，从而限制数字出版产业的深入发展。当前技术开发商、平台提供商以及分销商深受内容极度匮乏困扰的局面，正是这种利益分配格局导致传统内容提供商"抵触"合作的结果。因而，推动数字出版产业的进一步发展，必然要求改变这一缺乏合作共赢的产业链格局。目前，产业链现有格局的重构已初现苗头，内容提供商开始参与定价过程并分享更多的利润。例如，iPad 推出时就允许出版商自主定价，亚马逊也随之同意出版商对其电子书自主定价。而针对中国移动"六四分成"模式，汉王电子书提出了"二八分成"模式，自己只拿二成而更大限度地让利给出版社；当当网推出的电子书平台也主推"四六分成"模式，占据六成收入的出版社将获得比以往更多的收益。这一切都预示着数字出版产业链利益分配格局将出现重大调整。

4．产业融合将彻底打破现行产业格局

数字出版产业原本就是产业融合的结果，但同时，产业融合也是数字出版产业作为一种全新产业业态未来发展的趋势与必然选择。随着出版产业数字化进程的不断推进、数字出版产业规模的逐渐扩大，数字出版领域内的产业融合深度和广度将突破以往，并对现行的产业格局产生深远影响。

当前处于初级发展阶段的数字出版产业，由于其产业链尚处于形成和明晰化阶段，产业链各环节的合作共赢机制仍欠完善，从而造成各参与主体之间各自为政，缺乏深度合作。与此同时，由于产业发展初期技术标准各行其是、尚未统一，又进一步形成了企业合作融合的技术障碍。以电子书阅读器市场为例，涉足企业数量多、阅读器种类五花八门、格式标准不统一，导致电子书阅读器市场的竞争格局混乱，资源优化配置效果差。此外，由于现行制度与政策大多是基于传统技

---

[1] 方卿，等．出版产业链研究[M]．北京：高等教育出版社，2011：44-46．

术环境的，也在一定程度上阻碍了产业融合的深入。例如，我国文化产业领域的跨产业的兼并与重组就会受到一些现行制度与政策的限制。产业链尚未明晰，产业主体缺乏合作共赢，技术标准不统一，产业竞争格局混乱，产业融合存在技术障碍和政策障碍，是现阶段数字出版产业格局的基本状况。

但是，产业融合毕竟是数字出版产业发展的趋势。没有产业融合深度和广度的突破，数字出版产业就难以获得有效发展。我们相信，随着数字出版产业的发展，该领域的产业融合将在跨媒体、跨行业之间得以广泛实现。2010 年 5 月 27 日在北京成立的汇集 40 余家出版单位、民营书商、技术服务商的"数字出版联盟"就是这一趋势的体现。产业融合深度和广度的加强，现行的内容与技术分离、内容生产与传播脱节、不同媒体形态隔绝的产业格局将被打破，强势企业向产业链上游或下游延伸，并逐渐集合多重身份，最终贯穿整个产业链，从而形成新的数字出版产业发展格局。产业融合的推进还将促进数字出版产业朝跨媒介、跨产业、跨地域方向发展，提升产业跨界整合能力。总之，随着产业融合深度与广度的推进，将彻底打破现有的数字出版产业发展格局。

1.2.4　当前数字出版产业发展的主要问题

强劲的发展势头、不断成熟和完善的发展环境、发展方式，凸显了数字出版产业作为重要的国家战略和代表着出版业未来发展的地位，但是我们也应当清醒地看到当前数字出版产业发展中存在着一些制约其进一步发展的问题。2010 年，新闻出版总署颁布的《关于加快我国数字出版产业发展的若干意见》就指出，虽然我国数字出版产业取得了较快发展，但也存在着投入成本高、赢利模式不成熟、相关标准不统一等问题，严重制约了我国数字出版产业的进一步发展，生产力也尚未得以充分释放。我们认为，推动我国数字出版产业的进一步发展，亟须解决以下几方面的主要问题。

1. 赢利模式问题

数字出版赢利模式是业界和学界普遍关注的热点话题。赢利模式是企业在激烈的市场竞争中、在对企业所有的资源条件协同的过程中形成的企业持续赢利的商务结构和业务结构，是一套适应企业外部生存环境和内部资源条件的运营机制。赢利模式关注的是企业利润的来源、生成过程及产出形式，包括价值发现、价值匹配、价值管理三个关键环节。赢利模式是企业核心竞争力的具体体现，是在把握消费者需求、有机整合企业内外部资源的基础上形成的。

目前，我国数字出版产业发展中的赢利模式问题主要表现在：

（1）赢利模式不清晰。由于对在数字出版产业中的身份定位、数字出版赢利模式缺乏清晰的认知和足够的了解，很多从事数字出版的企业并没有明晰的赢利手段，对如何赢利认识模糊，因而也难以在数字出版业务中取得好的业绩。与一些新兴数字出版企业，如国外的亚马逊、苹果公司及国内的盛大、中国知网等有着清晰的赢利模式不同，我国大多数传统出版单位尚未找到清晰的数字出版赢利模式，导致其数字出版业绩不甚理想，并影响到了其参与数字出版的积极性，反过来也影响了传统出版企业探寻合适的数字出版赢利模式的进程。

（2）赢利模式不能很好地契合企业实际。随着数字出版产业的发展以及国内外不少数字出版企业取得成功，一些成功的数字出版赢利模式，如内容资源主导模式、互动服务主导模式、技术创新主导模式和开放共享理念模式已为人们所熟悉，并被借鉴应用。但是，我国数字出版企业取得成功的案例依然很少，原因就在于没有找到适合自身资源、能力条件及发展需要的赢利模式。例如，目前一些出版单位纷纷进军终端阅读设备市场，而其在内容资源、技术条件等方面并不具备优势，这一发展模式并没有契合企业实际情况，因而并没有像亚马逊的 Kindle 一样取得成功。

（3）对企业利润来源、核心能力等认识不明确，导致难以形成良好的赢利模式。赢利模式应该是企业在对其利润来源、资源条件、核心能力清晰把握的基础上自主探寻而来的，企业的利润来源与核心能力是企业形成比较竞争优势、区别于其他企业、持续产生利润的关键，企业必须对利润、数量、偏好、需求及分布状况、企业价值创造能力等具有清晰的认识和把握，才能发现企业的利润来源，找到企业的核心竞争力，并以此形成企业的赢利模式。但是，我们发现目前我国很多数字出版企业对自身的利润来源与核心能力并没有明确的认识，此种情况下，就很难形成良好的数字出版赢利模式。例如，科技类出版单位的利润来源明明是面向专业读者的专业出版物，但是却不乏科技类出版单位涉足数字大众出版市场的现象。

赢利模式的上述三大问题，正困扰并制约着我国数字出版产业的进一步发展。只有不断探索出适合我国数字出版发展的赢利模式，才能真正实现我国数字出版产业的发展与繁荣。

2. 技术标准问题

数字出版产业的发展离不开统一、规范的技术标准的实施，完善的技术标准是数字出版产业有序、规范、健康、快速发展的重要保障。数字出版产品及服务的形式多种多样，不同的产品及服务形式具有不同的技术标准，因而数字出版产业的技术标准具有一定的复杂性。同时，参与数字出版业务的企业众多，不同的企业实施不同的技术标准，加剧了数字出版产业技术标准的不统一、不规范性。这就更需要建立层次分明、分类科学、完整适用的技术标准体系，以减少因为标准不统一而造成的资源浪费和消费者使用不便等问题。目前，数字出版领域主要的标准有电子书格式标准、元数据标准、数字资源标识标准等。

就我国的情况而言，数字出版产业技术标准问题主要表现在标准的混乱、不统一、不兼容，严重制约了产业的发展，在"与产品相关的硬件、软件、文件交换格式及数字内容整合等方面均缺乏行业乃至国家标准"[1]，标准建设严重滞后。以电子书格式标准为例，目前国内市场中就有 Adobe 的 PDF、OEB 组织的 OEB、方正的 CEB、超星的 PDG、中国知网的 CAJ 等标准。各种标准可谓是琳琅满目，但是却缺乏统一的技术标准格式，各格式标准之间也不兼容。标准的混乱，一方面造成了用户在使用过程中遭遇诸多不便，另一方面也造成了产业在标准制定上的重复建设与资源浪费。虽然我国正在抓紧建设数字出版领域的相关行业标准，但是就目前的实践情况来看，标准化建设仍然滞后并制约着产业的发展。因而，数字出版产业亟须建立完善、统一的技术标准体系。

3. 版权问题

版权对数字出版产业发展的重要性不言而喻。没有著作权人的授权，产业的发展就缺少了必要的内容资源；没有有效地保护著作权人的权利，其创作作品的积极性便会遭受打击；没有完善的版权管理，就无法实现版权价值开发的最大化，这些都会制约数字出版产业的发展。版权问题是数字出版产业发展面临的一个重要问题，也是一个国际性问题。在版权授权、版权保护、版权管理等方面，数字出版产业面临诸多版权问题。

（1）版权授权方面。由于数字出版内容的海量性特征，传统版权一对一的授权模式在数字出版环境下遭受严峻挑战，授权疏漏和授权不实等问题随处可见。针对采用何种授权模式以及如何收费等问题，尽管学者们进行了深入探讨，并提出了不同的授权模式与收费标准，但是从实践来看，这一问题仍然没有能够得到很好地解决，依然困扰着数字出版产业的发展。

（2）版权保护方面。盗版问题是一个令版权所有人头疼的问题。网络环境下，侵权者的手段更隐蔽、技术更高明、责任更难认定。一旦发生侵权行为，通过网络的传播，其影响和损害有可能会扩大化。版权保护问题已经严重阻碍了产业的健康发展。目前，我国数字出版的版权保护机制尚不完善，法律法规建设仍然较为滞后，因而亟须加强版权保护体系与制度的建设。

（3）版权管理方面。目前存在的主要问题是如何开发适合企业和产业发展需要的版权管理技术系统。当前，业界普遍采用的主要是数字版权管理（Digital Rights Management，DRM）技术解决方案，现阶段很多数字出版商都在开发、建立自己的 DRM 解决方案。版权管理技术系统要求具备资源整合、版权授权及保护、价值

---

[1] 黄孝章，张志林，陈丹. 数字出版产业发展研究[M]. 北京：知识产权出版社，2010：217.

增值等功能。然而，目前的 DRM 主要是通过数据加密和防复制等技术手段实现对数字化文本、音/视频版权的管理，不仅对电子文档的数字版权保护存在不足，而且也没有较好地实现版权资源整合、开发、利用等价值增值功能。数字版权管理未来的发展方向，应该是开发出具备类似于内容管理系统（Content Management System，CMS）的能够实现内容资产开发管理功能的系统，应更侧重于数字版权的整合与开发，而这恰恰是当前数字版权管理系统所欠缺的。

4．产业融合问题

当前数字出版产业发展过程中存在着传统出版商主导的数字化改造和 IT 企业主导的数字出版这两条主要的发展路径。我们的研究发现，这两条路径都存在着或多或少的问题，都难以成为数字出版产业发展的有价值的模式。只有实现传统出版业与 IT 业的融合，才是数字出版产业发展的唯一正确路径。产业融合对实现数字出版产业的发展具有重要意义，能够促进不同产业间实现资源、优势互补，逐渐降低市场壁垒，模糊产业边界，从而推动数字出版产业诸多问题的顺利解决。

但是，目前数字出版领域的产业融合存在如下障碍。

（1）利益分配问题。追逐利润是每个企业的终极目标，产业融合的各方都想占有最大化的利益，这就不可避免的会产生冲突，从而影响到产业融合的实现。现阶段，我国数字出版产业链中内容提供商、技术开发商、平台提供商及分销商之间的利益分配不尽合理。以手机出版为例，中国移动推行"六四分成"的模式，其中中国移动占六成。这种不公平的分配比例，影响了产业链各环节间的协调合作，也制约了产业间的融合。

（2）观念问题。传统出版单位出于对数字出版缺乏足够了解以及自身在内容资源上具有的得天独厚的优势等认识，对数字出版仍持谨慎观望态度，阻碍了产业融合的推进。

（3）体制问题。目前我国在体制、政策上仍存在一些制约产业融合的因素。例如，不同媒介间、不同地区间的条块分割还较为严重，出版业作为意识形态的重要领域，行业外资本的进入受到限制等，这在一定程度上影响了企业间的兼并与战略联盟。这些都是制约产业融合的重要因素。

基于此，我们认为，政府有关部门应该创造宽松的政策环境以促成其融合，出版业界则应该主动参与到这一融合过程中去。值得庆幸的是，近年来各级政府加大了对数字出版产业基地的建设力度，为数字出版产业融合搭建了一个重要平台。数字出版产业基地的发展，必将加快我国数字出版产业领域产业融合的进程。

第2章

Chapter 2

▶ 数字出版产业管理总论

数字出版产业，是所有参与数字出版活动的企业和组织所组成的文化经济产业部门中的一个重要领域，由内容产业中进行数字化产品与服务、生产、传播的产业部门共同构成。数字出版产业是伴随着数字技术的进步而产生和发展的，其产生扩大了出版产业的内涵和外延。近年来，在政策与技术的助推下，我国数字出版产业呈现高速增长态势，2009 年我国数字出版产业产值达 799.4 亿元人民币，首次超过了传统出版业产值；2010 年其产值更是突破千亿元大关。方正集团副总裁方中华将 2009 年视为中国数字出版产业发展的"拐点"。数字出版产业所展现出来的发展潜力与发展前景已为出版业界所关注。如今，数字出版成为出版人广为关注的热门话题，尤其是近年来实体书店的疯狂倒闭，更引发了人们将数字出版视为传统出版业走出困境的"良方"与继续向前发展的未来选择。可以说，数字出版产业代表着出版业发展的未来。

然而，目前我国数字出版产业发展中也存在相关法律法规不够完善、行政管理色彩过浓、产业标准亟待统一、数字版权保护机制有待健全、有效的数字出版市场监管机制尚未形成等诸多问题。以上问题表明，迫切需要加强数字出版产业的管理，继续推进出版管理体制机制创新，形成完善、稳定、行之有效的产业管理体制，为数字出版产业的持续、健康、稳定、快速发展创造良好的产业发展环境。

2.1　数字出版产业管理概述

随着数字出版产业的不断发展、对经济促进作用的逐渐增强，如何对其进行积极引导、加强管理，日益成为数字出版产业发展的重要课题。2010 年 9 月 15日，新闻出版总署发布了《关于加快我国数字出版产业发展的若干意见》，其后一些地方政府也颁发了相应的地方政策，如上海市政府 2011 年 3 月 25 日签发了《关于促进本市数字出版产业发展的若干意见》。2011 年 4 月 20 日，新闻出版总署又发布了《数字出版"十二五"时期发展规划》。上述发布的文件是数字出版产业管理的重要组成部分，这些政策的频繁出台也体现了当前加强数字出版产业管理的紧迫性。本节在简要分析数字出版产业管理的内涵及外延的基础上，将重点探讨数字出版产业管理的基本内容和管理组织。

2.1.1　数字出版产业管理的内涵与外延

数字出版产业管理是指一个国家或地区为了实现其区域内数字出版产业的健康发展以及一定的经济与文化宏观调控目标，应用产业经济学与文化产业管理原理，采用一定的管理手段和方法，对数字出版产业及其资源分布进行规划、组织、协调、控制等一整套管理措施的总称。数字出版产业管理的目的是为了通过完善产业发展的各项管理制度体系，为产业的健康有序发展创造良好环境，从而扩大产业整体规模，优化产业结构，并实现产业效益的最大化和产业竞争力的提升。数字出版产业管理主要包括两个层次的含义：一是通过行业协会来统一规划、协调、指导、沟通行业内部成员的生产经营活动，促进产业的发展；二是国家政府机构通过对产业组织内部行为的规制，制定各类规范产业发展的法律法规和促进产业发展的政策等，对产业进行规划、协调、指导和监管。

数字出版产业管理主要是管理主体通过一定的管理手段和方法对整个产业及其组成部分施加影响的过程。管理主体可以是国家政府机关，也可以是行业组织，不同的国家和地区，不同的制度体系，其管理主体会有所不同。管理的对象主要是产业内的企业及其生产经营活动，在某些情况下行业组织也是被管理的对象。相关内容将在 2.1.3 节"数字出版产业管理组织"中具体分析，此处不再赘述。

数字出版产业管理的手段主要有法律手段、行政手段和经济手段，因而数字出版产业管理体系就包括了法律管理、行政管理和经济管理这三个层面。

（1）法律管理主要通过制定各种法律法规来规制产业主体的行为，用以规范产业的发展，数字出版产业的发展严重依赖各类相关法律法规尤其是数字版权保护法律体系的完善，以及对相关违法行为的惩处。因而，数字出版产业法律管理的主要任务就是完善产业发展所需的相关法律法规，以及对违法行为的执法。目前，我国数字出版产业管理适用的法律法规主要有《著作权法》、《出版管理条例》、《音像制品管理条例》、《电子出版物出版管理规定》、《信息网络传播权保护条例》、《互联网出版管理条例》、《互联网信息服务管理办法》、《互联网新闻信息服务管理规定》、《互联网等信息网络传播视听节目管理办法》、《互联网视听节目服务管理规定》等专门法律法规，以及《刑法》等各类基本法。

（2）行政管理是指行政管理机构依据其职权对数字出版产业进行组织、规划、协调、监控的一种管理方式，是产业发展最为直接的管理手段，能够有效弥补市场调节存在的缺陷。行政管理具体又包括三个方面：一是政策引导，即通过制定一定的产业政策引导、扶持产业的发展，包括产业组织政策、产业结构政策、产业布局政策等产业发展政策，以及投/融资政策、价格政策、税收政策等经济扶持政策。政策引导的管理方式，可以合理调整产业结构，调控产业区域布局，优化资源配置，扶持产业发展，是常见的产业管理手段。日本作为产业政策研究与实施较早的国家，也积极运用政策杠杆调控本国数字出版产业布局，尤其是数字动漫产业的布局[1]。二是行政监管，除了政策的引导之外，行政管理还应该采取必要的规范及约束产业主体经济行为的、具有法律约束力的行动和措施，加强对市场的监管。行政监管对维护正当的市场经济秩序、限制市场垄断、提高资源配置效率、防止无效率的资源配置、保护大多数社会公众的利益等具有直接影响，是当前我国数字出版产业管理的主要手段。三是公共服务，即强调政府管理部门在产业发展过程中的服务职能，是政府公共服务职能的必然要求。数字出版产业管理中的公共服务包括数字出版技术推广、政策法律咨询服务、政策性信贷以及利用公共资源对数字出版从业人员进行培训等。韩国在数字内容产业管理过程中，特别强调其政府管理部门的公共服务职能，韩国软件振兴院（Korea IT Promotion Agency，KIPA）负有提供国内外数字内容产业发展状况信息、培训公众数字内容的使用与阅读能力等服务职能，而韩国计算机程序审议裁判委员会（Program Deliberation & Mediation Committee，PDMC）的工作之一则包括向公众进行相关的普法教育、为市场主体提供法律咨询等[2]。

（3）经济管理是指政府管理部门借助经济杠杆的调节作用对数字出版产业发展实施的一种宏观调控行为，通过经济的调节手段来影响和调整产业的发展是较

---

[1] Lent, J. A. Animation in South Asia [EB/OL]. http://www.intellectbooks.co.uk/ journals/ view-Article,id=8087/. 2012-08-01.

[2] Korea Digital Content Annual Report 2005[EB/OL]. http://www.nipa.kr/download Manager.it? type=board&bno=77&cno=146&ano=5094. 2012-07-15.

为常见的一种产业管理手段。经济管理手段更易于发挥市场对数字出版产业的调节作用，通过经济杠杆调节和控制产业的经济活动，能有效调节数字出版产业的市场供需，也更利于调动数字出版产业各市场主体的积极性。常见的经济调节手段主要包括了价格、税收、工资、信贷、利率、资助、补贴等。在国外，日本就出台税收、资金方面的优惠政策扶持该国中小企业发展数字出版业务，以推动本国数字出版产业的发展。韩国政府则直接通过资金资助的方式扶持本国网络游戏企业参与海外竞争，以提升该国网络游戏出版产业的国际竞争力[1]。欧盟于 2008 年 11 月启动的每年划拨 250 万欧元推动欧洲数字图书馆的发展计划，也是运用经济手段调控欧洲电子书出版产业发展的具体体现。

在这三种数字出版产业管理手段中，较为合理的做法是以法律手段和经济手段为主，行政手段为辅，尽量避免过多的行政干预。目前，我国数字出版产业的管理仍主要以行政管理为主。因此，遵循数字出版产业发展规律，借鉴发达国家数字出版产业管理经验，科学定位不同管理主体的管理功能，发挥不同管理主体的积极作用，科学调用不同管理手段，提升数字出版产业管理水平，对促进我国数字出版产业的发展具有重大意义。

2.1.2　数字出版产业管理的基本内容

数字出版产业涉及门类繁多，与相关产业的融合性强，产业技术更新迅捷。这些特征不断给产业发展带来新的机遇与挑战，因而，数字出版产业的管理工作是一项艰巨、繁杂的工程，对其实施管理的内容丰富多样。概括来讲，我们认为，数字出版产业管理的基本内容主要有产业组织管理、产业结构管理、产业布局管理和行业管理。

1. 产业组织管理

产业经济学认为，产业组织是指"市场经济条件下产业内企业与市场的相互关系，也就是产业内企业间竞争与垄断的关系"[2]。数字出版产业组织，实际上指的是数字出版产业内的企业在市场机制作用下表现出的与市场的关系。产业组织是产业组织理论的研究对象，把握产业组织动态是开展产业组织管理、制定产业组织政策的关键，合理的产业组织则体现为既能保持适当的规模经济，同时又能维持竞争的有效性。

数字出版产业组织管理，强调在把握数字出版产业内部企业之间的竞争与垄

[1] Korea Times. Government to Invest W21 Billion in Digital Contents Industry[EB/OL]. http://eng.edaily.co.kr/PRESS/View.asp?m=4&seq=3112&page=1. 2012-07-15.

[2] 聂亚珍，陈冬梅. 产业经济学[M]. 北京：光明日报出版社，2011：19.

断关系的基础上，通过制定产业组织政策等措施协调和管理数字出版产业组织，调解产业内各企业间的市场关系，以维持合理的市场秩序、提高数字出版产业内资源配置的效率。既要充分利用规模经济原理提高数字出版产业的生产效率，同时又要实现市场的有效竞争，优化资源配置，以避免产业内过度竞争带来的资源配置的低效率，是开展数字出版产业组织管理的目标导向。

数字出版产业组织管理的主要内容之一是对产业内企业的管理。企业是产业组织的基本要素，是推动产业发展的核心主体，强化对产业内企业的管理正是加强产业管理的题中之意。对企业的管理，主要是调控产业内可能发生的恶性竞争与垄断行为，以维护市场秩序、保持市场活力，实现产业资源的合理与有效配置。目前来讲，针对数字出版产业内存在的企业间的无序竞争、同质化、效率低下、资源浪费等问题，对数字出版企业的管理较为迫切的是加强对其准入资质的管理，即能否参与数字出版市场竞争的管理，由此可以有效改善目前数字出版市场无序的竞争状况与提高资源配置效率。

针对我国电子书出版产业无序竞争格局，新闻出版总署为此设置了电子书产业准入门槛，强化对电子书产业参与企业的管理。2010 年 10 月 10 日，新闻出版总署发布的《关于发展电子书产业的意见》指出：要依法建立电子书行业准入制度，"对从事电子书内容原创、编辑出版和电子书内容资源投送平台运营业务的企业，作为电子出版物出版单位和互联网出版单位进行审批和管理；对从事出版物内容的数字转换、编辑加工、芯片植入的企业，作为电子出版物复制单位进行审批和管理；对从事电子书的总发行、批发、零售业务的销售企业，作为电子出版物发行单位进行审批和管理；对从事电子书进口经营业务的企业，作为电子出版物进口单位进行审批和管理。"根据该意见分类审批与管理的指导思想，2010 年 11 月 4 日新闻出版总署公布了首批电子书牌照，共 30 家企业获得了电子书从业资质。这对规范电子书市场秩序，细分产业市场，避免技术商与内容商的对立，提升我国电子书出版产业资源利用效率和竞争力，具有积极意义。

未来，数字出版产业组织管理的重点仍将是按照分类审批与管理的原则，继续完善相关行业的企业准入资质制度的建设，如对从事互联网期刊出版企业资质的审批和管理，对电子阅读器市场企业的准入及其市场行为的监管等，以规范产业内企业的市场行为、维护市场正常的竞争秩序。

数字出版产业组织管理的另一主要内容是对市场的管理。"产业组织，实际是指产业内企业与市场的合理组织"[1]，市场作为产业组织的另一个基本要素，也就成为了产业组织管理的主要内容之一。对市场的管理，主要是对市场结构、市场

---

[1] 郭义钧，邱钧. 产业经济学[M]. 北京：中国统计出版社，2001：238.

行为和市场绩效的管理，产业经济学经典的 SCP[1] 理论框架可以为此提供管理思路。市场结构指的是市场内部企业间的相互作用及联系，反映的是市场的竞争和垄断关系。数字出版产业中的市场结构管理主要是对数字出版产业的市场集中度和市场进入、退出壁垒的调控。数字出版产业作为一种具有较高市场集中度的产业，必须借助一定的管理手段调控其集中度，形成一定规模的集团企业，以保持合理的规模经济效应。《数字出版"十二五"时期发展规划》提到的力争形成 20 家左右年营业收入超过 10 亿元的数字出版骨干企业正是基于这方面的考虑。同时，数字出版产业管理组织应当设置一定的市场进入与退出壁垒，保证产业一定的生产效率和竞争有效性，如电子书产业市场准入门槛的设置。市场行为是产业内的企业为实现其经营目标而在市场中采取的行动，包括定价、兼并、企业间的价格协调等行为。对数字出版企业市场行为的管理，尤其应该重视对其定价行为和价格协调行为的监管，防止可能引发的价格战而扰乱市场秩序，或是企业间的价格共谋，损害消费者利益。市场绩效是市场运作效率的反映，主要可以从资源配置效率、产业结构规模效率、技术进步等方面进行描述和评价。必须通过一定的调控手段，调节资源在产业内的分配及其效率，同时应该出台一定的管理政策鼓励企业的技术创新，以推动数字出版技术的进步。

2. 产业结构管理

产业结构是指产业间的技术经济联系和数量比例关系。产业结构与经济增长联系密切，经济的增长必然伴随着产业结构的成长，产业结构的变化过程可揭示经济发展过程中各产业部门主导产业不断更替的变化规律。数字出版产业结构，是指在数字出版产业内部各产业类型间的联系和数量比例关系，具体而言，即数字大众出版产业、数字教育出版产业、数字学术出版产业之间的联系和比例关系，或是电子书、数字期刊、数字报纸、数字动漫、数字音乐、网络游戏等产业门类之间的联系和数量比例关系。

数字出版产业结构管理，是指管理部门在确定数字出版产业各产业部门在产业发展中的地位、作用，以及数字出版产业结构协调发展的比例关系的过程中，所采取的保证促成这一结构变化的一系列管理措施的总称。产业结构管理所采取的管理措施可以是扶植、鼓励、调整、保护、限制特定产业门类或产品的发展。当前各国政府均根据各自的数字出版资源状况而扶持某一特定数字出版产业门类的发展，比如日本政府大力发展其数字动漫产业，韩国政府积极扶植本国网络游戏产业的发展等，都是较为典型的对数字出版产业结构进行管理的表现。

数字出版产业结构管理，以优化产业结构为目标导向。具体表现为：一是要

---

[1] SCP 是市场结构（Market Structure）、市场行为（Market Conduct）和市场绩效（Market Performance）的简称，最早出自 1959 年贝恩所著的《产业组织论》一书.

实现数字出版产业结构的合理化，即要通过对产业施加的管理促进数字出版产业各经济部门间在数量比例上趋于合理，调整或减少资源消耗多、投入大而产出小，或者是已步入衰退阶段的产业部门的发展比例，转而支持、鼓励和引导具有更好发展前景或是对相关产业具有较大拉动作用的产业部门的发展。例如，目前降低各类光盘、磁盘等形式数字出版物的生产，转而积极鼓励、扶持发展数字动漫出版产业和手机出版产业，正是考虑到光盘/磁盘数字出版物市场需求已基本萎缩殆尽，而数字动漫出版产业对其相关衍生产业的波及效用明显，手机阅读也正在成为数字阅读的趋势，由此而做出的政策决策。二是实现数字出版产业结构的高度化，即根据产业需求结构的变化，调整产业结构向更高一级演进，并不断提高产业的规模和专业化程度。平台化已成为数字出版产业的重要发展趋势，数字出版平台产业正在成为推动数字出版产业发展的支柱。为推动数字出版产业结构向平台化方向调整，新闻出版总署出台的《关于加快我国数字出版产业发展的若干意见》中就明确提出，国家将大力扶持企业数字出版平台的建设。《数字出版"十二五"时期发展规划》也明确将"建成5～8家集书报刊和音像电子出版物于一体的海量数字内容投送平台"确定为"十二五"时期数字出版产业发展的主要目标。三是数字出版产业结构的均衡发展，即保持数字出版各产业部门在发展速度和进程上的相对均衡。目前，在大众、教育、学术三大出版领域的数字化进程中，数字学术出版产业走在了前列，而数字大众出版产业的发展进程相对滞后。针对这一情况，应当出台相关的产业结构管理措施，给予数字大众出版产业在投/融资、税收等方面的政策优惠，扶持、资助具有较强原创能力的中小型数字大众出版企业的发展等，以促进三大出版领域数字化的均衡发展。

数字出版产业结构的调整及其管理主要是通过产业结构政策来实施的，这是各国优化其数字出版产业结构的常用手段。产业结构政策是政府制定的调整和优化产业结构的政策。合理的产业结构政策能够保护和促进产业内幼小产业经济部门的发展，加速产业资源配置的优化过程以及产业结构的调整和产业升级。其主要内容包括：一是选择数字出版产业中优先发展的产业和主导产业，并对其施以一定的扶植与保护政策，推动该产业的快速发展和产业竞争力的迅速提升，避免国外企业的冲击与吞噬。我国当前限制动漫产品的进口数量与播出时长，就是对动漫产业的保护和扶植。二是对产业的限制政策，以调整产业结构和资源的流向。例如，对电子书出版从业资质的限制，正是起到了调整电子书产业结构和资源流向的作用。三是对产业中衰退产业部门的调整和援助政策，数字出版产业作为新兴的产业形态，虽属于朝阳产业，基本不存在此类情况，但是对于数字出版产业发展早期的光盘等出版物形态，则确实需要开展此类管理，以调整其资源流向其他的数字出版产业部门，促进数字出版产业结构的优化和升级。

总体上看，目前我国数字出版产业结构尚不够合理，图书、报纸、期刊数字化部分的市场规模较少，而网络广告、网络游戏与手机移动业务的市场规模比重则过高。虽然国家"十二五"规划以及文化产业领域的"十二五"规划对调整目前的数字出版产业结构具有积极影响，但是仍需出台更多的产业结构发展政策，才能较好地解决这一问题。

3. 产业布局管理

产业布局是产业在地域上的分布状况，反映的是产业的地域分工与协作关系，是国家对产业在空间上的战略部署和规划。产业布局既是产业管理部门决策的结果，也是区域性资源禀赋、以往经济发展道路和制度选择的结果[1]。产业布局管理是政府管理部门根据各地区的资源禀赋条件和地区分工原理，调配产业资源在空间上的配置并寻求最优组合的管理过程，体现的是国家及其管理机构对产业空间分布的协调与组织。

数字出版产业布局管理，主要强调协调和组织数字出版产业的区域布局，调控数字出版产业在区域内部和区域之间的分工与协调发展。强化数字出版产业布局管理，可以通过规划数字出版产业在区域的布局和发展，调配数字出版资源流向，从而实现资源的合理配置；可以依据各地区资源禀赋和数字出版产品及服务需求结构的不同，引导产业向数字出版资源禀赋条件更好、数字出版产品及服务需求更旺盛的地区转移，调控数字出版产业区域结构，并使之趋向合理化；可以充分发挥区域优势，推动产业的地区分工，从而有利于通过先发展起来的地区带动后发展起来的地区，最终实现数字出版产业在区域结构上的均衡发展。

数字出版产业布局管理的主要内容包括：首先，制定数字出版产业布局战略，并选择在战略期内重点支持发展的区域。目前，《国家"十二五"时期文化改革发展规划纲要》、《新闻出版业"十二五"时期发展规划》、《数字出版"十二五"时期发展规划》、《关于加快我国数字出版产业发展的若干意见》等都是我国开展数字出版产业布局管理的依据，这一系列政策文件也对未来我国数字出版产业的布局做出了相应规定。其次，建立数字出版产业发展园区或产业发展基地，通过产业集群效应引导更多的资金和劳动力等资源流向该地区。《数字出版"十二五"时期发展规划》指出，"十二五"期间，要在华东、华南、华中、华北、东北、西北、西南等具备条件的地区分别建设1～2家国家级数字出版基地，这对合理布局我国数字出版产业发展具有重大政策导向意义。最后，制定区域数字出版产业扶植政策，通过投/融资及税收优惠、资助、补贴甚至直接投资介入地区数字出版产业发展等经济杠杆作用，刺激布局区域数字出版产业的发展。目前，我国对数字出版产业布局区域的扶植主要体现在数字出版产业基地所享有的配套政策优惠上，各

---

[1] 聂亚珍，陈冬梅. 产业经济学[M]. 北京：光明日报出版社，2011：175.

产业基地所在省市也积极利用这一发展机遇出台本区域的数字出版产业发展指导意见。2011 年 1 月，重庆市出台的《关于加快重庆数字出版产业发展的指导意见》就提出：要充分利用重庆北部新区国家级数字出版基地的优惠政策，推动重庆市数字出版产业的快速发展。

　　如前所述，建立数字出版产业基地是较为常见和有效的产业布局管理方式。所谓的数字出版产业基地主要是指"由政府或民间组织、机构规划或自发建设，通过控制产业基地招商定位，吸引数字出版行业的相关企业入驻，在基地内产生行业集聚和规模效应，形成完整的产业链，从而促进数字出版产业快速发展的产业基地"[1]。目前，我国建立的国家级数字出版产业基地主要有上海张江国家数字出版基地、重庆北部新区国家数字出版基地、杭州国家数字出版基地、中南国家数字出版基地、广东国家数字出版基地等，基本完成国家 8～10 家数字出版基地的建设目标，同时还建有多个地区级数字出版产业基地和网络游戏、动漫等产业基地。数字出版产业基地在资源配置与利用、人才、技术和资金整合、项目申报与政策扶持等方面具有明显优势，各地基于产业基地所具有的功能，充分发挥各自的区位优势，在国内数字出版产业发展中走在了前列。例如，上海张江国家数字出版基地 2009 年产值为 90 亿元，约占 2009 年我国数字出版产业产值的 9%，2010 年上半年该基地产值已达到 42 亿元 [2]。又如，北京聚集了大批优秀的内容开发企业和人才，依靠其在原创内容开发上的领先地位，在动漫、网络游戏、增值业务、网络教育等方面具有明显优势。可以说，产业基地对我国数字出版产业发展的拉动效用明显。

4. 行业管理

　　行业管理就是按照行业规划、行业组织、行业协调以及行业沟通形成的一种行业管理体制，是介于国家宏观管理和企业微观管理层面的一种中观管理活动。广义的行业管理其实也包含了国家政府机构通过制定各种财政、金融政策来确定各行业，尤其是重点行业的发展方向和目标，从而实现对各行业的规划、协调和指导。一般意义上的行业管理，仅指通过行业协会来统一规划、协调、指导、沟通各同行企业的生产经营活动的管理活动。行业协会是数字出版产业管理的主体之一，因而，行业管理也就成为了数字出版产业管理的基本内容。

　　依据行业管理在产业管理中发挥作用的程度不同，世界各国的行业管理可以分为三种模式。一是以美国为代表的充分注重行业协会在协调同行企业生产经营活动中的作用的模式。这种模式旨在淡化政府的管理色彩，以市场调节为主，充

---

[1] 曹旭，苟莉莉. 论数字出版产业基地的功能及发展建议[J]. 中国经贸导刊, 2010（22）: 69.

[2] 马莹. 数字出版基地热建产业拉动效应待估[N]. 中国图书商报, 2010-09-10（1）.

分发挥行业组织的协调、指导、沟通作用。二是以日本为代表的行业协会与政府协调合作的模式。这种行业管理模式既注重发挥行业协会协调、沟通的管理功能，又保留政府在行业宏观调控方面的一些职能，行业协会和政府协调合作、相互作用，共同对产业实行管理。三是由政府承担行业管理职能的模式。在此种模式下，行业协会的作用微弱，甚至行业协会附属于政府管理机构，无论在身份还是地位上都没有完全独立。我国基本属于这种情况。

要对数字出版产业进行有效管理，发挥行业协会的作用是必不可少的。这就要求我们在对数字出版产业进行管理的过程中，应强化行业管理的比重。

行业管理是行业自身进行自律与自我管理的体现，是数字出版产业管理的重要内容。行业协会强调在企业独立自主经营的条件下，为企业提供指导、协调、沟通等服务，是企业与政府沟通的桥梁。许多国家都注重行业协会在数字出版产业管理中的作用。英国网络出版协会（Association of Online Publishers，AOP）长期关注在线出版的各个领域，比如内容付费、在线订购模式、数据安全和保护、版权与内容管理、新技术、受众调查等，并对其会员进行相关指导，在行业发展、政府沟通等方面发挥了积极作用。法国全国出版协会积极为其会员提供各种各样业务交流与信息共享的平台和机会，其曾在巴黎图书沙龙期间组织了一次名为"图书沙龙与电子书"的活动，会员企业共同探讨电子书出版，分享各自的信息与经验，通过这一方式来提高会员企业电子书出版运作能力，以推动法国电子书出版产业的发展。在我国，人民网曾发起倡议签订《手机媒体自律公约》，得到了十多家媒体的响应并现场签订，这说明我国数字出版行业内行业自律和自我管理取得一定进展。但是，总体来看，我国数字出版产业行业管理水平与发达国家仍存在较大差距，我国数字出版产业行业管理建设依然任重道远。

数字出版产业中的行业管理活动主要包括：一是沟通政府与数字出版企业间的联系，密切同行间及其他行业间的交流、沟通，进行经验、信息分享。二是向协会内部成员提供各种数字出版产业发展动态信息，并提供相关业务咨询服务。三是在制定法律法规、政策、行业标准等方面积极向政府反映行业意见，并协助制定及实施。四是帮助数字出版企业培训适应数字出版产业发展需要的专门人才。五是制定行业自律准则，比如《手机媒体自律公约》。六是代表行业参与国际交流，等等。

2.1.3　数字出版产业管理组织

在数字出版产业管理过程中，主要涉及政府、行业中介组织和数字出版企业这三类产业管理组织，并各自扮演不同的角色。其中，政府职能部门是实施管理的主体，既是管理者，又是服务者；数字出版企业是接受管理的主体，不仅仅是被管理的对象，而且是被服务的对象；而行业中介组织则是前两者之间的桥梁和纽带，但在某些特定时期兼有实施管理和接受管理的双重身份。

1. 政府

我们通常所说的数字出版产业管理，主要是指国家政府机关对产业的规划、引导、扶持和监管。政府管理部门以其宏观调控能力及其所拥有的权力，成为数字出版产业最重要的管理主体。即使在诸如英、美、法等产业行政管理色彩不是很浓厚的西方发达国家，依然可以看到政府在其产业管理中所发挥的重要作用。他们通过制定一定的产业发展政策和规范性法律文件实现对数字出版产业的监管，通过实施一定的战略性产业规划影响数字出版产业的布局及其产业结构的优化等。在我国，政府在数字出版产业管理中的重要性更是不言而喻的。

（1）政府管理的主要内容

政府在数字出版产业发展过程中主要是通过制定法律法规、政策规划并监督实施来体现其管理职能。在此过程中，构建和维护良好的市场环境和秩序成为了政府管理部门的首要任务。一个产业的健康快速发展，良好的环境是首要基础，无序的市场环境很可能会毁掉一个产业。如何为数字出版产业的发展营造良好的市场环境，应该是政府管理部门工作的出发点和着力点。数字出版产业，一方面既具有出版产业的产业经济和意识形态双重属性，产业的双重属性决定了其管理任务更重、更复杂；另一方面，数字出版产业又属于新兴领域，产业技术、产品形态等发展迅猛，由此导致数字出版市场的各种新情况、新问题层出不穷。而产业管理法律法规、政策制度却有一定的滞后性，难以在较短时间内对所有的新情况、新问题进行规范，这是不争的事实。因而，政府管理部门如何创造性地开展管理工作，为数字出版产业的发展营造有序、健康的市场环境，既是数字出版产业管理的一项重大课题，也是一个难点。

政府对数字出版产业的管理主要体现在六个方面：

① 制定法律法规和政策规划。通过法律规章来约束企业行为，为构建数字出版产业的良好市场环境保驾护航。同时，发布政策规划，明确产业发展方向和重点，进一步增强宏观调控和引导能力。

② 强化扶持、引导功能。一方面，通过各种税收、投/融资等政策扶持产业内企业做大做强，以扩大产业规模、提高产业竞争力，并增强企业的产业归属感。另一方面，积极引导企业行为、市场资源流向，以规范市场秩序、优化资源配置、合理布局产业结构等。

③ 打击侵权盗版。数字出版产业发展到今天，数字版权的侵权盗版已经成为制约产业发展的重要因素，极大地抑制了传统出版企业的积极性，侵害了权利人的合法权益。加大对侵权盗版的打击力度，通过典型案例震慑侵权盗版者，才能

彰显政府管理部门维护市场秩序、保护合法权益的信心和决心。

④ 组织开展调查统计。数字出版的统计工作一直是薄弱环节，统计范围、统计指标、分类指标、数据来源等都还有待进一步规范。各地方管理部门应该按照属地管理的要求，结合本地实际情况，主动开展辖区内数字出版产业的统计工作，通过统计结果为政策研究、市场监管和扶持发展提供依据。

⑤ 领导和建立行业中介组织。数字出版产业链很长，涉及多个领域和环节，行业间需要协调、沟通和磋商的问题很多。因此，政府管理部门积极组建各种类型的行业中介组织，加强领导，充分发挥他们的桥梁纽带作用，在凝聚产业力量、开展专题研究、倡导行业自律、搭建沟通桥梁、维护市场秩序等方面都能发挥积极作用。

⑥ 服务企业。企业是产业管理的对象，更是产业发展的主体。没有企业的积极参与和实践，产业就不可能发展壮大起来。因此，政府在实施管理的过程中，要更加注重服务，主动听取企业的意见和建议，听取他们的呼声，切实帮助企业解决发展过程中的实际困难和问题，将管理和服务有机结合起来。这样的管理，才是科学的管理，也是易于被企业接受的管理。

（2）主要的政府管理部门

在我国，新闻出版总署是当前我国数字出版产业国家层面最主要的政府管理部门，各省、自治区、直辖市等地方新闻出版管理部门及其他相关管理部门，是地方数字出版产业行政管理的主体。然而，我国具体的政府产业管理部门的名称不是固定不变的，而是随着数字出版产品形态的变化而变化的，这也反映了产业发展的实际。20 世纪 80 年代末期，新闻出版总署内设音像电子出版管理司专门负责音像电子出版产业的管理，这是数字出版的早期形态；2002 年机构改革后，新闻出版总署顺应产业发展变革的实际，开始针对网络出版产业实施管理，内设音像电子和网络出版管理司专门负责音像、电子和网络出版产业的管理；2008 年新一轮机构改革时，我国数字出版已进入高速发展期，产品形态不断丰富，产业规模不断扩大，产业链日益完善，数字出版的概念也深入人心，新闻出版总署内设科技与数字出版司专门负责数字出版产业的管理与发展，科技与数字出版司由此成为当前具体负责数字出版产业管理事项的政府部门。

根据新闻出版总署发布的"三定"方案，科技与数字出版司的主要职责是：拟订新闻出版业科技发展规划并指导实施；组织、协调新闻出版业的科技进步工作；制定新闻出版业和印刷业行业标准并组织监督检查；制定互联网和数字出版的相关行业标准；负责对出版境外著作权人授权的互联网游戏作品进行审批，对网络文学、网络书刊进行监管，对开办手机书刊、手机文学业务进行监管；对网络和数字出版的出版内容、出版活动实施监管；拟订互联网出版和数字出版发展规划、管理措施并组织实施。

上述职能可以划分为三部分：一是推动数字出版产业发展，二是行业的科技创新与科技进步，三是网络出版监管。其中，推动数字出版产业发展居于核心位置。一方面，尽管科技工作面向的是新闻出版行业整体，但由于数字出版是新兴业态，是文化与科技深度融合的产物，昭示着行业发展的未来，已成为新闻出版行业科技创新和科技进步工作的主体。另一方面，网络出版监管的主要对象其实就是海量的数字出版内容，因而网络出版监管也成为数字出版产业健康有序发展的重要保障。基于此，推动数字出版产业发展成为科技与数字出版司的核心职能。这些职能分工，清晰地体现了政府管理部门一手抓发展，一手抓管理的工作思路，和中央要求的"发展是第一要务，管理是第一责任"的指导思想是一致的。将科技进步与数字出版产业发展和管理置于同一部门，充分体现数字出版产业的特性，即数字出版是高新科技催生的新型出版业态。

此外，由于数字出版产业形态的多样性以及产业融合的广泛性，部分数字出版产业组织同时涉及不同行业领域，因而我国数字出版产业存在多部门管理的现象。例如，工信部也主管网络游戏出版产业和手机出版产业等。另外，广电总局、文化部和工商管理部门等也在数字出版产业管理中承担各自的责任。基于此，我们认为，协调、处理好数字出版产业多头管理问题，是强化我国数字出版产业管理需要解决的重点难题之一。

2. 行业中介组织

近几年来，除传统出版企业纷纷开展数字出版业务外，众多民营新媒体公司、技术开发商、渠道运营商和终端提供商也都积极进入数字出版领域，彼此间的合作日益广泛，融合度日趋加深。这一方面发展和繁荣了数字出版产业，另一方面也给稳定产品质量、遵循行业规则、恪守职业操守、维护市场秩序提出了层出不穷的新挑战。面对这种情况，除政府部门要改善管理、加强引导外，行业协会等中介组织如能在其中发挥独特的作用，将有助于化解许多无须政府管理部门出面就可以解决的矛盾和问题。在西方出版业发达国家，行业协会甚至可以说发挥了关键作用。由此可见，行业中介组织在产业管理中具有十分重要的位置和作用，也是数字出版产业重要的管理主体。下面，将简要介绍几个我国数字出版产业领域正在筹建和已经成立的一些行业中介组织。

（1）中国音像与数字出版协会。数字出版领域目前尚未建立全国性、综合性的行业中介组织，针对这种情况，新闻出版总署党组经过研究，决定利用换届机会，在中国音像协会基础上改组建立中国音像与数字出版协会。这主要出于三方面考虑：一是音像电子出版业已率先进入转型期，中国音像协会本身也需要顺应趋势，对自身的功能和作用适时进行调整。二是采取适度改组方式，可避免申请成立新的全国性协会，程序相对简单，有助于获取国家主管部门的认可。同时中国音像与数字出版协会继续作为国家一级协会，可以保持其权威性和影响力。三是可以有效利用中国音像协会多年积累的资源，以较少的成本，做较多的事情。关于新协会二级机构的设置，目前初步确定的原则是，做加法，不做减法。即原音像协会的二级机构，由音像协会征求总署相关职能部门意见后确定增减和调整方案。数字出版方面的二级机构，则根据产业发展实际进行设置，成熟一个设置一个。关于协会的会员，主要由两部分组成：一部分是传统出版企业已经成立的具有独立法人主体资格、专事数字出版业务的数字出版公司（避免与中国出版协会的会员单位重合）；另一部分将吸收具有一定规模和影响力的民营新媒体企业和产业链其他环节企业。目前，中国音像与数字出版协会筹建方案已经新闻出版总署党组批准同意，并获民政部正式批复，相关筹建工作正在积极进行。

（2）中国出版协会游戏工作委员会。21 世纪初，我国游戏产业迅速发展，其社会价值和经济价值开始受到社会各界的关注。同时，作为新兴产业，游戏产业的发展也存在一些急需妥善解决的问题，如缺少合理的行业规范，缺少完善的产业标准，缺少健全的市场机制等。特别是盗版、私服、外挂等现象的存在，造成了许多负面影响，引起了社会的批评，严重损害了游戏产业的形象。为了改善游戏产业状况，规范游戏出版物市场，消除产业发展中的不良因素，使游戏产业更加健康和繁荣发展，中国出版工作者协会适时提出组建游戏工作委员会（以下简称"游戏工委"），并于 2002 年底开始组建工作。2003 年 3 月，游戏工委筹备组成立。2003 年 7 月，在新闻出版总署的大力支持下，经过 4 个月的积极准备，经国家民政部备案，游戏工委正式成立。游戏工委的建立，在协助政府开展游戏行业管理、帮助企业开拓游戏市场、建设优良游戏产业发展环境等方面发挥了积极作用。目前，游戏工委会员已涵盖整个游戏产业链，包括国内主要的游戏出版商、开发商、运营商、渠道商、专业媒体等，会员总数达 100 余家。

（3）全国新闻出版单位数字出版部门主任联盟。当前是数字出版产业的高速发展期，更是传统出版业升级转型的关键时期。传统新闻出版单位数字出版部主任工作在数字出版战线前沿，了解数字出版发展情况，实践积累较多，是数字出版战线的骨干力量并发挥着重要的作用。为培养整合新闻出版单位数字出版部主任这一支重要队伍和重要力量，加强全国新闻出版单位间的交流合作，加强全国新闻出版单位数字出版部主任间的工作联系，创造融合发展、信息全面的发展环境，建立数字出版人才之间深度交流、思想碰撞、取长补短、互通有无、共同进步、共同发展的工作平台，从数字出版基层推进数字出版发展，2012 年 3 月 14 日至 16 日，中国新闻出版研究院承办的全国新闻出版单位数字出版部主任工作交流会议于北京举行。会议期间，全国新闻出版单位数字出版部门主任联盟宣告成立。其宗旨是建立全国新闻出版单位数字出版业务部门负责人工作发展平台，为会员工作创造条件、提供便利，以联盟的形式促进会员间的信息交流和思想碰撞，整合资源、共谋发展。联盟首批成员接近 100 位。

（4）广东数字出版产业联合会。为顺应广东数字出版产业快速发展要求和业界的迫切需求，率先探索建立数字出版"跨地区、跨行业、跨媒体、跨所有制"战略合作机制，广东新闻出版业于 2010 年 2 月 3 日成立了广东数字出版产业联合会，这是国内首个具有独立法人资格的数字出版社团组织。目前已有 138 家成员单位，包括广东省各大报业、期刊、出版、广电影视等媒体集团，图书、报纸、期刊、音像电子、互联网等出版单位，网游动漫企业、数字出版技术研发和运营企业、院校教学科研机构等国营和民营单位。联合会秉承"加强交流、促进创新、积极探索、互利共赢"的宗旨，通过数字出版产、学、研各环节间的深度融合和资源共享，打通产业链条，集聚上中下游，合力打造网络时代文化生产与传播新业态，已成为加快转变经济发展方式、建设"数字广东"和文化强省的主力军。

（5）上海市电子书产业发展联盟。2010 年 6 月 11 日，在上海市经济和信息化委员会、上海市新闻出版局的指导下，经由上海市信息服务业行业协会和上海市出版工作者协会联合发起，具有行业影响力的企业、组织、机构及其他相关单位自愿参加的非营利性的联合体"上海市电子书产业发展联盟"正式成立。该联盟的宗旨是通过建立联盟会员间的信息共享平台、协助解决联盟企业和行业发展中遇到的问题、提出促进上海市电子书产业发展的建设性意见等，共同促进上海电子书产业的发展。

（6）上海市电子书包企业联盟。2011 年 11 月 8 日，在上海市教育委员会、上海市新闻出版局、上海市虹口区人民政府的指导与支持下，"上海市电子书包企业联盟"正式成立，首次参与联盟的企业有 10 家，上海外语教育出版社被推举为理事长单位。联盟的宗旨是促进会员企业的合作与交流，推动电子书包产业的发展。这是顺应电子书包作为是数字出版产业未来发展的战略重点，以及上海虹口区电子书包项目试点、国家数字出版基地虹口园区电子书包项目的发展需要而建立的，将会对我国电子书包的发展起到积极的促进作用。

3. 数字出版企业

数字出版企业既是产业发展的主体，也是政府管理的对象，更是政府服务的对象。企业内部的自我管理和自我约束是当前数字出版管理中不可或缺的重要一环。因而，数字出版企业也是数字出版产业管理组织的重要构成部分。

一般来说，传统出版产业链较短，主要分为出版、印刷（复制）和发行三大块，都属于新闻出版领域。而数字出版产业链较长，业界一般用内容生产商、内容集成商、技术提供商、渠道服务商、平台运营商和终端生产商来划分。由此可见，数字出版产业很多环节都不在新闻出版领域，这就必然导致数字出版产业的管理会面临更多问题和更为复杂的局面。参与主体的多元化，产品的生产方式、存在形式、传播方式、消费方式的改变，决定了不能复制传统出版产业管理的方式和方法，必须要有所创新。但是，从本质上说，数字出版归根到底还是内容产业，技术、渠道、平台和终端都是为内容的展现、传播和消费服务的。因此，对数字出版企业的管理，基本要求以及所遵从的法规也还需以新闻出版业的固有传统为主。目前，我国对数字出版产业的管理就仍然沿用了传统出版业大多数既有的做法，主要体现在以下几方面。

（1）从内容生产的角度看，与传统出版业务一样，政府管理部门对从事数字内容生产的传统出版企业和民营企业实行准入制管理。

一方面，对于传统出版企业开展数字出版业务，除严格遵守传统出版对内容生产的各项要求以外，还要申请开展数字出版业务的资质——网络出版许可。但是，由于目前我国报刊、图书出版企业的数字化转型还处于起步阶段，国家正大力推动传统出版企业向数字出版转型，对于传统出版企业申请网络出版许可，政府管理部门一般都会予以批准。同时，政府管理部门还通过政策扶持和项目资助加大引导传统出版企业向数字化转型的力度，鼓励出版企业坚定不移地按照数字出版的需要改造传统出版流程，积极从事数字出版内容的生产、投送等业务。

另一方面，对于民营企业，除试点批准的盛大文学和中文在线以外，目前尚未有其他企业获得数字出版领域的内容原创许可。而这两家企业所获得的内容原创许可，也仅仅是从试点的角度，给予其网络原创文学这一单项的许可，其他方面的原创内容，这两家企业按规定仍不能在其发布平台直接发布。由此可见，政府管理部门对于内容原创的把关仍然非常严格，主要的原因在于民营企业在内容的审核队伍、审核机制以及法律法规的把握上与传统出版企业几十年的积累相比，还有很大的差距。当然，最重要的原因是，目前的相关法律还不允许民营企业直接从事出版业务。

（2）从内容传播的角度看，主要是对渠道商和平台商这一类企业的管理。从事数字内容传播的企业，按现行规定，同样必须申请网络出版许可，但许可的业务范围与内容生产企业有区别，只能对已经正式出版过的内容进行数字化传播，不能对内容进行任何修改和编辑。

（3）从内容展现的角度看，主要是对技术商和终端商这一类企业的管理。对于从事内容数字化加工和转换的技术企业，按现行规定，要获得电子书复制资质。对于从事技术开发和服务的企业，并不涉及内容的生产、传播和加工，按现行规定，不用获取出版领域的相关资质。对于预置数字内容在终端内的终端设备制造商，同样需要获得电子书复制资质；未预置任何数字内容的终端设备制造商，同样不用获取出版领域的相关资质。

综上所述，我国政府管理部门对数字出版企业的管理重点始终聚焦在"内容"这一核心环节上，各类与内容生产、加工、聚合、传播相关的企业，除了要按规定获得相应资质许可外，还要在内部建立严格的内容审核把关机制，严把内容发布这一关口，确保传播出去的内容符合现行新闻出版法律法规的具体要求。但是，较之内容生产，对从事数字内容传播和展现业务的企业，管理相对较松。未来，随着"逐鹿"数字出版"战场"的企业逐渐增多，在坚持分类管理标准的基础上，除严把内容生产关外，应逐步放开内容发布、传播等其他环节的市场，提高数字出版产业竞争的有效性。此外，还应充分发挥行业协会的沟通协调与企业自身的自我管理与自我约束功能，实现数字出版产业的健康、快速发展。

2.2　数字出版产业管理研究综述

数字出版产业管理能够为产业的健康有序发展创造良好的环境。通过管理活动的开展，能够规范产业发展秩序与市场竞争，提升产业生产效率与资源配置效率，并能推动产业整体规模的增长与产业结构、产业布局的合理优化。在数字出版产业迅猛发展并日益成为推动国民经济发展的重要组成部分的今天，各国普遍重视加强对数字出版产业的管理，提高本国数字出版产业的国际竞争力。

数字出版产业管理研究作为数字出版研究的重要组成部分，受到了国内外不少学者的关注与重视。本节将对近年来国内外数字出版产业管理的相关研究成果做一简要梳理。

2.2.1　国内数字出版产业管理研究综述

进入新世纪以来，国内兴起了数字出版方面的研究热潮，数字出版产业管理的相关内容也逐步进入数字出版研究者的视野。相关研究主要集中在以下 8 个方面。

1. 关于全产业管理的研究

从整个产业的视角对数字出版产业管理问题进行研究是相关研究者关注的重要方面，对此，主要是研究和探讨两个方面的问题。一方面是为何要对数字出版产业实施管理，研究者们主要从当前数字出版产业管理存在的问题制约了产业的发展入手，提出应加强对数字出版产业的管理；另一方面是如何加强对数字出版产业的管理，不同的研究者从不同的角度对此问题进行了探讨。对于整个产业管理的研究，相关研究主要集中于后者。

在数字出版产业规模连年增长，产业步入快速发展轨道的今天，数字出版产业管理方面存在的诸多问题，严重制约了产业的进一步发展，这成为了数字出版产业发展亟待解决的突出问题。重庆社会科学院新闻出版研究中心在梳理我国数字出版产业管理政策文件、对比分析国内外产业管理现状的基础上，从产业管理体制机制视角，指出我国在数字出版产业管理存在多头管理、管理主体缺乏、管理职能分散、管理口径不一致、管理体系不健全、监管机制存有漏洞、行政管理部门配套运行机制滞后等问题[1]。魏彬则认为，多头管制体制下管制机构的运作存在着制度上的潜在冲突、不同地区政府部门激励性管制策略的同质化竞争、产业高速发展和政府部门进行全面管制的能力形成矛盾等，这是我国数字出版产业管理存在的突出问题[2]。魏巍则以北京市数字出版产业为研究对象，认为北京市数字出版产业管理的问题主要体现在政府宏观管理不足、政策导向网络游戏产业致使产业结构不合理、缺乏产业中长期整体发展规划、监管机制不健全等[3]。这是为数不多的对国内某一地区数字出版产业管理问题进行专门探讨的研究文章。由此可以看出，我国数字出版产业在管理体制、管理主体、管理职能和管理政策法规等方面确实存在一定问题。

　　数字出版产业管理活动对产业的健康、有序发展所发挥的巨大效用，以及市场失灵的存在，决定了必须要加强对数字出版产业的管理，因而，如何加强对数字出版产业的管理就成为了相关研究关注的焦点。对这一问题，相关研究者主要从以下 7 个角度进行了探讨。

　　（1）变革管理体制

　　叶黎沼在谈及如何完善我国数字出版产业管理的有效手段时指出，必须深化管理体制改革，理顺数字出版产业的管理机制[4]。另有研究认为，在数字出版产业迅猛发展的今天，其管理现状与新闻出版体制改革形势并不相适宜，加强产业管理，理应厘清管理体制，转变管理方式，优化管理手段，这是实现出版业数字化转型的核心；文章还提出应争取数字出版管理立法，以保证管理体制变革的顺畅[5]。目前来看，国内数字出版产业管理体制机制的研究还较少，相关研究也不全面、不系统。

　　（2）改善行政管理

　　行政管理部门对产业施加的管理活动是弥补市场调节功能不足的最为直接和行之有效的手段，然而，我国的行政管理色彩过于浓厚，但政府对产业的全面管制能力却无法适应产业快速发展的需要，此种情况下，相关研究者们纷纷把目光投向了如何改善数字出版产业的行政管理，以使之适应产业发展需要上来。黄

　　[1] 重庆社会科学院新闻出版研究中心．数字出版管理态势及其延伸[J]．重庆社会科学，2011（1）：86.

　　[2] 魏彬．我国数字出版产业政府管制探析[J]．出版科学，2010（1）：48-49.

　　[3] 魏巍．北京市数字出版产业发展研究[J]．经济研究导刊，2012（4）：201-202.

　　[4] 叶黎沼．我国数字出版管理问题及其对策研究[D]．上海：上海交通大学，2009：19.

　　[5] 重庆社会科学院新闻出版研究中心．数字出版管理态势及其延伸[J]．重庆社会科学，2011（1）：83-86.

孝章等在《数字出版产业发展研究》一书中明确指出，各级政府应从产业规划、产业发展政策、宏观调控和市场监管、产业基地建设等方面出台相关管理措施，加强对数字出版产业的管理[1]。针对多头管理和相关管理主体缺乏的现象，有研究则强调应强化国家新闻出版总署在数字出版产业管理中的职能，扩大其职权和增强其权威性，从而解决多头管理、职能分散等现存问题[2]。针对类似问题，胡知武则认为应当改革数字出版产业行政管理机制，并成立专门的数字出版行政管理机构[3]。2008 年 1 月，广东省新闻出版局成立了全国首个数字出版行政管理专职机构——数字出版管理处，由此也可看出，成立专门的行政管理机构已成为数字出版产业管理的形势所趋。魏彬从分析现阶段我国数字出版产业政府管制活动的特点入手，提出可以从法律制度作用的发挥、新型激励措施的采用和社会力量的参与三方面改进我国数字出版产业政府管制活动[4]。此外，周海英则从产业竞争力的视角论述了应如何改善政府对数字出版产业的管理，其认为，政府作为数字化、信息化、产业化的推动者，应以更大的精力关注数字出版产业的发展，出台有效的产业政策，完善法律法规，制定相关标准，加大新闻出版业的科技投入，实施国家数字出版专业人才培养计划，鼓励有条件的出版单位实施跨媒体出版，等等，为数字出版产业的发展创造良好的政策、法制、资金、人才环境[5]。

　　以上都是从国家行政管理层面进行研究，魏巍针对北京市数字出版产业管理存在的政府宏观管理不足、产业结构不合理等问题，提出政府应通过制定该地区的产业发展指导意见和产业发展规划等，以改善其对产业的管理，扶持出版企业的数字化转型[6]。

　　（3）强化产业政策的推动作用

　　产业政策是实施产业管理的重要工具，优惠的政策环境是我国数字出版产业发展的重要保障。焦清超就对数字出版产业扶持政策的作用给予高度评价，并肯定了我国政府管理部门在对数字出版产业发展瓶颈和未来发展前景把握的基础上出台的产业扶持政策所取得的效果[7]。对于产业政策的研究，很重要的一个方面就是如何变革和调整现行的产业政策，使之能够有力地推动数字出版产业的发展，对此，黄先蓉等从产业结构政策、产业组织政策、产业技术政策和产业布局政策

[1] 黄孝章，张志林，陈丹. 数字出版产业发展研究[M]. 北京：知识产权出版社，2010：221-224.

[2] 重庆社会科学院新闻出版研究中心. 数字出版管理态势及其延伸[J]. 重庆社会科学，2011（1）：87.

[3] 胡知武. 数字出版行政管理探析[J]. 今日中国论坛，2008（6）：89.

[4] 魏彬. 我国数字出版产业政府管制探析[J]. 出版科学，2010（1）：49.

[5] 周海英. 我国数字出版产业竞争状况分析[J]. 中国出版，2008（7）：46-49.

[6] 魏巍. 北京市数字出版产业发展研究[J]. 经济研究导刊，2012（4）：202-203.

[7] 焦清超. 数字出版产业引起政府高度重视[N]. 中国新闻出版报，2005-07-08（2）.

角度论述了数字技术环境下出版产业政策变革的需求和调整的思路[1,2]。而耿相新则认为在数字化浪潮下出版产业政策应由跨媒体、跨行业、跨地区向跨所有制、跨国界、跨介质转变，实现由"旧三跨"转向"新三跨"，而诚信体系、行业行规体系和法律体系则是我国出版产业政策在数字化浪潮下顺利实现转向的三大保障[3]。对于未来我国数字出版产业政策的政策导向问题，胡昀认为，国家应鼓励非公有制企业和社会资本通过各种形式和途径参与数字出版业务，以推动数字出版产业主体趋于多元化；同时，积极扶植数字动漫、网络游戏、网络文学等能产生巨大效益的产业形态实现快速发展，扶持和帮助具有自主知识产权的数字出版产品走向海外市场等[4]。曹胜玫则从数字出版产业链建设的视角，提出应站在产业链建设的战略高度科学制定产业政策，同时做好产业规划[5]。

（4）优化数字出版产业结构和产业布局

目前，我国数字出版产业在组织结构上存在着产业集中度低、规模效益差、结构不合理等问题。针对此，刘肖等认为，进一步完善和提升我国数字出版产业结构，数字出版内容平台产业应成为产业发展的主导[6]。而对于数字出版产业布局问题，有研究者认为目前实施产业布局的条件已经成熟，主要表现在：数字出版产业链各环节的缀合关系已经清晰，各龙头企业的产业定位与比较优势已经成型，市场需求已经得到激发，产业发展已经步出了犹疑与摸索，数字出版转型发展的方向与路径已日渐明晰，因而推断我国数字出版产业布局将步入全面实施阶段[7]。而后，新闻出版总署署长柳斌杰在2011年11月11日召开的全国数字出版工作会议上，也阐述了新闻出版总署对于数字出版产业布局的思路[8]。

优化数字出版产业结构和产业布局，在于政府管理部门要科学、合理地制定产业发展规划。在我国，数字出版产业基地（园区）建设是数字出版产业规划的重要内容，也是实现数字出版产业结构和产业布局优化的重要手段，因而，包括《中国数字出版产业年度报告》在内的不少研究都对目前我国数字出版产业基地建设的现状、效用、存在问题等进行了关注。《中国数字出版产业年度报告》对我国

[1] 黄先蓉，赵礼寿，甘慧君. 数字技术环境下出版产业政策需求研究[J]. 出版发行研究，2011（7）：25-28.

[2] 黄先蓉，赵礼寿，刘玲武. 数字技术环境下出版产业政策的调整[J]. 编辑之友，2011（7）：15-18.

[3] 耿相新. 中国出版产业政策的转向与展望[J]. 出版广角，2010（4）：59-60.

[4] 胡昀. 我国数字出版产业发展现状及策略分析[D]. 保定：河北大学，2011：31.

[5] 曹胜玫. 当前数字出版产业链的相关问题及思考[J]. 编辑之友，2009（3）：17.

[6] 刘肖，董子铭. 我国数字出版产业协同发展路径分析[J]. 出版发行研究，2012（2）：49-52.

[7] 梁威. 数字出版产业布局进入全面实施阶段[J]. 出版参考，2011，8（上）：14.

[8] 程晓龙，李淼. 数字出版大布局[N]. 中国新闻出版报，2011-11-17（5）.

数字出版产业基地的发展现状、功能、问题及发展对策等进行了较为系统的阐述，是目前国内此方面较为全面的研究[1]。马莹在《数字出版基地热建产业拉动效应待估》一文中，简要介绍了我国数字出版产业基地建设的现状，并重点分析上海张江国家数字出版基地这第一个国家级基地的发展情况。而对于数字出版产业基地的效用问题，马莹认为产业基地不仅能享受政策上先试先行的优势，还能在资源的综合配置、相关项目的申报等方面争取政策倾斜和资金扶持，在一定程度上为今后国内数字出版产业的发展提供了有力保障，也避免了各数字出版基地企业之间的竞争[2]。庄廷江、曹旭等则肯定了数字出版产业基地在引领传统出版数字化转型、优化数字出版产业布局结构、实现产业规模效应层面的战略意义，并从政府推动、产业链导向、人才培养、投/融资渠道构建等视角阐述了如何建设数字出版产业基地[3,4]。

（5）加强数字版权保护

数字版权保护是世界各国、各地区在发展数字出版产业时共同面临的一大难题，加强数字出版产业的管理，必须要建立健全数字版权保护机制。针对数字出版的版权保护机制尚不完善，适用于数字出版的现有法律明显滞后，信息技术的快速发展让数字出版侵权案件面临取证难、认定难、维权成本高等问题，刘成勇提出应建立一个统一的数字版权数据库，集中版权的行业技术数据，以完善数字版权保护机制[5]。而国家新闻出版总署信息中心和国家版权局版权司已启动"国家版权监管平台（二期）项目"建设，其中一项重要工作就是建立完整、权威的国家基础版权数据中心，这说明建立统一的数字版权数据库确实具有现实意义。而对新形势下我国出版和版权行政管理部门如何加强对数字版权的管理，胡知武提出了五点建议，但多为宏观层面的对策[6]。

（6）探索分级分类管理模式

从整个传媒业的视角来看，我国传媒领域的管理基本处于纵向割裂、横向割据的态势[7]，这一管理模式已很难适应数字环境下出版、传媒产业管理的需要，探索新的管理模式势在必行。针对当前数字出版产业管理的现状与难题，中国新

[1] 郝振省. 2009—2010 中国数字出版产业年度报告[M]. 北京：中国书籍出版社，2011：389-403.

[2] 马莹. 数字出版基地热建产业拉动效应待估[N]. 中国图书商报，2010-09-10（1）.

[3] 庄廷江. 浅论数字出版产业园区的建设与培育[J]. 中国出版，2010，3（上）：29-31.

[4] 曹旭，苟莉莉. 论数字出版产业基地的功能及发展建议[J]. 中国经贸导刊，2010（22）：69.

[5] 窦新颖，蒋朔. 四大短板掣肘数字出版高速发展[N]. 中国知识产权报，2011-07-15（7）.

[6] 胡知武. 数字出版行政管理探析[J]. 今日中国论坛，2008（6）：88-89.

[7] 张岩. 传统媒体与新媒体，博弈中引出"管理"问题[N]. 中国新闻出版报，2007-09-21（8）.

闻出版研究院数字出版研究室主任张立于 2008 年提出了分级分类的数字出版产业管理模式[1]，这一管理思路现已在电子书出版产业中得以应用。

（7）突出行业协会的作用

行业协会在数字出版产业管理中所发挥的作用，在前文已有论述，美国等发达国家的发展经验也证明了这一点，在探索如何加强数字出版产业管理时，也有部分研究者对此给予关注。魏彬在论及如何调动社会力量改善、支持政府对数字出版产业的管理活动时指出，作为产业界的代表，行业协会可以就有关产业管制效果与企业沟通，并将意见反馈政府部门，因而政府部门必须进一步发挥数字出版领域中各个行业协会的作用[2]。同样地，魏巍也建议，在数字出版企业成千上万而政府数字出版管理部门的资源、能力有限的境况下，应成立数字出版行业协会，使其能够配合、协助政府部门解决单个经营者无法面对的诸多困难和问题，并建立会员企业间的有机联系，确保行业的有序发展[3]。

另外，中国台湾地区的数字出版产业管理问题也得到了关注，张曌介绍了台湾地区现行的版权保护法律制度，以及其数字出版产业的部分管理活动，包括：建立统筹业务的主管部门，出台一整套鼓励数字出版的政策措施，推动"数字出版金鼎奖"等相关鼓励措施的实施，刺激产业发展等。这些管理的具体方式对中国大陆地区具有一定的启发作用[4]。

2. 关于电子书产业管理的研究

2010 年 10 月 11 日，新闻出版总署发布了《新闻出版总署关于发展电子书产业的意见》，对发展电子书产业的意义、原则、重点任务、保证措施等做了详细的解释，这是我国电子书产业管理的重要依据。此后，研究者们对电子书产业管理问题进行了一定的研究，关注的重点也集中在了该意见提到的电子书产业准入门槛，以及紧随该意见出台后新闻出版总署公布的电子书牌照这一事件的评述上。

宋迪、吕斌等对新闻出版总署这一电子书产业监管活动进行了评价研究。宋迪认为，在电子书产业准入门槛设置之前，电子书市场参与主体鱼龙混杂、产品质量良莠不齐，市场的无序影响了正规企业的发展，而资质认证的出台是对电子书产业的重新洗牌，淘汰了不规范的小企业，保证了市场良性循环发展。同时，宋迪还就电子书牌照名单中各方的态度进行了调查[5]。吕斌也持有类似观点，并指出按类别划分电子书从业资质有利于细分产业市场，明确产业链分工，避免技

[1] 张立. 我国数字出版产业的发展趋势及对策分析[J]. 出版发行研究，2008（10）：10.

[2] 魏彬. 我国数字出版产业政府管制探析[J]. 出版科学，2010（1）：49.

[3] 魏巍. 北京市数字出版产业发展研究[J]. 经济研究导刊，2012（4）：203.

[4] 张曌. 台湾数字出版渐入佳境[J]. 出版参考，2008，9（上）：30-31.

[5] 宋迪. 电子书启动准入机制，动了谁的蛋糕[J]. 中国传媒科技，2010（10）：62-63.

术商与内容商的对立。然而，吕斌也指出这一监管活动并不能完全解决电子书产业现存的问题，我国电子书产业的核心竞争力依然难以形成[1]。

由于缺乏相应的运行规则和法律制度，在我国，进入电子书市场的企业良莠不齐，导致了电子书产业原创内容不足、市场竞争无序等一系列问题的出现，并由此制约了我国电子书产业的发展。对此，有部分研究者就如何加强电子书产业管理以解决困扰产业发展的难题进行了有益的探索。针对我国电子书产业存在的诸多问题，赵培云指出，应当创新电子书产业的监管模式，加强数字版权保护法律法规建设；但对于如何创新监管模式，以及怎样创新监管模式并没有详细论述[2]。崔景华、李浩研认为，处于成长期的我国电子书产业存在自身不能有效克服科技投入不足、电子书消费规模小、数字版权归属模糊等诸多问题，对此，他们从公共激励政策对产业发展的积极效用视角，在借鉴国外发展电子书产业公共激励政策的基础上，提出了我国应从法律、财政支持、税收优惠、投/融资扶持、行政监管及标准化等方面加强公共激励政策的制定，开展管理活动，以促进电子书产业的发展[3]。

此外，程蕴嘉介绍了中国台湾地区电子书产业中政府主管部门的角色及其"数字出版产业发展策略及行动计划"的简要情况，其中，涉及电子书产业的包括推动 2～3 家华文电子书内容交易中心的建设；推动 10 万本华文电子书进入市场；创造百万数字阅读人口等[4]。关于政府直接投资推动产业和引导数字阅读市场培育的做法对我们具有积极的启示意义。

3. 关于数字报刊出版产业管理的研究

数字报纸的相关研究并未受到应有重视。2006 年，新闻出版总署报刊司颁发了《全国报纸出版业"十一五"发展纲要》，正式提出了发展数字报业的战略。这一政策导向虽然得到了国内报业界的认同与响应，但是，一些人仍然认为相关政策并没有给予数字报业实质性的支持。例如，徐萍就指出，我国数字报纸出版产业发展缺乏政策管理层面的强力支持[5]。可见，要发展数字报纸出版产业，还需要财政、税收等配套政策的强力支持。

数字期刊出版产业在三大出版领域中发展最好，市场最成熟、最稳定，其产业管理存在的问题也较少，因而对数字期刊出版产业管理的研究相对较少。以下是数字期刊出版产业管理研究方面的两个主要观点。

[1] 吕斌. 电子书产业监管启动[J]. 法人，2010（12）：50-51.

[2] 赵培云. 持续发展电子书产业的制约因素及其应对策略[J]. 图书馆理论与实践，2011（10）：56-59.

[3] 崔景华，李浩研. 发展电子书产业的公共激励政策分析[J]. 出版发行研究，2011（3）：40-43.

[4] 程蕴嘉. 台湾电子书产业的发展因素与方向[J]. 图书馆杂志，2010（4）：23.

[5] 徐萍. 数字报纸的现状与发展研究[J]. 浙江树人大学学报，2009.3，9（2）：84.

（1）针对我国数字期刊出版产业当前所面临的利润低下、产业链发展不合理、相关规制发展欠缺等深层问题，尤其是我国期刊出版业传统的管理模式对数字期刊出版产业发展的限制，以及网络出版管理条例规定过于粗糙、对数字期刊出版物缺乏详细的界定等造成的规制上的空白，由此而带来的相关规制管理手段的缺乏问题，魏彬提出可以从制定网络出版刊号来加强规制创新，以强化产业管理[1]。

（2）通过分析我国数字期刊出版产业法律法规构建相对滞后问题的具体表现——数字作品的版权、作品作者的著作权、相关媒体商品在商品流通、复制过程中的版权归属等问题仍然需厘清，以及网络监管有待完善、维权举步维艰等，李晶指出随着我国数字期刊出版产业发展步伐的加快，必须尽快建立健全相关法律法规体系，否则势必会阻碍产业的发展[2]。

4. 关于网络游戏出版产业管理的研究

进入 21 世纪以来，网络游戏产业得到快速发展，成为 IT 业界最具发展潜力的行业，并成为学者们研究的热点。相关研究涉及面非常宽泛，但核心焦点主要集中在以下两个方面。

（1）网络游戏市场的监管问题

由于网络游戏极易诱发青少年网络成瘾和网络犯罪等社会问题，如何加强网络游戏出版产业的管理，以保持社会的稳定，就成了相关研究关注的焦点之一。

就为何要对网络游戏市场实行监管，研究者们主要从其监管的必要性和重要性方面展开研究。叶恒从网络游戏自身可能诱发的问题入手强调对网络游戏产业进行规制的必要性及具体思路，他认为基于部分网络游戏存在负面内容、部分未成年人沉迷于网络游戏、网络游戏虚拟财产缺乏保障等原因，有必要对网络游戏出版产业进行规制，并从管理机构的设立、相关法规的完善和未成年人保护的强化三个层面探讨了具体的规制思路[3]。段旭光则从我国网络游戏产业管理存在的问题出发探讨其监管的必要性及具体的监管对策，他认为我国网络游戏产业在管理上存在政府立法宣传管理不完善、技术监管不健全等问题，并从立法、规范经营、技术监控、分级制、媒体宣传和行业纪律等方面提出了具体的监管对策，其中重点探讨了网络游戏的分级制[4]。付雪从中国网络游戏产业的现状、面临的问题出发，阐述了加强行业监管对保证网络游戏产业健康发展的意义和重要性[5]。

[1] 魏彬. 浅议我国数字期刊业发展的问题和对策[J]. 出版广角，2008（3）：51-53.
[2] 李晶. 我国期刊数字化发展研究[D]. 太原：山西大学，2010：19-20.
[3] 叶恒. 中国网络游戏产业规制问题探讨[J]. 企业家天地，2010（3）：15-16.
[4] 段旭光. 我国网络游戏管理存在的问题[J]. 新闻爱好者，2010，10（上）：12-13.
[5] 付雪. 浅议网络游戏产业发展和规划[J]. 商场现代化，2005，12（中）：208-209.

　　就如何加强网络游戏出版产业的管理，相关研究者们意识到了完善的监管体系对我国网络游戏产业发展的重要性，并对此展开研究。李璐的硕士论文对我国网络游戏产业监管体制进行了较为系统的研究，包括建立监管体系的意义、我国网络游戏产业监管体制的发展现状和存在问题以及如何完善监管体系等问题，提出可以从加大产业宏观指导、加强对未成年人保护、规范管理机构、加快法规建设监管、规范市场等方面完善网络游戏出版产业的监管体制[1]。刘亚娜、魏彬等也对我国的网络游戏产业监管体制进行了研究，前者提出的完善我国网络游戏产业监管制度的思路，包括完善法规建设、建立统一领导的网络游戏主管部门、积极推行网络游戏分级制度、建立网络游戏的准入审核制度等[2]；后者则结合国内外网络游戏市场管制的现状、特点从政府规制机构及参与主体、经营者资格管制、市场经营管制、消费者管制四个层面探讨我国网络游戏市场管制体系的完善[3]。

　　随着近年来我国网络游戏出版产业的发展和在国民经济中地位的提升，对网络游戏产业市场监管问题的研究也开始走向系统。彭桂芳对我国网络游戏出版产业政府规制问题进行了较为系统的研究，尤其是梳理和回顾了从 1996—2007 年我国网络游戏产业政府规制的主要活动，并评述了其特点、效果及存在问题，对相关研究引向系统大有裨益。最后，彭桂芳还从宏观和微观两个层面对我国网络游戏产业政府规制的思路进行了思考[4]。张济华则在对我国网络游戏出版产业进行市场结构—市场行为—市场绩效（SCP）分析的基础上，较为系统地论述了我国网络游戏出版产业规制的效果及存在的问题，并提出防止网络游戏成瘾、治理网吧、监管网络游戏内容等政府规制思路[5]。

　　以上都是宏观层面的探讨，与此相反，张锐和许玉贵则从政府出台的以控制游戏时间为目的的防沉迷系统这一具体监管活动的角度，着重分析了防沉迷系统的实际效果，以及其对网络游戏运营状况带来的影响[6]。

　　2010 年 6 月 3 日《网络游戏管理暂行办法》出台，相关的访谈表明，作为我国第一部专门针对网络游戏进行管理和规范的专项法规，它的出台使得我国网络游戏出版产业的管理变得有法可依，但是仍存在法律级别不够以及部门协调等难题[7]。这其实就折射出目前我国网络游戏出版产业管理法律法规的不完善，而通

　　[1] 李璐. 网络游戏产业监管体制研究[D]. 长春：吉林大学，2010.

　　[2] 刘亚娜，宫倩，冯冠. 论我国网络游戏监管制度的完善[J]. 吉林工商学院学报，2012，28（1）：83-86.

　　[3] 魏彬. 我国网游市场管制体系研究[D]. 武汉：武汉大学，2010.

　　[4] 彭桂芳. 我国网络游戏产业的政府规制研究（1996—2007）[D]. 武汉：华中师范大学，2008.

　　[5] 张济华. 我国网络游戏产业的规制问题研究[D]. 昆明：云南大学，2010.

　　[6] 张锐，许玉贵. 防沉迷系统和网络游戏运营[J]. 科技信息，2007（27）：520-521.

　　[7] 杜晓. 网络游戏管理仍面临部门协调难题[N]. 法制日报，2010-08-12（4）.

过立法对产业进行管理是最为规范的一种管理方式，因而，赵翔、敖晓华等均呼吁进行网络游戏立法[1,2]。

（2）扶植网络游戏产业发展问题

就为何需要扶植网络游戏产业发展，有研究者认为，网络游戏产业作为一个发展迅猛的新兴业态，其持续健康发展需要有良好的制度与政策环境，而有序的市场环境、健全的法律环境、扶持的政策环境是网络游戏出版产业发展所必需的良好环境[3]。谢勇则以"五力量分析模型"和市场结构理论为分析框架分析得出我国网络游戏产业的内外部环境，并结合态势分析法（SWOT 分析法）的分析结果，认为我国网络游戏出版产业重要的发展趋势和导向之一就是需要加强宏观层面的政府扶持[4]。

就如何扶植网络游戏产业发展，不同的研究者基于不同的分析视角提出了不同的对策建议。

① 从竞争的角度。孙高洁在总结我国当前网络游戏出版产业总体竞争环境及其竞争过于激烈的原因和后果的基础上，提出政府部门应当在充分发挥宏观调控的职能的同时，帮助产业恢复和建立合理有序的竞争秩序，制定科学客观的产业扶持政策[5]。

② 从现存问题的角度。付雪从我国网络游戏产业的发展现状、面临的问题出发，阐述了推进我国网络游戏出版产业发展的扶植手段，包括重点扶持具有自主知识产权网络游戏企业的发展、建立游戏产业人才培养体系、加强行业监管、制定相应政策、各有关部门通力合作等[6]。

③ 从借鉴国外成功经验的角度。彭虎峰通过对韩国网络游戏发展模式的分析总结，指出韩国世界网络游戏强国的地位与其政府的大力扶植是分不开的，并归纳出韩国在网络游戏产业扶植政策方面值得我国学习的经验，即健全行业管理、加大产业投入、重视专业人才的培养、开拓国际市场等[7]。贺思超在介绍国内外网络游戏产业的发展历程及其发展现状、分析国内外网络游戏产业的成功经验的基础上，引入公共政策分析的理论知识，阐述了发展我国网络游戏产业的政策建议，包括政府扶持、资金投入、人才培养等产业扶植政策[8]。沈明伟、邹奕萍等

[1] 赵翔. 从网络游戏立法看网游之路[J]. 上海信息化，2005（11）：28-29.

[2] 敖晓华. 完善网络游戏立法的若干思考[J]. 中国青年政治学院学报，2005（1）：86-89.

[3] 王晶超. 我国网络游戏出版产业发展研究[J]. 特区经济，2006（5）：209.

[4] 谢勇. 网络游戏产业发展导向及服务管理研究[D]. 成都：西南交通大学，2004.

[5] 孙高洁. 我国网络游戏产业竞争环境分析[J]. 科技管理研究，2007（10）：49-53.

[6] 付雪. 浅议网络游戏产业发展和规划[J]. 商场现代化，2005，12（中）：209.

[7] 彭虎峰. 韩国网络游戏产业发展模式[J]. 合作经济与科技，2006（4）：76-77.

[8] 贺思超. 中国网络游戏产业现状及政策分析[D]. 北京：北京邮电大学，2007.

也对此进行了研究[1,2]。

此外，针对新闻出版总署和文化部之间有关网络游戏产品管辖权之争，部分学者也对网络游戏市场管制活动中不同政府部门间行政权限冲突及其解决方案进行了研究。而针对网络游戏市场多头管理现象，孙学蕾、杨守建等则都强调多部门间合作管制的重要性[3,4]。

5. 关于数字动漫出版产业管理的研究

数字动漫出版产业具有很强的辐射与波及效应。2008年，全球数字动漫产业产值为2 228亿美元，而其周边衍生产品产值则高达5 000亿美元以上[5]。强劲的发展势头及巨大的辐射与波及效应，使得数字动漫出版产业受到各国政府的高度重视。

政府在数字动漫出版产业中的职能和角色定位是本领域研究的重要课题。黄德森认为，政府在数字动漫出版产业发展中应当扮演着扶持产业发展的角色，他对政府扶持动漫产业发展的必要性及充分性进行了阐述，并探讨了如何扶持及扶持的程度等问题[6]。邓明华则指出，为促进我国动漫产业的快速健康发展，政府应当明确其在动漫产业中政策支持和引导的职能定位[7]。刘燕则认为，政府应在数字动漫出版产业版权监管中扮演监督与引导角色，并指出要从产业链整合管理的角度凸显政府的职能和角色定位，强化对数字动漫出版产业的管理，引导产业的健康发展[8]。肖昕基于产业链的视角探讨政府在数字动漫出版产业发展过程中的职能，同时重点从优惠的税收政策视角阐述政府产业引导和扶植职能的发挥[9]。

基于动漫产业的突出作用以及我国动漫产业竞争力较弱的现实情况，近年来国家的相关政策文件，都提到了加快建设动漫产业基地，以推动我国动漫产业的发展。马良乾就对《关于推动我国动漫产业发展的若干意见》出台后对动漫产业基地建设的影响进行了点评，他指出该意见的出台进一步激发了国内动漫产业基地建设的热潮，但也出现了盲目建设、缺乏规划引导、多头管理等毋庸忽视的问

[1] 沈明伟，孔庆峰. 网络游戏政策的作用机制[J]. 山东师范大学学报（人文社会科学版），2005（6）：79-82.

[2] 邹奕萍. 网络游戏火爆的背后：期待扶持与规范[J]. 中国电子与网络出版，2003（4）：24-25.

[3] 孙学蕾. 网游封杀令能否见效？[J]. 希望月报，2007，8（下）：17.

[4] 杨守建. 政府应加大对青少年参与网络游戏的监管力度[J]. 中国青年研究，2006（6）：1.

[5] 昝胜锋，王书勤. 动漫产业：新型业态与赢利模式[M]. 济南：山东大学出版社，2011：12.

[6] 黄德森. 动漫产业发展与政府干预[J]. 兰州学刊，2010（12）：39-42.

[7] 邓明华. 加快我国动漫产业发展的研究[D]. 天津：天津工业大学，2007.

[8] 刘燕. 动漫产业数字版权监管中的政府角色[J]. 消费导刊，2010（5）：101-102.

[9] 肖昕. 我国动漫产业链存在的问题与对策[J]. 科技与经济，2009，4（2）：75-77.

题，并着重对此进行了分析[1]。

田云在介绍欧、美、日、韩等发达国家及国内动漫产业发展现状和政策措施的前提下，探讨了我国政府在推动动漫产业发展方面应当具备的 7 项职能：完善产业扶持政策；充分发挥中介组织的作用；强化公共技术平台建设；强化媒体传播平台建设；强化投/融资平台建设；强化公共政策平台建设；加强知识产权保护[2]。胡旻就日本政府在促进动漫产业及文化产业方面所给予的政策扶持与引导进行了深入细致的分析，并结合我国动漫产业发展的现状，从政府、企业、产业发展、知识产权、动漫创作、人才培养等几个方面提出了发展我国动漫产业的对策建议，同时也对我国文化产业的发展提出了相关对策与建议[3]。

6. 关于数字音乐出版产业管理的研究

数字音乐是当前数字出版领域的热点话题之一。盛辉认为，面对机遇与挑战并存的数字音乐产业，国家应当创建良好的数字音乐产业发展政策和法律法规环境，加强产业管理尤其是数字音乐版权集体管理，以促进这一新兴产业的可持续发展[4]。王嘉宁则指出，构筑良好的相关法律法规环境是发展我国数字音乐产业的重要策略，进而从产业价值链视角出发，阐述了加强数字音乐产业发展的具体管理措施：构筑良好的相关法律法规环境、健全数字音乐收费制度、加强人才培养、建立合理的利润分配规则；其中，建立健全相关法律法规环境，以切实保障数字音乐产业链上各企业的合法权益是关键所在[5]。

我国数字音乐产业由于受到人力资源、市场秩序、产权保护等因素的影响，在迎接机遇的同时也面临着巨大的挑战。黄德俊立足于"钻石模型"理论，从生产要素、需求条件、行业竞争、相关与支持产业，以及政府和机遇等角度分析了影响我国数字音乐产业发展的诸要素，本着提升我国数字音乐产业竞争力的目的，从政府产业政策、人才培养、产权保护等角度提出了具体的管理举措和思路[6]。

7. 关于网络广告产业管理的研究

网络广告产业管理的研究主要集中在网络广告产业管理的必要性及其法律问题两个方面。

[1] 马良乾. 动漫产业基地建设有待规范[N]. 中国新闻出版报，2008-03-03（11）.

[2] 田云. 论动漫产业发展中政府职能作用的发挥[D]. 长春：长春工业大学，2011.

[3] 胡旻. 日本动漫产业的发展及其启示[D]. 长春：吉林大学，2006.

[4] 盛辉. 数字音乐产业发展之管窥[J]. 前沿，2012（4）：168-169.

[5] 王嘉宁. 从产业价值链角度看中国数字音乐产业[J]. 信阳师范学院学报（哲学社会科学版），2009（1）：103-106.

[6] 黄德俊. 我国数字音乐产业的竞争策略研究[J]. 南京艺术学院学报，2011（4）：40-47.

（1）网络广告产业管理的必要性

刘佳璐指出，网络广告从诞生至今，互联网上还没有专门的网络广告管理机构从事网络广告标准的制定，对网络广告发布形式和内容进行审查、监测和管理。虽然从某种程度上说，这种宽松的法律环境有力地促进了网络广告的创新和发展，但是网络广告行业本身既没有明确的业界标准，世界上大多数国家对网络广告从业标准和行业资格也没有明确的法律界定，这就必然导致大量不规范性和虚假欺诈网络广告的存在，降低网民对网络广告的信任度。基于此，刘佳璐认为，有必要建立和完善网络广告产业的监管模式，包括完善的法律法规约束、网络管理部门和行政执法部门通力合作、行政管理与行业自律紧密结合等[1]。徐红等则认为虽然我国针对传统广告行业的管理已经制定了一整套的法律法规、规章和规范性文件，但是网络广告产业作为一种新兴产业，有其独特的运作规律，因而，仍须有专门的法律法规来进行规范管理[2]。王伊礼则从公共管理视角阐述了当前网络广告产业缺乏行业自律和相关法律法规管理体系，从而严重制约了其发展，以此凸显加强其规范化管理的必要性和紧迫性[3]。

（2）网络广告产业管理的法律问题

张益俊较早地对网络广告产业的法律问题及其对策进行了较为系统的研究[4]，2006 年李玉峰在其硕士论文中也分析了网络广告产业监管中的法律问题[5]。而潘莹则从网络广告立法视角，在考察国外成功经验及国内存在问题的基础上，阐述了如何完善我国网络广告产业的法律规制，并提出了规制网络广告的实现秩序、实现正义、实现利益平衡的观点[6]。

8. 关于数字内容产业管理的研究

由于数字出版产业在外延上趋同于数字内容产业，故有关数字内容产业管理的相关研究成果，对研究数字出版产业管理也大有裨益。近年来，对数字内容产业管理的研究主要集中在以下两点。

（1）数字内容产业管理存在的问题及其原因

目前，我国数字内容产业管理存在多方面的问题，其产生的原因也是多方面的，部分研究者对此展开了研究。匡文华认为，数字技术、信息网络技术以及数

---

[1] 刘佳璐. 网络广告研究[D]. 武汉：华中师范大学，2005：42-43.

[2] 徐红，刘爱清，李红军. 我国网络广告的现状与发展趋势[J]. 商业经济文荟，2001（3）：19-22.

[3] 王伊礼. 我国网络广告存在的问题及其管理对策——基于公共管理的视角[D]. 武汉：华中师范大学，2008.

[4] 张益俊. 网络广告法律问题及对策研究[D]. 北京：对外经济贸易大学，2001.

[5] 李玉峰. 网络广告监管法律问题研究[D]. 上海：华东政法学院，2006.

[6] 潘莹. 市场规制法视角下的网络广告法律问题研究[D]. 哈尔滨：黑龙江大学，2011.

字融合、产业融合等在为数字内容产业发展提供了无限空间和便利的同时，也增加了版权保护的难度，使传统监管制度受到冲击，从而造成了数字内容产业面临着秩序管理难题，包括盗版猖獗、行业间恶性竞争严重、知识产权沦为牟利工具以及新媒体的监管等[1]。戴建军认为产业领域的拓展和延伸是导致数字内容产业管理交叉、政策协调性不够等问题的主要诱因，并对公共信息资源开放利用不够、产业发展环境不完善、网络基础设施监管不到位等我国数字内容产业管理过程中存在的其他问题及其成因进行了说明[2]。李爱勤等认为，我国数字内容产业管理存在政府相关管理部门难以协调、扶持监管政策不够完善等问题，而其根源在于数字内容产业作为一个庞大的产业体系，不仅涉及的行业领域广泛，同时产业内部各行业高度融合，而长期以来的多头管理体制显然难以对数字内容产业进行全面管理，也不能有效协调其中产生的矛盾冲突，因而成立专门的管理部门势在必行[3]。尹达等则指出，与国外相比，虽然我国发展数字内容产业态度积极，却缺乏系统的规划及政策法规体系支撑，整个管理体系尚存在诸多问题，包括没有针对数字内容产业专门立法、政策零散且可操作性差、政府市场监管力度不够、政策实施效果较差等[4]。

（2）数字内容产业管理对策研究

近年来，数字内容产业受到了各国政府的认可和高度重视，不但制定了与数字内容产业相关的政策和法律，还实施了一系列的国家级发展战略和规划。对此，韩洁平从产业园区建设、人才培养、完善产业投/融资体系、加强产业引导等方面提出了我国数字内容产业管理的对策建议[5]。匡文华则认为完善数字内容产业法律保护体系、建立完善的著作权保护支撑体系、制定数字内容产业纲领性法律文件、搭建协调的管理模式、建立数字内容行业协会以加强行业管理等，能够有效维护数字内容产业秩序，实现对产业的管理[6]。郑燕平等则通过详细介绍数字内容产业发达国家产业监管所取得的成功经验，以及分析我国数字内容产业监管存在的问题，指出要加强数字内容产业监管必须强化行业管理力度，原因在于行业协会在监督和评估行业的发展状态、协调行业内企业的竞争关系、实现行业自律

---

[1] 匡文华. 数字内容产业发展的秩序构建[D]. 湘潭：湘潭大学，2008：摘要.
[2] 戴建军. 中国数字内容产业发展的问题与建议[N]. 中国经济时报，2012-08-24（12）.
[3] 李爱勤，胡群. 影响我国数字内容产业发展的关键因素研究[J]. 现代情报，2010（10）：62-63.
[4] 尹达，杨海平. 我国数字内容产业政策法规体系和运行保障机制研究[J]. 图书情报工作，2010，54（23）：20.
[5] 韩洁平. 数字内容产业成长机理及发展策略研究[D]. 长春：吉林大学，2010：121-123.
[6] 匡文华. 数字内容产业发展的秩序构建[D]. 湘潭：湘潭大学，2008：23-27.

与自我管理等方面具有行政管理部门不可替代的作用[1]。李镜镜等通过比较分析中日两国在数字内容产业的概念内涵、产业规模、管理体制、战略政策上的异同，总结了日本数字内容产业发展的成功经验，认为可以从明确产业内涵和产业分类、加速产业内部融合和协调、建立产业管理和协调机制、完善产业发展政策和环境等四个方面强化产业管理，实现我国数字内容产业的健康快速发展[2]。李爱勤等针对我国数字内容产业多头管理等弊端，提出应该借鉴美、韩等国家的成功经验建立专门针对数字内容产业的管理部门，同时设立相关的产业管理机构，实现对产业的有效管理[3]。针对数字内容产业发达国家均具有完整的法律法规体系和强有力的产业扶持政策，尹达等认为系统构建我国数字内容产业政策法规体系和运行保障机制，是我国数字内容产业健康、持续发展的保证[4]。此外，杨海平、戴建军、韩洁平等也从数字内容产业的管理创新、法律法规建设、产业政策建议、政府职能及其发挥等方面探讨了这一问题[5~8]。

2.2.2　国外数字出版产业管理研究综述

目前，美国、英国、日本、韩国等发达国家都制定了各自的数字出版产业发展战略，以扶植、鼓励、引导本国数字出版产业的发展。美国在管理其数字出版产业时主要是依靠市场力量，而政府扶持、技术推动、需求拉动是美国数字出版产业发展的三大推动力。英国数字内容产业的发展主要来自政府的推动，为此英国政府建立了一个服务于数字内容产业的行业性综合门户网站，提供有关产业及其他各类资源和信息的链接，还成立了一个针对目标国家出口事务的专家市场执行委员会来推动数字出版产品的出口[9]。日本政府积极推动并倾力支持数字出版产业的发展，把内容产业定位为积极振兴的新型产业。日本经贸部 2003 年专门成立了内容产业全球策略委员会，通过制定相关的鼓励政策促进和协调产业的迅速

[1] 郑燕平，沈传尧，陆宝益. 我国加强数字内容产业监管的思考[J]. 图书情报工作，2010，54（23）：15-18.

[2] 李镜镜，张志强. 中日数字内容产业比较分析[J]. 淮阴师范学院学报，2011（2）：272-278.

[3] 李爱勤，胡群. 影响我国数字内容产业发展的关键因素研究[J]. 现代情报，2010（10）：61-63.

[4] 尹达，杨海平. 我国数字内容产业政策法规体系和运行保障机制研究[J]. 图书情报工作，2010，54（23）：19-22.

[5] 杨海平，古丽，沈传尧. 数字内容产业创新管理研究[J]. 图书馆杂志，2011（2）：57-60.

[6] 杨海平. 我国数字内容产业管理与法律法规建设的思考[J]. 图书馆杂志，2009（10）：16-18.

[7] 戴建军. 中国数字内容产业发展的问题与建议[N]. 中国经济时报，2012-08-24（12）.

[8] 韩洁平，毕强. 数字内容产业研究与发展[J]. 情报科学，2009（11）：1741-1746.

[9] 汪礼俊. 数字内容产业，英国经济新引擎[J]. 通讯企业管理，2008（6）：82-85.

健康发展。韩国政府为了促进数字内容产业的发展，在建立奖励机制、开拓国际市场、开展跨国合作、加强现代化管理等方面出台了一系列的扶持政策[1]。他山之石可以攻玉，了解国外数字出版产业管理的相关研究成果，借鉴国外先进的管理经验，将有助于我国数字出版产业的发展。

由于国外主要强调通过市场的力量调节数字出版产业的发展，政府的管理功能有限，因而关于其产业管理的研究不多，主要集中在以下两点。

1. 关于数字出版产业政策的研究

一般认为，政府的产业政策对数字出版产业的发展具有积极意义。然而，Adam Johns 在分析了东亚典型国家日本和韩国的内容产业后，认为日本内容产业的发展没有任何政府的介入行为，而韩国政府则积极出台相关政策促进本国内容产业的发展，通过计量分析结果表明东亚国家的内容产业发展同这些国家的公共政策没有直接的关系[2]。这项研究结果令人吃惊。通过深入分析可以发现，由于 Adam Johns 并没有将其研究对象仅限于数字内容产业，而是扩大到了整个内容产业范畴，这有可能是造成研究结果与人们的认知不一致的原因之一。就数字内容产业而言，积极的产业政策显然有利于产业的发展。国际经济中心（Centre for International Economics）对澳大利亚数字内容产业的研究结果就表明，澳大利亚政府制定的《数字内容产业行动议程》（*The Digital Content Industry Action Agenda，DCIAA*）在解决诸如技能转移、规章管理、知识产权、革新等产业发展议题当中发挥了作用，并指出这一产业竞争政策对该国数字内容产业发展具有积极影响[3]。但是，我们也需要注意到，不同的企业对政策的需求并不完全相同。澳大利亚的一项调查研究表明，不同的企业对政府在数字内容产业中的角色需求不同，内容生产商认为政府应在资金支持方面发挥作用，而服务提供商则在一般商业支持方面寻求政府帮助[4]。

正因为产业政策具备推动产业发展的积极意义，美、加、欧、日、韩等发达国家和地区均纷纷出台扶持其数字内容产业发展的相关政策，只是政策的侧重点有所不同。

美国制定的《联邦信息资源管理政策》，实施了控制数字内容使用的"数据权限管理"技术协议，为美国数字内容产业的发展提供了更广阔的空间和新的推动

[1] 杨海平，古丽，沈传尧. 数字内容产业创新管理研究[J]. 图书馆杂志，2011（2）：58.

[2] Adam Johns. Government Policy and the Performance of Content Industries in East Asia[D/OL]. Rikkyo University, 2008. http://papers.ssrn.com/sol3/papers.cfm?abstract_id=2015993. 2012-07-15.

[3] Centre for International Economics. Australian digital content industry futures[EB/OL]. http://www.thecie.com.au/publication.asp?pID=105. 2012-07-15.

[4] Digital Content Industry Roadmapping Study[EB/OL].http://www.aimia.com.au/i-cms_file?page=1455/Digital_Content_Roadmapping_Study_FINAL_AIMIA_Version.pdf. 2012-07-15.

力[1]。同时，美国政府和各州在政策和资金上也大力支持其网络文化产业的发展，积极为产业发展提供服务、消除障碍、疏通关系。高度发达的市场经济环境和宽松的政策环境，是美国数字内容产业引领全球的关键。

在加拿大，数字出版产业归属信息产业范畴，Bruce Morton 调查了 1970—1994 年间加拿大信息产业政策的形成及实施过程[2]，这对我们了解加拿大现行的仍然对数字出版产业产生影响的信息产业政策有较大帮助。

欧盟拥有较为完善的发展数字内容产业的政策措施，其下设的欧盟委员会信息社会与媒体总司，负责欧盟数字内容产业的相关管理工作及产业政策的制定实施。在欧盟的数字内容产业政策中，电子书产业扶持政策是其典型代表，主要表现在：首先，政府机构出资，组建数字图书馆。欧洲委员会于 2008 年 11 月在布鲁塞尔正式启动了欧洲数字图书馆计划，2009—2011 年，欧盟每年拨款 250 万欧元资助欧洲数字图书馆（占图书馆总预算的 80%，其余 20% 由各成员国及其文化机构资助）。其次，有效保护知识产权。2009 年 10 月 19 日，欧洲委员会发表了与书籍电子化相关的文件《知识社会的著作权》，主要解决图书馆资料的电子化和使用过程中容易发生的问题和争端，如著作权不明的孤儿作品问题和改善视力障碍者获取数字信息的途径等。最后，公共部门加大对电子书产业科技研发的投入。2009—2010 年，大约有 6 900 万英镑的资金通过一系列的电子书产业科研项目经费投入到数字图书馆研究中去[3]。欧盟对电子书产业的扶持政策重点体现在对发展数字图书馆的资助，对此，缪尔柏格（Mühlberger）等人研究了欧盟资助的 10 个欧洲国家的 18 个图书馆提供的电子书按需服务（eBooks On Demand Service，EOD），包括 EOD 的发展状况、各受益方情况和取得的效果等，而 EOD 是欧盟重要的发展数字图书馆的资助活动[4]。

法国方面，2010 年 3 月，法国文化部召集图书管理相关公共机构和出版单位制定了法国电子书产业振兴政策的基本方针[5]。主要内容包括：一是积极推进公立图书馆文书的电子化，并要求相关部门和地方政府相互配合，促进地方图书馆电子化文书的处理工作。二是为了扩大电子书市场，法国政府从数字内容振兴预算中提取一部分作为赞助金资助出版物电子化计划，加快推进本国出版单位的电子化进程。三是以税收政策来扶持电子书产业发展，如降低电子书的增值税税率等。四是为普通书店的网络电子书发布平台提供 50 万欧元的贷款。与此同时，法

[1] 姜锡山. 发展我国数字内容产业的国际借鉴[J]. 上海信息化，2005（5）：28.

[2] Bruce Morton. Canadian Federal Government Policy and Canada's Electronic Information Industry[J]. GOVWMWIII Momution Quarterly, 1995, 12（3）：251-295.

[3] 崔景华，李浩研. 发展电子书产业的公共激励政策分析[J]. 出版发行研究，2011（3）：41.

[4] Günter Mühlberger, Silvia Gstrein. eBooks on Demand (EOD): a European digitization service [J]. IFLA Journal, 2009, 35（1）：35-43.

[5] 崔景华，李浩研. 发展电子书产业的公共激励政策分析[J]. 出版发行研究，2011（3）：41.

国政府还出台了一系列相关法律法规，以保障上述政策的顺利推行。

日本也采取积极措施支持数字内容产业发展，除了在 2001 年出台的《e-Japan 战略》中强调综合运用各项扶持政策推动日本数字内容产业合理发展外，还将其数字动漫出版产业确定为日本内容产业发展的首选产业，运用政策杠杆调控产业布局。日本数字出版产业扶持政策主要体现在其政府直接购买本国动漫版权支持动漫产业的发展，具体做法是利用"政府开发援助"中"文化无偿援助"资金，从本国动漫制作商手中购买动漫片播放版权，并将这些购来的动漫片无偿地提供给发展中国家的电视台播放，从而让不能花巨资购买播放权的发展中国家也能够播放日本的动漫片。此举是为了向海外推广日本的动漫文化，同时增强日本在外国青少年之间的影响力，并促进日本动漫产业市场的发展，一举多得。

在韩国，政府积极实施各项数字出版产业扶持与培育政策。例如，出台了《数字内容产业发展基本计划》，大力支持开发新的数字内容服务模式。电子书培育政策方面，2010 年韩国政府出台了《电子出版产业培育法案》，计划在五年内投入约 600 亿韩元的资金，积极建设产业基础设施、电子出版内容管理中心、文档格式的标准化等，以扩大电子书市场规模[1]。而对其颇具国际竞争力的网络游戏产业，韩国政府直接施以直接投资和风投支持的扶持方式[2]。此外，设立文化内容产业园区也是其引导、扶持数字内容产业发展的重要政策内容。对此，有韩国的研究人员就本国的数字内容产业政策对其产业竞争力及效率的提升作用进行了调查研究，对于韩国这样一个自然资源有限的国家，大力扶持发展数字内容产业是一项富有战略和效益意义的政策举措，并发现产业政策确实对产业效率具有一定影响[3]。而《韩国数字内容年度报告》则是研究韩国数字出版产业政策及其效果较为权威的文献[4]。

2. 关于数字出版产业监管的研究

有效的监管制度与法律体系是数字内容产业健康发展的重要保障。发达国家大多注重应用法律手段监管数字内容产业的发展，但是在监管机构设置方面各国的情形却大相径庭。

（1）从法律体系建设方面来看，大多数发达国家都针对数字内容产业监管需要修订了原有法律法规，或出台专门的法律法规。美国国会分别于 1997 年和

[1] 崔景华，李浩研. 发展电子书产业的公共激励政策分析[J]. 出版发行研究，2011（3）：41.
[2] Korea Times. Government to Invest W21 Billion in Digital Contents Industry[EB/OL]. http:// eng.edaily.co.kr/PRESS/View.asp?m=4&seq=3112&page=1. 2012- 07-15.
[3] D.O. Choi and J.E. Oh. Efficiency Analysis of the Digital Content Industry in Korea: An Application of Order-m Frontier Mode[J]. Contributions to Economics, 2009（4）：299-313.
[4] Korea Digital Content Annual Report 2005[EB/OL]. http://www.nipa.kr/ download Manager.it? type=board&bno=77&cno=146&ano=5094. 2012-08-01.

1998 年通过的《反电子盗窃法》和《数字千年版权法案》是美国数字出版产业领域十分重要的法律。此外，美国在数字出版产业监管方面特别注重限制色情和暴力内容的传播，依据其未成年人保护的相关法律制度依法保护儿童权益，较为突出的一点就是美国拥有完备的内容分级制度。法国也注重通过法律制度保护未成年人权益，1996 年通过的旨在促进网络运营商自律的《菲勒修正案》，以及于 1998 年修改的《未成年人保护法》，都对网络中的污秽内容传播苛以重罪，尤其从重处罚利用网络腐蚀青少年的犯罪行为，并强烈要求网络服务商必须向未成年人用户免费安装上网保护软件屏蔽不良信息等。德国于 2007 年 2 月通过的《电信媒体法》（*Telemediengesetz*）取代了一些旧的法律和规章，是德国互联网应用的综合性法律。该法案的重点表现在进一步限制私人副本和打击非法的点对点文件共享方面，实现了对知识产权的保护扩大到数据库，完善了对知识产权侵权行为的定罪规定。日本政府先后制定了《文化艺术振兴基本法》、《知识财产基本法》、《知识财产战略大纲》、《内容促进法案》等法规。韩国政府则陆续通过了《促进信息通信网络使用及信息保护法》和修订了青少年保护有关的法律等多部法案。

（2）从管理机构设置方面来看，多数发达国家均没有专门设立数字内容产业监管的机构，只有少数国家设有这类机构。其中，英国贸工部（DTI）信息通信产业司专门设有数字内容和出版业管理局，负责数字出版产业的管理工作。加拿大的广播电视和电信委员会（CTRC）负责监管数字出版产业。日本经贸省（METI）在 2003 年专门成立了内容产业全球策略委员会，用来促进、协调、扶持、保护本国数字出版产业的迅速健康发展。韩国则成立数字内容产业发展委员会和数字内容规划与服务局对本国的数字出版产业进行监管。

（3）发达国家还特别重视发挥行业协会的监管职能。例如，美国充分发挥行业协会的作用，倡导内容供应商和网民加强自律。在知识产权监管方面，于 1984年成立国际知识产权联盟（IIPA），是美国版权产业的民间组织，其宗旨是谋求在全球范围内加强对美国版权产业的保护。英国网络出版协会长期关注在线出版的各个领域，比如内容付费、在线订购模式、数据安全和保护、版权与内容管理、新技术、受众调查等，并对其会员进行相关指导，在行业发展、政府沟通等方面发挥了积极作用。在行业自治管理方面，日本成立了数字内容产业协会（Digital Content Association of Japan）负责技术、产业及市场趋势研究——从 2000 年开始连续十年发布日本数字内容产业白皮书，组织行业人才培训、推动国际交流等。韩国积极倡导数字出版产业的民间自律和监督行动，是全球第一个在互联网及手机上都采用实名制的国家。

第 3 章
Chapter 3

▶ 数字出版产业分类

　　传统出版业，通常可以简单地分为大众出版、教育出版、专业出版三类。数字出版产业，由于出版形态、出版理念、发展方式等发生了重大变化，导致其产业形态也表现出与传统出版明显的差异，因而，数字出版产业的分类更为复杂。

　　数字出版产业有多种分类标准，如按目标市场分，可以分为数字大众出版产业、数字教育出版产业和数字学术出版产业三类；按载体形式分，可以分为网络出版产业、手机出版产业、电子阅读器产业等；按数字出版产品形态分，可以分为电子书出版产业、数字期刊出版产业、数字报纸出版产业、网络游戏出版产业、数字动漫出版产业、数字音乐出版产业和网络广告产业。我们将按数字出版产品形态标准进行分类，并一一对其进行简要分析。

▎ 3.1 电子书出版产业

图书及其出版活动作为人类历史上最重要的文化传承的一种形式，其产生已有几千年之久。而电子书（Electronic Book，eBook）相关技术及产品的真正兴起则始于 20 世纪 90 年代末期，戈奈特集团（Gartner Group）认为电子书是 1999 年出现的十大技术之一。随着世界各国对发展电子书的重视，以及 2007 年亚马逊推出 Kindle 阅读器，电子书逐渐为大众市场所接受，电子书出版产业的发展越来越好，在数字出版产业中的地位也越来越突出。在我国，当当网、京东商城等也开始进军电子书消费市场。

3.1.1 电子书及电子书出版产业概述

电子书"是指将信息以数字形式加工，通过计算机网络进行传播，并借助计算机或类似设备来阅读的图书。"[1] 简单而言，电子书就是利用计算机、电子阅读器等终端阅读设备进行读取的数字化图书。完整的电子书概念应该包括三个基本要素：一是电子书的内容，即文字、图片、声音、影像等数字化信息；二是电子书的阅读器，即阅读的载体，包括各种计算机、专门为读取电子书而开发的阅读器等终端阅读设备；三是电子书的阅读软件，这是保证数字化信息内容能够为阅读设备读取的关键，常见的阅读软件有 Adobe 公司的 Adobe Reader 和 Glassbook Reader、微软公司的 Microsoft Reader、方正的 Apabi Reader，以及超星的 SSReader 等。值得注意的是，目前在使用电子书这一概念时，存在狭隘化解读现象，即将电子书直接理解为电子书的内容或者电子书的阅读器等。我们认为，当仅使用电子书某一要素的概念时，应与其他要素的概念严格区分。

与传统图书相比，电子书具有以下几方面的基本特征：一是借助电子书阅读设备，可以实现对电子书内容的检索与交叉引用、超文本链接、插入书签、注释、多媒体阅读以及交互式传播等功能操作[2]。二是电子书的阅读方式更灵活，既可在线阅读也可下载使用，但是必须依靠一定的终端阅读设备和阅读软件。三是电子书载体的信息容量更大，通过互联网，读者只需"一本书"即可"阅览天下书"。四是电子书在内容生产、流通及价格上更具优越性，其内容在生产环节省去了印

---

[1] 郝振省. 2005—2006 中国数字出版产业年度报告[M]. 北京：中国书籍出版社，2007：76.
[2] Vasileiou M，Rowley J. Progressing the definition of "e-book"[J]. Library Hi Tech，2008，26（3）：363.

刷、装订、运输等，而流通方面也无库存压力，可直接面对读者销售，时效性更强、成本更低。五是电子书免去了纸张消耗，更有利于保护环境。

电子书出版产业，即生产和提供电子书产品及服务的一种数字出版产业门类，当前，电子书出版产业的发展主要以"内容+终端"的方式为主。在产业的发展中电子书阅读器占有极其重要的地位，是电子书内容销售的助推器，Kindle 就是亚马逊电子书内容销量迅猛增长的推手。通过表 1-1 也可以看出，近三年来我国电子书阅读器的销量占据了这一时期电子书出版产业产值的 80%以上。由于终端的重要性，也促使众多企业纷纷进入电子书阅读器市场，试图分一杯羹。据不完全统计，我国拥有超过 50 种的独立阅读器品牌、300 种的产品型号[1]。然而，内容仍然是电子书出版产业发展的关键，汉王之所以陷入困境，主要就在于缺少电子书内容，因而，我们不建议盲目进军电子书阅读器市场。同时，格式标准混乱是电子书出版产业的又一个突出特点和发展中的主要障碍，一种阅读器一种格式，一家企业一种标准，格式标准的混乱给消费者带来诸多不便，严重限制了产业的发展。此外，移动式阅读正在成为电子书出版产业发展的新趋势，基于移动阅读设备的电子书消费已经初具规模，消费者的移动式阅读习惯也正在形成。据易观国际（Analysis International）发布的《中国手机阅读市场用户调研报告 2010》称，每天都进行移动阅读的手机用户达 45%[2]。未来移动阅读市场对电子书出版产业的作用将越发突出。

电子书出版产业按不同的划分标准可以分为多种类型。首先，按电子书内部构成要素分，电子书出版产业可以分为电子图书（指电子书的内容）出版产业（或称数字图书馆）和电子书阅读器产业。其次，按电子书内容的存储载体分，电子书出版产业可以分为单机型电子书产业和网络型电子书产业，前者指的是电子书内容存储于磁盘、光盘等介质中的产业类型，后者则指的是消费者通过网络在线阅读或下载使用电子书内容的产业类型。再次，按电子书内容的生产流程分，电子书出版产业则分为纯电子书产业和复合式电子书产业，前者直接以数字化形式提供电子书内容，没有经过纸质出版阶段，主要表现为直接在网络上创作、发表、传播的图书；后者则是将纸质图书进行数字化加工而形成的，或者同时发行纸质与电子版的图书。其他分类标准还有按收费与否、按电子书目标市场、按电子书阅读设备的不同等。

---

[1] 郝振省. 2005—2006 中国数字出版产业年度报告[M]. 北京：中国书籍出版社，2007：215.

[2] 易观国际. 中国手机阅读市场用户调研报告 2010[EB/OL]. http://www.docin.com/p-120433338.html. 2012-05-11.

3.1.2　电子书的发展历程

电子书出版产业的真正形成始于 20 世纪 90 年代末期，但是电子书的产生则可追溯至 20 世纪 70 年代。1971 年迈克尔·哈特（Michael Hart）发起的在计算机网络（http://www.gutenberg.net）上连续出版发行电子书籍的"古登堡计划"（Project Gutenberg），通常被认为是电子书出版的真正开端[1]。电子书出版产业的发展主要经历了三个阶段。

（1）第一阶段，纯文本电子书发展阶段

在电子书发展的早期，用户主要通过登录授权的方式远程登录到电子书存储服务器中，无须任何阅读软件支持和支付费用，也无须关注版权保护问题，只须获得授权通过账号、密码登录（公共匿名服务器则任何人都可登录），即可在线浏览或者下载使用服务器中存放的电子书。这一阶段主要是通过将纸质图书进行扫描或手工录入等处理后，以纯文本格式发布于服务器中，如"古登堡计划"就是采用纯文本格式发布版权已失效的图书，提供给网络用户自由下载使用。目前，这一形式的电子书出版活动由于传播范围有限且未能保护版权，已基本为时代所淘汰。

（2）第二阶段，电子书阅读软件发展阶段

从 20 世纪 80 年代到 21 世纪初，由于兰登书屋、西蒙·舒斯特等出版商加入电子书出版行列，以及互联网的普及和发展，电子书出版产业进入新的发展阶段。由于需要安装相应的阅读软件才能阅读下载至终端的电子图书，各种阅读格式的出现与应用，成为了这一时期电子书发展的突出特点，因而将其称之为电子书阅读软件发展阶段。这一时期仍然以纸质图书的数字化为主，纸质与电子版并存，但是到后期也出现了纯电子版的图书。2001 年 3 月美国小说家史蒂芬·金（Stephen King）在网上发行的小说《骑弹飞行》是人类历史上第一本纯电子版图书，而目前盛大文学的网络文学小说基本就属于纯电子版的电子书。

（3）第三阶段，电子书阅读器发展阶段

电子书出版产业在这一时期实现大发展，主要缘于电子书阅读器的产生，此时的电子书也才是我们所说的、完整定义的电子书概念。虽然第一批便携式商用电子书阅读器（如 Rocketbook、SoftBook 等）早在 1998 年就已出现，国内的博朗和津科电子在 2001 年也已推出相关的电子书阅读器产品，但直到 2007 年亚马逊的 Kindle 问世，电子书阅读器才真正为主流消费者所接受，电子书也才得以从实验室走向大众市场。通过阅读器与互联网连接，用户可以随时下载、阅读网络上

---

[1] 林穗芳. 电子编辑和电子出版物概念、起源和早期发展（中）[J]. 出版科学，2005（4）：16.

的电子书内容,这就大大提高了电子书的销量,电子书出版产业也迎来了前所未有的兴盛期。

而 2010 年 iPad 的横空出世,则宣告了电子书即将进入多媒体出版形式的发展阶段。

3.1.3 电子书出版产业发展现状

当前,电子书出版产业正处于飞速发展时期,并有可能在不久的将来占据图书出版市场发展的主流地位。2011 年 5 月 19 日,亚马逊宣布基于 Kindle 的电子书内容销售量超过其旗下所有平装和精装书销量的总和就是例证之一。

在我国,截至 2005 年年底电子书(指电子版图书)的出版总量已超过 21 万种,居世界第一位[1]。当前,我国出版社出版的电子图书总量累计已经超过 60 万种[2]。图 3-1 所示为 2006—2011 年我国电子书出版产业发展状况。由图 3-1 可以看出,2006—2010 年我国电子书出版产业在持续、稳步增长,其产值从 2006 年的 1.5 亿元增加到了 2010 年的 24.8 亿元,规模翻了十几番。同时,电子书产业在数字出版产业中的地位也逐渐增强,从最初的 0.7%提高至 2.36%。产业发展速度方面,考虑到 2009 年之后我国电子书出版产业将电子书阅读器产值计入其中,若仅对图 3-1 中电子图书的发展速度进行分析,结果表明,2006—2011 年我国电子图书市场年均增长了 36.33%,发展迅猛。

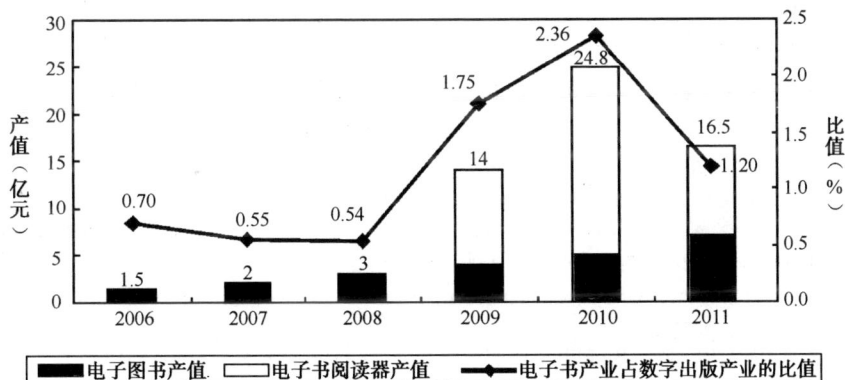

图 3-1 2006—2011 年我国电子书出版产业发展状况

[1] 郝振省. 2005—2006 中国数字出版产业年度报告[M]. 北京:中国书籍出版社,2007:76.

[2] 郝振省. 2009—2010 中国数字出版产业年度报告[M]. 北京:中国书籍出版社,2011:54.

然而，从图 3-1 我们也可清楚地看到，2011 年我国电子书出版产业的发展"风云突变"，"电子书市场进入一个'冷冬期'"[1]。造成电子书出版产业在 2011 年出现突然滑坡的原因，主要是电子书阅读器产值的锐减。2011 年，由于 iPad、Kindle 等国外终端阅读设备的大量涌入，一方面造成国内电子书阅读器品牌大幅降价，影响了其整体收益；另一方面则蚕食了国内厂商的市场，由此导致整体销量的下降。虽然如此，前五年我国电子书出版产业尤其是电子书内容的销量还是处于一个平稳、快速发展的态势，且其占数字出版产业的比重在书报刊三大领域中是最高的（参见图 1-3）。由此可见，电子书出版产业在我国数字出版产业中依然占有重要的地位。

电子书读者方面，据相关统计数据显示，我国电子书读者目前已突破 1.2 亿人[2]。

国外发达国家由于电子书出版产业起步较早，整体发展状况比我国更好。

在美国，美国出版商协会（AAP）与国际数字出版论坛（IDPF）发布的数据可见[3]（如图 3-2 所示），美国电子书[4]批发贸易的收入近年来增长迅猛，仅 2010 年第三季度的收入就将近 1.2 亿美元，比 2009 年第三、第四季度的总收入还多。而据 IDPF 估计，零售额约为批发额的两倍，由此可见美国电子书的市场规模。另据 AAP 发布的数据显示，2010 年美国电子书的总体销售收入为 8.78 亿美元，占图书销售总收入的 6.4%，而 2008 年的比例仅为 0.6%[5]。美国电子书增速方面，《出版商周刊》援引 AAP 的评估数据称，2011 年美国电子书的销售额激增 117%，而同期的纸质版图书销售额却出现下滑[6]。美国的电子书阅读器方面，据美国市场研究公司 Forrester Research 发布的报告表明 2009 年全美电子书阅读器销量约为 300 万部，并预计 2010 年的销量将翻番[7]。而美国电子消费协会（CEA）的数据

[1] 中国新闻出版研究院. 2011—2012 中国数字出版产业年度报告[EB/OL]. http://www. chuban.cc/yw/201207/t20120720_125664.html. 2012-09-06.

[2] 张意轩，李闻昕. 我国的电子图书读者总数突破 1 亿[EB/OL]. http://www.hibooks. cn/cache/books/193/bkview-192636-617661.htm. 2012-09-07.

[3] The International Digital Publishing Forum. Industry Statistics [EB/OL]. http://idpf.org/about-us/industry-statistics. 2012-05-11.

[4] 国外对电子书的统计主要指的电子版图书，并未包含电子书阅读器，因而以下部分关于电子书的数据除有特殊说明外，一般均指电子版的图书。

[5] AAP. BookStats Publishing Formats Highlights [EB/OL]. http://publishers.org/ bookstats/ formats/#. 2012-05-11.

[6] Publishersweekly. AAP Estimates: E-book Sales Rose 117% in 2011 as Print Fell [EB/OL]. http://www.publishersweekly.com/pw/by-topic/industry-news/financial-reporting/article/ 50805-aap-estimates-e-book-sales-rose-117-in-2011-as-print-fell.html. 2012-05-11.

[7] Staci D. Kramer. Latest E-Reader Predictions 50 Percent More Optimistic But It's All Guesswork [EB/OL]. http://paidcontent.org/2009/10/07/419-latest-e-reader-predictions-50-percent-more- optmistic-but-its-all-guess/. 2012-05-12.

则显示美国电子书阅读器市场 2010 年的营业收入将是 2009 年的 2 倍，同时预计至 2014 年美国电子书阅读器的销量将达到 1 400 万部/年[1]。

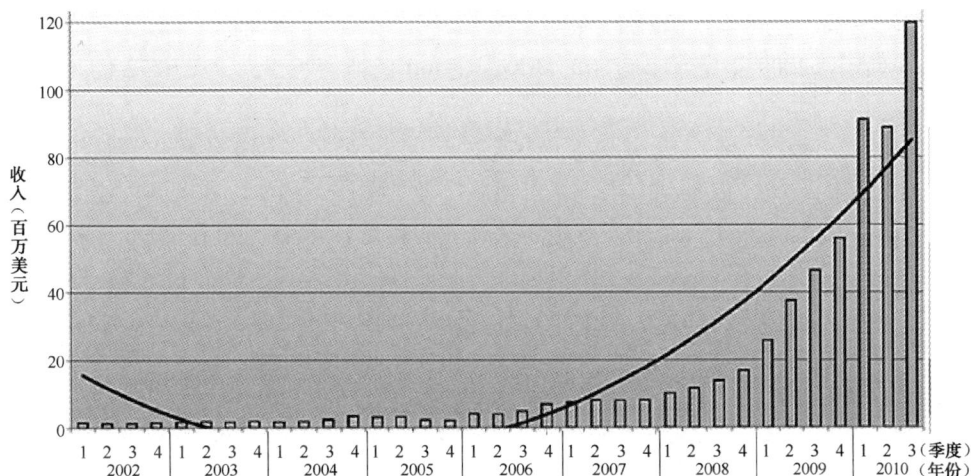

图 3-2　2002—2010 年美国电子书批发贸易收入季度增长趋势

在英国，据英国出版商协会（PA）的统计年鉴显示，2011 年英国一般电子书、有声电子书及在线订阅在内的电子书销量占图书总销售额的 8%，而其中学术与专业图书数字化业务的销售收入占比为 13%。2011 年，英国出版业数字化产品的销售增长了 54%，其中，大众类电子书销售激增 366%，而其整体的出版业务却下降了 2%[2]。

在欧洲，来自德国出版商和书商协会的数据，2010 年德国约有 200 万本电子书售给了 54 万个用户，其市场价值约为 2 120 万欧元，占图书消费市场的 0.5%，2011 年这一比例上升为 1%；而法国 2011 年电子书的销售收入则约为 1 300 万欧元[3]。

在日本，目前其电子书市场规模还较小，2010 年电子书市场约为 650 亿日元（相当于 50 亿元人民币），占图书市场份额的 3.3%[4]。日本的电子书阅读器方面，

---

[1] CEA. CEA Predicts Fast Growth for e-Readers, to Reach a 14 Million Units Market by 2014 [EB/OL]. http://www.e-reader-info.com/cea-predicts-fast-growth-e-readers-reach-14- million-units-market-2014. 2012-05-12.

[2] The Publishers Association. PA Statistics Yearbook 2011[EB/OL]. http://www. publishers.org. uk/index.php?option=com_content&view=article&id=2224&Itemid=1618. 2012-05-12.

[3] Publishersweekly. The Global 2011 eBook Market: Current Conditions & Future Projections [EB/OL]. http://www.publishersweekly.com/binary-data/ARTICLE_ATTACHMENT/ file/000/000/ 522-1.pdf. 2012-05-12.

[4] 百道网. 日本电子书产业与出版业概况[EB/OL]. http://www.bookdao.com/ article/34862/. 2012-05-12.

2009 年销售达 26 500 部，销售总额突破 500 亿日元（相当于 40 亿元人民币）[1]。同时，日本数字图书市场增长迅速，2003—2008 年间总量增长了 20 余倍，年增长率接近 200%，是日本出版业的热点领域[2]。

在韩国，2009 年电子书市场的规模为 1 300 亿韩元（相当于 7.6232 亿元人民币）[3]。

电子书出版产业在各国均得到了快速发展，基于此，各国也纷纷出台扶植电子书产业发展的政策，以推动本国电子书出版产业的发展。例如，我国新闻出版总署于 2010 年 10 月发布了《关于发展电子书产业的意见》，美国则早在 2000 年就由美国出版商协会推出《开放式电子图书标准方案》以统一其电子书技术标准，欧盟也从政府机构出资积极组建数字图书馆、有效保护知识产权、加大对电子书产业科技研发的投入等方面扶持电子书产业的发展。相信在政策的推动，以及消费者电子书阅读习惯及消费习惯的逐渐形成下，未来电子书出版产业将得到更大发展。

▌ 3.2 数字期刊出版产业

在传统出版时代，图书、报纸、期刊是出版物的三种基本形态，期刊出版是出版业的三大支柱之一。在数字出版时代，数字期刊仍然是数字出版的一种重要形态，数字期刊出版同样是数字出版产业的一个重要领域。

3.2.1 数字期刊概述

数字期刊，即以数字化的形式存储于光、磁等介质或网络中并通过数字媒体进行发行和阅读使用的一种连续出版物。数字期刊的概念经历了电子期刊（以数字形式存储在电子媒介上并通过电子媒介发行和阅读使用的期刊）、互联网期刊（以数字化方式在互联网上出版和发行的期刊）、数字化期刊（以数字化的方式编辑、出版、发行的期刊）等概念的演变过程。关于数字期刊的概念目前已达成两点基本共识：一是数字期刊必须是一种连续出版物；二是数字期刊的整个出版流

---

[1] 黄国荣. 内容版权授权直接制约电子书产业发展[EB/OL]. 版权周刊，2011，（1）. http://www.dooland.com/magazine/article.php?id=108515. 2012-05-12.

[2] 日本数字出版状况考察团. 日本的数字及动漫出版状况调查[J]. 出版发行研究，2009（9）：73.

[3] 崔景华，李浩研. 发展电子书产业的公共激励政策分析[J]. 出版发行研究，2011（3）：40-43.

程以及读者的阅读使用是以数字化方式进行的。

从实践看，参与数字期刊出版活动大致有三种方式，即将传统纸质期刊数字化、构建数字出版平台整合发布数字化的期刊内容、开发多媒体期刊在线平台出版发行完全数字化的期刊。目前，我国数字期刊出版活动主要以将传统期刊数字化为主，传统期刊的数字化比例在 2006 年和 2007 年分别达 84.5%与 95.06%[1]。而在纸质期刊数字化之后，又以期刊内容的集成性数字出版平台为传播的主要方式。完全数字化的期刊，尤其是多媒体期刊，在我国仍处于起步阶段，如 Xplus、Vika 和 Zcom 等是出版这类期刊的机构。

1．数字期刊的优越性

与传统期刊相比，数字期刊在多个方面表现出了完全不同的特征。

（1）出版发行成本更低。数字期刊以数字化手段进行内容的生产加工，并主要通过网络发行，可以实现无纸化出版、无库存发行，相应的也就更节约成本。

（2）内容容量更大。数字期刊无版面限制，能够承载更多、更丰富的内容，同时海量的存储空间能够支撑起多媒体内容的展示，这就更凸显了其内容的容量。

（3）阅读、使用性能更强。读者可以通过网络随时随地在线阅读或下载使用期刊内容，购买时仅需购买所需内容，而无须购买整本期刊，购买、使用更灵活。同时，数字期刊可实现内容检索、设置超文本链接等，使用更方便。但是数字期刊对设备的依赖性较强，需借助一定的数字化设备进行读取。

（4）传播更具优越性。数字期刊能够实现实时传播与高度共享，内容一旦完成即可直接上网，更可以单篇内容形式即时出版，而无须整本期刊内容完成后再出版，一本期刊可供千万读者在线阅读更显现了数字期刊的高度共享性。

（5）数字期刊的读者、编者与作者之间可以进行良好的双向或多向互动，传播过程中的交互性也更强。

（6）当数字期刊的内容出现错误或有不完善之处时，不同于传统期刊无法直接修改，只能事后刊登更正声明的处理方式，数字期刊事后的更改、修订更加方便，可直接在原文中修订或添加修订链接。

可见，数字期刊确实具备诸多传统期刊所不具备的优越性。

2．数字期刊的种类

（1）按期刊的出版方式，可以分为完全的数字期刊和不完全的数字期刊。两者主要区别是前者无印刷版，完全以数字化方式出版，而后者则同步或异步出版印刷版期刊。

[1] 郝振省. 2007—2008 中国数字出版产业年度报告[M]. 北京：中国书籍出版社，2008：89.

（2）按期刊的载体形式，可以分为磁盘版、光盘版、网络版数字期刊，以及期刊在线数据库。磁盘版数字期刊目前已较少见；光盘版数字期刊，比如《中国学术期刊（光盘版）》；网络版数字期刊侧重强调传统期刊的网络化或是直接在网上出版、发行单本或系列期刊；期刊在线数据库主要指集成期刊内容的在线数据库，比如中国知网、龙源期刊等期刊数据库。

（3）按期刊是否收费，可以分为免费型数字期刊和收费型数字期刊。前者比如开放存取期刊和以广告赢利为主的多媒体期刊等，而后者则是目前数字期刊发展的主流。

（4）按期刊的内容，可以分为全文型数字期刊和摘要型数字期刊。前者提供了期刊的全文内容，这是数字期刊出版的主要形式；而后者仅刊载题录、文摘等内容，比如励德·爱思唯尔的 Scopus 就是以收录全球 STM 期刊文献摘要、引文的期刊在线数据库。

（5）按期刊的媒介形态，可以分为文本型、图像型、音频型和多媒体型数字期刊。

目前，数字期刊出版产业主要由网络版数字期刊和期刊在线数据库这两类构成，以光盘、磁盘等形式出版的数字期刊已越来越少。因而，发展数字期刊出版产业应重点关注网络版数字期刊和期刊在线数据库。据了解，目前大部分传统期刊都已出版网络版，直接在网络上出版、发行的期刊也不在少数。但是，更多的主要是通过提供网络版来增加纸质期刊的知名度，然而因为制作较为粗糙、重视程度不够等原因，总体发展不甚理想。而期刊在线数据库对于如何吸引受众、如何实现赢利等还处于摸索阶段，市场规模也相对有限。与网络版数字期刊不同，大多数期刊在线数据库现已逐渐发展为期刊数字出版平台，凭借其平台的集成性，为消费者提供海量的期刊内容和个性化服务。一些在线数据库，如中国知网、龙源期刊、Xplus、Vika、Zcom 等，发展态势良好，市场占有率也迅速提升，成为数字期刊出版产业最主要的产业发展形态和产值来源。

3.2.2　数字期刊的发展历程

数字期刊自 20 世纪 70 年代诞生以来，在短短几十年间取得了巨大的发展，尤其是 20 世纪 90 年代中期以后，互联网的普及和数字出版技术的进步，大大推动了数字期刊的发展。数字期刊的发展主要经历了以下四个阶段。

第一阶段，联机型数字期刊

早在 20 世纪六七十年代，国外就开始利用电子技术手段开展连续出版物的编辑出版活动。这种期刊形态，通常称作电子期刊。由于在概念上侧重于突出其编辑、评审的电子化方式以及检索的联机型终端特性[1]，故也将这一时期的数字期刊称为联机型数字期刊。1976 年，美国国家科学基金 NSF 支持的"电子信息交换系统（ELES）"项目中的电子期刊实验可以称得上是最早的电子期刊。到 20 世纪 80 年代初，《化学文摘》、《生物学文摘》、《科学文摘》等一批世界著名的印刷型文摘索引期刊，纷纷开始出版发行磁带版本，并主要通过 OCLC、DIALOG 等大型联机系统供世界各地的终端用户检索使用，将联机型数字期刊的发展推向了高潮。

第二阶段，单机型数字期刊

到 20 世纪 80 年代中后期，数字期刊的存储介质发生了很大改变，磁盘、光盘等高密度存储介质的出现，很快就应用到期刊出版领域。这时的数字期刊虽仍强调其电子化出版手段[2]，但主要是将信息内容存储在磁盘、光盘等介质上并直接提供给用户借助单机使用，因而称之为单机型数字期刊。1992 年重庆维普以软盘形式出版发行的报刊资源是我国数字期刊出版的雏形，而清华大学出版社 1995 年底出版的《中国学术期刊（光盘版）》则是其中较为典型的代表。

第三阶段，网络型数字期刊

20 世纪 90 年代随着互联网的兴起，数字期刊也宣告进入了网络型出版阶段。网络型数字期刊，在概念上强调的是以数字化方式在互联网上出版的这一特征[3]。在表现形式上，网络型数字期刊则以印刷期刊的网络化和期刊数据库为主。世界上第一份联机杂志是 1991 年 9 月由美国科学促进会（American Association for the Advancement of Science，AAAS）和 OCLC（Online Computer Library Center）共同开发的《最新临床实践联机杂志》（*The Online Journal of Current Clinical Trials*）。我国第一份网络期刊为 1995 年创刊的《神州学人》。

第四阶段，现代意义上的数字期刊

现代意义上的数字期刊是近几年才得以发展的。与网络型数字期刊强调其出版、发行的网络特性不同，现代意义上的数字期刊，在内容表现形式上突出强调其多媒体特性，在内容选择上重视读者创造与用户的个性化需求，在出版流程上突出强调其数字化出版理念，而在阅读方式上要求提供多元化的数字阅读方式，以适应数字阅读时代读者的需求。多媒体期刊是这一阶段数字期刊的主要形态。美国 8020 公司的旅游杂志 *Everywhere* 和图片杂志 *JPG*，以及我国徐静蕾、陈鲁豫、高圆圆等推出的个人电子杂志等都具有现代意义上的数字期刊的特性。

————————

[1] B. Shackel. The BLEND System: Programmer for the Study of Some Electronic Journals [J]. Journal of the American Society for Information Science, 1983（34）：22.

[2] S. Brandt. Accessing Electronic Journals [J]. Academic and Library Computing, 1992，9（10）：17.

[3] 郝振省. 2005—2006 中国数字出版产业年度报告[M]. 北京：中国书籍出版社，2007：51.

3.2.3 数字期刊出版产业发展现状

目前，互联网期刊仍是数字期刊出版产业的主体。《中国数字出版产业年度报告》对我国数字期刊出版产业的统计就主要以互联网期刊的营收数据为主。如图 3-3 所示，反映的是 2006—2011 年我国互联网期刊出版产业的基本统计数据。

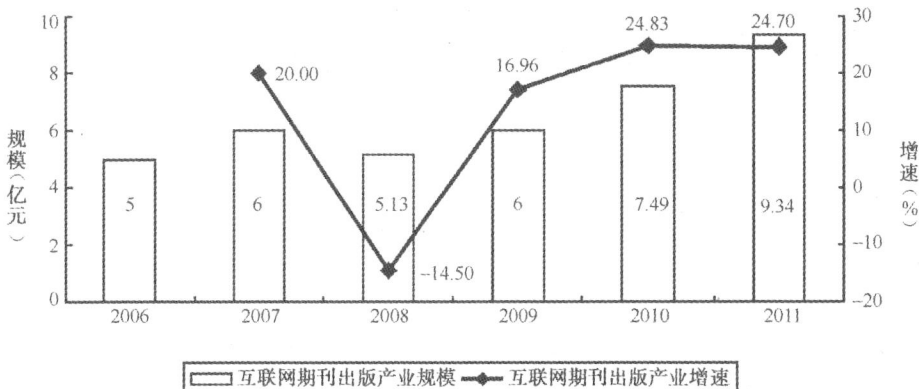

图 3-3 2006—2011 年我国互联网期刊出版产业规模与增速[1,2]

图 3-3 的数据表明，2006—2011 年我国互联网期刊出版产业，无论从其发展规模还是发展增速来看，总体而言，均呈现出良好的发展态势。互联网期刊出版产业产值由 2006 年的 5 亿元增加到了 2011 年的 9.34 亿元，规模增长了 86.8%。而这六年来，我国互联网期刊出版产业的平均增速为 14.4%，尽管这一增速较之整个数字出版产业 45%左右的增速有较大差距，且 2008 年还出现了负增长，但从整体上看，我国互联网期刊出版产业仍呈增长态势。

如图 3-4 所示，反映的是 2006—2011 年我国互联网期刊出版产业占数字出版产业比重的变化趋势。由图 3-4 分析发现，2006—2011 年，我国互联网期刊出版产业产值占数字出版产业产值的比重呈不断下降态势。2006 年，互联网期刊出版产业产值占数字出版产业产值的 2.35%，到了 2011 年，这一比例已降至 0.68%。这表明互联网期刊出版产业在数字出版产业中的地位明显下降。其实这几年我国互联网期刊市场规模整体上还是在不断扩大的，而导致比重下降的原因，我们认为很重要的一点是由于其产业运作有所欠缺，导致产业规模扩大的速度远低于数字出版产业规模扩大的速度，从而造成了这一比重的下降。

---

[1] 互联网期刊出版产业的发展规模未包括多媒体互动期刊部分.

[2] 郝振省. 2009—2010 中国数字出版产业年度报告[M]. 北京：中国书籍出版社，2011：17.

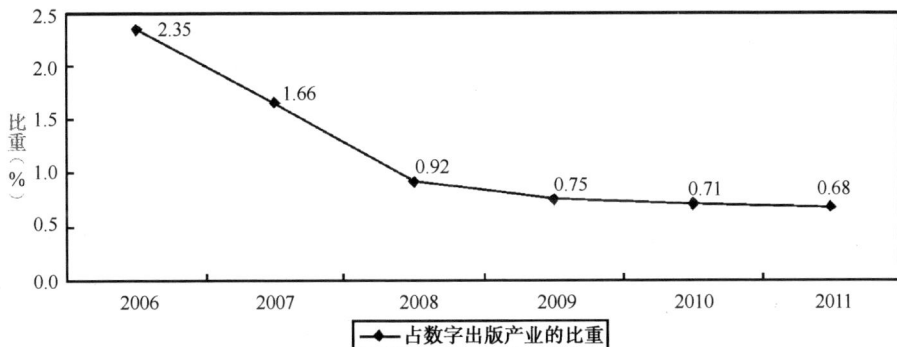

图 3-4 2006—2011 年我国互联网期刊出版产业占数字出版产业比重的变化趋势

从市场需求视角考察，我国数字期刊用户数量在 2006—2010 年表现出明显的增长态势。相关统计显示，我国数字期刊用户数量从 2006 年的 6 300 万人增长到了 2010 年的 10 400 万人，增长了 65.08%，年均增长高达 13.44%[1]。也就是说，从市场需求角度来看，数字期刊是受广大消费者欢迎的，数字期刊产业应该有较大的发展空间。近六年间，我国数字期刊产值增长缓慢，对于数字出版产业中比重不断下降等问题，主要应该从产业运作方面找原因，而不是市场需求不足引起的。

美国图书馆协会的统计数据显示，目前全世界约有 10 万种最常用的期刊，有3 万种可通过电子途径获得[2]。但从全球范围看，数字期刊产业发展不平衡。西方发达国家电子期刊网络化发展迅速，期刊上网在西方发达国家更是一件寻常事，像 "Science" 和 "Nature" 等知名科学期刊很早就已实现全文上网。美国是数字期刊产业潮流的引领者。目前，美国超过 60% 的期刊推出在线期刊。纽约市场分析公司 mediaIDEAS 的报告显示，2009 年美国期刊产业收入中约有 10% 与其数字化产品有直接或间接的关联。据其预测，到 2020 年美国期刊产业数字化部分的收入将达到 200 亿美元，占其总体市场规模的 58%[3]。美国杂志出版商协会（Magazine Publishers of America，MPA）的报告显示，现有接近 1/3 的杂志读者通过互联网或手机网络访问杂志的网站，91% 的电子阅读器拥有者为数字杂志的读者[4]。在发达国家，通过终端阅读设备（比如 iPad 等）传播数字期刊内容已成为一种趋势。

[1] 郝振省. 2009—2010 中国数字出版产业年度报告[M]. 北京：中国书籍出版社，2011：19.
[2] 吴巧红. 学术期刊网络出版模式探讨[J]. 编辑之友，2007（1）：68-70.
[3] Paul Biba. 58% of magazine industry to be digital by 2020, says mediaIDEAS [EB/OL]. http://www.teleread.com/paul-biba/58-of-magazine-industry-to-be-digital-by-2020-says-mediaideas/. 2012-05-20.
[4] MPA. Magazine Media Factbook [EB/OL]. http://www.anp.cl/newsletter/docs/MPA_factbook.pdf. 2012-05-21.

MPA 的预测表明，到 2014 年消费者花在数字期刊上的时间将超过传统期刊。与发达国家的情形不同，在一些经济文化相对落后的国家和地区，数字期刊发展较为缓慢，数字期刊数量少，产值低，传统纸质期刊仍是期刊出版业的主体。

▌ 3.3　数字报纸出版产业

在传统出版物中，报纸是时效性最强的一个出版品种。时效性是报纸出版的一种显著特征。将数字技术应用到报业，有利于进一步强化报纸的时效性，更好地满足读者的需求。数字报业正是在数字技术基础上发展起来的一种新兴出版业态。

3.3.1　数字报纸概述

数字报纸，即采用数字技术手段采集、编辑新闻稿件、图片资料等信息，并通过计算机网络进行传输，借助计算机、移动阅读设备、公共展示设备等终端阅读设备进行读取的一种新型媒介形态。

数字报纸既保持了原汁原味的报纸版式，又提供 Flash、HTML、下载浏览等多种阅读方式。用户只需点击数字报纸版面上感兴趣的文章即可实现阅读，而且还比传统报纸更具趣味性。数字报纸，以其良好的实时性、交互性和趣味性吸引用户，并通过广告增值、数字发行、数字报纸 B2B 等手段拓展赢利空间。

数字报纸不是对传统报纸的替代，而是在数字技术条件下对报纸价值的提升和结构的再造。数字报纸既传承了纸质报纸的版面信息和阅读体验，又融合了互联网快速互动和多媒体等特点，以方便的版面导航、丰富的阅读体验、快捷的发布时效和低成本的生产方式，赢得了业内人士的青睐[1]。

1. 数字报纸的优越性

与传统报纸相比，数字报纸表现出如下几方面的优势。

（1）数字报纸在保持了传统报纸版面语言的基础上又增加了新的功能。用户阅读数字报纸，如同阅读纸质报纸，同样可快速浏览版面信息，并可实现版面间的快速切换和报纸内容、期次的快捷检索。

（2）数字报纸提供多种阅读、使用方式，并允许用户自由阅读和转发新闻信息，增强了用户使用的吸引力。

---

[1] 徐萍. 数字报纸的现状与发展研究[J]. 浙江树人大学学报，2009（2）：83.

（3）数字报纸完全具备网络媒体表现形式丰富、实时性高、信息容量大、互动性与共享性强、用户反馈速度高及主动参与性好等特性，具有传统报纸无法比拟的诸多功能优势。

（4）数字报纸的多媒体及互动功能可以为消费者提供个性化服务和增值服务，具有比传统报纸更广的增值途径。例如，《纽约时报》网络版就为用户提供"新闻跟踪预报"等个性服务和多种形式的增值服务，由用户选择感兴趣的新闻主题并确定新闻递送时间与接收平台，通过开发视频广告将收费的档案资料与赞助商的广告进行超链接，直接与电视广告竞争，实现了价值增值。

2．数字报纸的种类

（1）按出版发行方式，可分为印刷型与数字化兼有的数字报纸和纯数字报纸。前者以报社的数字报纸为代表，将其纸质报纸数字化后上传至官网上供读者阅览，这类报纸就保持了传统报纸的版面语言。后者主要以综合性新闻门户网站为代表，其提供的是一条条新闻，而非一份报纸。

（2）按存储介质，可分为封装型数字报纸和网络型数字报纸。前者指存储于磁盘、光盘等封装型介质中的数字报纸，后者则指在网络上传播的数字报纸。目前，封装型数字报已较为少见，数字报纸主要还是通过网络传播的。

（3）按目标用户的读取方式，可分为 PC 数字报、移动设备数字报和公共展示设备数字报。PC 数字报是通过 PC 浏览器、PC 客户端和计算机光盘等读取的一种数字报纸，包括了互联网报纸、综合性新闻门户网站、报纸数据库、数字报光盘等。移动设备数字报是通过手机、阅读器等移动阅读设备读取的数字报纸，包括手机报、电子报（通过有线或者无线方式将互联网报纸下载至阅读器中阅读）等形式。公共展示设备数字报是通过户外大屏、移动电视、触摸屏等公共展示设备读取的数字报纸，是目前新兴的一种数字报纸类型，多用于图书馆、机场等公共场所。其中，互联网报纸、手机报和电子报是最主要的形式，是数字报纸最常见的三种类型，也是数字报纸出版产业最重要的部分。

3.3.2 数字报纸的发展历程

数字报纸最初兴起于报纸采编和印刷领域的数字化，即计算机激光照排技术的应用，随后扩展到了产品形态和内容表现形式。根据数字报纸发展形态的变化，我们认为其发展历程可大致分为以下几个阶段。

（1）电子报纸发展阶段

这一时期的数字报纸主要表现为通过电子技术手段出版、发行联机型和封装型电子报纸。1977 年，加拿大《多伦多环球邮报》（*Toronto Globe and Mail*）首次通过 info globe 提供报纸文本的自由检索，这是世界上第一份联机报纸。1993 年 12 月 6 日通过有线电视网传输的《杭州日报·下午版》是我国最早的联机型电子报纸。封装型报纸包括光盘等形式的电子报纸，是早期最主要的电子报纸形式。1995 年出版的《人民日报（光盘版）》是我国较早的封装型电子报纸。

（2）网络报纸发展阶段

网络报纸又分为两种基本形态：一种是传统报纸的网络版或纯互联网报纸。1987 年，美国加利福尼亚州的《圣何塞信使报》（*San Jose Mercury News*）开始以互联网传输其报纸内容。1989 年，世界上第一份基于 Internet 的数字报纸《克莱瑞新闻》问世。1995 年前后，《华尔街日报》、《纽约时报》等纷纷上网，掀起了传统报业触网热潮。1995 年 10 月，《中国贸易报》成为国内首家进入互联网的报纸。纯互联网报纸是指完全没有纸版的网络报纸。1999 年，在美国出版的"*Atlantic Highlands Herald*"是较早的纯互联网报纸[1]。另一种是综合性新闻门户网站。在经历了互联网泡沫后，一些大型综合门户网站得以存活下来，并取得刊载新闻的资质，进而逐步发展成为网络报纸的一种重要形态。

（3）多媒体数字报纸发展阶段

这一时期，数字报纸呈现出了表现形式多媒体性和内容传播载体多样性的特点，手机报、电子报、网络视频、数字报数据库等齐头并进。其中，2004 年 7 月 1 日，《中国妇女报》推出了国内第一家"手机报"。2006 年 4 月 14 日，《解放日报》推出我国第一张基于阅读器的电子报。2006 年 8 月 1 日，宁波日报报业集团创办的"播报 2.0"被称为国内第一份多媒体数字报。目前，数字报纸的发展已开始向数字报纸出版平台方向转变，以报纸网站为基础，以报纸内容数据库为核心，以期实现互联网、手机、电子纸、网络视频等全媒体以及全时空的报纸资源传播。

3.3.3　数字报纸出版产业发展现状

数字报纸出版产业（简称数字报业）[2]，是基于数字报纸的生产、传播等经济活动所形成的一种新兴数字出版形态。数字报业是传统报业的战略转型和适应新的媒介生态的战略选择，是对传统报业表现形式和产业边界的重塑，为网络环境下处于生存困境中的传统报业寻求未来出路提供了新的价值链形式和商业模式。

---

[1] 维基百科. Online Newspaper[EB/OL]. http://en.wikipedia.org/wiki/Online_newspaper. 2012-05-23.

[2] 新闻出版总署报刊司于 2005 年 8 月在第二届中国报业竞争力年会上首次提出数字报业的概念.

2006 年 8 月 5 日，由新闻出版总署牵头、15 家报业集团以及 3 家通信、技术支持单位参与的"数字报业实验室计划"启动。该计划将通过报纸出版机构、电信服务商、软件开发商、电子显示终端制造商等产业链主体的联动，共同开创数字报纸出版产业的蓝海。这一计划的实施，凸显了我国政府和业界对数字报纸出版产业的高度重视。

政府和业界的联动与高度重视推动了我国数字报业的迅速发展。近年来，主要报业集团纷纷涉足数字报业，较大比重的传统报纸纷纷上网，数字报纸类型趋向多样化，产值提升迅速，市场活跃，整个数字报纸出版产业发展迅猛，也深受广大读者的欢迎。

《2009—2010 中国数字出版产业年度报告》显示，据不完全统计，2009 年我国 1 900 多种报纸实现数字出版的比例超过了 50%。全国 49 家报业集团所属的报刊大多数已经全部实现数字出版。数字报纸出版产业主要集中在报业集团的门户网站建设、手机报在移动阅读业务上的全面发力和报社向全媒体报道的转变三个方面[1]。

如图 3-5 所示，反映的是 2006—2011 年我国数字报纸出版产业规模与增速。图 3-5 数据显示，2006 年我国数字报业产值为 2.5 亿元（未包括手机报），到 2011 年已增长至 36.74 亿元，6 年内增长了 10 多倍。其增长速度不仅远远高于全国报业的总体水平，在数字出版产业的各种业态中也处于前列，手机报市场规模的较快增长对此贡献巨大。从增长速度看，2006—2011 年的 6 年间，数字报业后期的增长速度比前期有明显下降。这可能与近几年来手机用户对手机报付费意愿的降低有关，导致手机报市场规模增长放缓。易观国际的调查研究表明，手机用户愿意为手机报付费的意愿比例从 2010 年的 33.3% 降至 2011 年的 21.1%[2]。从其产值构成来看，网络报和手机报是发展得最为成熟的两种形态，是数字报纸最主要的类型，其中，手机报更是占据了数字报纸市场的绝对份额。这与中国互联网络信息中心发布的《中国手机媒体研究报告》的研究结论"我国手机阅读用户中已有 40% 的用户为手机报用户"[3] 相吻合。与此形成鲜明对照的是，电子报、数字报数据库等数字报业形态发展相对滞后，尚有较大发展空间。

[1] 郝振省. 2009—2010 中国数字出版产业年度报告[M]. 北京：中国书籍出版社，2011：71.

[2] 易观国际. 2011 年中国手机阅读市场用户研究报告[EB/OL]. http://www.199it.com/archives/16692.html. 2012-09-09.

[3] 中国互联网络信息中心. 中国手机媒体研究报告[R/OL]. http://www.cnnic.net.cn/uploadfiles/pdf/2009/2/19/162704. pdf. 2012-05-23.

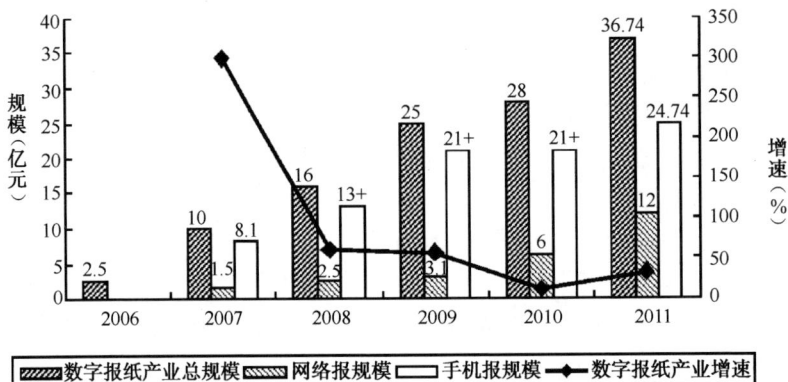

图 3-5   2006—2011 年我国数字报纸出版产业规模与增速[1~3]

注：图中手机报规模的"+"表示其规模超过该数值。

美国是报业强国，同样也是数字报业强国。目前，美国 90%以上的报纸都已上网，并出现了逐渐转向网络版的趋势。《基督教科学箴言报》自 2009 年 4 月起就停止出版纸质版，专注于自己的网络版报纸。《华尔街日报》、《纽约时报》等全球性大报的数字化转型也十分成功。由于相关数据难以获取，在此我们不妨以印刷版与网络版报纸广告收入情况的对比，从一个侧面了解美国数字报业的发展状况。表 3-1 是美国报业协会（NAA）提供的 2006—2011 年美国报业印刷版与网络版广告收入数据。2006—2011 年，美国报业整体广告收入连续下滑，6 年间报业广告总收入减少了一半以上。其中，印刷版收入每年均呈下降态势，且降幅均高于总收入的下降幅度。与此相对应的是，网络版收入虽然有所波动，但总体呈上升态势。6 年间有 4 个年度是正增长，只有 2008 和 2009 年是负增长，而这可能是由于全球性金融危机导致广告主广告投入减少造成的。众所周知，报纸广告营收与其发行量密切相关，发行量越高，广告主投入广告的意愿越强，广告营收才有可能越高。网络版与印刷版广告收入的不同表现，从一定意义上说明美国网络报纸发行量整体上优于印刷版的发行量。这也从一个侧面反映了美国网络版报纸良好的发展态势。

[1] 2006—2010 年数据来源：郝振省. 2009—2010 中国数字出版产业年度报告[M]. 北京：中国书籍出版社，2011：17，79.

[2] 2011 年网络报数据来源：中国新闻出版研究院. 2011—2012 中国数字出版产业年度报告[EB/OL]. http://www.chuban.cc/yw/201207/t20120720_125664. html, 2012-09-09.

[3] 2011 年手机报数据来源：易观国际. 2011 年 Q4 中国手机阅读收入 11.8 亿[EB/OL]. http://www.199it.com/archives/25172.html. 2012-09-09.

表 3-1　2006—2011 年美国报业广告收入一览表（单位：百万美元）[1]

年份	总收入	增幅（%）	印刷版收入	增幅（%）	网络版收入	增幅（%）
2006	49 275	-0.3	46 611	-1.7	2 664	31.4
2007	45 375	-7.9	42 209	-9.4	3 166	18.8
2008	37 848	-16.6	34 740	-17.7	3 109	-1.8
2009	27 564	-27.2	24 821	-28.6	2 743	-11.8
2010	25 838	-6.3	22 795	-8.2	3 042	10.9
2011	23 941	-7.3	20 692	-9.2	3 249	6.8
2012	22 314	-6.8	18 944	-8.4	3 370	3.7

欧洲的英法两国，数字报业发展迅速。在英国，新闻集团旗下的《泰晤士报》和《星期日泰晤士报》截至 2011 年 2 月底每月的数字订阅达 7.9 万份，其数字产品用户的数量也在之前的 4 个月内增长了 60%[2]。在法国，在传统报业市场连续萎靡的情形下，网络报纸市场却增长迅速。据法国杂志媒体协会和 TNS 市场调查机构的统计，2008 年第一季度，法国传统报刊网站广告收入达 6 300 多万欧元，比 2007 年同期增长了 72.5%，并占到了互联网广告收入的 10%[3]。

在日本，作为报纸发行量和普及率位居全球首位的报业国家，在传统报业遭受冲击的当下，其数字报纸产业则呈现良好的发展态势。其中，《每日新闻》以"MSN 每日互动"数字化服务保持其在日本报业的领先地位。日本经济新闻社的日经网则是其开展数字报纸业务的主要方式和收入来源。据悉，日经网 2005 年的总收入就达 50 亿日元[4]。采取阅读收费模式的日本手机报发展全球领先，以《读卖新闻》为例，其负责手机报业务的员工仅五六名，每年创造的利润却达 1 亿日元[5]。

▌3.4　网络游戏出版产业

作为数字出版产业"三驾马车"之一的网络游戏出版产业，在数字出版产业中占有十分重要的地位。同时，由于网络游戏极易诱发青少年网络成瘾和网络犯罪等

　　[1] 美国报业协会. Advertising Expenditures: Annual (All Categories)[EB/OL]. http://www.naa.org/～media/NAACorp/Public%20Files/TrendsAndNumbers/Advertising-Expenditures/Annual-Newspaper-Ad-Expenditures.ashx. 2012-05-24.

　　[2] 晓雪. 新闻集团数字报纸扩大收益[N]. 中国图书商报，2011-04-08（C3）.

　　[3] 石磊. 分散与融合：数字报业研究[M]. 北京：中国社会科学出版社，2010：143.

　　[4] 崔保国. 走进日本大报[M]. 广州：南方日报出版社，2007：182.

　　[5] 匡文波. 论日本手机报纸的赢利模式[J]. 传媒，2007（5）：46.

社会问题，因而各国也普遍重视网络游戏出版产业的发展。有关网络游戏出版产业的相关内容将在第 6 章"数字大众出版产业"中详细展开，在此不再赘述。

▌ 3.5　数字动漫出版产业

动漫产品因其大众性、易读性和娱乐性等特征，一直为人们所喜爱，比如我国的《葫芦娃》、《黑猫警长》、《孙悟空大闹天宫》，日本的《铁臂阿童木》、《机器猫》等耳熟能详的动漫产品，曾风靡一时。因此，动漫产业一直是文化产业发展的重点。2009 年，我国颁布了《文化产业振兴规划》，其中就将动漫产业列为文化产业中重点扶持发展的产业门类。而在数字出版环境下，在数字技术的推动下，数字动漫产品较之传统动漫产品更受消费者青睐，数字动漫出版产业也成为数字出版产业中最具活力的一个新兴产业领域之一。

3.5.1　数字动漫概述

数字动漫，是数字动画和数字漫画的合称，即采用数字化技术手段制作动画和漫画内容，并通过互联网、移动互联网以及 IPTV、移动电视、手持视听设备等媒体终端进行传播，主要以内容收费、投放广告、开发衍生产品等实现赢利的一种动漫产品。以前多称为网络动漫，然而随着近年来手机等移动媒体的加入，"网络动漫"一词已不能完全概括当前动漫发展的特征，数字动漫的概念也逐渐为人们所接受。其中，数字动画主要表现为 Flash 形式的动画短片，而数字漫画则更多的表现为连载形式的数字漫画杂志或图书。

1．数字动漫的特点

数字动漫突破了传统动漫作品较为单一的传播形式，呈现出如下几个特点。

（1）传播的交互性、多向性和跨媒体性。用户不仅可以自主选择动漫产品的表现形式、阅读方式，甚至可以 DIY（Do It Yourself）数字动漫作品。因此，数字动漫产品改变了传统动漫产品单向传播的特征，可以进行双向甚至多向传播。此外，数字动漫可通过多种媒介进行跨媒体传播。

（2）视觉效果更佳。数字动漫的一大特质就是画面形象更逼真、更具表现力，给予用户更炫、更酷、更时尚的感官享受。

（3）应用的广泛性。与传统动漫相比，数字动漫的制作成本低、程序简单、效率高、品质高，更易于大众化，因而更能实现广泛应用。

（4）对与其相关的周边衍生产品及产业的波及效应显著。相关资料显示，2008年，全球数字动漫产业产值已达 2 228 亿美元，而其周边衍生产品产值则更高达5 000 亿美元以上，由此可见数字动漫对其相关产品的拉动效用[1]。

（5）对人才要求更高。传统动漫产业人才的进入门槛就已经很高了，而在数字时代，不仅要求从业人员能娴熟地运用数字技术，同时还要能够把握数字时代消费者的需求与使用特征，对人才的要求无疑更高了。

2. 数字动漫的类型

数字动漫产品的常见类型主要有以下三种。

（1）网络动漫，即通过门户网站、视频分享网站、网络点播台等互联网网站进行传播的动漫产品，网络动漫是数字动漫出版产业最初的产业形态。

（2）手机动漫，即通过手机电视平台、手机漫画客户端、WAP、Web、彩信等方式传播的动漫产品，包括了基于手机技术的手机动画、手机动漫广告、动漫彩信、动漫屏保以及其他漫画图片等。

（3）以 IPTV、VOD 点播、移动电视为载体传播的动漫产品。

3.5.2　数字动漫的发展历程

互联网和手机是数字动漫产品传播的主要媒介。其中，互联网是动漫产品生产和传播的基础平台。在网络动漫发展的早期，由于技术和网络的限制，多以作者个人制作的线条简单、色彩简洁的动漫内容通过互联网传播为主要形式。Flash动画就是这一时期动漫产品的典型代表之一。

随着网络技术的进步，尤其是互联网存储容量的大幅提升，大量基于 Web2.0的动漫网站迅速崛起，网络动漫的制作更加精细化、专业化和时尚化。图文、声情并茂的动漫产品逐渐开始流行，并成为人们一种重要的休闲娱乐的选择，也将数字动漫的发展推向了一个高潮。

手机与数字动漫的结合更为动漫产品的传播带来了革命性的影响，推动了数字动漫产业的高速增长。以智能手机为代表的移动媒体终端的出现及其在动漫产业中的应用，使数字动漫出版产业进入了以移动媒体为主的新的发展阶段。动漫产品内容的展现形式更丰富、传播载体更多样。虽然网络依然还是其传播的主要媒介，但是用户史倾向于下载到移动阅读设备中观看。随着 3G 技术的出现以及三网融合进程的加快，必将促进移动媒体数字动漫产业的高速发展。

---

[1] 昝胜锋，王书勤. 动漫产业：新型业态与赢利模式[M]. 济南：山东大学出版社，2011：12.

3.5.3　数字动漫出版产业发展现状

近年来，动漫产业发展迅速。2008 年，全球数字动漫产业产值已达 2 228 亿美元。在全球数字动漫市场中，美国、日本、韩国是三大主力。其中，美国作为全球动漫产业发展历史最为悠久的国家，在数字时代，凭借其内容、技术和市场等优势，继续巩固着全球数字动漫出版市场巨头的地位。迪士尼是其数字动漫产业的典型代表。日本素有"动漫王国"之称，其产品畅销全球，尤其在东南亚地区影响力更甚。日本动漫产业的成功之处在于形成了一条结构完整的产业链。日本数字出版产业中超过 80% 的内容是动漫产品，数字动漫已经成为日本数字出版市场的主导性分支产业[1]。韩国是全球动漫市场的新贵，韩国政府在政策、人才培养等多方面给予大力扶持，并通过利用其后发优势，尤其是在网络、数字技术方面的后发优势，现已跻身全球数字动漫强国之列。

与美、日、韩等数字动漫强国相比，我国数字动漫产业的发展水平较为落后。总体上讲，我国数字动漫产业尚处于发展的初级阶段，主要表现在数字动漫产业在数字出版产业中所占比重较小，产业发展所需人才较少，产业国际竞争力低下，等等。虽然如此，我国数字动漫出版产业近年来的发展速度较快，成长空间很大。

2006—2011 年我国数字动漫出版产业发展状况统计参见表 3-2。由表 3-2 可知，产业规模方面，2011 年数字动漫产业产值为 3.5 亿元，仅占数字出版产业总产值的 0.25%，产业规模明显偏小。但从增长速度来看，其成长性较好。2006 年数字动漫产值仅有 0.1 亿元，到 2010 年增加到 6 亿元；并且在数字出版产业比重中，从 2006 年的几乎可以忽略不计增加到了 2010 年的 0.57%。虽然 2011 年的数据显示数字动漫市场规模急剧下滑，但从 2006—2010 年惊人的增长速度来看，表现出了良好的成长性。从受众来看，目前我国网络动漫用户已经超过 2.6 亿人[2]，以青年读者为主的潜在消费群体正在逐渐形成，市场需求的不断扩大也说明了我国数字动漫出版产业的成长空间较大。

表 3-2　2006—2011 年我国数字动漫出版产业发展状况统计表

年份	产值（亿元）	增速（%）	占数字出版产业比重（%）
2006	0.1		0.05
2007	0.25	150	0.07
2008	—	—	—
2009	—	—	—
2010	6		0.57
2011	3.5	−41.7	0.25

注：表中"—"表示相关统计数据缺失。

---

［1］日本数字出版状况考察团. 日本的数字及动漫出版状况调查[J]. 出版发行研究，2009（9）：73.

［2］郝振省. 2009—2010 中国数字出版产业年度报告[M]. 北京：中国书籍出版社，2011：147.

▎ 3.6　数字音乐出版产业

3.6.1　数字音乐概述

数字音乐是数字技术在传统音乐产业中应用的产物，是当今娱乐文化产业关注的重点领域之一。广义的数字音乐，是指通过数字方式进行生产、存储、传播、消费的音乐作品，既包括在线音乐、无线音乐等非物质形态的音乐产品，也包括CD、VCD 等物质形态的音乐产品。狭义的数字音乐，则是指通过数字方式进行生产、存储并通过有线或无线方式进行传播、消费的非物质形态的音乐产品[1]。一般来说，我们讨论的数字音乐主要是狭义的数字音乐。

1．数字音乐的特点

数字音乐具有以下几方面的特点。

（1）载体的虚拟性。数字音乐的出现打破了传统音乐总是附着在某种实物介质上供人们消费和欣赏的传统，它以数字信号的方式储存于在线数据库中，通过网络进行传输，用户根据自身需要下载和使用，其传播可以不需要依赖于某种实物载体。

（2）传输速度快。借助网络的传播速度，数字音乐的传播速度是以物流方式进行传播的传统音乐不可比拟的，尤其是在网络带宽不断提升的今天，其优势更加明显。

（3）数字音乐的音质不易损耗。磁带、CD 等传统音乐的载体在多次使用后会产生不可避免的磨损，进而导致音乐品质的下降，而数字音乐无须依附于有形载体中，故无论被下载、复制、播放多少遍，其品质基本不变。

（4）数字音乐使用方便、操作简单。数字音乐具有多种格式以及广泛的下载、上传途径，用户在使用过程中既可以很方便地复制、播放，也可以通过互联网和无线网络传输音乐。

2．数字音乐的分类

按照不同的分类标准，数字音乐可以分为不同的类型。

（1）按其格式（音频文件的压缩编码格式）的不同，数字音乐可分为 MP3（Moving Picture Experts Group Audio Layer Ⅲ）、WMA（Windows Media Audio）、AAC（Advanced Audio Coding）、ASF（Advanced Streaming Format）等类型。

（2）按内容分发网络的不同，数字音乐可分为在线音乐和移动音乐。其中，

---

[1] 黄德俊. 我国数字音乐产业的竞争策略研究[J]. 南京艺术学院学报，2011（4）：40.

前者又称网络音乐，是指通过 ADSL、LAN 等有线网络以及 Wi-Fi 等无线网络直接传输到客户端 PC 上的数字音乐；后者又称手机音乐或者无线音乐，是指通过移动增值业务模式或移动通信网络传输至移动通信终端的数字音乐。目前，数字音乐主要以在线音乐和无线音乐（移动音乐）两种发展形态为主。其中，移动音乐尤其是手机彩铃的发展势头迅猛。

3.6.2　数字音乐的发展历程

数字音乐大致产生于 20 世纪 90 代中期的互联网发展初期，并在 21 世纪初进入商业化开发阶段。依其发展过程中的商业模式及载体的变化，大致可以将数字音乐的发展历程划分为四个阶段。

（1）自由下载阶段

1993 年，MP3 音频压缩技术诞生。其后，众多音乐爱好者利用这一技术将自己的 CD 音乐转成 MP3 格式并上传至互联网供其他用户自由下载使用。这是数字音乐传播活动的最初方式，是依托互联网和 MP3 技术的个人行为，并没有形成商业化，因而也就没有形成规模。从版权保护的角度来看，这种没有获得作者授权的传播行为无疑对数字音乐发展的影响是消极的。

（2）免费在线下载平台阶段

自由下载阶段的数字音乐并没有形成规模，到了 20 世纪 90 年代后期，随着其影响力的扩大，人们逐渐看到了其中隐藏的巨大商机，专门的音乐下载网站开始如雨后春笋般涌现。其中，具有代表性的有 MP3.com、eMusic、Napster 等。MP3.com 是最早免费提供音乐下载的在线平台；eMusic 则于 2000 年推出了第一个数字音乐订阅业务，开始了付费下载的探索；而 Napster 则以 P2P 在线音乐业务著称。此时，数字音乐产业初具规模，并有了音乐订阅的探索，但仍没有进入付费阶段，也没有形成切实可行的商业模式，运营商主要依靠广告获取报酬。

（3）便携式数字播放器发展阶段[1]

最初的 MP3 文件只能由计算机来播放，随着 MP3 的逐渐流行，部分硬件生产厂商抓住机会推出了可以随身携带的 MP3 音乐播放器，数字音乐得以普及。随后，音乐手机的出现又进一步扩大了数字音乐的用户群。这两种产品共同刺激着人们对数字音乐的需求，互联网和无线平台上的音乐下载量与日俱增。与移动式播放硬件的结合，成为了这一时期数字音乐发展的主要商业模式。但这一时期的数字音乐依然没有解决版权问题，数字播放器中的音乐作品也多为非法的盗版作品。

---

[1] 百度百科.数字音乐[EB/OL]. http://baike.baidu.com/view/343980.htm. 2012-05-31.

（4）付费下载阶段

在数字音乐发展的早期，免费几乎成了其代名词。由于缺乏可行的赢利模式，数字音乐始终难以实现产业化。在唱片公司不断的版权诉讼压力下，2003 年，苹果公司创立了 iTunes 在线音乐商店，创造了将播放器和正版音乐"捆绑"销售的数字音乐销售模式，即 iPod+iTunes 模式。这一模式成为了数字音乐史上第一个成功的商业模式，解决了数字音乐的版权问题和下载收费问题，为数字音乐的收费下载提供了一个可操作的样板。数字音乐由此进入了产业化发展的阶段。

3.6.3　数字音乐出版产业发展现状

在技术与需求的双重驱动下，近年来，全球数字音乐产业取得了较大发展。艾瑞咨询公司（iResearch）的研究显示，全球数字音乐市场规模占全球音乐行业总规模的比重，已从 2006 年的 4.7%增长到了 2011 年的 21.9%[1]。国际唱片业联盟（IFPT）发布的数据表明，2009 年，虽然全球音乐销售额下降了 7.2%，但数字音乐销售额却增加了 3.63 亿美元达 43 亿美元，增幅为 9.2%，其规模是 2004 年的 10 倍以上。其中，30 多个国家的数字音乐产业实现了两位数增长，包括阿根廷、澳大利亚、奥地利、丹麦、芬兰、新加坡、瑞士和英国等在内的 17 个市场的增长比例超过了 40%[2]。据 IFPT 的最新数据显示，2009 年、2010 年和 2011 年全球数字音乐出版市场的规模分别达 46 亿美元、48 亿美元和 52 亿美元，较之上一年分别增长了 10%、5%和 8%。美国是数字音乐第一大国，韩国也表现出了很强的增长势头[3]。

我国数字音乐产业起步较晚，规模较小。如图 3-6 所示，反映的是 2007—2011 年我国数字音乐出版产业的规模与增速。图 3-6 数据显示，2007 年，我国数字音乐总体市场规模为 15.2 亿元，到了 2011 年为 21.5 亿元，5 年仅增加 6.3 亿元。在数字出版各产业门类中处于中下水平。恰如 IFPT 报告所指出的，中国的数字音乐市场仍有很大的挖掘空间，目前的发展规模与其用户规模不相符合[4]。目前，我国在线音乐和无线音乐用户分别达 3.8 亿人和 7 亿人[5]，较之 2008 年的 2.48 亿人

[1] 艾瑞咨询集团. 艾瑞视点：2006—2011 年全球数字音乐收入稳步增长[EB/OL]. http://www.iresearch.com.cn/Report/view.aspx?Newsid=164381. 2012-05-31.

[2] IFPT. IFPI publishes Recording Industry in Numbers 2010 [EB/OL]. http://www.ifpi.org/content/section_news/20100428.html. 2012-05-31.

[3,4] IFPT. Digital Music Report 2012 [EB/OL]. http://www.ifpi.org/content/library/ DMR2012.pdf. 2012-05-31.

[5] 周志军. 文化部发布《2011 中国网络音乐市场年度报告》[EB/OL]. http://www.gov.cn/gzdt/2012-03/28/content_2101907.htm. 2012-09-09.

和 4.1 亿人[1]，分别增加了 1.32 亿人和 2.9 亿人。对比数字音乐市场规模的增加量，与其用户规模确实不相符合。从业态来看，目前我国数字音乐产业约 90%的市场规模为无线音乐部分，在线音乐所占比重较小。不仅如此，在线音乐的增长幅度也明显偏低。这表明，无线音乐具有更大的增长空间。

但是，从图 3-6 也可以看出，当前我国数字音乐出版产业正处于平稳发展阶段。我国数字音乐出版产业 2007—2011 年每年 9%左右的增速，略高于同期全球数字音乐市场的平均增速，这也印证了上文提到的我国数字音乐市场仍有很大的挖掘空间。而如何提速我国数字音乐出版产业，扩大其产业规模，成为相关管理部门和业界未来一项重要的研究课题。

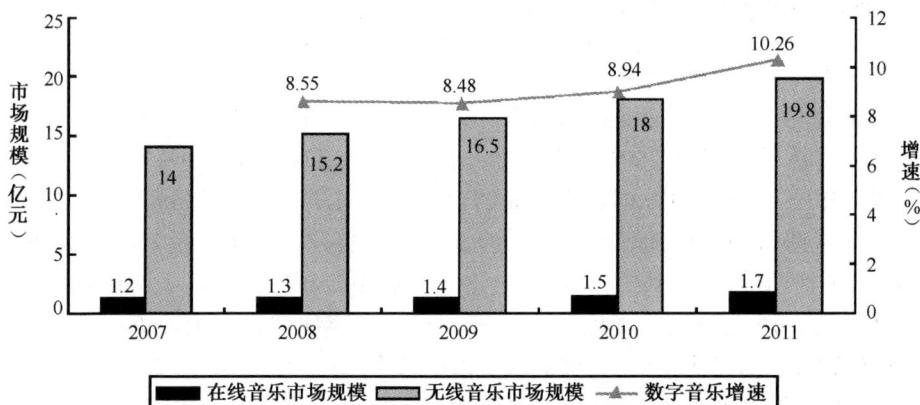

图 3-6　2007—2011 年我国数字音乐出版产业规模与增速[2]

3.7　网络广告产业

随着互联网的普及和迅猛发展，广告主开始注意到利用这一新兴媒体进行商业信息宣传，各种形式的网络广告也就随之而纷纷涌现。作为数字出版商实现经营补偿的有效手段之一和数字出版产业重要类型之一的网络广告产业，受到了人们的普遍关注。

[1] 百度文库. 2009 年中国网络音乐市场年度报告摘要[EB/OL]. http://wenku. baidu.com/view/284d1abffd0a79563c1e7296.html. 2009-09-11.

[2] 艾瑞咨询集团. 2009—2010 中国数字音乐行业发展报告[EB/OL]. http:// news. iresearch. cn/Zt/104634.shtml. 2012-05-31.

3.7.1　网络广告概述

网络广告（Internet Advertising），是指可确认的广告主以沟通和劝说为目的、通过付费的方式在互联网上发布文字、声音、图像、影像、动画等多媒体形式的商业信息的一种广告传播形式。广义的网络广告泛指企业在互联网上发布的一切信息，包括公益性信息、企业商品信息等。一般而言，我们所说的网络广告主要指的是商业形式的广告，而非广义的网络广告。

1．网络广告的特点

网络广告也包含传统广告的五要素，即广告主、广告信息、广告媒体、广告受众和广告费用。但是与传统广告相比，网络广告则又呈现出其鲜明的特点。

（1）形式的多样性。网络的海量存储与传播功能，赋予了网络广告更大的信息承载量，可以集成文字、声音、图像、影像、动画等多媒体信息，并具有按钮广告、旗帜广告、文字链接广告等多种类型，形式更具多样性。

（2）传播时空的广泛性。网络广告通过网络的时空覆盖优势可以实现 24 小时全球传播。

（3）低成本性。与传统媒体动则上百万、上千万元的广告费相比，网络的广告收费则低得多，像新浪网这种门户网站也仅为几千到一万元不等[1]。

（4）受众统计精确、针对性强。网络广告以访问流量和点击量进行受众效果统计，精确性更强，同时点击浏览者即为对广告感兴趣者，可以据此有针对性地投放广告、命中受众。

（5）交互性强。受众可以自主选择广告信息的浏览，同时网络的双向互动性也便于受众对广告及其效果的反馈。

（6）操作的灵活性。网络广告在制作、发布、修改方面，较之传统广告更简单、成本也更低，因而操作更加灵活。但是，网络广告的权威性、广告效果还有待提高。

2．网络广告的类型

网络广告类型多种多样。

（1）根据操作方式的不同，可分为点击式广告、展示式广告、投递式广告。点击式广告通过点击进入相应的广告页面，包括按钮广告、旗帜广告等；展示式广告自身只传递信息而不供点击、不含交互的页面，常常以一个企业的 VI 形象为

---

[1] 百度文库. 新浪网络广告费用 2009[EB/OL]. http://wenku.baidu.com/view/ 738ed1e 8856a 561252d36faf. html. 2012-05-31.

内容主题[1]；投递式广告主要以电子邮件等形式向受众投递广告，比如 E-mail 广告、下载携带式广告等。

（2）根据其传播方式不同，可以分为基于 E-mail 的网络广告和基于网络页面的网络广告。前者直接以电子邮件广告、邮件列表广告、新闻讨论组等形式出现；后者则包含按钮广告、旗帜广告、文字链接广告、弹出式广告等。

（3）根据其表现形式不同，可以分为文字广告、图片广告和动画广告。其他网络广告类型还有横幅广告、聊天室广告、赞助式广告、互动游戏广告、关键词广告、分类广告等。

3.7.2   网络广告的发展历程

网络广告从其兴起至今不过 20 余年的时间，但却经历了一段曲折的发展历程。我们认为，网络广告的发展历程可以分为以下四个主要阶段。

（1）萌芽阶段

网络广告的萌芽可以追溯至 1990 年前后。此时正是互联网发展的初期，而奇迹商业公司（Prodigy）则是这一服务开始时的积极尝试者，虽然并没有达到预期效果。

（2）受挫阶段

网络广告在早期并没有达到人们预期的目标，比如较早采用网络广告进行商业宣传的美国律师 Laurence Canter 和 Martha Siegel，在 1994 年夏天向互联网的7 000 多个新闻讨论组发送了自己的律师服务广告，不想却招致网民的"狂轰滥炸"。这一时期网络广告还没有为受众所接受，发展暂时受挫。

（3）接受阶段

网络广告真正被受众所接受，始于 1994 年 10 月 27 日 AT&T 在 HotWired（www.hotwired.com）发布的尺寸很小的网幅广告，几乎无人对此提出异议，由此奠定了广告史上的一座里程碑，HotWired 也被称为网络广告的鼻祖。我国网络广告的出现则在 1997 年，"中国通环球信息网"为 IBM 公司的 AS400 进行宣传，获得了 3 000 美金的广告收入，这也是我国第一个商业性的网络广告。

（4）发展和成熟阶段

随着网络经济的兴起、互联网的普及、人们对网络广告认可度的提高以及网络广告形式的丰富，网络广告走上了快速发展的轨道，并形成了较为稳定、成熟的发展模式。

---

[1] 刘友林. 网络广告实务[M]. 北京：中国广播电视出版社，2003：18.

3.7.3　网络广告产业发展现状

在全球网络广告的发展过程中，美国的网络广告产业是最早形成规模的。美国互联网广告署（IAB）的数据显示，1996 年前后美国网络广告就渐成气候，1996 年其网络广告支出为 2.67 亿美元，而 1997 年就猛增至 9.07 亿美元[1]。图 3-7 反映的是 2000—2011 年上半年美国网络广告市场规模及增长率。由图 3-7 可以看出，虽然美国网络广告产业的发展有所波动，但无论是其规模还是增速，整体上都表现出了良好的发展态势。

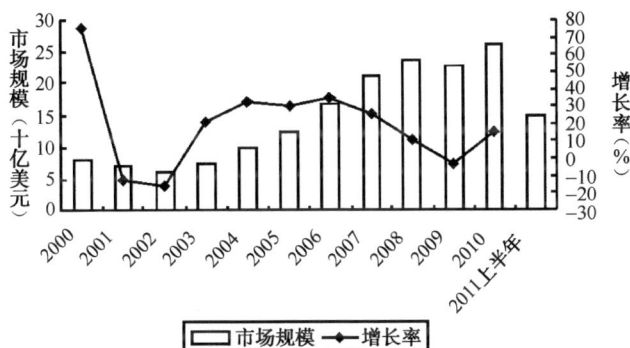

图 3-7　2000—2011 年上半年美国网络广告市场规模及增长率[2]

相比之下，我国网络广告产业的发展则较为滞后。我的网络广告产业，1998 年前后才初步兴起。当年适逢世界杯比赛，"国中网"推出世界杯网站并收获了 200 万元的广告收入。虽然其为此投资了 300 万元，最终并没有实现赢利，但是让人们看到了网络广告的潜在价值。图 3-8 反映的是 2006—2011 年我国网络广告市场规模与增长率。图 3-8 表明，我国网络广告产业规模与美国相比明显偏小，2011 年产值也不过 500 多亿元。不仅如此，网络广告产业近几年的增长速度也是起伏不定，增速呈明显的波浪状，表明其发展尚不稳定。当然，从大势上看，我国网络广告产业整体呈上升态势，近几年的平均增速高达 62.69%，未来的发展空间较大。

[1] IAB. IAB Internet Advertising Revenue Report 2010 [EB/OL]. http://www.iab.net/media/file/resources_adrevenue_pdf_IAB_PWC_2001Q4.pdf. 2012-05-31.

[2] IAB. IAB Internet Advertising Revenue Report 2011 [EB/OL]. http://www.pwc.com/en_US/us/industry/entertainment-media/assets/iab-internet-advertising-revenue-report-2011-six-months-results.pdf. 2012-05-31.

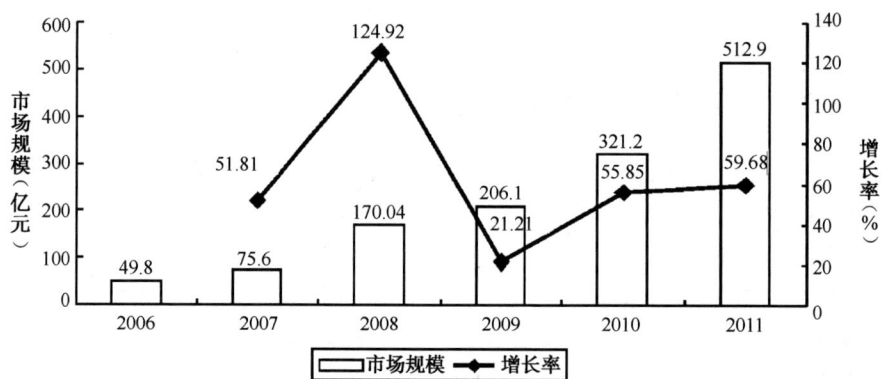

图 3-8　2006—2011 年我国网络广告市场规模及增长率[1]

---

　　[1] 郝振省. 2009—2010 中国数字出版产业年度报告[M]. 北京：中国书籍出版社，2011：17.

第4章
Chapter 4

▶ 数字出版产业链

　　传统出版业经过长期发展，形成了较为稳定的"编、印、发"三位一体的产业链结构。产业链各环节间明确的分工与协作促进了传统出版业在过去一二百年间的快速发展。数字技术的发展及其与出版业的结合，不仅改变了传统出版业的产业逻辑与经营理念，而且还改变了传统出版产业的运营方式、业务流程与产业链结构。传统出版业中"编、印、发"三位一体的产业链结构，由于数字技术的作用被打破。数字出版产业中，编辑、印刷复制与发行的内涵与功能需要重构，出版活动各参与主体的角色与地位也需要重新定位。当前，数字出版产业链建设还存在诸如产业链轮廓不明晰、各环节分工不明确、协调发展与合作共赢思路不清晰等诸多问题。有学者认为："国内电子图书产业链结构还不太清晰，上下游关联度不强，各个环节之间定位模糊，并且都试图成为整个产业链中的主导者。"[1]究其原因，主要是数字出版产业链各参与主体对自身功能定位不明确所致。因而，本章将在对数字出版产业链的概念、主体要素、结构与特征及其功能做一般介绍的基础上，对数字出版产品与服务提供商、数字出版技术开发商与平台提供商、数字出版产品与服务分销商这三类数字出版产业链主体的功能定位问题进行分析。

---

　　[1] 佚名. 简析美国数字图书出版产业链结构[EB/OL]. http://www.cpp1.cn/ News/2011-10/8/121465.htm. 2012-09-10.

▌ 4.1 数字出版产业链概述

出版产业链是"出版关联企业基于出版价值增值所组成的企业联盟"[1]。基于这一认识，我们可以将数字出版产业链定义为数字出版关联企业基于数字出版价值增值所组成的企业联盟。具体来说，数字出版产业链是以数字出版产品与服务提供商为源头、数字出版技术开发商与平台提供商为支撑、数字出版产品与服务分销商为渠道，通过终端阅读设备为读者服务所组成的企业联盟。数字出版产业链与传统出版产业链有很多不同，主要体现在二者的主体要素、结构、特征与功能上具有明显差异。

4.1.1 数字出版产业链的主体要素

数字出版产业链的主体系数字出版业务活动参与者，即数字出版产业链各环节业务功能的执行方。数字出版产业链主体主要包括：数字出版产品与服务提供商、数字出版技术开发商与平台提供商、数字出版产品与服务分销商三大类，其中各自又包含几类具体的主体要素。

1. 数字出版产品与服务提供商

数字出版产品与服务提供商，即为数字出版市场开发、生产以及提供数字出版产品及服务的数字出版市场主体。作为数字出版产业链的源头，数字出版产品与服务提供商是数字出版产品与服务的提供者，对应于传统出版产业链中的出版商，具体从事数字出版产品与服务的开发与生产活动，肩负着为数字出版市场提供产品及服务的重任。数字出版产品与服务提供商大致包括混合数字出版商、集成数字出版商和纯数字出版商三种具体形式。

（1）混合数字出版商。混合数字出版商是指同时从事传统出版和数字出版业务的数字出版产品与服务提供商。目前，相当多的传统图书、期刊、报纸、音像与电子出版单位，不再限于传统的纸质出版物的出版活动，而纷纷涉足数字出版物市场，在提供纸质出版物产品的同时也开展数字出版物的开发与生产活动。这类混合数字出版商，从传统出版商转型而来，熟谙出版编校业务和市场需求，并掌握相当数量的内容资源，具有后两类数字出版产品与服务提供商

---

[1] 方卿，等. 出版产业链研究[M]. 北京：高等教育出版社，2011：34.

所不具备的优势。

（2）集成数字出版商。集成数字出版商是从事纸质出版物的数字转化与集成业务的数字出版产品与服务提供商。集成数字出版商通过与不同传统纸质出版商合作，获取其纸质出版物的网络出版与传播权，并对其进行数字化处理，开展纸质出版物数字化转化并提供集成的数字出版产品与服务。例如，数字期刊领域的爱思唯尔、斯普林格、中国知网、万方数据、重庆维普、龙源期刊等都属集成数字出版商。集成数字出版商有的是从传统出版商转型而来，比如爱思唯尔、斯普林格，而更多的是技术开发商出身，比如中国知网等，但他们共同的特点是充分利用规模经济优势，通过整合数字化加工后的传统出版物集成发布，以满足用户的多元化需求。

（3）纯数字出版商。纯数字出版商是从事单一原生数字出版业务的数字出版产品与服务提供商。例如，开放存取领域的 BMC、PMC、PLoS、中国科技论文在线、奇迹文库，网络文学出版领域的盛大文学，手机出版领域的数码超智、银河传媒等是较有代表性的纯数字出版商。纯数字出版商以经营理念、技术等优势决胜市场，一般不涉及传统出版，但像盛大文学在数字出版市场站稳脚跟后，也开始将其触角延伸至传统出版。

2．数字出版技术开发商与平台提供商

数字出版技术开发商与平台提供商，是通过数字出版技术开发和平台提供参与数字出版活动的数字出版市场主体。数字出版产业，属技术驱动型产业，其发展高度依赖现代数字技术的支持。数字出版技术开发商从最开始就扮演着数字出版产业推动者与产业链组建者的角色[1]。数字出版技术开发商与平台提供商具体包括终端设备技术商、数字出版平台技术商和数字出版应用系统开发商三种形式。

（1）终端设备技术商。数字内容需要借助计算机、手机、电子阅读器等终端设备进行消费，这类设备的开发商、制造商也就构成了数字出版产业链的主体要素之一。例如，iPad、Kindle 和汉王电纸书等是目前国内外较为有名的终端设备。

（2）数字出版平台技术商。数字出版平台技术商在进行数字出版平台技术开发的同时，依靠自身搭建的数字内容发布平台开展数字内容出版与服务业务。这类数字出版参与者被《2005—2006 中国数字出版产业年度报告》称之为"数字媒体提供商"[2]。例如，清华同方、Adobe 公司等技术商就是数字出版平台技术商的典型代表。

（3）数字出版应用系统开发商。数字出版应用系统开发商是面向数字出版的共性应用技术需求，开发诸如数字出版编审校系统、数字出版物投送系统、数字

[1，2] 郝振省. 2005—2006 中国数字出版产业年度报告[M]. 北京：中国书籍出版社，2007：13.

权利管理系统等数字出版应用系统的数字出版参与者。例如，微软公司、苹果公司、北大方正等是数字出版应用系统开发商的典型代表。数字出版技术开发商与平台提供商中的平台技术商、应用系统开发商，在某些时候会出现重合现象。

3. 数字出版产品与服务分销商

数字出版产品与服务分销商对应于传统出版产业中的发行商，是利用数字传播或电子商务平台，从事数字出版产品与服务分销业务，连接内容与服务提供商和消费者的数字出版市场主体。数字出版产品与服务分销商，具体又可以划分为以下 6 类。

（1）数字出版物批发商。数字出版物，虽然大多以零售方式实现销售，但也有以批发方式销售的。例如，英格拉姆（Ingram）、贝克·泰勒（Baker & Taylor）、OverDrive 等就是著名的电子图书批发商。

（2）数字出版单位自营分销商。绝大部分的数据库出版商、在线平台出版商等都是利用自身平台进行出版物分销，消费者通过网银、支付宝等结算手段直接下载阅读和使用。

（3）电子书店。例如，亚马逊的 Kindle 电子书店、巴诺的 Nook 电子书店以及 CourseSmart、eBookpie、FictionWise 等电子商务网站，都是从事电子出版物零售业务的专业电子书店，它们或者提供在线阅读，或者提供包月服务，或是两者兼而有之。

（4）网上书店或实体书店。例如，亚马逊、当当网等网上书店以及新华书店等实体书店，也在分销部分数字出版产品与服务。

（5）IT 服务商。例如，苹果公司、谷歌等著名 IT 服务商也从事电子书的销售业务。2011 年 2 月 16 日，苹果公司在其应用商店上推出独立订阅服务，允许用户订阅杂志、报纸、视频及音乐等内容。"此服务与以往的数字内容下载最大的不同是，苹果公司已不是单纯的平台服务商，而是参与到内容发行环节。"[1] 根据协议，苹果公司将获得读者订阅费用的 30%。2011 年 2 月 17 日，谷歌推出名为"Google One Pass"数字内容付费系统，方便出版商使用谷歌支付系统 Google Checkout 在网络以及手机应用软件中出售数字内容。谷歌则将获得读者订阅费用的比例降到了 10%。

（6）电信服务商。由于有着良好的网络平台优势，国内外的不少电信服务商纷纷开展电子书等数字出版销售业务。例如，中国移动、中国电信、中国联通寻求与数字出版商的合作，分销其数字出版产品与服务。

数字出版产业链上各类主体之间的有效协作是数字出版产业健康发展的重要

---

[1] 佚名. 中国的数字出版发行商在哪里[EB/OL]. http://news.10jqka.com.cn/ 20110221/ c521941900.shtm. 2012-09-10.

保证。产业链主体的缺失或发展不平衡将制约数字出版产业的发展。因此，努力培育各类数字出版产业链主体，积极探索各类主体之间的协作模式，不失为促进数字出版产业持续健康发展的明智选择。

4.1.2 数字出版产业链的结构与特征

产业链结构，是指关联企业在产业链中的角色定位以及企业之间的业务关联关系。产业链结构对产业发展意义重大，明晰的产业链结构不仅有利于关联企业的分工与合作，有利于产业秩序的改善，而且也有利于产业结构的优化和产业效率与效益的提升。明晰的产业链结构的形成，不仅是政策引导和强化管理的结果，而且是产业发展到一定阶段的产物，更是产业成熟度的反映。

与传统出版业相对清晰的"编、印、发"三位一体的产业链结构不同，数字出版产业链的结构则要复杂得多。由于其业务流程及产业链不同环节的价值丰度在技术的作用下发生了根本性的变化，数字出版产业链具有与传统出版产业链完全不同的结构特征。

（1）数字出版产业链中上、中、下游的链式结构相对模糊，传统出版产业链中上、中、下游的清晰结构已不复存在，新的"资源+市场"的二元结构渐趋明朗。

众所周知，经过一二百年的发展，以内容资源深度开发为目的的出版业，以产业分工为基础逐步形成了包括出版物产品的出版、印刷和发行等环节在内的产业链基本结构。在这个"三位一体"的结构中，"编、印、发"各专其能、各司其职、各得其利。然而，进入数字出版时代，这种明晰、稳定的产业链结构被彻底打破。技术开发商与平台提供商的强力介入，不仅基本"淘汰"原产业链中的印刷企业，重新定义了出版商和发行商的作用和地位，而且彻底改变了"编、印、发"三位一体的传统结构，形成了新的"资源+市场"的二元产业链结构。所谓"资源+市场"的二元结构，是指数字出版产业中基于技术驱动而形成的由"资源生产"和"市场分销"两个核心环节构成的产业链形态。在这种新的二元结构中，以技术优势见长的技术开发商与平台提供商往往不以独立的产业链主体身份出现，而是以技术主导"资源生产"或"市场分销"，即以内容提供商的身份从事"资源生产"或以分销商的身份从事数字出版产品的"市场分销"。基于这种全新的"资源+市场"的二元结构，从事数字出版活动的相关企业必须改变传统的思维定式，重新定位自己在新的产业链结构中的角色。

一些出版业发达国家，如美国，已初步完成了数字出版产业链的重构，形成了相对明晰的数字出版产业链。冶金工业出版社谭学余指出："美国数字出版产业在世界范围内无疑是处于领先地位的，其数字出版产业链中的分工与合作清晰明确，已经形成了较为清晰的数字图书出版产业链结构，各个环节的定位也较为明确和专业。"[1]
他还分析介绍了美国各类数字出版产业主体，如内容提供商、数字图书销售平台
商、终端阅读器生产商、图书数字化服务商、技术提供商，以及电信或移动运营
商等各自在数字出版产业链中的角色定位。

（2）数字出版产业链关联企业的角色和地位不同于传统出版产业链。技术开
发商或平台提供商可以利用其技术优势，以内容提供商或分销商的身份主导数字
出版产业链，进而支配产业链中的其他关联企业。

在传统出版产业中，"出版产业链各环节的价值丰度曲线与施振荣先生提出的
个人计算机产业链'微笑曲线'有着惊人的相似。处在出版产业链上游的策划、
出版环节以及下游的控制着渠道的发行环节的附加值高，属于出版产业链的高端，
而处于产业链中部的印刷环节附加值低，是出版产业链的低端。"[2] 因此，支配传
统出版产业链的既可以是上游的出版企业，也可以是下游的发行企业，但更常见
的主要是出版企业。

在数字出版背景下，在全新的"资源+市场"的二元产业链结构中，"资源生
产"和"市场分销"的价值丰度相对难以界定。因此，从事"资源生产"的内容
提供商和从事"市场分销"的数字出版产品分销商，谁能够主导数字出版产业链
则主要取决于其掌握和应用数字技术的能力。从实践来看，既有从事数字出版产
品"市场分销"的分销商，如谷歌电子书店和亚马逊等主导的数字出版产业链。
2010 年 12 月 6 日上线的谷歌电子书店[3]，提供约 4 000 家出版商的近 300 万种电
子书供用户购买或下载，其中 200 余万种为免费的公共版权图书，从而成为当时
世界上最大的电子书提供商。同样，也有从事"资源生产"的内容提供商，如斯
普林格、励德·爱思唯尔以及盛大文学等主导的数字出版产业链。无论是分销商，
还是内容提供商，事实上，全是凭借技术支撑才得以确立其在数字出版产业链中
的主导地位的。从这个意义上讲，谭学余所指出的"国内电子图书产业链结构还
不太清晰，上下游关联度不强，各个环节之间定位模糊，并且都试图成为整个产
业链中的主导者"[4]的现象，正好切中了我国数字出版产业链发展中的弊端。

（3）数字出版产业链关联企业角色和地位的变化导致了产业链中利益格局的
调整。

出版产业链关联企业的利益格局主要取决于关联企业在产业链中的角色和地
位。"出版产业链的各环节存在着价值增值与盈利水平的差异性，处于出版产业链

[1，4]谭学余. 美国数字出版最新见闻[EB/OL]. http://hi.baidu.com/boyomxj7453/ blog/item/
b365b32f54afd3cb14cecb2a.html. 2012-09-10.
[2] 方卿，等. 出版产业链研究[M]. 北京：高等教育出版社，2011：46.
[3] 2013 年 1 月 31 日起，谷歌电子书店内所有电子书已转移至谷歌旗下的电子商务平台
PlayStore 中进行销售。

高端的企业盈利水平高，处于产业链低端的企业盈利水平低。"[1] 在传统出版产业链中，作为出版物产品生产者的出版企业主导出版产业链的情形较为普遍，这就是传统出版产业链获利较高的主要是出版企业的根源。早年我国出版社的赢利水平数倍于书店和印刷厂，正是传统出版产业链结构中主导产业链运作的主要是出版企业使然。

　　进入数字出版时代，由于产业链关联企业角色和地位的改变，数字出版产业链的利益格局也将发生改变。这一点从 2007 年亚马逊与 Kindle 阅读器的发布同步推出的"批发定价模式"的运作中可以得到充分体现。2007 年，贝佐斯在纽约联合广场 W 酒店（W New YorR Union Square）发布 Kindle 阅读器时，同时宣布《纽约时报》畅销书榜的电子书仅售 9.9 美元。这一行为尽管遭到了各大出版商的一致反对，但是由于两者在产业链中地位的不对等，该政策仍然得以持续到 2010 年苹果公司推出 iPad 为止。即使在苹果公司同意由出版商确定 iPad 版电子书的价格（即代理模式）后麦克米伦（Macmillan）的 CEO 约翰·萨金特（John Sargent）将这一决定通知亚马逊的出版商，并要求亚马逊改变其定价政策转而采用与苹果公司一致的代理模式时，贝佐斯和他的同事对此表示愤怒，并以亚马逊停止销售麦克米伦的纸质书进行要挟。亚马逊与内容提供商之间的纷争，尽管最终以亚马逊的让步而得到平息，但数字出版产业链主导者为谋求自身利益最大化的企图却暴露无遗。经过 2009 年 5 月推出自助出版平台 AmazonEncore 的试水，在结束与出版商的定价权纠纷之后，亚马逊一反当初的承诺，毅然进入出版市场。2010 年正式推出致力于将非英文图书翻译成英文出版的 AmazonCrossing 服务，以期控制图书出版过程，直接获得图书版权，包括电子书的定价权，进一步巩固其在数字出版产业链中业已确立的主导地位。显然，亚马逊这种强行控制电子书定价权以及停售关联出版企业的纸质书以谋求利益最大化的行为正是其主导电子书产业链的结果。

4.1.3　数字出版产业链的功能

　　产业链的建设与管理之所以重要，是因为结构完整、分工明确、功能健全的产业链对产业的发展至关重要。对处于迅速成长中的数字出版产业而言，加强产业链建设意义更为重大。深刻理解并把握产业链的功能，对于强化数字出版产业链建设与管理必不可少。我们的研究发现，数字出版产业链建设可以起到整合内容资源、促进产业融合和提升价值增值等三方面的积极作用。

---

[1] 方卿，等. 出版产业链研究[M]. 北京：高等教育出版社，2011：45.

（1）资源整合功能

无论是传统出版还是数字出版，内容资源都是其核心资源。广泛整合和深度开发内容资源是传统出版业和数字出版业的共同追求。由于受技术水平的限制，传统出版业对内容资源的整合程度相对有限，这就大大影响了其内容资源开发利用的效率和效益。快速发展与普及的数字技术，如多媒体技术、信息收集组织处理与存储技术、版权保护技术、信息传播技术等，为数字出版提供了良好的技术支撑。数字出版产业链，由于有了技术开发商与平台提供商的加盟，更使得运用现代数字技术广泛整合并深度开发内容资源成为现实。目前，专业数字出版领域中的数据密集型出版、数字教育出版领域中的"电子校园"及"电子教师"和数字大众出版领域的"平台+内容"出版模式都是数字出版产业链广泛整合内容资源的直接体现。

（2）产业融合功能

正是产业融合，包括出版业和 IT 业、出版业和其他媒介的融合，催生了数字出版产业。反过来，数字出版产业的发展也会进一步加深相关产业之间的融合。在数字出版产业链中汇聚了来自不同产业、不同媒介的众多参与主体。这些参与主体在分工协作的基础上开发数字出版产品，服务于消费者的数字消费需求。随着合作的发展，产业之间的融合也会进一步加深。以手机出版为例，随着手机出版与手机阅读的兴起和发展，书、报、刊等内容提供商、音乐与游戏媒体企业、手机生产商、网络运营商等纷纷加盟这一领域。手机出版产业链得以越拉越长，涉及的产业领域越来越广。事实上，不仅如此，在数字出版产业中的电子书产业、网络游戏产业、动漫产业等领域也都存在与手机出版类似的、广泛的产业深度融合现象。

（3）价值增值功能

产业链和价值链有着不可分割的联系。有人认为产业链是"建立在波特价值链基础上"[1]的，也有人认为产业链"主要是指产业价值链"[2]。事实上，产业链关注的正是关联企业间的价值增值活动。在数字出版产业链中，产品与服务提供商、技术开发商和平台提供商、产品与服务分销商等不同产业链主体，依照各自的资源禀赋条件及其在产业链中的功能定位，协调合作，分别向数字出版产品与服务连续追加不同价值，不断提升产品与服务的价值含量。与传统出版产业链不同，由于有了技术开发商与平台提供商的加盟，促进了数字出版产品与服务科技含量的提升。因而，数字出版产业链具有比传统出版产业链更突出的价值增值功能。

---

[1] 刘刚. 基于产业链的知识转移与创新结构研究[J]. 商业经济与管理，2005（11）：13.
[2] 郑胜利. 产业链的全球延展与我国地区产业发展分析[J]. 当代经济科学，2005（1）：87.

▎ 4.2　数字出版产品与服务提供商

数字出版产业作为一种内容资源导向型产业，其内容产品及相关服务是数字出版产业发展的基础，是其不可或缺的两种资源。内容资源及服务在数字出版产业中的重要性也就凸显出了作为提供者的数字出版产品与服务提供商的重要性。数字出版产品与服务提供商作为数字出版产业链的源头，肩负着为数字出版提供内容资源及相关服务的重任。数字出版产业的一切活动都以产品及服务的提供为开展的前提和基础，这是数字出版产业吸引读者、实现产业链价值增值的保证。由此可见，数字出版产品与服务提供商在数字出版产业链中的重要地位和作用。

4.2.1　数字出版产品与服务提供商的功能定位

数字出版产品与服务提供商包括了混合数字出版商、集成数字出版商和纯数字出版商。我们认为，这些产品与服务提供商在数字出版产业链中的功能应定位于内容资源的创新与集成、产品与服务的质量控制、产品与服务形态的创新、版权的管理与授权四个方面。

（1）数字内容资源创新与集成的承担者

一方面，作为出版业赖以生存发展的核心资源，内容资源对数字出版产业发展的意义不言而喻。而内容资源的创新则是数字出版产业发展的不竭之源，只有不断创新内容资源的提供，才能保持活力与市场吸引力，赢得市场。从文化知识创新的角度，作为传播知识和文化的重要媒介，数字出版内容提供商也有责任不断进行内容资源创新。盛大文学作为纯数字出版商，除了依托其技术平台主导产业链发展外，内容资源的创新能力也是其垄断中国的原创网络文学市场的重要方面。在 2010 年法兰克福书展 TOC（Tool of Change）国际讲堂上，盛大文学首席版权官周洪立作为中国的代表介绍了中国数字出版整体产业链的状况，并分享了盛大文学的经验，这是对盛大文学在数字出版领域获得巨大成功的肯定。而对于混合数字出版商而言，更需要通过内容资源的不断创新，巩固其在内容资源占有方面的优势，进而才能在数字出版产业链中拥有一席之地。

另一方面，在信息时代，信息资源的爆炸性增长，既使读者的信息需求变得多元化，又使读者对信息资源的选择和阅读变得无所适从。这就需要信息提供商整合各类信息资源集成向读者传播，以满足其多元化的需求。基于此，在数字出版产业中，在集成化成为数字出版产业重要特征与趋势的背景下，内容资源的集成就成为了数字出版产品与服务提供商竞争制胜的重要发展模式。通过对内容资源的集成，有利于产品与服务提供商形成"规模优势"，在"赢者通吃"的数字出版市场中站稳脚跟。中国知网、重庆维普、万方数据和龙源期刊等正是以集成数字出版商的身份参与产业链的竞争，并在各自市场领域中独领风骚。可见，在"赢者通吃"的数字出版时代，数字出版产品与服务提供商在数字出版产业链中的功能定位，很重要的一方面应该是承担数字内容资源的集成。

（2）数字出版产品与服务质量控制的执行者

在激烈的市场竞争中，企业要求得生存、得以发展，除了战略选择问题外，产品与服务的质量控制至关重要。质量不过硬，小则退货赔钱，大则失去消费者，并最终被市场所淘汰。出版产业作为人类文明的主要传播者，内容质量的重要性更是不言而喻。而在数字出版时代，数字出版产品与服务的任何质量问题，都有可能通过网络贴吧、微博、手机短信等途径被无限放大，并有可能导致数字出版产品与服务提供商在产业链中败退。为此，数字出版产品与服务提供商要从内容资源的策划、组稿、编校、数字化加工等方面加强对产品与服务的质量控制，优化产品与服务质量，增强阅读体验及享受，提高消费者满意度，从而提升企业价值增值的能力。这也是产品与服务提供商在数字出版产业链中的基本功能定位之一。

（3）数字出版产品与服务形态创新的推动者

除了数字内容资源的创新，产品与服务形态的创新也是数字出版产业的重要方面。数字出版产业的产品形态从最初的封装型产品，经历了数据库、电子书、手机出版物等多种形态的变化，并仍在不断丰富当中。数字出版产品与服务形态的每一次创新，都会带动一批企业的兴起，同时也会造成一批企业的衰亡。例如，网络出版形态的出现，使得20世纪80年代末90年代初盛行一时的光盘出版企业逐渐被取代，而像 Kindle、iPad 等终端阅读设备的出现则强烈地冲击了像点读机、学习机等终端市场。因而，数字出版产品与服务提供商只有持续创新产品与服务的形态，才能在数字出版产业链中得以生存和持续发展。

与传统出版根据消费者的不同需求特征和购买力，设计开发了精装本、平装本、俱乐部版等多种出版物形态一样，数字出版产品的形态创新也应主要着眼于消费者的需求，在把握数字化特征的基础上进行。数字出版产品与服务形态的创新可以是基于技术的进步，创造出新的产品和服务，同步于光盘、数据库、电子书、手机出版物等的演变过程；也可以是基于消费者的不同需求，就同一产品提供不同的阅读体验的产品形态。中国出版集团在出版《一个村庄里的中国》一书时，就独辟蹊径地策划研发了精编版、完整版、加长版、社交版四类形态的电子书同时在大佳网上发行，这是一次很好的数字出版产品形态创新的探索。

（4）数字版权管理与授权的实施者

如果说技术开发商和平台提供商的优势在于技术和平台，分销商的优势在于渠道和客户，毫无疑问，数字出版产品与服务提供商的优势则在于其所掌握的内容资源及建立在内容资源基础上的对于版权的控制权[1]。这是产品与服务提供商在数字出版产业链中竞争的根本，为此，应强化自身在数字版权管理与授权方面的功能定位。数字出版产品与服务提供商建立一套企业自身的内容管理系统（Content Management System，CMS），并通过数字版权加密保护技术（Digital Rights Management，DRM）、数字对象标识符（Digital Object Identifiers，DOI）等技术手段进行版权保护，是实现数字内容版权管理的重要手段。同时，产品与服务提供商应通过建立合理的数字版权授权模式、版权授权使用费用标准、版权盗版赔偿标准等，强化对数字版权授权的控制。

4.2.2　典型数字出版产品与服务提供商举要

培生教育（Pearson Education）集团作为数字教育出版领域的佼佼者，是典型的提供教育内容及服务的混合数字出版商。从 1994 年的 Courseeompass 数字化学习平台为高校提供教学支持服务，到 2002 年的"培生选择"项目提供教材定制出版服务，再到如今的在线互动教学服务平台为读者提供教材制作、教辅更新、考试评估等全方位服务，培生教育集团一直以创新服务形态推动其数字教育业务的发展。虽然目前培生集团数字教育服务的营业收入占比还不是很高，但已经成为该集团增长最快的业务，并带动了其传统教材教辅的销售。

数字学术出版领域的高端内容资源提供商斯普林格，以提供集成化的高端学术内容资源而闻名于世。斯普林格构建的网络出版与学术专业信息服务平台 SpringerLink，是一个集成了斯普林格所有的电子图书、电子期刊、电子丛书、大型电子工具书等在线资源的多语种、跨产品出版服务平台，并提供在线优先出版服务。通过构建内容集成和发布平台，斯普林格目前已经成为了全球第二大学术出版商。

我国网络游戏领域的完美世界（北京）网络技术有限公司（以下简称完美世界）是较为典型的纯数字出版商。成立于 2004 年的完美世界，一直致力于创造优质的互动娱乐产业品牌，倾力打造拥有自主知识产权的高质量网络游戏产品。完美世界通过不断推动内容与服务形态的创新、严格的质量控制，逐渐发展成为中国知名的网络娱乐企业，并于 2007 年 7 月 26 日登录美国纳斯达克股票市场。完美世界的成功主要表现在以下几方面：一是内容产品的不断创新。其自成立后陆续推出了《完美

---

[1] 徐丽芳. 浮现中的大众消费类数字出版产业链[J]. 出版广角，2008（12）：18.

世界》、《武林外传》、《完美世界国际版》、《诛仙》、《赤壁》、《梦幻诛仙》等为众多
玩家所称道并取得了丰硕经济收益的网络游戏产品，通过产品的持续创新，保持市
场的影响力和竞争力。同时，还将热卖的网络游戏产品开发成电影、电视、网络文
学等，创新内容形式。二是服务制胜。完美世界重金购买了电话客户服务系统，建
立了世界用户自主服务系统，提高用户服务水平，并针对不断出现的新问题完善服
务体系。三是注重质量控制。"追求完美精品"是完美世界长期倡导的产品理念，除
了产品创新，更重视游戏品质细节的创新深究，坚持精品制胜[1]。

▎4.3 数字出版技术开发商与平台提供商

如果说内容是数字出版产业发展的基础，那么数字出版技术与平台则是其推
动力。数字出版技术的进步催生了数字出版产业，而数字出版平台则是数字内容
及服务发布不可或缺的载体和工具。数字出版技术开发商作为数字出版产业链最
初的组建者和推动者，数字出版平台提供商作为数字出版产业链的主导者之一，
二者是数字出版产业链"资源+市场"二元结构的核心主体，不仅极大地推动了数
字出版产业的发展，同时还推动了传统出版商的数字化进程。例如，北大方正作
为国内知名的数字出版应用系统开发商，其设计的 DRM 解决方案目前已为国内
400 多家出版社制作和发行了 30 多万种电子书，大大推动了出版社的数字化转型。

4.3.1 数字出版技术开发商与平台提供商的功能定位

终端设备技术商、数字出版平台技术商和数字出版应用系统开发商这三类技
术开发商与平台提供商并非完全独立的，在角色上会有重叠，比如盛大文学既是
技术开发商，也是平台提供商。数字出版技术开发商与平台提供商在数字出版产
业链中的功能定位主要体现在以下几个方面。

（1）数字出版技术与平台的支持和创新

一方面，数字出版产业是数字出版技术与出版实践结合的产物，数字出版产
业的持续发展离不开技术的持续支持和研发创新，传统出版商的数字化转型更离
不开技术商的技术支持。2011 年 4 月，《三联生活周刊》就与 Cmstop[2] 合作，采

---

[1] 新闻出版总署科技与数字出版司. 实践·探索·启迪：数字出版案例选编[M]. 北京：
中国书籍出版社，2011：189—195.

[2] Cmstop 是思拓合众自主研发的一款提供从资讯发布、组织、传播、互动、数据挖掘到
赢利的一体化解决方案的内容管理系统，相当于一种数字内容发布平台技术方案。

用其技术方案推出了新改版的《三联生活周刊》在线平台。新平台与旧平台相比，在视觉效果、互动性、使用性能等方面更突出，而这都缘于技术的支撑，缘于技术开发商的支持。基于技术开发商在产业链中的重要作用，结合产业链的分工协作，我们认为，数字出版技术开发商在数字出版产业链中首要的应该是定位于通过技术的研发创新为产业提供技术支持。而就目前实践发展的需要看，兼容性阅读格式技术标准、数字版权保护技术、跨终端内容分发技术、语义出版技术等都是数字出版产业发展急迫需要的，也是技术开发商应该着重进行技术创新的重要方向。

　　另一方面，在平台化的驱动下，数字出版产业的发展同样离不开平台提供商的支持。数字内容资源的上传与发布、产品及服务的在线消费、生产与消费的连接，已经越来越离不开数字出版平台提供商的平台支持。我国的数字学术出版，因为有了中国知网、万方数据、重庆维普这三家平台商的介入和支持，将传统学术出版商的内容集成向用户传送，才有了目前我国数字学术出版领域"传统内容提供商+平台提供商+用户"的较为稳定的产业链形式。因而，在数字出版产业链中，平台提供商应着重于为产业的发展提供平台支持。

　　（2）产业融合的推动

　　作为数字出版产业链最初的组建者及推动者的技术开发商、数字出版产业链发展的主导者之一的平台提供商，是推动 IT 业与出版业融合的重要力量，因而产业融合的推动者也是其在数字出版产业链中的主要功能定位。数字出版技术开发商与平台提供商推动产业融合的发展主要表现在：一方面，为获取内容资源这一产业发展的核心要素，技术开发商与平台提供商在寻求与传统出版商合作以获得所需内容的过程中，无形中就已推动了 IT 业与出版业的融合。另一方面，作为数字出版产业较早的参与者，技术开发商与平台提供商的发展、利润的实现，必须建立在完善产业链功能以实现产业快速发展的基础上。为此，技术开发商与平台提供商凭借其技术优势和平台优势，迫使传统出版商进行数字化转型，将其纳入数字出版产业链中，并与技术商和平台商合作开展数字出版，从而实现了数字出版产业链结构功能的完善、产业融合进程的推进。2008 年万方数据与中华医学会旗下的医学类核心期刊合作，试水 STM 在线出版，正是技术商（万方数据同时也是平台商）推动 IT 业与出版业合作、实现融合的具体实例。

　　数字出版技术开发商与平台提供商所具备的技术优势、先发优势和平台优势，能够为推动数字出版领域相关产业的融合创造条件。除此之外，其必须加强与出版企业及其他相关企业间的战略合作，通过战略联盟实现资源和优势互补，不断模糊产业边界，从而推动彼此间的融合。北方联合出版传媒集团与盛大文学、中南传媒集团、华为公司分别于 2010 年 4 月和 2011 年 1 月签署了战略合作协议，正是希望通过战略联盟实现融合，以获得最大化发展。

（3）资源的生产、市场的分销

在数字出版产业链"资源+市场"的二元结构中，技术开发商与平台提供商往往是以内容提供商的身份从事"资源生产"或以分销商的身份从事数字出版产品的"市场分销"的，因而资源生产、市场分销也就成为了其在数字出版产业链中应承担的重要功能。对于数字出版技术开发商，其在数字出版产业链中更多的是以内容提供商中的集成数字出版商参与产业链建设的，借助掌握的技术优势，通过提供出版产品数字化加工的技术服务，以及内容资源的整合、集成发布等技术活动，实现其"资源生产"的功能。

而对于数字出版平台提供商，在数字出版产业链中，单纯地提供平台及相关技术的很少，更多的平台技术商则会通过搭建的数字出版平台参与数字出版产品及服务的分销。数字出版分销平台上连内容提供商，下连消费者，是连接"生产"与"消费"的纽带。通过数字出版平台进行数字出版产品的"市场分销"，能够促使"生产"与"消费"较好地融为一体，并在一定程度上缓解数字出版产业链由于流通环节的薄弱导致的产业链失衡[1]。近几年，中国出版集团、中南出版集团、盛大文学等纷纷搭建出版、分销一体化出版平台，新华 E 店、四川文轩九月网、汉王书城、当当期刊网等则重点打造的数字出版物分销平台，都是基于数字出版平台"市场分销"功能定位的考量。

综上所述，我们认为，顺应当前数字出版产业链结构的变化及新的发展趋势，技术开发商和平台提供商必须重新定位自己在数字出版产业链中的功能角色，不应仅仅提供技术及平台支持，还应参与资源的生产和市场的分销过程。

（4）用户体验与增值服务的提供

如何为用户提供更多、更好的体验和增值服务，既是数字出版企业面临的重要课题，也是其赢得市场、得以更好地生存和发展的重要方面。提供用户体验与增值服务，是数字出版技术开发商与平台提供商在数字出版产业链中的重要功能定位。一方面，用户体验、增值服务，都需要经由一定的技术加以实现。例如，不同终端的用户，为提高其阅读体验，需要通过一定的多终端自适应技术，自动匹配不同终端的阅读版式；而对于信息定制及推送等个性化增值服务，则需要通过相关的信息定制技术和信息推送技术加以实现。另一方面，用户体验及增值服务主要通过数字出版平台提供给消费者，这也是数字出版平台吸引和巩固用户的重要方面。例如，励德·爱思唯尔的文献计量等个性化增值服务，就是通过其ScienceDirect 出版平台提供的。

由此可见，用户体验与增值服务的提供，需要技术开发商和平台提供商的支持，

---

[1] 季守利. 数字出版平台的几个为什么？[EB/OL]. http://www.bnup.com.cn/news.php? id=4343. 2012-03-30.

这也是其参与数字出版市场竞争、提高产业链价值增值活动能力的重要要求和手段。技术开发商与平台提供商利用自身技术优势和平台优势实现用户体验及增值服务提供的功能，但是要实现这一功能定位，则需要加强技术创新和平台建设。

4.3.2　典型数字出版技术开发商与平台提供商举要

在数字出版技术开发商与平台提供商中，苹果公司是较为典型的终端设备技术商的代表。2010 年其开发的 iPad 一经面世，即席卷全球，掀起了一股 iPad 追逐热潮。iPad 是一款介于苹果的智能手机 iPhone 和笔记本电脑之间的产品，提供上网、电子书下载与阅读、播放音/视频、网络游戏等功能，其超薄的机身和超炫的屏幕及设计为用户提供了非凡的体验享受，iPad 的科技含量、价值理念、个性化的功能及体验是其在终端阅读设备市场独占鳌头的法宝。同时，苹果公司推出 iPad 后也介入了电子书分销中，通过其终端阅读设备为出版商搭建电子书分销平台，并采用与 Kindle 截然相反的定价模式——代理模式，允许出版商自由定价，这也对亚马逊产生了不小的冲击。

成立于 2000 年的中文在线，是国内较早从事数字出版的企业，也是典型的中文电子图书出版平台提供商。中文在线定位于中文数字出版的服务平台，其研发、搭建了中文在线平台，并通过与国内 400 余家出版机构、2 000 余位知名作家、4 万余名网络作者正式签约授权，对获得正式授权的图书进行数字化处理以及内容的聚合和管理，如今，中文在线已成为中文电子图书最大的正版内容提供商。中文在线秉持"先授权，后传播"的原则，建立了完善的版权管理体系，保护了作者版权，因而得到了众多出版商及作者的支持和授权。同时，通过互联网阅读、无线阅读、手持阅读、机构阅读、数字出版平台、实体出版等全媒体出版模式，最大化开发版权价值。中文在线的成功在于通过平台技术研发，搭建了正版中文电子图书在线平台，通过为传统出版商提供数字化加工服务，并通过严格的版权管理集成生产、发布获得授权的中文电子图书，同时以全媒体的运营方式进行电子图书的市场分销，以实现版权价值的最大化[1]。正如中文在线董事长兼总裁童之磊所指出的，中文在线的成功说明了，除了依靠高质量的产品，搭建最优秀的数字出版平台也能在数字出版的市场竞争中取得成功[2]。

Adobe 公司则是数字出版应用系统开发商的典型代表，是世界领先的多媒体和网络出版技术开发及服务商。多年来，Adobe 一直致力于各类应用系统技术的

---

[1] 中文在线公司简介[EB/OL]. http://www.chineseall.com/about.shtml. 2012-09-17.
[2] 新闻出版总署科技与数字出版司. 实践·探索·启迪：数字出版案例选编[M]. 北京：中国书籍出版社，2011：138.

研发，其中部分和数字出版产业关联密切。例如，Adobe PDF 已成为电子文档的既成标准，成为了数字内容产品最普遍的格式形式，Adobe PhotoShop 和 Adobe Flash 等也在图像处理和动画制作领域应用广泛。Adobe 于 2010 年 6 月 1 日推出了针对杂志、图书发行商的数字出版平台（Digital Publishing Platform，DPS）则是其又一最新的应用系统，是基于 InDesign CS5 并整合一系列出版发行工具开发而成的。其中，Digital Viewer 数字浏览技术能更方便出版商将其内容转换为互动式数字媒体，面向平板机、电子书、智能手机等设备发行；而 Omniture 分析技术则能用于内容及数字广告与读者互动效果的分析。该平台能够很好地为出版商提供数字内容在线发布的应用、技术及服务支持，《连线》（*Wired*）杂志率先使用这一平台发布 Wired iPad 版，并取得了占据付费应用排行榜首位近一周的销售业绩。

▌ 4.4 数字出版产品与服务分销商

数字出版产品与服务分销商在数字出版产业链中，扮演着内容提供商与消费者沟通桥梁的重要角色，在数字出版产业中具有不可替代的作用。首先，这是专业分工及协作的体现，而专业分工有利于提高效益，产销的分工协作是数字出版产业有效运转的保证。其次，突出分销商的作用，有利于扩大读者接触面、促进数字出版产品及服务的销售，因为仅仅依靠内容提供商的自有渠道分销产品与服务是不够的，"只有吸收尽可能多的经销、零售、营销和其他各种各样的机构与个人网站加入进来共同扩散其产品、服务及相关信息，才能接触到尽可能多的读者和消费者"[1]。可见，分销商在数字出版产业链中占有重要的地位。

4.4.1 数字出版产品与服务分销商的功能定位

参与数字出版产品与服务分销业务的主要有数字出版物批发商、数字出版单位自营分销商、电子书店、网上书店或实体书店、IT 服务商、电信服务商等。其中，数字出版单位自营分销商、电子书店、IT 服务商等并不以分销商的身份独立出现在数字出版产业链中，往往会与内容提供商或技术商及平台商的角色重合。数字出版产品与服务分销商在数字出版产业链的功能定位主要体现在以下几个方面。

（1）数字出版产品与服务销售的促进

数字出版时代，其产品与服务呈爆炸性趋势增长，面对海量的信息产品，仅

---

[1] 徐丽芳. 浮现中的大众消费类数字出版产业链[J]. 出版广角，2008（12）：18.

仅依靠内容提供商进行产品与服务的销售，不仅不利于扩大消费者接触面和市场范围，也不利于内容提供商专注于内容的创新与质量控制等业务活动，这就需要分销商作用的发挥。数字出版分销商往往具备一定的内容提供商所不具备的开展分销活动的条件，包括技术条件、人力资源、基础设施、分销经验等，分销商通过其资源禀赋能力的发挥，能够促进数字出版产品与服务的销售。因而，更好地促进数字出版产品与服务的销售离不开分销商的参与，这是分销商在数字出版产业发展所具备的重要作用，也是其在数字出版产业链中的首要功能定位。

数字出版产品与服务分销商促进销售功能的实现方式主要有三种：一是通过数字出版平台进行分销，这是最常见、最便捷地接触消费者、实现销售的分销方式。消费者通过网银、支付宝等在线结算，可以随时随地购买数字出版产品及服务。二是通过手机、电子阅读器等移动媒体分销，部分数字出版产品及服务直接内置于移动终端中，而更多的数字出版产品及服务则通过无线网络在线销售。三是通过网上书店或实体书店分销。

（2）资金的及时回收和流转

分销商面对的是产品及服务的最终市场，是实现产品及服务价值的最后一环。分销商需要负责很大一部分的资金回收及流转，而资金的及时回笼与正常流转是企业扩大再生产、实现稳定持续发展的重要条件。传统出版业中，由于普遍采用寄销形式，分销商（即传统出版中的发行商）的结算周期长达半年甚至一年，资金很难快速回收，同时发行商依靠其对发行渠道的控制，拖欠货款的现象比比皆是，这就严重影响了出版社正常的生产经营活动。而在数字出版产业中，分销商很少与消费者直接面对面交易，而是通过网银、支付宝、手机短信等方式结算，分销商除了留下一定比例的销售收入外，交易结束后其余的收入随即流入数字出版企业账户中，资金的回收和流转速度较之以往无疑是大大提高了。

数字出版产品与服务分销商肩负着资金回收及流转的重任，这是其在数字出版产业链中的重要功能定位之一。对此，分销商需要注意支付工具的安全性问题以及收益分成问题，因为支付安全问题关乎消费者的消费意愿，收益分成问题则关乎产业链各方的有效合作，中国移动等身陷分成模式的舆论漩涡正说明了分成问题的重要性。

（3）数字出版市场反馈的接收以及与内容提供商、读者间的沟通

虽然数字出版产业链的任意主体都不能忽视市场需求，都要接触市场、了解市场，收集市场的信息及反馈。但是，作为接触消费者与市场的"最前线"，分销商无疑需要承担更多的市场反馈接收的功能。分销商必须通过其市场的辐射力，最大限度地收集市场信息及反馈。对此，一方面要与读者积极沟通，了解其需求与喜好。另一方面，则要将市场反馈信息与内容提供商进行沟通，为内容提供商把握市场需求、与读者进行有效沟通架设桥梁，合作解决市场反映的问题，从而

促进产品及服务的销售。

（4）多媒体数字内容的集成分销

第九次全国国民阅读调查显示：2011 年我国国民图书阅读率为 53.9%，仅比 2010 年增长了 1.6%，而较之 1999 年 60.4%却下降了不少。而与此相反，数字化阅读接触率却增长强劲，2011 年较之 2010 年增长了 5.8%，增幅为 17.7%[1]。数字化阅读正逐渐成为一种趋势，而伴随着这种趋势的则是阅读需求的多媒体趋势，人们更倾向于消费集书、报、刊、影视、音乐等于一体的多媒体产品。这就要求分销商必须转变分销单一形式数字内容的定位，集成分销多媒体的数字内容，才有可能最大限度地满足读者的诉求。而数字出版物分销平台是多媒体数字内容集成分销的一种有效方式，当当网副总裁易文飞就认为，"集成图书、杂志、报纸，甚至音乐和影视的分销平台会成为用户的首选"[2]。淘宝旗下的淘花网就是这么一家综合性数字内容分销平台，拥有影视、电子书、电子期刊等产品 3 万余种，依托淘宝网的优势资源，为内容提供商和用户打造出了多方共赢的多媒体数字内容产销平台。

（5）数字产品与服务分销解决方案的开发运作

数字出版产品与服务分销商在数字出版产业链中除了直接分销数字出版产品外，为内容提供商提供数字产品与服务的分销解决方案也应成为其重要的功能定位。由分销商开发并协助内容提供商运作的分销解决方案，在帮助内容提供商实现数字内容及服务的快速分销的同时，也是对自身市场开发、市场营销经验的一次很好的积累。例如，英格拉姆数字集团（Ingram Digital iGroup），通过为各类出版商提供诸如数字仓库存储及分销、通过移动/无线渠道传送内容及零售等分销解决方案，取得了较好的发展。由此可见，为内容提供商开发运作数字出版产品与服务分销解决方案，可以成为今后分销商介入数字出版产业链的重要选择之一。

4.4.2 典型数字出版产品与服务分销商举要

数字出版产品与服务分销商有很多典型代表，形成了很多较为成功的发展经验。

例如，中国移动就是较为典型的以电信服务商身份参与数字出版分销业务的代表。中国移动凭借其手机网络的覆盖面与手机用户的规模优势，通过手机这一移动媒体参与数字出版产品与服务分销，构筑了一条全新的手机阅读产业

---

[1] 中国出版网．"第九次全国国民调查阅读"初步成果发布[EB/OL]．http://cips.chinapublish.com.cn/chinapublish/tpxw/201204/t20120420_105469.html．2012-09-18．

[2] 及烁．数字分销：瓶颈与突破[N]．中国图书商报，2011-08-26（10）．

链，并成为我国最重要的出版物分销商之一。在中国移动构建的这一手机阅读产业链中，以移动支付的方式，按内容提供商四成、中国移动六成的收益分成模式，直接将内容提供商提供的内容资源推向庞大的移动用户。这一产业链形式，既较好地利用中国移动的用户资源促进了数字内容的分销，也省却了中间多个运营环节，节约了成本，增加了收益。2010年5月，中国移动又成立了中国移动手机阅读基地，通过该基地为用户打造了一个基于移动互联网的无缝阅读平台。

龙源期刊是较为典型的利用自身搭建的平台从事数字出版分销业务的数字出版单位自营分销商。其名下的龙源期刊网号称全球最大的正版中文人文大众类数字期刊平台，既是数字期刊内容集成发布平台，也是分销平台，集成收录了3 000多种大众主流期刊，以独家签约或合作形式通过按篇计费的方式在龙源期刊网上向读者销售其收录期刊的全文电子版，同时还提供无线与终端阅读设备的购买消费方式。目前，龙源期刊已成为全球范围内推广数字化中文期刊内容资源的主要分销商之一，为促进大众类中文数字期刊内容的销售发挥了重要作用。

而亚马逊作为目前全球最大的网上书店，其Kindle Store则是进行数字出版产品与服务分销中电子书店的典型代表。Kindle Store借助亚马逊网上书店的图书资源优势，以及与出版商建立起来的合作关系，拥有超过100万种已获授权的图书、报纸、期刊、博客等数字资源，海量的数字内容资源是Kindle Store取得成功的一大法宝。同时，它在数字出版物分销上，实行"内容+终端"的模式，读者可以通过其个人计算机直接登录Kindle Store阅读、消费电子书，也可以通过Kindle链接到Kindle Store网站下载数字内容。将内容与终端阅读设备Kindle捆绑，以内容促进Kindle的销售，以Kindle带动内容的分销，是亚马逊的Kindle Store取得成功的又一关键因素。此外，它在销售定价方面，实行低定价策略，电子图书通常售价仅为9.99美元，Kindle的售价较之主要竞争产品也很低，目前其价格已低至139美元，甚至还可望降至99美元。通过低成本策略实现数字出版物的薄利多销，以成本领先战略击败竞争对手、抢占数字出版物分销市场，也是Kindle Store成功的关键因素之一。

从当前实践发展的情况来看，通过数字出版平台、移动媒体和电子书店的方式进行数字出版产品与服务的分销取得了较好的发展，也成为了数字出版分销的主要方式。为此，数字出版产品与服务分销商在数字出版产业链中的定位，可依据各自资源禀赋条件选择这三者中的一种。

第 5 章
Chapter 5

▶ **数字出版产业发展模式**

产业发展模式，可以理解为基于特定产业要素而形成的产业发展理念与价值实现路径。作为一个全新的产业门类，数字出版理应有其独特的产业发展模式。从世界范围来看，经过近 30 余年的发展，数字出版在不少地方已获得巨大成功，科学有效的数字出版产业发展模式也正在逐步形成。概括起来讲，相对成熟的数字出版产业发展模式主要有内容资源主导模式、互动服务主导模式、技术创新主导模式和开放共享理念模式四种。

▎5.1 内容资源主导模式

出版业属内容产业范畴，内容资源是出版产业赖以生存和发展的核心要素。传统出版业如此，在数字技术背景下，"内容为王"仍是出版业的不二法则。纵观世界出版业，不难发现，大多数在数字出版领域获得成功的企业，如拥有 Science Direct 和 Scopus 的爱思唯尔、充分获取原创内容资源的盛大文学、实现期刊资源高度集成和聚合的龙源期刊等均是以内容资源制胜的数字出版企业。但需要强调的是，内容资源对传统出版和数字出版却有着完全不同的意义。在传统出版业中，能够占有某一方面的内容资源，一般都能够获得成功。然而，数字出版则不同，仅仅占有某一方面的内容资源是远远不够的，其对于内容资源的开发有着全新的模式。

所谓内容资源主导模式，是指立足于数字内容资源开发发展数字出版业务的一种出版模式。这一模式的核心是针对数字环境下不同用户的内容资源需求特征发展有针对性的内容资源组织与服务方式。我们的研究发现，内容资源主导模式大致分为大量占有高端内容资源、充分获取原创内容资源和内容资源的高度集成三种基本实现形式。

5.1.1 大量占有高端内容资源

高端内容资源主要是指在学术出版领域中，各学科领域的一流学者产出的创新性学术成果。在学术或专业出版领域，这类高端内容资源具有极高的市场价值。因为学术领域的读者专业性非常强，他们关注本专业领域的最新科研成果，且对信息的权威性、准确性和获取速度有着极高的要求。一些顶级学术或专业出版商，如爱思唯尔、斯普林格等，之所以能够实现从传统出版向数字出版的"华丽转身"，在数字技术条件下仍然能够获得丰厚的回报，主要应该归因于其对这类高端学术内容资源的大量占有。

励德·爱思唯尔集团是全球最大的科学与医药信息出版商，也是数字出版领域的佼佼者。爱思唯尔深知在专业或学术出版的数字化过程中只有紧紧抓住高端内容资源才能牢牢占据专业或学术出版的制高点。只有高端、顶尖的内容资源，才能获得一流的专业人士和研究人员的青睐。为了保证其期刊内容资源的质量，爱思唯尔改革编委会，增强对投稿的审核力度。旗下 7 000 名期刊编辑、200 000 名审稿人监控期刊的内容和学术方向，并负责同行评审过程的运行。爱思唯尔的成功正是基于其对高端内容资源的大量占有。

　　从 20 世纪 90 年代中期开始，爱思唯尔开始投入大量资金进行数字化升级改造。1997 年，ScienceDirect 全文数据库问世，目前 ScienceDirect 拥有 2 500 多种期刊，包含科学、技术和医学类的大部分高端乃至顶级期刊，其科技与医学类的电子版全文文献，约占全球总量的四分之一[1]。2000 年，爱思唯尔投资 4 000 多万美元，启动过刊数字化项目——Scopus，将近 200 年内出版的 400 多万篇文章全部数字化。目前，Scopus 已成为全球最大规模的文摘和引文数据库[2]。《期刊引用报告（2006）》（JCR）显示，爱思唯尔旗下超过 65% 的期刊影响因子（IF）在 2006 年中显著提高，其中 53 种期刊影响因子位居相关领域首位。爱思唯尔拥有如生物学领域的顶级期刊《细胞》（Cell）、外科医学领域的顶级期刊《柳叶刀》（Lancet）、顶级医学文摘数据库《医学文摘》（Excerpt Medical Databas）等高端内容资源。

　　爱思唯尔还围绕高端的内容资源开发各种数字化产品来帮助用户实现对学术资源最大限度的挖掘和使用，并且增进他们与期刊之间的互动和使用黏度，全方位满足用户需求。爱思唯尔采用基于最新语义网技术的 Reflect，自动标注论文中的科学术语，集中展示来自多个常规生命科学领域数据库的内容资料。在《细胞》中嵌入 Reflect，金字塔式的结构可使读者根据自己的兴趣点和理解程度一直点击下去，获取越来越详细的资料，甚至包括音频或视频资源[3]。同时，爱思唯尔还将谷歌地图引入在线期刊库，这将增强论文的可视化，帮助作者提高科研探索的成效，并且使他们与内容的互动更为高效。这些在线解决方案和产品可以有效促进科研人员对内容资源的获取速度和效率，共建学术出版的创新社区。目前，爱思唯尔在定位于为专业读者和研究人员提供高端学术内容资源信息解决方案的提供商之后，不断整合资源，剥离非核心业务，其市场价值高达 67.3 亿英镑。

5.1.2　充分获取原创内容资源

　　内容的创新是出版业发展的不竭之源。谁能够充分占有大量原创内容资源，谁就拥有数字出版领域的发言权。盛大文学首席版权官周洪立之所以能够代表中国在法兰克福书展 TOC 国际讲堂宣讲数字出版，正是因为"盛大"所创立的基于原创内容资源的数字出版赢利模式所获得的巨大成功。

　　充分获取原创内容资源在大众文学出版领域业已获得巨大成功，盛大文学正是实

　　[1] 童桦. 内容资源的高集中度：数字出版商业模式成功的关键[N]. 出版商务周报，2010-10-08.
　　[2] 王丹红. 品牌源于品质，爱思唯尔科技期刊全球总监马丁·唐柯专访[N]. 科学时报，2007-07-03.
　　[3] 何姣. 自下而上：爱思唯尔的新思路[N]. 科学时报，2009-11-27.

践这一模式的典范。从 2004 年 10 月盛大网络全资收购起点中文网，到 2008 年盛大文学有限公司正式成立，其对原创文学网站的收购之路从未停止。目前，盛大文学运营的原创网站包括起点中文网（www.qidian.com）、红袖添香网（www.hongxiu.com）、小说阅读网（www.readnovel.com）、榕树下（www.rongshuxia.com）、言情小说吧（www.xs8.cn）以及潇湘书院（www.xxsy.net）六大原创文学网站，成为我国原创文学的第一品牌。盛大文学向美国证券交易委员会提交的招股书的数据显示，按照 2010 年的用户访问时长计算，盛大文学旗下的六家原创文学网站中，有四家位列中文文学网站访问量前十名；按营收计算，盛大文学 2010 年占据中国互联网文学市场 71.5%的份额。

依托原创内容资源，盛大文学秉承"一次写作，多次开发"的理念，这也正是原创内容资源的价值所在。

（1）付费阅读。盛大文学旗下的起点中文网在 2003 年实行在线收费阅读制，按照每千字 2 分钱的收费标准，开辟了原创文学网站全新的赢利模式。盛大文学年收入数千万，其中付费阅读就占了 60%～70%[1]。

（2）广告销售。原创文学内容资源具有强大的吸引力，2011 年第一季度，盛大文学的月均独立访问用户量超过 6 900 万。巨大的访问量意味着广告资源的开拓与广告收入的增加。

（3）全版权运营。盛大文学依托强大的原创内容资源，进行全版权传播战略。盛大文学旗下的原创文学网站覆盖了文学的不同层次和不同领域，这些资源能够满足线下出版、影视、动漫、游戏等不同形式转换的需要。从 2008 年到 2010 年，盛大文学的净收入从 5 300 万元增长到 3.93 亿元。2011 年第一季度，净收入从上年同期的 4 820 万元增长至 1.39 亿元。

与此同时，盛大文学还注重作者资源的发掘，通过举行网络原创文学全球写作大展，大大丰富了其内容资源库，这也是其原创内容资源的源头活水。科学的定位与有效的市场运作，使得"盛大"几乎垄断了我国网络原创文学市场，奠定了盛大文学在数字出版市场的领头羊地位。

5.1.3　内容资源的高度集成

"规模效应"对数字出版有着特殊的意义，无论是专业出版、大众出版还是教育出版领域，内容资源的高度集成有利于形成"赢者通吃"的局面。对于数字出版企业而言，只有实现一定规模的内容资源的聚合与集成，才能形成"规模效应"，并被读者所关注，形成自己的品牌。以学术期刊出版为例，我国数以千计的专业

---

[1] 贺子岳，邹燕. 盛大文学发展研究[J]. 编辑之友，2010（9）：76.

学术期刊虽然大多都有自己的网站，但是真正有影响的却寥寥无几。然而，集成了众多学术期刊的龙源期刊、中国知网、重庆维普和万方数据学术期刊数字出版平台却能够独树一帜，成为我国学术与专业出版市场的领导者。龙源期刊网（以下简称龙源）凭借其高度集成的期刊内容资源、创新的版权合作途径以及优质的支持服务开创了全新的赢利模式，这正是高度集成的内容资源在数字时代赢利的关键。

　　龙源于 1998 年进入数字化期刊领域，目前作为中文期刊第一网，全文在线的综合性人文类期刊已经达到 3 000 种，内容涵盖时政、党建、管理、财经、文学、艺术、哲学、历史、社会、科普、军事、教育、家庭、体育、休闲、健康、时尚、职场等领域。而数字版权收益是内容资源集成商要解决的核心问题，龙源开创的数字版权收益分配模式，即与一次性买断作品的数字版权不同，其通过适当的价格评估将著作者作品的知识产权转化为公司股权，作家以作品入股，按照其作品的点击率分阶段分红[1]，较好地解决了著作者作品的数字版权问题，保护了作者和期刊社的利益。创新的版权合作途径为龙源在数字时代实现内容的高度聚合、集成以及进一步的重构加工提供了支持和保障。

　　依托期刊内容资源集成和聚合的网络平台，对期刊内容进行多层次、多维度的组合与开发，这正是赢利的起点。龙源在原有期刊内容的基础上形成文本整刊版，以及通过 TOP100 热门关键词生成专题版，还对期刊内容进行多样化的数字化生产和制作，如手机版、多媒体版以及语音版等不同版本。龙源的读者还可以利用 RSS 聚合内容资源，接受 RSS 推送服务提供的个人定制服务，便捷的阅读到自己感兴趣的期刊及内容。龙源在期刊内容资源高度集成的基础上，对内容的深度加工和全新组合，满足读者不同层次的阅读需求，充分实现了期刊内容的无限增值和价值延续，也实现了自身利润的增长。

　　在数字时代，龙源实现了对零散的期刊内容资源、客户资源以及市场资源的聚合，读者对龙源的优质内容高度认可，三种资源的聚合开辟了数字时代新的赢利模式。

　　（1）B2B 模式。龙源将旗下整合的期刊资源打包卖给国内外的公共图书馆、政府局域网和学校学习平台，目前已拥有这类客户 2 000 家左右，这也是龙源的主要利润来源。

　　（2）B2C 模式，即付费阅读方式。龙源从创立之初就坚持知识有价，开展付费阅读的启蒙实践。读者按篇单次计费，大约 100 元人民币可阅读 200 篇文章；在收费渠道上，除了通过银行收费和购买龙源期刊阅读卡外，还增加手机收费

　　[1] 陈丹、张志林. 从龙源期刊网看网络出版运营商的运营模式[J]. 出版发行研究，2004（5）：64.

方式[1]。

（3）内容营销。将获得授权的期刊内容销售给移动运营商或电子阅读器厂商，与30多家厂商建立合作关系，目前龙源也开发了自己的电子阅读器，以此进一步推动期刊内容资源的销售。

经过十年的努力，龙源在2007年开始营收持平，其B2C的在线付费阅读一直在稳步增长；2008年开始实现赢利。

数字时代，出版业属于内容产业范畴的特质仍未改变。因此，基于内容资源开展数字出版依然是出版业的永恒话题。内容资源主导模式业已形成三种基本实现方式，但不同实现方式却有不同的性能特征与适用领域。其中，大量占有高端内容资源主要适用于学术与专业出版；充分获取原创内容资源主要适用于大众文学出版；而内容资源的高度集成则同时适用于专业出版、大众出版和教育出版。我国出版业正在面临数字化的强烈冲击，出版企业应该找准自身的定位，并结合自身的优势资源，采取适当的内容主导模式，制定切实可行的数字化转型的策略。

5.2 互动服务主导模式

数字技术使信息交流的灵活性、互动性与分享性得以大幅提升，传统纸媒通过墨香与读者之间进行的那种最朴素的沟通和互动方式正被基于网络的交流方式所取代。在这种背景下，出版人也在努力探索一种全新的数字出版服务模式，即互动服务主导模式。在英、美等发达国家，该模式业已成为各大教育出版商关注的焦点。《美国高等教育数字教材销售报告》统计数据显示，2006—2008年，出版商的数字教材销售额增幅在80%～100%，2009年增幅更是达到100%。报告预计，到2014年，美国高教及职教市场，数字教材销售收入占教材总销售的比例，将从目前的0.5%增长到18%，达15.8亿美元[2]。

互动服务主导模式是出版商利用网络高效的双向互动功能向用户提供个性化内容服务，满足用户个性化需求的一种数字出版服务方式。该模式的核心是提供服务方式的互动性和提供服务内容的个性化，其主要适用于教育出版领域。互动服务主导模式主要有三种基本实现方式，即"电子书包"模式、"电子校园"模式和"电子教师"模式。

---

[1] 刘英. 科技期刊网络出版运营模式探析——以龙源期刊网为例[J]. 编辑之友，2010（9）：65.

[2] 石雨畋. 美国教材出版商需备六大应对之策[N]. 中国新闻出版报，2010-10-18（8）.

5.2.1 "电子书包"模式

"电子书包"模式即抛弃传统纸质教材，将教材内容数字化，整合成具有文本、音频、视频、动画等功能的资源包，供读者通过终端阅读设备来进行阅读的一种数字出版模式。新加坡是第一个将"电子书包"付诸实践的国家。1999 年，由新加坡教育部和相关的科技部门联合开发的"电子书包"开始在新加坡中小学校园大规模使用。在欧美等发达国家，"电子书包"也受到广泛关注。有业内人士甚至认为，伴随着数字化的来临，传统的纸质教材将会被"电子书包"这种新的模式所取代。"电子书包"模式主要由两部分实现，一是内容的电子化，二是终端阅读设备。

1. 内容的电子化

内容电子化是"电子书包"的基础。内容电子化主要由纸质教材配套数字产品、教材定制和维基式教材出版等三种方式实现。

（1）提供纸质教材配套数字产品。例如，圣智教育出版公司教材数字化转型的策略就是将纸质和数字产品相结合，让它们各自发挥长处，实现分工。由于教师和学生都对传统的纸质教材有依赖感，可以通过纸质教材深入、集中地了解和学习一些知识；而数字产品主要用于练习、数据库使用和情景模拟。

（2）教材定制。定制出版充分满足了阅读的个性化需求，体现了为读者服务的意识。例如，麦格劳·希尔教育出版集团凭借 Primis 定制出版项目较早步入这一领域，该项目旨在使客户能够获取书中的部分章节或将不同书本中的章节进行整合[1]。目前，定制教材业务已经成为美国 35 亿美元的大学教材市场的香饽饽，涉足定制教材的出版机构从版税中每年获益上万美元[2]。

（3）维基式教材出版模式。例如，麦克米伦出版集团美国公司在教材的编写方式上进一步创新，推出了维基式的教材。2010 年集团启动了 Dynamic Books 数字出版平台，该平台的推出让教师可以根据教学实践心得，参与到电子教材的修订中。

2. 终端阅读设备

终端阅读设备是"电子书包"普及应用的关键制约点，是数字教材的载体。亚马逊的 Kindle、苹果公司的 iPad 均被教育出版商选作"电子书包"的终端阅读设备。例如，亚马逊在电子阅读器 Kindle DX 发布会上宣布与培生集团、圣智学习出版集团和威立高等教育出版集团这三家著名的教育出版集团合作，将这三家教育出版集团的教科书以电子教材的形式在亚马逊的电子书商店销售。与此同时，

---

[1] 覃文圣，周立军. 教育出版数字化的新形态[N]. 出版商务周报，2009-03-15（19）.

[2] 黄新萍. 美国定制教材引发争议[EB/OL]. http://www.cptoday.com.cn/UserFiles/news/2008-07-28/29231.html. 2012-10-17.

亚马逊将在佩斯大学、普林斯顿大学、亚利桑那州大学等美国的六所大学里进行
Kindle 测试实验，以研究使用传统教材与数字教材的学生在学习上会有何区别。
再如，麦格劳·希尔集团和培生集团纷纷与 iPad 电子书平台 Inkling 合作。Inkling
平台开发了针对 iPad 的应用程序，把麦格劳·希尔集团的生物学、经济学、市场
营销学及心理学三套经典教材放在 iPad 应用商店上销售。此系列数字教材借助
iPad 良好的性能，可以实现视频播放、触屏阅读、交互式测试等多种功能。上课
时学生可以通过 iPad 做课堂笔记，分享资料，搜索资源[1]。

5.2.2 "电子校园"模式

"电子校园"模式，是指学生的学习不局限于传统校园，而是通过数字教育平
台、软件等方式接受教育。该模式互动性更强，数字教学理念更加整体化，交流
学习不受时间和空间限制，而是强调教育的整体数字化。一些大型教育出版商正
是基于这一模式实现了由教育内容提供商向教育服务提供商的数字化转型。在线
学习互动平台和网上互动社区是该模式的两种主要实现形式。

1. 在线学习互动平台

国外教育出版集团在注重教材数字化转型的同时，也依托自身的特色和优势
资源纷纷打造数字出版平台。例如，培生集团朗文（Longman）打造的互动英语学
习平台。该平台既可以用于传统的课堂教学，也可以用于远程教育。当教师和学
生登录进入平台后，均可在该平台上实现学习管理。以教师名义登录，可以看到
所有学生的信息，包括他们的学习进展状况以及是否需要帮助等，还可以看到没
有通过测试的学生情况。通过该平台，教师既可以及时、方便地了解到学生的学
习动态，与学生一起制订学习计划，交流沟通；也可以获得学生学习的时长、学
习日期、所学项目及成绩的信息，清晰、便捷地掌握每一位学生的学习状态。以
学生名义登录，可以看到学习的内容和互动的活动等，每一步的活动则由互动情
景、视频、音频和多项选择等要素构成。目前，大概每年有十几万人使用该平台。

2. 网上互动社区

网上互动社区被认为是"电子校园"的未来。在与上海世纪出版集团总裁陈
昕对话时，麦格劳·希尔集团董事长、总裁兼首席执行官哈罗德·麦格劳三世
（Harold McGraw III）就曾指出：从目前的收入来看，虽然在数字教育赢利模式中
家庭作业和电子教材的收入最多，但长远来看，网上互动社区则会是未来的发展
方向。麦格劳·希尔集团从最初的教材内容提供商成功转变为数字教材服务商，

---

[1] 渠竞帆. 英美教育出版商的"新数字化行动"[N]. 中国图书商报，2010-03-12.

并且在网上互动社区模式上取得了较好业绩。麦格劳·希尔集团的网上互动社区
包括数字创新中心和 Page Out 网站。数字创新中心旨在为学生提供数字课堂服务。
该中心推出两个新的项目：一个是基于 Web2.0 的协同学习的 CINCH 项目，这一
项目为教师和学生提供了一个可以实现互动的社区网络平台，在这个平台上师生
可以参与到小组问答中。另一个是 Planet Turtle 项目，它是一个针对低年级学生的
网络互动社区，在这个平台上，孩子们可以培养个人的在线角色，并在与其他人
的互动中完成学习目标和任务。Page Out 网站，即互动交流在线服务，是一个可
以搭建网络互动社区的工具。借助它，教师不必事先学会计算机语言和相关专业
知识即可创建自己的教学讨论网站。通过麦格劳·希尔集团推出的这个互动服务
工具而实现的教师个性化定制互动社区，不仅有利于教师与学生的交流沟通，而
且大大提升了教师教学质量和学生学习效果。

5.2.3　“电子教师”模式

“电子书包”和“电子校园”在给消费者提供便捷的互动服务时，并没有过多
的考虑学生的主动性，因此，一些教育出版商提出了一种提供深度教学服务，包
括对教材内容的深度挖掘和教育辅导培训，注重参与性的全新数字出版模式，即
“电子教师”模式。在这种模式中，传统的学校授课教师的角色将被数字出版服务
商提供的深度教学服务所取代，淡化了学校教学，淡化了教师在教学中的作用，
学生可以独立自主地进行学习。这种模式对出版商的资源整合能力提出了新的要
求。学生的学习过程不再是面对面的师生交流，而是在出版商提供的服务下进行
学习互动。所以，出版商需要对自身资源进行充分整合，并对海量的信息实行科
学归类，以便于学生浏览和查找。“电子教师”的主要实现形式有两种，即深度
教学服务和自助出版。

1. 深度教学服务

在“电子教师”模式中教师不再主导教学舞台，所以出版商必须担当起引导
学生学习的任务，并将互动服务贯穿于整个学习过程中。汤姆森出版集团旗下的
Peterson's 公司，主要从事教学咨询服务。它在教育服务领域已经取得了很好的成
绩。Peterson's 公司提供四种教学服务。

（1）为学生提供搜索服务。依托自身的资源优势，在提供教育搜索服务的同
时配套销售教育类图书。

（2）教育辅导服务。这项服务主要针对为参加高中毕业考试的学生以及参加
大学录取考试的学生提供教学辅导服务。

（3）提供编辑服务。对学生的论文进行编辑。

（4）奖学金服务。对于希望得到所申请学校奖学金的学生，帮助他们找到符合条件的奖学金。

2．自助出版

自助出版（Self-publication 或 Self-publishing）是指由作者独立编辑、制作出版物的一种出版形式。在"电子教师"模式下，学生的自主性得到了充分的体现，学生可以根据自己的实际情况和需要来自主选择教材。在数字化背景下，开放式的教育内容资源成为了未来出版的一种方向，人们需要更加个性化、灵活性的服务。所以，自助出版就成为了"电子教师"模式的重要赢利手段之一。培生集团在自助出版这种新的模式上率先做出了尝试。它于 2002 年推出了"培生选择"项目。该项目提供不同版本的教材，学生可以根据自身的需要来定制内容。随后，培生集团还创建了 Audible.com 教育网站。通过该平台，学生可以下载有声图书到诸如 iPad、Kindle 或者手机等终端设备上使用和学习。美国阿什福德大学推出的电子书教材系列 Constellation 也进行了自助出版的尝试，开发的电子书教材形式包括电子教材、有声读物及视频资源等。学生可以将所需要的部分打印，或者保存在终端设备上进行使用，也可以分享给朋友。这些材料是自定义创建的，学生可以完全拥有。Constellation 不受文件存储或打印功能的限制，学生可以视其需要将下载的资料存储在多个设备上或是打印出来[1]。

利用网络的双向交流特征，以互动服务主导模式推进教育出版数字化进程业已取得显著成就。该模式中的"电子书包"、"电子校园"以及"电子教师"等多种实现方式以其良好的互动性能赢得了教育出版商和用户的广泛青睐。尽管这三种实现方式的特征各不相同，但是它们却有一个共同的目标，即改变传统单一的教材出版模式，向教师和学生提供优质的教育资源互动服务。我们相信，互动服务主导模式是数字环境下教育出版产业升级、教育出版商角色转型的基本方向。

▎5.3　技术创新主导模式

出版业产生与发展的历史表明，出版业是一个高度的技术依赖型产业。出版业的每一次重大进步都与出版关联技术的发展密不可分。造纸术、活字印刷术、激光照排技术的出现极大地促进和推动了出版产业的发展和进步。数字出版，与传统出版的本质区别同样也是缘于出版技术手段的进步。以信息处理与传播为核心的数字出版技术的进步给传统出版业带来了巨大的影响，催生了今天的所谓数

[1] 云飞. 美国大学加速课本电子化[N]. 新华书目报，2011-03-24（C16）.

字出版产业。因此，以数字技术为突破口，通过数字出版技术的创新，同样可以形成具有良好竞争力的数字出版赢利模式。

所谓技术创新主导模式，是指立足于数字出版技术创新发展数字出版业务的一种出版模式。这一模式的核心是针对出版流程的特定技术需求，开发服务于出版业务发展与读者需求的数字出版相关设备与系统，进而基于这些设备与系统开展数字出版活动。我们的研究表明，基于技术创新的数字出版模式大致有基于阅读终端技术、基于数字出版平台技术和基于数字权利管理技术三种基本实现路径。

5.3.1 基于阅读终端技术

从最终产品形态上看，数字出版与传统出版的区别在于呈现内容的介质不同。由于电子书阅读器之类的阅读终端是数字内容"落地"的基本手段，因此，阅读终端技术的创新与电子书阅读器的开发必然成为数字出版产业中最具活力的竞争领域。

2006年，索尼公司在美国投放了首批电子书终端——Reader阅读器；2007年，亚马逊公司推出了Kindle阅读器，并相继推出了Kindle2和Kindle DX，从而拉开了阅读终端技术的创新与电子书阅读器的开发与竞争的序幕。据美国研究机构Forrester估算，2009年美国电子书阅读器销售量约300万台，而Kindle系列占据60%的份额。2010年这一数字将飙升至1 000万台[1]。2009年10月全球最大的实体连锁书店巴诺（Barnes & Noble）也推出了自己的电子书阅读器Nook。在国内，电子阅读器市场同样发展迅猛。国内较早介入电子阅读器市场的是汉王科技。2009年，"汉王"卖了近30万套电子书，成为国内该市场毫无争议的霸主。据清科研究中心发布的《2010年中国电子阅读器市场报告》显示，2010年我国电子阅读器销量达103.49万台。相关资料显示，2009年全国电子阅读器生产企业不到30家；2010年，这一数字已发展到400多家[2]，而且不少传统出版企业也纷纷加入这一行列。

在电子书阅读器市场日益火爆的背景下，2010年4月苹果公司又推出了新一代替代产品iPad系列平板电脑。截至2010年12月底iPad已售出1 700万台。由于iPad对电子阅读器阅读功能的较好替代性，再次将阅读终端领域的竞争推向高潮。iPad如此巨大的销量也使其成为广大出版商心目中又一理想的电子书销售渠道。Macdailynews的资料显示：2011年3月，兰登书屋（Random House）发表声

---

[1] 李萧然. IT厂商赶集电子书阅读器，亚马逊Kindle称王不再一帆风顺[J]. IT时代周刊，2010（4）：47.

[2] 郭人旗. 电子阅读器市场：喧嚣之后"一地鸡毛"？[N]. 中国文化报，2011-05-04（4）.

明称已同意苹果公司的电子书销售代理模式，这表明兰登书屋也将在苹果公司 iBooks Store 提供电子书下载。自此，包括哈珀·科林斯（Harper Collins）、企鹅（Penguin）、麦克米伦、西蒙·舒斯特（Simon & Schuster）和阿歇特图书集团（Hachette Book Group）在内的世界六大出版巨头都已入驻苹果公司的 iBooks Store。在 2011 年 3 月 iPad2 发布会上，乔布斯表示已有 2 500 多家出版商加入苹果公司的 iBooks Store，一亿多部电子书被下载[1]。由此可见，iPad 对出版商和读者的吸引力之大。

iPad 热销给传统纸媒带来了福音。随着网络资讯的逐渐丰富，消费者逐渐习惯从互联网上免费获取各种信息，由此导致传统纸媒饱受销量下滑而引发的广告锐减的困扰。iPad 的横空出世为报刊业找到了一条付费订阅的数字出版模式。2011年 2 月 3 日，默多克旗下的新闻集团发布了 iPad 版电子报纸 "*The Daily*"，在苹果公司网络商店独家出售，订阅价为每周 99 美分或全年 39.99 美元。其优势在于可以实时更新页面，并配以音/视频，而不像传统报纸那样是静态的，因此阅读体验更好，对读者和广告商具有非常大的吸引力。伴随着 iPad 在国内的流行，国内已有包括《京华时报》、《周末画报》、《三联生活周刊》等在内的多家报刊企业推出了其 iPad 版。这些传媒企业积极利用新型阅读终端探索数字出版赢利模式的行为从侧面反映了出版商对基于阅读终端的数字技术的迫切需求，进一步证明了基于阅读终端技术的数字出版模式的可行性。

在基于阅读终端技术的数字出版实现方式中，有两点特别值得引起我们的注意：第一，技术固然重要，但必须与内容资源实现有效结合。阅读终端技术开发商如果不能与内容出版商合作，缺乏优质内容资源支撑，仍然难以单纯依靠技术控制市场。索尼公司 Reader 阅读器之所以在与亚马逊 Kindle 阅读器的较量中败下阵来，正是亚马逊在内容资源上较索尼公司具有更大的优势所致。目前，亚马逊可供销售的 Kindle 版电子书已超过 50 万种[2]。亚马逊成功构筑的"终端+内容"模式，正是其成功的关键。第二，传统出版商由于不具备明显的技术优势，因此，不宜从技术角度直接介入阅读终端技术开发和阅读器的生产，而是应该立足于自身的内容优势寻求与具备良好市场优势的阅读终端技术开发商合作，借助热销的电子书阅读器提供的用户基础，拓展内容资源的销售。

5.3.2　基于数字出版平台技术

数字技术的进步在相当程度上重构了整个出版业务流程，从数字内容的编辑

[1] 文静. iPad 促新闻出版变革 The Daily 下载过数亿[N]. 广州日报，2011-03-09.
[2] 孙永杰. 冰火两重天：亚马逊 Kindle 缘何逆市增长？[OL]. 国际财经时报，2011-05-23.

制作到多终端设备的发行，再到合理收费模式的建立等，都需要相应数字技术的支撑。因此，基于现代数字技术，搭建数字出版技术平台、再造出版业务流程是数字出版发展的必然选择。正如美国参数技术公司（PTC）大中华区高级业务经理王霞在 2010 年中国数字出版年会上所指出的："应用数字出版的最成功的一点，就是能够把技术平台建立起来，完成第一步。第二步就是企业的应用能够深度挖掘，用业务不断地影响和完善技术平台。"[1]

从世界范围看，Adobe 公司应该是实践此类数字出版方式的领导者。目前，Adobe 正在 Adobe Creative Suite5 和 Omniture 技术的基础上构建一个开放的、综合性的 "数字出版平台（Digital Publishing Platform）"。该平台通过提供应用、技术和服务支持，让内容出版商能够方便地将他们的内容转化为数字出版物，包括杂志、报纸、书籍和其他出版物，并把内容发布给最为广泛的读者，让顾客可以直接消费这些数字内容。该数字出版平台的首次应用是 2010 年 6 月《连线》（Wired）杂志发布的 Wired iPad 版。得益于新颖的动画效果和阅读体验，售价 4.99 美元的 iPad 版《连线》杂志在 App Store 获得了良好的销售业绩，自发布以来几乎已经占据付费应用排行榜首位近一周的时间。

在国内，由新华社和大唐电信联手打造的新华瑞德数字媒体服务平台已于 2011 年 1 月开始运营。平台定位于移动互联网数字内容的发行服务，依托其首创的 "3G+Wi-Fi 无线网络实时推送" 技术，可以实现新闻资讯的 24 小时推送。此外，新华瑞德还与其他新闻出版机构紧密合作，整合各种图书、报刊内容，为不同领域客户推出内容定制服务。2011 年 5 月 29 日依托中国出版集团公司强大资源的大佳网正式上线运营，其未来发展方向将是联合全国出版发行机构，集合全国优秀出版资源，共同搭建中国数字出版推送平台。该网站目前已推出 "原创自选出版平台" 和 "出版社自主运营自助宣传" 平台，为作者和出版社提供数字出版服务。

对比国内外数字出版平台搭建现状可以发现，目前国内尚未出现像 Adobe 公司那样专注于为内容出版商提供 "一站式" 数字技术服务支持的大型技术企业，国内现有的一些所谓数字出版技术平台在技术性能，尤其是用户友好、权利管理等方面与 Adobe 公司的 Digital Publishing Platform 均存在较大差距。可见，大型技术企业的缺失与相关技术平台性能的不足是困扰国内基于数字出版平台方式的数字出版业务发展的关键之所在。

---

[1] 王霞. 国际数字出版平台技术及发展[EB/OL]. http://www.chuban.cc/rdjj/2010sznh/zlt/201007/t20100720_74329.html. 2012-10-17.

5.3.3　基于数字权利管理技术

与传统的纸媒出版不同，数字内容产品复制传播的边际成本几乎为零，这就为侵权和盗版提供了便利。如果解决不了数字内容产品的权利管理（DRM）问题，出版商的利益也就难以得到保障，数字出版也就难以持续健康发展。基于数字出版的这一现实，数字内容产品的权利管理也就成了数字出版产业发展的核心问题。因此，围绕数字内容产品的权利管理，为数字出版商与分销商开发数字权利管理技术、提供数字权利管理服务就必然成为数字出版产业发展的一个重要环节。这就是为什么不仅像微软、苹果、方正等大型 IT 企业纷纷建立自己的 DRM 解决方案，而且诸如 Verimatrix、Wideine 等独立小公司以及贝塔斯曼等出版企业也同样专注于 DRM 技术研发的真正动因。

数字权利管理虽然主要表现为数字环境下平衡作者、出版者、渠道商和读者之间利益的一种技术解决方案，但其实质上更应该是一种数字出版关键技术，是一种数字出版商业模式。正如高等教育出版社王艾指出的："目前全球的 DRM 技术开发水平已经可以实现对同一内容，针对不同客户不同的使用需求，随时变更授权内容、对授权时效进行控制、设置免费浏览内容、建立个性化消费模式、设立多元化付费方式等多种功能。从这一角度来说，DRM 已经超越了其所代表的技术本身，成就了数字出版的商业赢利模式。"[1] 因此，我们相信，无论是技术开发商，还是内容提供商均可借助数字权利管理这一核心技术在数字出版领域立足，成为数字出版的重要参与者。

然而，遗憾的是，当今数字权利管理的重点仍然主要集中在流媒体的数字版权保护方面，与数字出版直接相关的电子文档的版权保护并未受到足够的重视。正如唐潇霖所指出的："目前国外大公司试图抢占的基本是在流媒体 DRM 市场，因为这涉及到未来音乐、电影等更广阔的消费领域。电子文档的数字版权保护……还并未引起广泛关注"，"虽然电子图书、电子期刊不如数字音/视频产品的规模巨大，但它也将在 2015 年发展成为一个上百亿元规模的市场。"[2] 因此，我们完全有理由相信，数字权利管理乃是数字出版产业中的一片新蓝海，从数字权利管理这一环节介入数字出版产业应该存在着巨大的市场空间。

当前，尽管 DRM 技术相对成熟，DRM 开发商和 DRM 系统数量众多，但真正有效的基于 DRM 的数字出版模式却并未形成。目前，提供数字权利管理技术的

---

[1] 王艾. 数字版权管理成就产业健康发展[EB/OL]. http://www.dajianet.com/digital/2011/0414/ 90371.shtml. 2012-10-17.

[2] 唐潇霖. 守护数字文档，数字版权管理的一个商业难题[J]. 互联网周刊，2006（7）.

企业往往同时也是数字内容提供商，他们各自为政、彼此分割，从而导致系统互不兼容、效率低下。我们相信，只有改变这种现状，搭建一个公共的数字权利管理平台为数字内容出版商提供全方位的数字权利管理解决方案，才能抢占这一领域的制高点，形成具有竞争优势的赢利模式。

数字技术的发展与进步为出版产业发展带来新的机遇，基于技术创新主导的数字出版不仅拓展了传统出版的范畴，扩大了传统出版的影响，而且提升了传统出版的效率。基于技术创新开展数字出版业务是数字出版产业发展的一个重要战略选择。基于技术创新主导的数字出版模式具有基于阅读终端技术、基于数字出版平台技术和基于数字权利管理技术三种不同的实现路径。其中，基于阅读终端技术的数字出版实现方式的关键是"终端"与"内容"的结合，而基于数字出版平台技术与基于数字权利管理技术的数字出版实现方式则强调的是平台与技术的通用性。我们相信，无论是技术开发商还是传统出版商，从上述三种路径介入数字出版产业均可有所作为。

▌ 5.4　开放共享理念模式

数字技术的进步不仅改变了传统出版产业的经营与运作方式，而且还在相当程度上对传统出版的某些理念产生了颠覆性的影响。兴起于 20 世纪 90 年代的开放存取（Open Access，OA）正是数字环境下出版理念的一种创新，它从根本上颠覆了出版企业通过出版物产品销售获利的传统范式，确立了出版产品与服务全方位"开放、共享"的全新出版理念。开放存取是基于学术信息共享理念的一种全新数字化出版方式，其宗旨在于利用网络实现学术信息资源的免费保存和获取。在这种出版模式中，科研人员发表成果的目的主要并非获利，而是希望在尽可能大的范围内无障碍传播自己的研究成果，且在进行研究时同样也可无障碍地获取同行的研究成果，以促进学术进步。因此，开放存取是一种有别于营利性学术出版的全新学术出版方式。

根据《布达佩斯开放存取倡议》（*Budapest Open Access Initiative*，BOAI）的定义，开放存取是指论文可以在公共网络（Public Internet）中免费获取，它允许所有用户不受经济、法律和技术限制地阅读、下载、复制、分发、打印、搜索或超链接论文全文等，允许自动搜索软件遍历全文并为其编制索引，允许将其作为软件的输入数据，允许有关它的任何其他合法用途。有关论文复制和传播的唯一限制，即版权在该领域的唯一作用，就是承认作者的署名权、作者对作品完整性的控制权以及作品被正确地引用。由此可见，开放存取主要是一种新型的学术交流方式，但是，如果用出版即"公之于众"的标准来衡量，开放存取，显然具有了

"出版"的本质属性，完全可以看作数字出版的新业态，是一种重要的基于开放共享理念的数字学术出版发展模式。作者主页、主题仓储、机构仓储和开放存取期刊是开放存取的四种基本实现形式。

5.4.1　作者主页

随着 20 世纪 90 年代中后期互联网的兴起和普及，个人通过 FTP 或 Gopher站点自由发表观点变得十分便捷且流行，其中包括一些科研人员在网上公开自己的研究论文，由此，作者主页作为存放论文的空间开始变得普遍。作者主页允许科研人员自由存放个人科研成果，免费供他人读阅；同时，他人可自由地、免费地下载、使用科研人员存放在网页中的论文，并可通过作者主页提供的在线交流功能与作者就相关问题进行探讨，因此促进了个人与个人之间的非正式的学术交流。也正是基于此，2005 年 6 月，在北京召开的"科学信息开放获取战略与政策国际研讨会"上，中国科学院提出将具有丰富学术信息资源的作者主页视为开放存取的实现途径之一。然而，作者主页由于受到个人影响力的限制，导致较难被其他科研人员发现，限制了论文的传播范围，同时作者主页的自由度与随意性较大，因而信息的更新不够稳定。这也是国内部分学者在研究开放存取出版实现形式时，并未将作者主页纳入考量范围的重要原因。

5.4.2　主题仓储

主题仓储是一种用于存放某一或某几个学科主题领域的学术资源的开放存取仓储。早期的开放存取仓储主要为主题仓储，并首先在物理学、计算机科学和天文学等学科领域兴起。主题仓储的一个突出特点是研究资料的并行出版，即研究资料以预印本的形式先在仓储中发布，而后在学术会议或者传统印刷型期刊中公开或出版；已经公开发表的纸质版研究资料，则以后印本的形式存放在仓储中供科研人员免费下载。主题仓储允许科研人员将其研究成果先行发布在仓储中，用以和同行进行交流，待修改完善后再在纸质期刊上发表，仓储中的论文可以先于其正式出版时间就被全球的读者看到，使得科学研究成果能够快速高效地传播。按学科主题组织学术资源的仓储，不仅能够促进学科领域内同行间的学术交流，而且主题仓储允许作者自行上传其研究成果的做法，也较受作者欢迎，并能减少仓储的运行成本。

早期的主题仓储主要集中于自然科学领域，但随着开放存取运动的推进和互联网的发展进步，人文社会科学领域也建立起了一些本学科的主题仓储，如哲学领域的 PhilSci、经济学领域的 RPeEc、图书情报学领域的 E-LSI 等。目前全球最著名的主题仓储是 1991 年 8 月美国洛斯·阿拉莫斯国家实验室（Los Alamos）的 Paul Ginsparg 建立的电子印本仓储（e-print Archiving）arXiv。它允许物理学家在论文正式发表前上传论文的数字版本至仓储中，但前提条件是要提交全文而非文摘。2001 年后，康奈尔大学取代美国国家科学基金会（National Science Foundation）和能源部成为 arXiv 主要的资助、维护和管理者，同时它也由理论高能物理领域的预印本共享仓储转变为涉及物理学、数学、非线性科学、计算机科学和数量生物学（Quantitative Biology）等学科的电子印本仓储。arXiv 电子印本仓储的建立和发展，在加快科学研究成果的交流与共享，帮助研究人员追踪学科的最新研究进展和避免重复研究工作等方面都发挥了重要作用，目前，ArXi 在全球拥有 18 个镜像站点。创建于 1997 年的 CogPrints 则是另一个较为著名的主题仓储，它涵盖心理学、神经系统科学、语言学和计算机科学的相关领域[1]。中国的奇迹文库等也属于主题仓储[2]。

5.4.3　机构仓储

机构仓储是一种收集某一家或某几家学术机构或大学学术成果的开放存取仓储。与主题仓储和开放存取期刊相比，虽然机构仓储出现较晚，但发展迅猛，并迅速成为一种重要的开放存取实现途径和学术交流平台。机构仓储集中存放并允许公众自由访问本机构内的学术成果，对于扩大学术机构的学术知名度、增加研究成果的可见度、提升学术机构的学术影响力具有积极意义，也使得学术机构更容易实现其科学、社会和经济价值[3]。同时，在传统学术出版商垄断学术出版的当下，学术机构参与学术资源的组织、提供，一方面有利于强化学术机构的学术控制力，另一方面，通过与其他学术机构合作建设主题仓储，能够增强与各类机构及图书馆之间的联系。

常见的机构仓储主要是由大学及其图书馆设立的，吴建中在谈到机构仓储时就指出机构仓储主要是"收集并保存单个或数个大学共同体知识资源的知识库"[4]。这主要是因为，大学是科学研究的重镇，科研人员众多，并拥有丰富的学术期刊论文、学位论文、会议论文、研究报告等各式学术资料，大学及其图书馆有权力也有能力组织这些学术资料，从丰富图书馆馆藏资源的角度，也有必要系统地收集、保存这些学术资料。在互联网时代下，机构仓储大学及其图书馆提供了很好

[1] 网址：http://cogprints.org/（访问日期：2006-04-01）。
[2] 网址：http://www.qiji.cn（访问日期：2006-04-01）。
[3] 刘桂芳. 开放存取实现途径及其影响研究[D]. 成都：四川大学，2006：33.
[4] 吴建中. 开放存取环境下的信息共享空间[J]. 国家图书馆学刊，2005（3）：7.

的存放其学术资料的系统，尤其是海量的空间能够保证持续增加的学术成果的保存，同时大学可借助机构仓储在科研人员访问、下载其论文的过程中扩大大学在全球范围内的影响力。

目前，全球的机构仓储通常采用由南安普顿大学开发的免费软件 eprints.org 开展机构仓储开放存取出版活动，eprints.org 在创建与 OAI 兼容的文档、提升被 Google 等搜索引擎发现几率等方面的功能明显。其他较为有名的机构仓储包括佛罗里达州立大学的 D-Scholarship、麻省理工学院的 Dspace、南安普顿大学的 TARD、阿姆斯特丹大学的 Digital Academic Repository（DARE）等。其中，佛罗里达州立大学的 D-Scholarship 仓储是一个相对成熟和灵活的系统，为佛罗里达州立大学的各个院系及其研究人员提供对自己的研究成果和教学资料实施自我存档、自我管理的全面服务。由麻省理工学院图书馆联合惠普公司建立于 2002 年的 DSpace 也是一个影响巨大的机构仓储系统，值得一提的是 DSpace 是一个开放源代码软件，这是其受到广泛应用的主要原因，在成立后不到一年的时间里[1] 已经有 3500 家来自全球的机构下载了 DSpace 的开放源代码。DSpace 为麻省理工学院学术资源在线共享、为扩大其学术影响力，以及与其他学术团体的合作做出了重要贡献。

主题仓储和机构仓储这两类开放存取仓储虽然只具备了现代出版的部分要件，尚不能看作严格意义上的数字出版，但它在学术传播中所发挥的效用与学术或专业出版并无二致。我们相信，它所倡导的开放、共享的理念对传统学术或专业出版的影响必将进一步深化。

5.4.4　开放存取期刊

根据《开放存取期刊指南》（*Directory of Open Access Journals*，*DOAJ*）的定义，开放存取期刊（Open Access Journals，OAJ）是开放存取出版的主要实现形式，是指不向读者或其所属机构收费的学术期刊。只有当一种学术期刊能够满足《布达佩斯开放存取倡议》（*BOAI*）对开放存取的定义，即读者可以任意地"阅读、下载、复制、分发、打印、搜索或超链接论文全文"，才被认为是开放存取期刊。正如 Lowie 所认为的那样，开放存取期刊与传统期刊的区别不在于期刊的载体是纸质还是电子版，而在于对期刊的访问方式和访问权限。传统期刊采用的是用户付费订阅的商业模式，而与传统期刊不同的是，开放存取期刊让用户通过网络无限制访问期刊论文全文。当前，有影响的开放存取期刊很多，如 PLoS 系列（Public Library of Science）、BMC 系列（BioMed Central）等，这些开放存取期刊的影响

[1] Tom Storey. University Repositories : An Extension of the Library Cooperative. OCLC Newsletter，2003(7)：7-11.

因子在同类期刊中都稳居前列。

　　由于奉行的是开放共享的理念，OAJ 不向任何用户收取订阅或使用费用。虽然 OAJ 的出版和传播成本相对较低，但这并不表示 OAJ 的运作不需要成本。因而，OAJ 的政策运作需要具备一定的收入来源。从现实情况来看，OAJ 的收入主要来自相关机构的赞助、主办机构或学会的津贴、作者付费、广告收入、为用户提供增值服务的收入等，但最主要的收入来源却是作者付费，也就是作者从项目或课题中抽出部分经费用于出版研究成果。相关资料显示，当前的 OAJ 中有 47%的期刊是收取版面费的[1]。例如，PLoS 和 BMC 系列期刊采用的就是收费出版模式。表 5-1 是 PLoS 系列 OAJ 2010—2011 年的收费标准。

表 5-1　PLoS 系列 OAJ 2010—2011 年的收费标准[2]

序号	刊　名	收费标准
1	PLoS Biology	US$2 900
2	PLoS Medicine	US$2 900
3	PLoS Computational Biology	US$2 250
4	PLoS Genetics	US$2 250
5	PLoS Pathogens	US$2 250
6	PLoS ONE	US$1 350
7	PLoS Neglected Tropical Diseases	US$2 250

　　这里需要特别说明的是，收取论文出版费用并不会影响到 OAJ 的学术质量。正如 PLoS 所强调的，出版费用的支付能力并非能否出版的重点，论文质量才是关键。PLoS 对发展中国家或没有课题经费的作者承诺给予优惠或免去出版费用。为了保证学术质量，OAJ 一般都有严格的同行评审制度。例如，PLoS Biology 退稿率高达 90%以上，甚至远远超过了一些著名的纸质学术期刊。

　　开放存取不仅是一种科学信息交流方式，同时也是一种新兴的学术出版方式，是一种基于"开放、共享"理念的全新学术出版方式。开放存取的兴起，给学术交流带来了"免费的午餐"，科研人员可以"免费"自由获取高质量的学术资源，因而，受到了包括国际组织、政府、图书馆、科研机构和高校的普遍欢迎。其先进的理念、全新的运作模式正在对基于付费订阅模式的传统学术出版业造成巨大冲击。我们完全有理由相信，开放存取将在学术交流活动中扮演着越来越重要的角色，甚至有可能彻底改变现行的学术出版格局。

[1] 方卿，徐丽芳. 开放存取运动及其研究进展[R]//武汉大学中国高校哲学社会科学发展与评价研究中心组编. 海外人文社会科学年度发展报告. 武汉：武汉大学出版社，2007：308.
[2] 数据来自 PLoS 官网.

第 6 章
Chapter 6

▶数字大众出版产业

　　大众出版是出版产业中最为活跃的一个产业领域。与教育出版、专业出版相比，大众出版具有读者差异性大，市场需求弹性充足；市场准入门槛低，竞争激烈；市场主体数量多，规模差异大；产品类别复杂，品种数量多等显著特征。我们的研究发现，在新的技术背景下，大众出版的这些特征依然表现鲜明。数字大众出版，仍然还是数字出版产业中最为活跃的产业领域。由于其产业形态众多，且不同形态的数字大众出版发展极不平衡，难以从某种单一视角对其进行系统介绍。因此，本章仅选取其中发展相对成熟的网络文学和网络游戏两种形态做一些介绍与分析。

▌ 6.1　网络文学产业

20 世纪 90 年代，网络文学开始走入文学大家族，进入人们的视野，开始影响文学创作与文学消费。文学评论家白烨指出，当代文坛发生了结构性的变化，以文学期刊为主导的传统纯文学，以商业出版为依托的大众文学和以网络媒介为平台的新媒体文学已三分天下。中国作协党组成员、书记处书记陈崎嵘在中国作家协会主办的网络文学作品研讨会上指出，"网络文学异军突起，方兴未艾，三分天下有其一，并且逐渐呈现出'半边天'的趋势。"

网络文学的兴起，也影响到文化产业经营与发展格局，网络文学产业得以成为网络文化产业领域的一朵奇葩。本节将从网络文学、网络文学创作、网络文学经营和网络文学消费等几方面展开探讨。

6.1.1　网络文学概述

什么是网络文学？它有哪些特征？它是在什么样的背景下产生和发展起来的？这些都是研究网络文学出版产业首先需要解决的基本问题。

1. 网络文学的概念

什么是网络文学呢？按照《第一次亲密接触》的作者蔡智恒的说法，网络文学是在网络时代出生的写手在网络上发表的作品。百度百科则认为，所谓网络文学，就是以网络为载体而发表的文学作品，本身并没有一个明确的界限。如果说网络文学有什么底线，就是对网络没有了解的人所写出的东西，官方人士在网上发表过的东西不是网络文学，仅此而已。虽然这些带有调侃味道的描述并不是学理意义上科学定义，但是它们却都触及了网络文学这一概念的本质。

我们认为，所谓网络文学，可以简单地定位，基于网络创作和传播的一种文学形态。要了解网络文学，我们认为可以从以下两个特征来思考。

（1）网络文学必须是基于网络创作和传播的，这是网络文学有别于传统文学（姑且这样称之，严格意义上讲，应该是非网络文学）的首要特征。

网络文学是随着互联网的普及而产生的。在网络这种全新的文化与商业生态环境下，不仅文学创作手段和方式发生了变化，而且文学创作目的和动机的商业性显著增强，文化消费需求和文艺批评的标准与方式也更加多元。因此，不管人们是否愿意，网络文学不能等同于传统文学，网络文学有别于传统文学是不可回避的事实。

知名作家张抗抗在出任"网易中国网络文学奖"评委时就提出过这样一个问题,"网络文学会改变文学的载体和传播方式,会改变读者阅读的习惯,会改变作者的视野、心态、思维方式和表现方式,但它究竟在多大程度上,能改变文学本身?比如说,情感、想象、良知、语言等文学要素。"[1] 尽管我们一时还难以回答这样一个网络文学领域的"世纪之问",但是,改变是肯定的。我们认为,在表现形式、艺术手段、创作方式与风格特色等方面,网络文学完全可以不同于传统文学,它应该有自己鲜明的个性特征。在坚守网络文学首先是文学的前提之下,主张其技术与时代个性,弘扬其"网络"特征,才是作为一种新兴文学形态的网络文学的生存与立足之本。没有了这一特征,也就没有了网络文学。因此,我们强调,基于网络创作和传播,且具有不同于传统文学的显著特征正是网络文学的本质特征。

(2)网络文学终究是一种文学形态,应该具有文学的基本属性和特征,这是区别网络文学与一般"网络写作"的一根红线。

网络文学,首先应该是文学。由于文学一般被理解为"以语言文字为工具形象化地反映客观现实的艺术",因此,网络文学,不管手段和表现形式有什么样的变化,它都必须具有文学的这一本质特征。否则,就不能称之为文学。当前,网络文学在商业上取得重大成就的同时,之所以得不到学界的认可,正是因为一些被称之为网络文学的作品离文学的本质属性和要求尚有距离,甚至背离了文学本质特征所致。在2010年4月7日举行的"网络时代的文学处境"研讨会上,作家麦家一语惊人,声称"如果我拥有了一项权力,我要消灭网络文学。""网络的兴盛,是人类进入末日的证据之一。"他指出,网络文学99.99%是垃圾,只有0.01%是好东西。或许是基于相似的判断,李杰非提出:"我强烈主张撇开'文学'一词来谈网络写作。网络写作根本不是为了'文学'的目的而生的。"[2] 这些对网络文学的质疑或者是从其特征与属性,或者是从其目的与角度来评价网络文学的。这正是网络文学未能坚守和体现文学的本质属性所致。

我们认为,作为一种新兴的文学形态,网络文学在本质属性上与传统文学并无二致。正如北京作协副主席刘庆邦所指出的,"与传统文学一样,网络文学的本质还是文学,不同的只是发表的平台和交流的媒介。归根结底,网络文学最核心、最实质的所在还是语言、形象、情感,同样要坚守参照现实生活、激发人类情感、抵达人性深处这些文学创作的基本规律。"作家赵丽宏强调历史上的历次技术变革改变的只是文学的形式,而没有改变文学的本质特征。他指出:"纵观中国的文学史,中国的文人运用的工具和载体由甲骨、竹简到绢帛纸张,由刻刀到毛笔,由

[1] 张抗抗. 有感网络文学[J]. 作家,2000(5):11.
[2] 欧阳有权. 网络文学概论[M]. 北京:北京大学出版社,2008:1.

毛笔到铅笔、钢笔、圆珠笔，这些书写工具和文字载体的更换和进化，并没有使文学创作因此而出现突兀的变革和更新，没有出现真正意义上的文学革命。"[1] 这就是说，无论创作技术和手段如何变化，文学的本质应该是一致的。网络文学，显然也不例外。

百度百科"网络文学"词条中有这样一段文字：网络文学与传统文学不是对立的两极，而是互相渗透的有机体系。不少传统文学通过电子化成为了网络文学的一部分；网络文学的作者也都接受过传统文学的熏陶。同时，网络文学通过出版进入了传统文学领域；并依靠网络巨大的影响力，成为流行文化的重要组成部分，进而影响到传统文学。相信，这有助于我们对网络文学与传统文学之间关系的理解。

2. 网络文学的兴起与发展

网络文学是伴随互联网的兴起逐步发展起来的。网络技术环境的变迁及发展水平，直接影响着网络文学的发展程度。粗线条地，可将其发展历程分为萌芽时期、免费文学网站时期和商业文学网站时期三个阶段。

（1）网络文学萌芽时期

一般认为，世界网络文学萌芽于美国。1987 年，美国计算机协会第一次超文本会议上，迈克尔·乔伊斯（Michael Joyce）发布了他的超文本小说《下午，一个故事》，成为超文本小说的经典之作。在欧美网络文学产生的同时，汉语网络文学也初现端倪。汉语网络文学兴起于海外华人留学生。中文网络文学最早可以追溯到 1991 年，这一年，网络文学领域的一些里程碑意义的事件也陆续出现。例如，王笑飞在海外创办了中文诗歌网；全球第一本中文电子刊物《华夏文摘》在美国创刊；留美网络作家少君，在网络上发表《奋斗与平等》，这是目前所知道的最早的一篇中文网络小说。

1992 年，美国印第安纳大学中国留学生建立起第一个中文新闻组 alt.chinese.text。1993 年 3 月，诗阳通过电邮网络大量发表诗歌作品，此后在互联网中文新闻组和中文诗歌网上刊登了数百篇诗歌，被学术文献称为史上第一位中国网络诗人。1994 年 2 月，方舟子等人创办了第一份中文网络文学刊物《新语丝》。1995 年 3 月，诗阳、鲁鸣等人创办了第一份网络中文诗刊《橄榄树》。1995 年底，第一份网络女性文学刊物《花招》创刊。1995 年，水木清华网站建立了 BBS。1998 年，电子公告栏（BBS）上蔡智恒上传了其所著的《第一次亲密接触》成为了第一部中文网络畅销小说，等等。在网络文学发展初期也都具有标志性意义。

这一时期，由于受网络技术设施不完善、网络普及率低、网民数量较少等因

---

[1] 赵丽宏. 网络会给文学带来什么[N]. 辽宁日报，2000-10-10（C3）.

素的影响，其价值相对有限。网络文学基本上处于一种文学爱好者或网络爱好者自娱自乐的游戏状态。此时的网络文学既没有形成自己特定的风格特色、产品类型特征，也没有形成稳定的写手队伍和忠实的读者群。大多数文学网刊或网站没有明确的商业意图，更没有商业资本的炒作，其文学气息较后期相对浓厚。

（2）免费文学网站时期

20 世纪 90 年代中后期，一些商业门户网站出于吸引网民之目的，开始大量向个人或各类组织提供免费空间。在这一背景下，国内的网络文学站点得以迅速崛起。

1998 年，"文学城"、"黄金书屋"、"书路"等相继问世；1999 年，榕树下、博库等陆续成立。这一时期的网络文学站点，主要以转载纸质书或其他相关网站的内容为主，一般都是直接扫描上传各种畅销的纸质武侠、言情小说，更多的网站则是直接转载其他网站的内容，版权意识薄弱。

当时的网络文学站点完全处在门户网站主导时期。读者只能通过雅虎等门户或者各网站间的友情链接方式，进入文学类网站，网站的进入费时费事。2000 年，网络泡沫破裂，大部分免费空间消失，大批个人文学网络站点纷纷关闭，免费文学网站时期也就随之终结。

这一时期持续的时间相对较短，前后也只有四五年的时间。但是，作为一个承前启后的阶段，它在网络文学的发展历史上占有重要地位。一方面，当时基于门户网站的免费空间建立一些网络文学站点，如榕树下、博库、黄金书屋、书路等不仅在当时网络文学发展中发挥过较大的积极作用，而且至今仍然在我国网络文学发展中扮演着重要角色，仍然是网络文学爱好者的重要网络空间。另一方面，这一时期不少网络文学作品在消费市场产生过较大影响，因而吸引了网民的眼球，进而培育了网络文学的一批忠实读者，促进了网络文学消费市场的发展。

（3）商业文学网站时期

进入 20 世纪 90 年代新世纪初期，商业资本的介入改变了网络文学网站的发展轨迹，商业文学网站开始兴起。1999 年 12 月，多来米中文网以 400 万人民币的价格收购网易个人网站排行榜中前 20 位个人网站中的 16 家，包括黄金书屋、中国足球网、海阔天空下载、笑林广记等国内著名网站，正式拉开了我国文学网站兼并、重组的序幕。几乎是在黄金书屋等被收购的同时，博库在美国硅谷成立，并大举进军中国市场。因为有美国产业资本的支持，博库的进入在业界产生极大影响。2004 年 10 月，盛大文学宣布收购中国领先原创娱乐文学门户网站——起点中文网，正式进入网络文学领域。2008 年，盛大义学有限公司正式成立。之后，盛大文学对于原创文学的收购之路从未停止。目前，盛大文学运营的原创网站包括起点中文网、红袖添香网、言情小说吧、榕树下、小说阅读网、潇湘书院、天方听书网、悦读网。如今，盛大文学已发展成为"全球华语小说梦工厂"。2007 年 12 月，一起写网成立，次年 7 月升级用户社区后，成为国内首家具备 SNS 社区功能的原创写作平台。目前，一起写网已经聚集了十多万文化界人士在这里自由创作、以文会友。2010 年 7 月，网络文学网开通运行。该网站是由中国网络文学社联盟出资建立的面向全球网络文学爱好者的综合性网站，自称"网络文学第一门户"。

这一时期，由于有大量商业资本介入，文学网站不仅发展迅速，而且网站的规模与实力也是非前一时期可以媲美的。商业资本进入网络文学市场的目的，无疑是为了获取经济利益。尽管商业文学网站不断强化其商业特性的做法是否会对其文学功能产生负面影响而引起社会的关注，但是这种质疑并未影响到商业文学网站的发展。因此，这一时期，文学网站的商业色彩交易较以往更加明显。总体上讲，这一时期商业文学网站的赢利方式大致分为两种：一是通过网络文学作品的收费阅读、衍生产品经营获利；二是借助网站的人气以广告经营来获利。

6.1.2　网络文学创作

网络文学创作，即网络文学产品的生产，是网络文学产业的首要环节，它为网络文学市场提供网络文学产品，直接服务于网络文学产业的经营与消费。由于技术手段、创作环境、创作动机、作品消费与评价的差异，网络文学创作具有自己的特征。《人民文学》原副主编、著名作家肖复兴曾经指出，网络文学"走出了文学创作的一条新路"[1]。

1．网络文学作品

文学作品是文学创作的结果，与传统文学一样，网络文学作品也有诗歌、小说、散文和戏剧等体裁或形式，但是它也有与传统文学作品不同的表现形式。其中，超文本作品和多媒体作品是网络文学有别于传统文学的两种特殊作品表现形式。

（1）超文本作品形式

超文本是一种不是以单线排列、而是按不同顺序来阅读的文本形式，也是一种非顺序地访问信息的方法。读者可以在作品的某一特定点予以中断，以便使一个作品的阅读可以用参考其他相关内容的方式相互链接[2]。超文本文学具有不确定性和可选择性的特点，并且强调的是偶然与丰富的作品。超文本文学作品是以读者的活动而转移的，没有传统意义上的定稿。

美国作家麦克·乔伊斯的超文本作品《下午，一个故事》被称为"超文本小说的鼻祖"。该作品在每一页的底部都设置了一个链接按钮，为小说的情节设置了

　[1] 李蕾. 网络文学创作现状探看：搅动文学一池春水[N]. 光明日报，2010-05-11.
　[2] 欧阳友权. 网络文学本体论[M]. 北京：中国文联出版社，2004：143.

多重选择性。之后另一位作家马修·米勒的《旅程》也被誉为超文本作品的经典之作。这部作品是一幅立体的美国地图，主要内容是要读者跟随主人公为两位孩子寻找母亲，怎样去寻找就需要读者自己选择。在这个不确定的过程中，阅读的乐趣更多地体现在了读者的参与性。

由于超文本作品受到现代读者的喜爱，一些超文本的网站也建立了起来，其中比较有名的是 Eastgate Systems[1]。这家英国网站建立于 20 世纪 80 年代，主要提供各种超文本写作软件，发布和出版超文本作品。其提供部分免费的超文本作品，包括小说、诗歌和散文，而大部分作品则需要付费来阅读。该网站也拥有自己专属的签约作家。

（2）多媒体作品形式

多媒体（Multimedia），是指组合两种或两种以上媒体（包括文本、图片、音频和视频）的一种人机交互式信息交流和传播媒体。此处的所谓多媒体作品，便是以多媒体形态创作的文学作品。网络文学中的许多作品均以多媒体方式呈现出来。多媒体网络文学作品已经不再是单纯的语言艺术作品，而是包含了现代科技，将语言、声音、图像、视频等集成，在效果上更加令读者身临其境。例如，《晃动的生活》就是一部优秀的多媒体作品，该作品有着如电影般的画面和优美的配乐，文字随着画面的播出而显现出来，带给读者直接的感官享受。

北京师范大学于洋借保罗·勒文逊（Paul Levinson）"新实在物"[2]之说，强调指出："文学中加入了多媒体，这也是一种深入到文学血液中的染料，多媒体的网络文学相对于传统文学来说，也好似一种新的文学实体。"他进一步指出，"互联网的多媒体特性使得以它为依托的网络文学作品成为了统合声音、文字、图像的多媒体文本，从而具有了影像化的特征。这让读者获得了一种崭新的审美体验，同时这对作家的创作也产生了深刻的影响，在很大的程度上改变了传统诗学话语中言、像、意三者之间的关系。"[3]

多媒体作品具有很多特点，如互动性、立体化和开放性等，而互动性成为多媒体作品最显著的特点。互动性是基于网络媒体的双向性特征，为作者的思想情感的表达和读者的阅读需求提供了无限可能。从这个意义上看，多媒体作品是对传统文学的一种创新和颠覆。

2．网络文学创作的特征

中国作协书记处书记陈崎嵘在中国作家协会主办的网络文学作品研讨会上指

---

[1] Eastgate Systems：http://www.eastgate.com/.
[2] 新实在物，即保罗·勒文逊所指出的："一滴蓝染料加入一杯水中，产生的不是蓝染料加水，而是蓝水：一种新的实在物。"
[3] 于洋. 简析网络文学的多媒体性[J]. 宁夏大学学报（人文社会科学版），2003（1）：91.

出，"网络文学横空出世才十多年，一切尚未定型，一切皆有可能。"经过十几年的发展，网络文学毕竟在创作理念、创作手法、语言表述、传播手段、阅读方式等诸多方面，显示出了与传统文学不同的特点。从文学创作的视角看，网络文学创作到底有哪些特征呢？下面我们从创作动机、作品题材、语言风格与创作方式等方面做简要分析。

（1）从创作动机来看，网络文学具有重视商业利益的特征

正如郭大路、宋晖在《网络文学这 10 年》中指出的，"从蔡智恒、安妮宝贝的高调成名，李寻欢、慕容雪村等文学能人的高调接班，到玄幻小说、穿越小说、鬼吹灯、耽美等文学类型的高调兴起，网络文学不仅不忌讳它自身的商业化路线，更是高调地宣扬它是件不折不扣的商品。"[1]网络写手"骷髅精灵"就毫不讳言地表示，当初他就是为了 50 元开始在网上写作的。5 年写出了 1 000 万字，当然也赚了几百万元。他说，专业作家一年写十万字不算少，但是网络写手一个月写 10 万字就得饿死。眼下的情况是，不仅是作品被无限拉长，而且作品没创意、跟风现象极其严重，"为了赚钱，一本书红了之后，大家都去跟着去写。现在的网络写作不是'我想写什么'，而是'流行什么写什么'，创新变成危机，一本书如果不成功，几百万字就白费了。"[2]盛大文学 CEO 侯小强则明确指出："文学就应该商业化，这没有什么可耻的"，"商业化不会让文学市场变质，文学繁荣恰恰靠文学商业支持。"

（2）从作品题材上看，网络文学主要关注武侠、玄幻、言情和军事等

如果以曹丕之"盖文章，经国之大业，不朽之盛事"来衡量，网络文学从题材上实在是有些"小儿科"。现今大多网络文学的题材都是以武侠、玄幻为主，"对于文学本身——人对自身和社会的思考——却几乎没有涉及。"正如王坤宁指出，网络文学"存在题材单一的弊端"[3]。对网络文学过多地关注这种单一的娱乐消闲题材，目前社会上存在正反两方面的评价。反方认为，这种单一的娱乐消闲题材"让网络文学沦为了和食后饱腹的便当一样的东西——这在信息时代是不可避免的问题，却也是一个严峻的挑战。"正方则认为，"现今大多网络文学的题材都是以武侠奇幻为主，这不仅填补了人们幻想区域的空白，也是对当今处在快节奏的人们精神的一种释放。工作压力大的人可以通过这些速食品缓解压力。"[4]后者显然是在以鲁迅的"兴感怡悦"之标准来评价这一现象的。

[1] 郭大路，宋晖. 网络文学这 10 年[N]. 海峡都市报，2012-11-26.

[2] 佚名. 网络写手生活状况真实写照[EB/OL]. http://www.sootoo.com/post/23322/. 2012-11-20.

[3] 王坤宁. 网络文学：新兴产业的喜与忧[EB/OL]. 中国新闻出版网，http://www.chinaxwcb.com/2010-11/24/content_211530.htm.2010-11-24.

[4] 参见百度百科"网络文学"词条。http://baike.baidu.com/.

（3）从语言风格上看，全新的网络语境使得网络文学语言具有简洁、口语化和幽默风趣等特征

文学本是语言的艺术，鲜明的语言特征是区分不同文学类型的重要因素。简洁、口语化和幽默风趣的语言特征正是成就网络文学的一个重要因素。一般而言，各类流行的网络文学作品都具有这样一些语言特征。例如，有人认为，"运用通俗俏皮的网络语言"是韩国作家金浩植《我的野蛮女友》受到欢迎的重要原因。其后，韩国的一名17岁高中生，可爱淘的《那小子真帅》也爆红网络。书中大量运用了网络语言和网络符号，这些网络语言一时间成为了青年人的流行语言。

目前，关于网络语言和网络文学语言的研究业已成为人们研究的热点。相关研究者认为，网络不是一种单纯的技术，而是一种全新的交流空间和交流方式，是一种全新的语境。"网民们的语言行为会随之而尽最大可能去适应它，因而，网民们有意无意地创造了一个只有他们知晓的特定语境，他们运用只有他们知晓的话语进行交互。"[1]胡平也同样认为正是这种特定网络环境造就了网络文学语言变得幽默、简洁等特征。他指出，"网络文学文字版本迅速更新，在快速互动的要求下，用符号代替表情，使语言变得幽默，简洁，更意味深长。"[2]进而以蔡智恒的《第一次亲密接触》为例，对其语言风格进行了细致分析。针对一些人对网络文学语言的非议，有人认为，"网民在特定语境中交互的话语既不属于'阳春白雪'，也不完全属于'下里巴人'，而几乎完全是自由地'直抒胸臆'、明畅，充分体现了网络世界的自由、平等的特点。"[3]

（4）从创作方式上看，写作接龙或集体创作成为网络文学创作的重要方式

《人民文学》原副主编、著名作家肖复兴曾经指出："网络介入后，文学写作就不是创作者一个人的事了，而变成一种集体智慧的凝聚。"他认为，"网络为广大文学爱好者提供了一个作品传播、共享的便捷平台，改变了以往'你写我读'的精英化书写方式。我这边随时随地发表修改，你那边就能即时即刻跟帖评论，这种浪涛相击水花四溅般直接而真情毕露的互动，形成了读写之间情感思想交流的平民化书写方式，走出了文学创作的一条新路。"[4]

尽管传统文学创作中也存在写作接龙或集体创作等方式，但网络文学创作却将此类方式运用到了极致。1997年，加拿大开展了一个全国小说网络写作接龙的活动。活动内容是12位来自加拿大不同省区的作家围绕"跨国故事"这个主题在12小时内进行小说接龙，共同完成一部作品。除了开头的1位作者外，其余的11

[1，3] 佚名. 略论网络文学的语言应用特点[EB/OL]. http://blog.sina.com.cn/s/blog_3e8b8f6a0100fa3c.html. 2012-11-20.

[2] 胡平. 神圣总被雨打风吹去——网络文学特点漫谈[J]. 阅读与写作，2004（10）：15.

[4] 李蕾. 网络文学创作现状探看：搅动文学一池春水[N]. 光明日报，2010-05-11.

位作者需要承接上一位作者的情节，弥补不足，续写下去。几乎与此同时，亚马逊组织美国作家约翰•厄普代克等 45 位作家在网上合作完成小说，并以"故事由谋杀开始"为题。2010 年，盛大文学更是以 20 世纪 30 年代沈从文的"京海之争"为噱头，策划了声势浩大的"双城记——京沪小说接龙"活动。京沪两地各三位作家（北京：孙睿、徐则臣、金子；上海：陈丹燕、小白、任晓雯）参与了这一活动。作品在盛大文学旗下起点中文网、榕树下网站、云中书城同时连载，天涯社区同步连载更新，吸引了数百万网友围观讨论，先后数十家的平面媒介报道，可以说是赚足了网民的眼球。毫无疑问，正是网络所具有的互动与共享的这些优势成就了网络文学的创作方式，这种网络特有的创作方式进而又赋予了网络文学鲜明的个性特征[1]。

3. 网络文学写手

网络写手，是网络文学作品的创作者，是伴随网络文学的兴起而出现的一种新型文学创作群体。正如作家陈村所言，"网络文学创作其实与卡拉 OK 差不多，能给人以小试牛刀的机会。"[2]互联网使得写作的门槛被大大降低，参与网络写作的队伍得以迅速壮大，网络写手开始成为网络上一个非常活跃的文化群体。显然，网络写手队伍的快速发展为网络文学的发展和普及做出了重要贡献。

网络写手队伍阵容庞大，但网络写手的数量却没有准确的官方统计数据。中国作家网副主编马季长期从事网络文学研究，其调查显示，以不同形式在网络上发表过作品的人数高达 2 000 万人，注册网络写手 200 万人，通过网络写作（在线收费、下线出版和影视、游戏改编等）获得经济收入的人数已达 10 万人，职业或半职业写作人群超过 3 万人[3]。

与传统文学作者主要由专业作家构成不同，网络写手多为非专业作者。正如《人民日报》周舒艺所指出的，互联网使得写作的门槛被大大降低，每个怀揣文学梦想的爱好者都可以在这里"发表"自己的作品，在这个浩瀚的海洋里遨游。他们了解简单的"上传"等步骤后，就可将自己的文字展现在一个公共空间供人阅读。"这里，文学被泛化，写作者的身份也由专业作者转为非职业化。"[4]相关调查显示，网络写手主要是高中生、大学生和社会闲杂人员。业内人士认为，大学生有大量的时间，本来又喜欢幻想，网络作品也不需要很高的水平，所以很多人在写[5]。该调查文章同时指出，网络写手有不少"奇人"，"有清洁工也有小学生"；

　　[1] 欧阳有权. 网络文学概论[M]. 北京：北京大学出版社，2008：20-21.
　　[2] 瞿建民. 网络文学如同卡拉 OK[J]. 中国电子出版，2000（4）：69.
　　[3，4] 周舒艺. 网络文学：期待大浪淘沙[EB/OL]. http://www.youth.cn. 2012-11-20.
　　[5] 姜燕. 网络写手之死背后群体引关注[EB/OL]. http://news.e23.cn/content/2012-04-18/2012041800976.html. 2012-11-20.

有做网络游戏公司的、从事 IT 业的，写 IT 业界小说和商战小说，也有政府官员专写社会观察类小说等。

以网络为媒，卖文为生，是多数网络写手生存的现实写照。一些网络写手通过网络写作获得了丰厚的报酬。网上有一份"2011 年网络作家收入排行榜"，前10 位的网络作家年收入均超过或接近 200 万元。其中，排名第一的天蚕土豆为 910 万元，排名第二的我吃西红柿为 640 万元，排名第三的桐华为 500 万元，而排名第十的妄语也有 190 万元。如前所述，我国目前有着庞大的网络写手队伍。但是，在庞大的写手队伍中真正获得丰厚回报的还只是少数人，大多数写手收入低微，"更多的网络写手还处于英雄无用武之处的尴尬境地"[1]。相关网络写手生存状态调查结果显示：有收入者可能仅一成，大多数写手生存艰难。虽然有人功成名就，但更多的网络写手过着社会地位低、权益无保障、被读者追着骂、每天伏案码字的日子，而承受如此压力换来的可能只是千字 20 元封顶的稿费。写手"安安"说："100 个网络写手，至少 90 个没有收入，剩下 10 个人，有人辛辛苦苦写一个月，赚到几包香烟钱，有三五个拿到普通白领的收入，只有 1 个人，也许能赚到令人羡慕的财富。"[2]

文学网站的成败关键在于网络写手。当前，热门写手正遭网络文学"疯抢"[3]，网络文学如今面临着激烈的"人才争夺战"。一般网站将签约写手分为"大神"和"小神"，写得好的作家被称为"大神"，是网站的宝贝[4]。为吸引"大神"的加盟，一些网站不惜重金网罗人才。盛大文学就曾大手笔与"天蚕土豆"签署了高达 7 位数稿酬的合同协议。同时，为了阻止"大神"被其他网站挖走，"一些网站会监控他们的站内邮箱，只要看到大神的收件箱中有疑似约稿信件就给删了。作者们还有自己的 QQ 群，这些群也由网站管理，不允许外人随便加入，以免被'猎头'钻空子。"[5]

6.1.3 网络文学经营

在网络文学产业中，文学网站是网络文学市场的主体，它在网络文学产业发展中扮演着经营主体的角色。在经历了萌芽时期、免费文学网站时期和商业文学

[1] 佚名. 原创小说作家如何小神变大神[EB/OL]. http://news.cntv.cn/20120105/ 114360.shtml. 2012-11-20.
[2，5] 姜燕. 网络写手之死背后群体引关注[EB/OL]. http://news.e23.cn/content/ 2012-04-18/2012041800976.html. 2012-11-20.
[3] 陈杰. 热门写手遭疯抢，文学网站被逼走上差异化路线[N]. 北京商报，2011-07-25（A5）.
[4] 佚名. 网络文学行业热门写手炙手可热[EB/OL]. http://www.net-tj.cn/ viewdoc.php?id=804. 2012-11-20.

网站时期三个阶段的发展后，文学网站业已形成了多种相对成熟的经营模式。

1．收费阅读的模式

在经历了萌芽期和免费文学网站两个发展时期后，网络文学网站逐步培育出了一批具有一定市场赢利前景的读者群。中国新闻出版研究院组织的全国国民阅读调查项目"第八次全国国民阅读调查"显示：2010 年，我国 10 周岁至 70 周岁国民数字化阅读方式的接触率为 32.8%，比 2009 年的 24.6% 增加了 8.2%，增幅为 33.3%。其中，18.1% 的国民通过网络在线阅读。在接触过数字化阅读方式的国民中，有 53.8% 的读者表示能够接受付费下载阅读[1]。

2002 年 2 月成立的"读写网"首开网上收费阅读模式，该网站被誉为我国第一个实行网上收费阅读的玄幻书站。其后，2003 年 10 月，起点中文开始"在线收费阅读"服务。起点中文网，是当时国内最大文学阅读与写作的平台之一。它的前身是起点原创文学协会，以推动中国原创网络文学事业为发展的宗旨。其刚推出"收费阅读模式"时，曾受到网民质疑。在试运营一个月后，网民们慢慢接受了这个阅读模式。随后，各大网络文学网站也纷纷开启了在线阅读收费的经营模式。

当前，我国的经营性文学网站数量众多。据不完全统计，目前，以文学命名的综合性文学网站有 300 多家。牛华网编辑依据权威流量监测网站 Alexa 的统计[2]，对排名前列的网络文学网站做了一个盘点，前十位的文学网站分别是：

- 起点中文网（www.qidian.com）
- 幻剑书盟（www.hjsm.tom.com）
- 纵横中文网（www.zongheng.com）
- 小说阅读网（www.readnovel.com）
- 晋江原创网（www.jjwxc.net）
- 潇湘书院（www.xxsy.net）
- 17K 文学网（www.17k.com）
- 红袖添香（www.hongxiu.com）
- 逐浪网（www.zhulang.com）
- 榕树下（www.rongshuxia.com）

作为一种全新的商业模式，收费阅读给商业文学网站的发展带来了新的生机。2012 年 3 月，盛大文学向美国证监会提交的财报显示：在电子付费阅读方面，2011 年盛大文学线上业务保持持续稳定增长。2011 年第四季度付费用户数较 2010 年同

---

[1] 中国新闻出版研究院. 第八次全国国民阅读调查：国人阅读有何新变化[EB/OL]. http://www.edu.cn/zong_he_news_465/20110422/t20110422_605310_1.shtml. 2012-05-01.

[2] 宿倩倩. 国内十大文学网站排名，盛大文学独占半边天[EB/OL]. http://www.newhua.com/ 2012/0217/146083.shtml. 2012-05-01.

期增长 51.4%，用户平均收入（ARPU-Average Revenue Per User）同期增长 19.9%。相关人士在分析起点中文网的商业模式时指出[1]："网上付费阅读，不再有印刷成本，不再有出版的烦琐，不再有书店这些渠道，全部在起点中文这个平台上进行。一头是写手，一头是读者。起点成为唯一的中间商"。由于省掉了传统出版流程中的出版商和书店两个重要环节，网站成为网络文学经营的最大获利者。

从目前的实践情况看，网站的阅读收费大多采用的主要是 VIP 会员制收费方式。以起点中文网站为例，读者通过注册方式成为其 VIP 会员，网站向会员提供网络作品的部分章节，供会员免费阅读。如果需要阅读作品的其他章节，将以"起点币"购买（100 点起点币=1 元人民币）。起点币，可以通过网银、实物卡、中国移动充值卡、手机短信等方式充值。起点中文网站的收费标准为：高级 VIP 会员以每篇章节每千字 2 点起点币为基准，初级 VIP 会员以每篇章节每千字 3 点起点币为基准，依次类推。其他文学网站的收费标准大致与起点中文网相当，或略低于这一标准。

2. 版权经营模式

网络文学产业发展不过十几年的历史，基于"微支付"的收费阅读并没有给文学站点带来预期的收益。因此，在收费阅读之外，寻求新的赢利模式是众多文学网站的共同追求。多维拓展文学产业链，实现跨产业合作，与影视产业、网络游戏产业、传统出版业合作，开展版权经营，是当前网络文学经营中的一种重要趋势。在发表写手的文学作品时，文学网站通常会与写手签署版权协议。文学网站享有作者作品的全部版权或者部分版权。当影视公司要改编该作品成为影视作品时，需要取得该作品的改编权，这就为网站开展版权经营提供了依据。起点中文官网就公开宣称，经过长期努力，起点中文网已经形成了融完善的创作、培养、销售为一体的电子在线出版机制，并得以向文化产业全面延伸。通过与国内优秀的网络游戏公司、影视公司和出版社全面展开版权运营，带动了起点中文网众多优秀作品成功改编成网络游戏、影视剧、话剧以及出版线下图书等，形成了一套完整的产业链条。

目前，文学网站开展版权经营的方式主要有以下几种。

（1）与影视业合作，开发网络文学作品的影视改编权

"近年来，网络文学改编的电视剧层出不穷，从《美人心计》、《和空姐一起的日子》，到《裸婚时代》、《步步惊心》、《倾世皇妃》、《千山暮雪》等，不断引发收视热潮，俨然成为当下电视剧重要的类型之一。电影方面同样如此。2010 年徐静蕾执导的《杜拉拉升职记》根据同名网络小说改编，仅用 1 500 万元的投资就斩获

---

[1] 云科技. 陈天桥新实验：起点中文网=媒体业的 iTunes[EB/OL]. http://www. yunkeji.com/?p=346.2012-11-20.

1.2 亿元票房，创造了小成本电影的票房佳绩；也在这一年，张艺谋以国际大导演身份垂青《山楂树之恋》，票房更是高达 1.6 亿，缔造内地文艺片近 10 年的纪录；2011 年票房黑马《失恋 33 天》成为全年大陆电影的亮点，再次把网络文学与电影的互动关系凸显出来。毫不夸张地说，网络文学改编成影视剧已经成为当下一个令人关注的话题。"[1] 同样，《中国新闻出版报》任晓宁也指出，"在《裸婚》、《步步惊心》、《搜索》这样的热播影视剧背后有一部很牛的网络小说"[2]。这些或者正面、或者负面的描述揭示的都是同一个现象，即网络文学经营者与影视业合作不断将走红的网络文学作品改编成影视剧，并带动了影视剧市场的火爆。2010 年，CNNIC 网络文学用户调研数据显示，网络文学用户中有 79.2%的人愿意观看网络文学改编的电影/电视剧[3]。

文学创作与影视业有着天然的产业关联关系。网络文学作品题材广泛，类型众多，包括玄幻、武侠、都市、言情、历史、军事、游戏、竞技、灵异、科幻等众多题材，有着广阔的群众基础。开发当红网络文学作品的影视改编权，既有利于网络文学网站拓展产业链，开发新的利润来源，又有利于影视业借助当红网络文学作品的人气，获得好的票房。2011 年根据红袖添香原创小说《裸婚》改编的电视剧《裸婚时代》在江苏卫视收视率第一，引发强烈社会反响，创造了网络文学现实题材版权运营成功的典范。近年来，《那小子真帅》、《裸婚》、《步步惊心》、《搜索》等当红网络文学作品改编成影视剧所取得的良好收视率，进一步增强了网络文学经营者强化与影视业的合作、开发网络文学作品的影视改编权的信心。目前，一些知名的网络文学网站正在不断强化开发网络文学作品影视改编权的力度。红袖添香网透露，2012 年的前三个月，红袖添香网就有 9 部作品与影视公司签订改编合同。2012 年红袖添香小说《盛夏晚晴天》同名电视剧开拍，当红明星刘恺威担任制片人，搭档人气女王杨幂领衔主演，成为了 2012 年最受瞩目的都市商战悬爱剧之一。

对于网络文学经营者而言，开发网络文学作品影视改编权的关键是要培育高素质的网络文学版权经纪人。《中国新闻出版报》任晓宁认为，在开发网络文学作品影视改编权中，起着关键承接作用的就是版权经纪人这一"推手"，正是他们将大量的优秀的适宜改编的作品从海量作品中筛选出来，推荐给影视公司。任晓宁指出，作为一个好的网络文学版权经纪人，必须具有多方面的素质，是一个"多面手"，既要有发掘一些优秀作品的眼力，又要了解目前影视行业内比较流行的趋

[1] 陈林侠. 消费，还是消费：当下网络文学的影视剧改编[J]艺术评论，2012（5）：66.

[2] 任晓宁. 揭秘网络写作大神状态：坐 20 分钟地铁码 7500 字[EB/OL]. http://www.chinanews.com/cul/2012/07-12/4028441.shtml. 2012-11-20.

[3] CNNIC. 中国网络文学用户调研报告[EB/OL]. http://www.cnnic.cn/hlwfzyj/hlwxzbg/mtbg/201206/P020120612508648894476.pdf. 2012-11-30.

势，同时还要有与影视公司洽谈版权、甚至与作者直接沟通的能力。盛大文学副总裁林华同样认为，"一个优秀的版权经纪人需要具备较高的文学作品鉴赏能力，要了解影视、游戏公司需求，熟悉影视游戏行业的制作规则以及良好的沟通谈判能力。"[1] 任晓宁和林华认为，目前这类人才"稀缺"，网络文学版权经纪人这个职业尚未形成规模。

（2）与网络游戏商合作，开发网络文学作品的游戏版权

网络文学与网络游戏同样具有良好的产业关联关系。一方面，"网络文学作为文化产业链的上游环节，可为网络游戏业务提供优秀素材"。网络文学作品中玄幻、武侠类作品故事情节丰富精彩，画面感极强，此类作品与网络游戏所需要的内容高度吻合，"这样的资源，正成为网络游戏公司眼里富裕的金矿"。这表明，网络文学作品具备改编成为网络游戏脚本的极好潜质。另一方面，"网络游戏和网络文学的受众重合度非常高"[2]，网络文学读者与网络游戏玩家之间存在普遍的角色转换现象，相当比例的网络文学读者同时也是网络游戏玩家。中国互联网络信息中心 CNNIC 数据显示，截至 2010 年 6 月，网络文学用户的网络游戏使用率高达52.1%。小型休闲游戏是网络文学用户使用最多的网络游戏类型，使用比例为78.4%；使用大型休闲游戏和大型角色扮演游戏的用户比例相近，分别为 57.7%和56.6%。在使用过网络游戏的网络文学用户中，有 58.8%的用户在使用网络游戏的过程中产生过花费[3]。可见，网络文学与网络游戏从内容与用户两个维度表现出高度的关联性。这正是网络文学经营者与网络游戏商合作，开发网络文学作品游戏版权的基础。

在开发网络文学作品游戏版权方面，有过不少成功的先例。其中，完美时空基于同名网络小说改编的网络游戏《诛仙》、盛大文学基于同名网络小说改编的网络游戏《鬼吹灯》就是其中的佼佼者。目前，盛大文学在开发网络文学作品游戏版权的方面走在同行前列。"其通过改编诸如《鬼吹灯》、《星辰变》、《兽血沸腾》等多款知名网络小说作品推出的同名网游均在业内得到了一致好评"[4]。2010 年上半年，盛大文学公布的其网络小说改编网页游戏计划，第一批就推出了 21 款作品，其中包括《九鼎记》、《猎国》等数款日均浏览量在 10 万人次以上的当红网络文学作品[5]。由此不难看出，盛大文学在与网络游戏商合作，开发网络文学作品游戏版权方面的力度之大。

---

[1] 任晓宁，朱春霞. 解读数字阅读时代的网络文学生态链[EB/OL]. http://www.dajianet.com/digital/2012/0713/190435.shtml. 2012-11-30.

[2, 4, 5] 徐楠. 盛大文学能否打通跨界赢利通道[N]. 北京商报，2010-05-24（C10）.

[3] 佚名. CNNIC 分析师：网络文学给力网络游戏[EB/OL]. http://games.qq.com/a/20101221/000282.htm. 2012-05-05.

　　网游专业人士指出，当前我国"因同质化、优秀游戏题材匮乏"，多数网游公司放缓了自己的脚步。我们认为，这一行业背景正好为网络文学经营者进入网游市场提供了契机，为网络文学经营者开发网络文学作品游戏版权实现新的赢利模式提供了机遇。

　　（3）与出版商合作，开发网络文学作品的纸质出版权。

　　网络出版，与纸质出版之间除竞争关系外，应该还存在较大的合作空间。早期的网络小说代表作蔡智恒的《第一次亲密接触》走红网络后，次年，台湾红色文化出版社出版了同名纸质版《第一次亲密接触》。纸质版《第一次的亲密接触》出版后，短时间内竟热销 60 万册。在中国台湾地区热销的带动下，中国内地有 30 余家出版社争夺其版权，最后花落知识出版社。1999 年，内地版《第一次亲密接触》出版后，连续数月高居畅销书榜，发行量超过 100 万册[1]。《第一次亲密接触》网络版走红进而带动其纸质版的热销，一方面使得传统纸质出版商更加关注网络文学，期待通过网络作品开发选题；另一方面也为网络文学经营者打开了与传统出版商合作，开发网络文学作品纸质出版权的经营思路。

　　由于网络作品通过文学网站的传播测试了市场、积累了人气，传统出版商越来越青睐通过与文学网站合作寻求出版网络作品的纸质版。当前，纸质书市场的不少文学书都是缘于其同名网络作品的。值得注意的是，传统出版商在关注那些走红网络作品的同时，也从一些冷门网络作品中寻找纸质书的出版商机。例如，超级畅销书《藏地密码》就是读客公司从冷门网络作品中选出来的。《藏地密码》最初的名字是《最后的神庙》，读客图书有限公司在发现这部书稿时，其点击量不超过一千次。凭借敏锐的市场触觉，读客签下了这部书的版权，在进行了一系列的成功策划后，终于创造出了当代"超级畅销"的奇迹[2]。当下，丰富网络文学资源，业已成为传统出版商开发选题的宝库。

　　网络文学作品纸质版的畅销，同样也激发了文学网站经营者寻求与传统出版商合作开发网络作品纸质版出版权的兴趣。一些知名文学网站纷纷与纸质版出版商合作，积极开发网络作品的纸质版。以起点中文网为例，该网站从 2005 年开始，与国内知名的大型出版社和出版机构进行联系和合作出版，到 2007 年，已经与国内近百家出版社和机构建立起了稳定的合作关系。2007 年，合作出版了上百种网络作品的纸质版图书，发行量高达上千万册。不仅如此，起点中文网还积极寻求与海外出版商的合作。2005 年起，起点中文网与港台地区出版商建立起了合作关

　　[1] 徐锋. "网上文学"嫁接图书有待观察[EB/OL]. http://www.gmw.cn/01ds/1999-12/29/GB/DS%5e281%5e0%5eDS126.HTM. 2012-05-01.
　　[2] 宋雪莲. 揭秘《藏地密码》一本书的营销神话是如何制造的[J]. 中国经济周刊，2009（26）：12-13.

系，每年向港台地区出售近百种图书的出版版权。2007 年，更是与韩国、越南、美国等地的出版商建立起了合作关系[1]。

从当前的实践情况看，收费阅读和版权开发是网络文学经营的两种主要方式。此外，也有网络文学网站进行过诸如商业广告、其他文学衍生产品经营等尝试。例如，盛大文学的广告营收就取得了不错的业绩。2012 年 3 月，盛大文学向美国证监会提交的财报显示：2011 年其广告收入较 2010 年增长 65.7%。有分析认为，网络文学网站，无论是用户数量还是用户黏性对广告商来讲是非常优质的，还有很大拓展空间[2]。可见，除收费阅读和版权开发外，商业广告经营还将是网络文学网站值得拓展的一个利润来源。

6.1.4 网络文学消费

如果说"读网"是对今天文化消费方式的描述，那么，"网民群体"、"玄幻"与"情感"则是对当今网络文学消费主体和消费内容的概括。相关研究表明，与传统文学消费相比，网络文学消费在消费群体和消费内容方面均具有鲜明的时代特征。

1. 网络文学消费群体

2010 年 1 月 15 日，中国互联网信息中心《第 25 次中国互联网络发展状况统计报告》首次公布了"网络文学应用"的调研数据。调查结果显示，截至 2009 年年底，我国网络文学用户规模达到 1.62 亿人[3]。2012 年发布的《第 29 次中国互联网络发展状况统计报告》显示，截至 2011 年 12 月底，中国网络文学用户为 2.0267 亿人。从 2009 年至 2011 年三年时间，网络文学用户从 1.62 亿人增长到 2.0267 亿人[4]。从用户规模上看，我国网络文学消费群体数量庞大；从增长速度看，我国网络文学消费群体增长迅速。

从学历结构看，网络文学消费群体中，具有大学本科和大学专科学历的用户为核心群体。艾瑞咨询网络用户行为监测工具 iUseTracker 数据统计显示：2011 年 6 月中国网络文学小说用户中，具有大学本科和大学专科学历的用户为核心群体，

[1] 佚名. 起点中文简要分析文案[EB/OL]. http://blog.sina.com.cn/s/blog_5ae6fc2d0100ajrl.html. 2012-05-01.

[2] 赛迪网. 盛大文学财报显示多条业务线高速发展[EB/OL]. http://www.techweb.com.cn/news/2012-03-06/1162589.shtml. 2012-05-01.

[3] CNNIC. 第 25 次中国互联网络发展状况统计报告[EB/OL]. http://wenku.baidu.com/view/79a0ee0abb68a98271fefa58.html. 2012-05-01.

[4] CNNIC. 第 29 次中国互联网络发展状况统计报告[EB/OL]. http://wenku.baidu.com/view/4bf1d267caaedd3383c4d378.html. 2012-05-01.

分别占比 45.7% 和 30.0%。另外，具有硕士及以上学历的用户占比 6.8%，而具有高中（中专）及以下学历的用户占比 17.5%[1]，如图 6-1 所示。

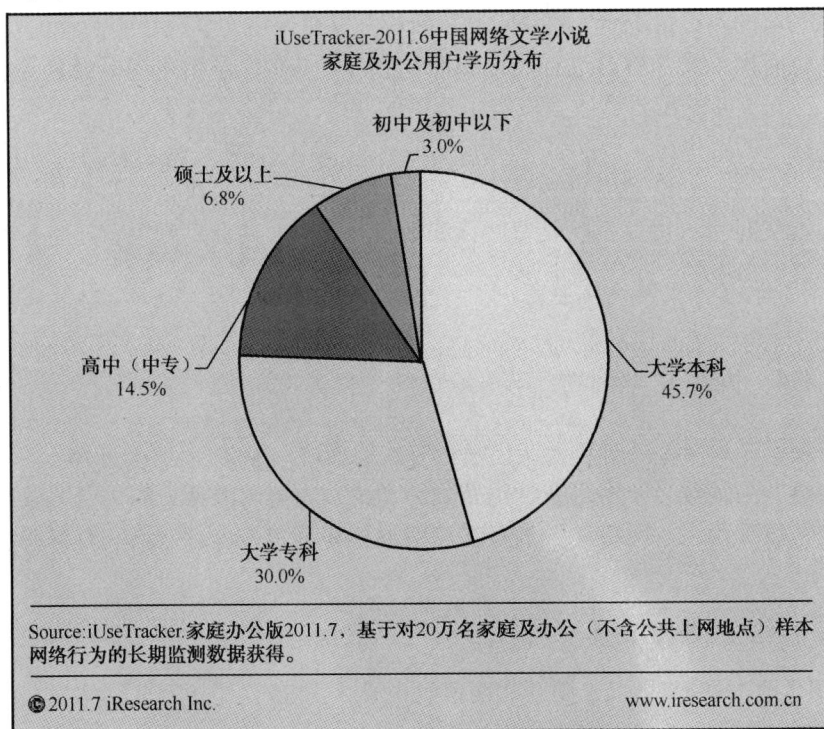

图 6-1　中国网络文学小说用户学历分布[2]

　　从性别结构看，网络文学消费群体中，男女用户比率基本平衡，但对于题材各有偏好。艾瑞咨询的相关研究表明，男女用户的数量差别并不大，但是针对不同网站的选择上男女用户略有不同。对于内容资源综合的网络文学网站，男女用户基本数量相等，而对于侧重都市言情的网站，女性用户明显比男性用户偏多，对于侧重于男性比较喜欢的军事、玄幻类题材的文学网站，男性用户多于女性。相关数据参见表 6-1。

表 6-1　中国网络文学小说用户性别分布表[3]

排　　名	网 站 名 称	覆盖人数占比	男	女
1	腾讯	20.55%	100.8	99
2	新浪	20.06%	99.5	100.7
3	起点中文网	19.25%	109	88.4

――――――――

[1，2，3] 艾瑞咨询. 网络文学小说发展趋于稳定，用户高学历与性别诉求差异化是主要特征[EB/OL]. http://media.iresearch.cn/25/20110802/145961.shtml. 2012-05-08.

续表

排　　名	网 站 名 称	覆盖人数占比	男	女
4	凤凰网	10.21%	109.3	88.1
5	搜狐	9.99%	100	100.1
6	红袖添香	7.52%	86.9	116.9
7	云轩阁	6.94%	111.2	85.5
8	小说阅读网	6.71%	91.3	111.2
9	八路中文网	6.03%	118.8	75.8
10	晋江原创网	5.96%	58	154.2
11	悠悠书盟	5.78%	111.9	84.7
12	小说吧	5.75%	68.9	140
13	快眼看书	5.72%	118.6	76
14	小木虫	5.19%	102.8	96.3
15	潇湘书院	4.99%	70.9	137.6

注：TGI 指数=目标用户群体在某网站的市场份额/所有网民在某网站的市场份额×100.

ⓒ2011.7iResearchInc.　　　　　　　　　　　　　　　　www.iresearch.com.cn

中国互联网络信息中心分析师王京婕关于网络文学用户性别的研究也得出了与艾瑞咨询大致相似的结论。王京婕的研究表明，中国网络文学用户男性略高于女性，男女用户的比例为 55.7∶44.3。但研究发现，不同性别用户，对网络文学题材爱好、文学网站类型选择等方面均有差异[1]。

从职业结构来看，网络文学消费群体中，大学生和白领是网络文学消费主体。其中，陆海、姜平波对南京大学 531 名大学生的调查显示，"87%以上的大学生曾有过网上阅读的经历，比全国近 30%的网络阅读率高出 60 个百分点。"[2]而中国青年报社会调查中心通过民意中国网和互动百科网对 2 030 人进行的调查显示，有91.4%的人接触过网络文学，88.9%的人表示喜欢网络文学。受访者中，"80 后"占 56.2%，"70 后"占 26.1%。并得出"近九成人喜欢网络文学，小白领流行下班追小说"的调查结论[3]。上述两次调查部分印证了"由网站统计，使用手机阅读网络文学排名前三的分别是农民工、大学生和白领"[4]的某些结论。农民工虽然

---

[1] 佚名. CNNIC 分析师：网络文学给力网络游戏[EB/OL]. http://games.qq.com/ a/20101221/000282.htm. 2012-05-05.

[2] 陆海、姜平波. 大学生"网络阅读"呼唤文化回归——当代大学生网络阅读调查[J]. 教育与职业，2007（10）：89.

[3] 佚名. 近九成人喜欢网络文学，小白领流行下班追小说[EB/OL]. http://news. 163.com/10/0622/11/69PF7DQD000146BD_2.html. 2012-11-20.

[4] 姜燕. 网络写手之死背后群体引关注[EB/OL]. http://news.e23.cn/content/2012-04-18/2012041800976.html. 2012-11-20.

也部分接触网络文学，但笔者并没有查阅到农民工阅读网络文学的相关调查数据，倒是《人民日报》刊发的杨丽娟、秦逸对 106 位农民工网络生活调查的结果表明，农民工每天的上网时间一般不超过半小时，受访者中，选择了"上网聊天"的有 67.39%，"看新闻"的 59.78%，"搜索实用知识"的 52.17%，但订过手机报和使用微博的均未超过半数。可见，农民工只是网络文学消费群体中的"边缘"，而不是主体。值得一提的是，2012 年，湖北省以人社厅门户网为依托，开设"全民阅读进工地"活动专栏，并与"湖北荆楚书香阅读网"建立链接，开辟农民工网络阅读空间。相信此类举措必将有利于促进农民工的网络阅读。

2．网络文学消费的内容

网络时代的特点体现在阅读方面就是人们不再受空间和时间的限制，只要有网络，人们就可以随时随地浏览世界各地的各种信息，同时阅读到自己喜爱的各类作品。人们自由的限制被大大缩小，在网络上，人们有的时候真的可以做到"随心所欲"。毋庸讳言，网络的出现，改变了现代人的生活方式和阅读模式[1]。那么，在这种"随心所欲"的阅读环境中，网民们主要消费的又是哪些题材的作品呢？

如果从市场供求关系中需求决定供给的视角来看，主要文学网站提供的作品题材应该能够一定程度上反映出消费题材。我们不妨看看主要文学站点的作品题材分类情况。以下是"起点中文网"等几家主要文学站点的作品题材分类目录（仅指以题材为标准的类目，略去了其他标准的类目）。

（1）"起点中文网"：玄幻奇幻、武侠仙侠、都市言情、历史军事、游戏竞技、科幻灵异、同人漫画。

（2）"幻剑书盟"：奇幻玄幻、武侠仙侠、都市游戏、悬疑科幻、军事历史、竞技同人。

（3）"纵横中文网"：奇幻玄幻、武侠仙侠、历史军事、都市娱乐、竞技同人、科幻游戏、悬疑灵异。

（4）"小说阅读网"。

- 男生版：奇幻小说、武侠仙侠、网游小说、历史军事、灵异推理、都市小说。
- 女生版：家斗重生、都市言情、穿越小说、女强玄幻、精品文学、完结小说。
- 校园版：校园小说、同人小说、素锦年华、黑街极道。

（5）晋江"原创言情站"：古言武侠、都市青春、幻想现言、古代穿越、玄幻奇幻、科幻悬疑网游。

从上述文学站点作品题材分类情况来看，各站点虽然不尽相同，但是，一些主要题材却几乎完全一致。在网络文学的 13 个大类中（一般认为，网络文学按题材大

---

[1] 游婷玮．关于网络阅读的利与弊[EB/OL]．http://www.jxteacher.com/content.aspx?id=8184d302-9159-489b-9bfd-8809c8cd353e. 2012-11-20.

致可以分为玄幻、奇幻、武侠、仙侠、都市、言情、历史、军事、游戏、竞技、科幻、灵异、同人等 13 个大类），玄幻、奇幻、武侠、仙侠、都市和言情等六类题材是上述五大文学站点几乎同时涉及的。天下无道在《网络小说题材分类》中系统分析的也正好是这六类题材[1]，这表明网络文学消费具有题材鲜明的特征。在上述六类题材中，玄幻类题材作品数量最大，是"网络小说数量最多的一个分类，拥有着极为庞大的读者群体"[2]。更有研究表明，广义的"玄幻"已经至少占有简体字互联网原创文本的半壁江山，构成了当下中国"网络文学消费"的主体[3]。

6.2 网络游戏产业

网络游戏（简称网游），是一种以网络为载体的新型娱乐方式。文化部 2010 年 6 月发布的《网络游戏管理暂行办法》将其定义为由软件程序和信息数据构成，通过互联网、移动通信网等信息网络提供的游戏产品和服务，其表现形式主要包括以客户端、网页浏览器及其他终端形式运行的各种网络游戏。

网络游戏与单机游戏不同，游戏玩家必须通过 TCP/IP、IPX、UDP 等协议，通过有线或无线方式接入广域网或局域网等网络介质中，显示于不同终端供单人或多人同时同步进行电子游戏，具有与单机游戏完全不同的性能特征。根据提供的娱乐方式和游戏体验的不同，网络游戏大致可分为多人在线角色扮演类游戏、即时战略类游戏、第一视角射击游戏、休闲对战（棋牌游戏等）游戏等几大类。

在数字出版产业中，网络游戏产业可谓一枝独秀。在我国，网络游戏产业产值大致要占整体数字出版产值的三分之一左右，是数字出版产业中最大的产业门类。例如，2011 年，在 1 377.88 亿元的数字出版产值中，网络游戏就占 428.5 亿元，占比为 31.1%[4]。

6.2.1 网络游戏概述

网络游戏，对计算机与网络软/硬件设备和条件等有极高的要求。网络游戏产

[1，2] 天下无道. 网络小说题材分类[EB/OL]. http://www.17k.com/book/volume.action? bookId= 92993&volumeId=442066. 2012-11-20.

[3] 徐来. 网络文学消费：锆石替代钻石的游戏[N]. 深圳商报，2008-07-16.

[4] 中国新闻出版研究院. 2011—2012 中国数字出版产业年度报告[EB/OL]. http://www. chuban.cc/ yw/201207/t20120720_125664.html. 2012-09-06.

业的产生、发展及其形态等都是同计算机与网络软件、硬件设备和条件的进步直接相关联的。

1．网络游戏的兴起与发展

网络游戏是电子游戏的一种，从电子游戏发展而来。20 世纪 60 年代诞生于美国的电子游戏计算机空间（Computer Space）为第一款网络游戏《太空大战》（*Space War*）提供了蓝本。《太空大战》是美国人瑞克·布罗米为 PLATO（Programmed Logic for Automatic Teaching Operations）远程教学系统编写的一款游戏。由于该游戏支持两人远程连线，所以被不少人看作全球最早的一款网络游戏。伴随着网络平台的发展，网络游戏得以迅速发展。一般认为，网络游戏的发展大致经历了初生代阶段、进阶阶段、大型复杂阶段、新兴代阶段四个时期。

（1）初生代网络游戏阶段（20 世纪 70 年代中叶以前）

限于计算机软/硬件的发展水平，初生代网络游戏所依赖的平台和操作系统各不相同，更不用说统一的规范标准了。在这个时期的游戏有这样两个特征：一是非持续性，无法对游戏内容进行保存；二是游戏无法跨系统运行。该时期网络游戏的代表作有 1969 年诞生的运行于 PLATO 平台上的《太空大战》，具有两人远程连线功能，是第一款真正意义上的网络游戏。随后，PLATO 平台上陆续出现了一些广受欢迎的游戏，如《圣者》（*Avatar*）和《帝国》（*Empire*）。这些游戏程序大多数为美国麻省理工学院的学生所编写。可以说，PLATO 是初生代网络游戏的重要推手。

（2）进阶网络游戏阶段（20 世纪 70 年代后期至 90 年代中期）

随着计算机软/硬件技术的发展，网络游戏的形式与内容也逐步更新发展。这段时期网络游戏具有以下特征：第一，出现了游戏"可持续性"概念，即玩家游戏进度可以反复存储读取而延续性地进行游戏；第二，游戏可以跨系统运行，只要能够接入互联网即可开始游戏。1978 年，英国埃克塞斯大学的罗伊·特鲁布肖基于 DEC-10 服务器开发出了世界上第一款 MUD（Multi-User Dungeon）游戏《多用户地下城 1》（*MUD1*），用户登录后可以通过数据库进行人机交互或者与其他玩家交流，它是第一款真正意义上的实时多人交互式网络游戏。1984 年，MUD1 在英国的 Compunet 上推出第一个商业版本。随后的一段时间，类似的网络游戏和服务器平台相继出现。同时，越来越多的网络游戏运营商开始按时间收取网络游戏费用，网络游戏产业初步形成。

20 世纪 80 年代中期，我国游戏产业开始从台湾地区兴起，逐步出现了一些研发、发行渠道全面成长的游戏公司。1983 年，冠智科技在台湾地区成立，并于 1986 年与 SSI 公司签下全球第一张授权中文地区产品代理经销合约，成为全球第一家签订授权重制中文版产品代理销售合约的公司。1986 年，精迅公司开发出了第一套中国人自制的商业游戏——如意集，运行于 APPLE Ⅱ 平台。20 世纪 90 年代中期，随着众多专业游戏计算机制作公司的诞生，国产游戏迎来了大发展时期。1994年末，中国内地第一款自制游戏《神鹰突击队》由金盘公司发行上市。1995 年，台湾第一家专业中文游戏制作公司——大宇咨询有限公司成立，并发行 DOS 版《仙剑奇侠传》，广受好评。1996 年，前导软件公司发布中国第一套 Windows 平台游戏《官渡》，也是国内第一个大量出口海外的游戏软件。

（3）大型复杂网络游戏阶段（20 世纪 90 年代中期以后至 21 世纪初）

大型复杂网络游戏的出现是以大型网络游戏（Massively Multiplayer Online Game，MMOG）为代表的。这一阶段的网络游戏不再依托于单一的服务商和服务平台存在，而是直接接入国际互联网，进而形成一个全球规模的市场。1996 年，Archetype 公司开发的《子午线 59》（*Meridian59*）发布；1997 年 Origin 公司推出的《网络创世纪》（*Ultima Online，UO*）取得更大的成功。《网络创世纪》一经推出，用户人数很快就突破 10 万大关，成为名副其实的全球第一大网络游戏。这两个游戏改变了以往按照小时或分钟计费的网络游戏收费模式，采用包月制付费。《子午线 59》和《网络创世纪》的出现极大地加速了网络游戏产业链的形成，对网络游戏的发展具有重要意义。随后，一些单机游戏开发商逐渐涉足网络游戏领域。例如，2004 年，暴雪娱乐（Blizzard Entertainment）推出的《魔兽世界》（*World of Warcraft*）网络游戏，就属于大型多人在线角色扮演游戏（3D Massively Multiplayer Online Role-Playing Game，3DMMORPG）。《魔兽世界》获得了巨大的成功，全球注册用户超过 1 000 万人，是当今全世界玩家最多的网络游戏之一。

就国内而言，2000 年是中国网络游戏大爆发的元年。在这一年，华彩软件代理发行第一款中文 MMORPG 游戏《万王之王》推出，当之无愧的成为了中国第一代网络游戏的翘楚。同时，网络游戏市场所显露的巨大商机逐渐引起投资者的关注。2001 年，华义公司推出的《石器时代》取得了巨大的成功。同年 5 月，主打休闲棋牌游戏的"联众世界"成长为全球最大的在线游戏平台。2001 年末，上海盛大游戏公司代理的韩国网游《传奇》上线。一年后，盛大宣布《传奇》最高同时在线人数突破 50 万人，成为全球用户数量最多的网络游戏。2003 年 9 月，网络游戏被列入国家"863 计划"，国家投入 500 万元支持中国原创网络游戏的开发，初期受益者有金山公司和世模公司。至此，中国网络游戏产业逐步走上快速发展的轨道。

（4）新兴代网络游戏阶段（21 世纪初期至今）

在 MMORPG 网游大行其道的同时，一种基于 Web 浏览器技术开发的网页游戏（Web Game）悄然兴起。这种新型的网页游戏，用户无须下载或安装游戏客户端，在任何一台能够浏览网页的上网终端上都可以进行联网游戏。网页游戏和现在市面上越来越精美的游戏可以说是走了两个极端，美国著名社交网站 Facebook

上流行的农场游戏是网页游戏的典型代表。在我国，网页游戏始于 2007 年初，从 2009 年起获得了爆发式发展，网页游戏品种、规模不断扩大，用户量也是与日俱增。当前，网页游戏正在逐步成为网游的新宠。

2. 网络游戏产业的特征

早期出现的网络游戏，并不具有直接的商业意图。只是在网游产品品质提升带动玩家数量迅速增长的背景下，网络游戏才具有了商业价值，网游产业才应运而生。网络游戏产业是指相关企业或组织开展的网游开发和经营活动，是所有参与网游产品及服务的生产、传播活动的企业或组织所组成的国民经济生产部门，是数字出版产业的重要组成部分。与数字出版产业中的网络文学、网络动漫等相比，网游产业具有以下显著特征。

（1）创新是网络游戏产业发展的本质特征

虽说创新对任何产业来讲都具有重要的意义，但是，对网络游戏产业而言，创新则是其本质特征。这一方面是由于网络游戏产业所具有的创意属性所决定的，另一方面则是提升玩家用户体验的需要。以娱乐为目的的网络游戏，市场需求弹性极高。如果没有内容的创新、没有表现形式的创新、没有游戏方式的创新，就难以给玩家带来新的体验，就难以吸引用户消费，产业发展也就难以持续。正如网易首席执行官丁磊在 2012 年 Chinajoy 上海游戏展的演讲时所指出的，网游行业"最核心的特征就是创新，必须保证源源不断的创新才能够给用户带来良好的产品体验"[1]，正好揭示了网络游戏产业的这一本质特征。

基于创新性的这一本质特征，高端创新人才成为决定网游产业竞争力的核心要素。网游作为典型的创意产业，得创意者则得天下。人才对于网游企业而言，胜于一切传统意义上的固定资产[2]。近年来，盛大、巨人等国内网游巨头在人才争夺上频出重手。盛大在 2008 年同时推出"18、20、风云"三大计划，2009 年又展开"春猎"行动。2009 年，巨人开启"赢在巨人"计划，重金网罗高端创意人才。这些都充分体现出，人才在网游这样一个创新性行业中的重要性。

（2）网络游戏产业具有明显的外部性特征

外部性是网络经济区别于实体经济的一个重要特征。正如中国科学院研究生院吕本富教授所指出的："网络经济的外部性是网络经济最重要的特征之一，它是网络产业区别于非网络产业的重要指标。"[3]我们认为，在诸多的网络行业领域，

---

[1] 丁磊. 网游行业"最核心的特征就是创新"[EB/OL]. http://news.uc999.com/ 201207_104079. 2012-11-20.

[2] 网游产业"创意危机"引发人才竞争白热化[EB/OL]. http://games. qq.com/zt/2009/lcjh/. 2012-11-20.

[3] 吕本富. 网络的外部性——信息经济学原理之十一[EB/OL]. http://web. cenet.org.cn/ web/ballenchen/index.php3?file=detail.php3&nowdir=&id=57228&detail=1. 2012-11-30.

网络游戏产业的外部性更为突出。网络游戏消费在给玩家带来娱乐的同时，还给游戏开发商、运营商、平台商、广告商及不同 IT 领域带来巨大收益。网易的一款经典回合制网络游戏，创造了 260 万玩家同时在线的记录。如此规模的在线娱乐将给游戏开发商、运营商、平台商、广告商及不同 IT 领域带来巨大的收益。不仅如此，网络游戏产业还具有极好的辐射性，有利于带动相关周边娱乐产业，如衍生品产业的发展，这也是其外部性的重要体现。或许，这正是各国政府支持与鼓励网络游戏产业发展的重要原因。

然而，网络游戏产业也有一定的负面效应，如果管理不善，玩家自制力低，可能会带来网络成瘾问题。

网瘾是伴随着网络的普及所出现的一个社会问题，它是指上网者由于长时间地和习惯性地沉浸在网络时空中，对互联网产生强烈的依赖，以至于达到了痴迷的程度而难以自我解脱的行为状态和心理状态。在全球只有 2 亿多网民的时候，就有 1 140 万人患有不同程度的网瘾综合症，占总人数的 6%[1]。

目前，网瘾已经成为我国网络娱乐产业发展中一个较为严重的社会问题。CNNIC 在每年两次的《中国互联网络发展状况统计报告》中不时涉及这一问题。2008 年 1 月发布的《第 21 次中国互联网络发展状况统计报告》分析了青少年，特别是中小学生玩网络游戏的问题。该报告指出，"青少年玩网络游戏比例惊人，网民的年龄越小，玩网络游戏的比例越高。在 18 岁以下的网民中，有 73.7%的青少年网民都玩过网络游戏，"如图 6-2 所示[2]。"中小学生玩网络游戏的问题一直是社会关注的热点。目前中小学生玩网络游戏的规模已经达到 3 682 万人，占到总体中小学生的 17%，占中小学生网民人数的 73.1%。游戏时间平均每周 3.3 小时，每周游戏时间超过 10 小时的占中小学生网络游戏用户的 5.5%，"如图 6-3 所示[3]。2009 年 7 月发布的《第 24 次中国互联网络发展状况统计报告》进一步指出，"中小学生玩游戏的比例由 2008 年末的 69.7%上升到目前的 73.8%"。该报告分析认为，"由于网络游戏黏性较高，使用门槛较低，使得学生和低收入网民使用比例较高"[4]。

CNNIC 中心 2008 年 7 月发布的《第 22 次中国互联网络发展状况统计报告》指出："网络游戏是一把双刃剑，在给网民提供更多的娱乐选择和促进相关产业发展的同时，也存在一些网民沉溺网络游戏，影响正常工作、学习、生活的负面问题。"该报告认为，政府已经意识到过度沉溺网络游戏对未成年人带来的恶劣影响。

[1] 佚名. 什么是网瘾综合症? [EB/OL]. http://www.hncltx.com/63/65/20106393/. 2012-11-30.

[2，3] CNNIC. 第 21 次中国互联网络发展状况统计报告[EB/OL]. http://wenku.baidu.com/view/485a 020b4a7302768e9939b6.html. 2012-11-30.

[4] CNNIC. 第 24 次中国互联网络发展状况统计报告[EB/OL]. http://wenku.baidu.com/view/15af1b05e87101f69e3195e8.html. 2012-11-30.

为此，政府推出了网络防沉迷系统。每天玩网络游戏超过一定时间，系统则会提出警告或使用户收益降低[1]。

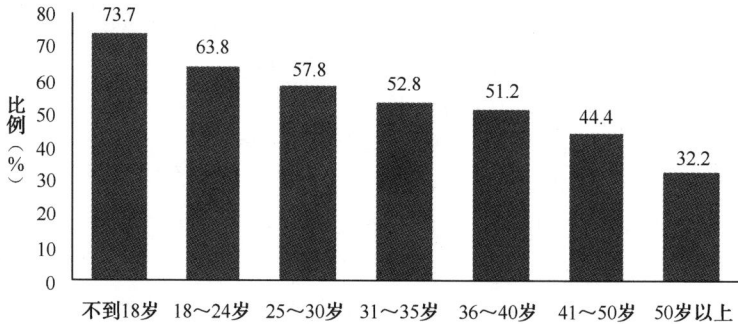

图 6-2　不同年龄段网民玩网络游戏的比例[2]

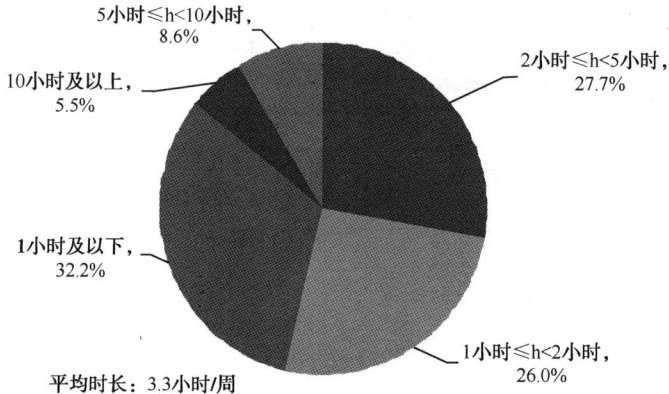

图 6-3　中小学生玩网络游戏时间[3]

　　可见，网络游戏产业存在一定的负面效应。在政府加强管理的同时，网游企业也应该加强行业与企业自律，关注并重视这一问题，力求尽量减少其负面效应。

6.2.2　网络游戏产业现状分析

　　无论是从国际还是国内市场来看，网络游戏产业都是一个增长迅速、前景良好的新兴产业领域。2011 年，我国网络游戏经营收入达到 420 多亿元，过去 5 年

　　[1，3] CNNIC. 第 22 次中国互联网络发展状况统计报告[EB/OL]. http://wenku. baidu.com/view/b5951075a417866fb84a8ebd.html. 2012-11-30.

　　[2] CNNIC. 第 24 次中国互联网络发展状况统计报告[EB/OL]. http://wenku.baidu.com/view/15af1b05e87101f69e3195e8.html. 2012-11-30.

间，我国网络游戏产值年增长率均超过 30%。市场研究公司 ABI Research 发布的数据显示：全球网络游戏产业在 2012 年的产值将达 200 亿美元[1]。这里我们简要分析介绍一下美、日、韩及我国网络游戏产业的发展状况。

1. 美国网络游戏产业

美国是全球游戏产业的发源地，也是全球网游产业最发达的地区之一。在经过 20 世纪 80 年代初的"雅达利事件"后，美国的游戏产业一度被日本抛在身后，然而进入 20 世纪 90 年代中后期，美国游戏产业得以复兴，并成长为全球最大的游戏市场，占据了整个游戏产业的半壁江山。正如前述，网络游戏同样起源于美国，早期也推出过许多深受市场欢迎的网游产品，但其在网络游戏这一新兴市场上的先发优势并没有转化为现实的市场优势和产业竞争力。若以产值计，不包括中、日在内的亚太地区在 21 世纪初、欧洲在 2006 年、中国在 2007 年就超过了美国（参见表 6-2），其在传统游戏市场中霸主地位未能在网络游戏市场中得到复制。

表 6-2　全球网络游戏产业规模（单位：百万美元）[2]

地区	2004	2005	2006	2007	2008	2009	2010	2011	2012	2013	2014	2015
北美	577	853	1 129	1 447	1 712	1 983	2 331	2 667	2 918	3 253	3 569	12.5%
欧洲	327	570	1 161	1 599	1 936	2 199	2 642	3 056	3 348	3 760	4 139	13.5%
日本	365	593	747	848	879	938	991	1 048	1 104	1 160	1 216	5.3%
中国	440	640	1 020	1 680	2 550	3 440	4 370	5 350	6 297	7 252	8 207	19.0%
亚太	1 455	2 058	2 523	3 158	3 558	4 478	5 492	6 576	7 602	8 639	9 674	16.7%
南美	—	3	4	26	46	69	96	123	148	163	192	22.7%
合计	3 164	4 718	6 583	8 757	10 682	13 107	15 922	18 820	21 416	24 227	27 000	15.6%

相关分析表明，美国网游市场低迷的原因主要是大多数玩家主要关注的还是传统的单机游戏，对网络游戏关注不够。《美国网络游戏产业现状调查分析（反思篇）》[3]一文指出，"在美国网络游戏与传统的单机游戏相比，依然存在很大差距。除了《魔兽世界》和《激战》外，其余网络游戏在北美的生存都非常艰难。《魔兽世界》之前北美排名第一的网络游戏是索尼在线娱乐公司的旗舰产品《无尽的任务》（MNORPG），也仅有不到 50 万名的注册用户，而续作的人气更有逐渐

[1] 佚名. 全球网游产值 2012 年将超 200 亿美元[EB/OL]. http://news.pcgames. com.cn/cyhg/ 1012/2096320.html. 2012-11-20.

[2] Yesky. 全球网游产业调查　亚太中国市场宽阔[EB/OL]. http://gameonline. yesky.com/ 38/11393538.shtml. 2012-11-20.

[3] 佚名. 美国网络游戏产业现状调查分析（反思篇）[EB/OL]. http://info.toys. hc360.com/ 2006/03/16102534132.shtml. 2012-11-20.

下降的趋势……美国的网络游戏现状依然令人担忧。"ESA《2011年美国游戏行业调查报告》显示：在美国，只有"19%的玩家倾向于玩网络游戏"。一般认为，玩家并不青睐网络游戏的原因，大致涉及两个方面：一方面是很多大型网游入门难、上手难。针对这一现象，Jupiter Research 的调研主管 Michael Gartenberg 指出，大型网络游戏应当更容易上手，让新手们无须耗费太多时间就可以轻松的融入到游戏中，并且与老玩家们享受同样的乐趣。另一方面是由于大型网游费用过高。《模拟人生》和《模拟城市》系列的创作者维尔·莱特对于大型网络游戏的服务费用也存在不少顾虑，他指出"有些游戏设计的十分出色，让你十分渴望投入到游戏的世界之中，然而以服务费用为主的商业运营方式却让你望而却步。"可见，美国要重振网络游戏产业就应该从这些因素着手优化网游的设计与运营，以吸引更多的玩家。

当然，在美国网络游戏产业发展中，网游开发商与运营商的合作模式值得借鉴。在美国网络游戏市场中，运营商占据整个产业的主导地位。运营商一般通过预付版税给开发商来支持网络游戏的开发，并在一定程度上控制开发商。在开发过程中，运营商供给开发商的资金并非一步到位，而是全程关注游戏开发测试的进度，逐步注入资金，以此获得对开发商的控制权。如果游戏开发进程不甚满意，运营商可以利用资金控制，制约开发商按照其要求开发游戏。游戏开发完成后由运营商运营，开发商与运营商对版税进行分成获取利润。运营商支付给开发商的版税率从10%~45%不等，其比率高低与网络游戏潜在销量和网络游戏质量等因素有关。版税预付制度很好地解决了游戏开发商在游戏开发初期的资金问题，使其能够专心于网络游戏的开发与测试等技术工作。而网络游戏运营商依托本身对市场的了解和预估以及对开发商的制约来精确地控制市场对游戏的深层需求，化解了游戏上市却不受欢迎的潜在风险，使产业流程得到了更好的分工，较好地促进了优秀网络游戏的面世和游戏运营商的赢利。

2. 日韩网络游戏产业

日本是传统的电子游戏强国，其在掌上游戏机、家用游戏机方面具有无可动摇的领先地位。以索尼（Sony）、任天堂（Nintendo）、世嘉（Sega）等全球著名游戏公司为代表的日本游戏产业，有着雄厚的游戏制作实力和深层次的电子游戏文化传统，在网络游戏制作方面也具备了良好的技术基础和其独特的风格，使日式游戏在全球游戏界独领风骚。但是，在网络游戏方面，日本游戏似乎有些萎靡不振，这与其本土厂商长期坚持固守家用游戏机和掌上游戏机方面不无关系。纵然有着良好的技术实力和广泛的玩家用户群，日本在网络游戏市场上却鲜有作为。日本网络游戏无论在作品还是运营上都没有取得较大的成功，在全球网络游戏的市场地位惨淡。

与日本不同，韩国网络游戏市场在自己的努力下形成了一片欣欣向荣的景象。1997 年金融危机后，韩国政府意识到在传统产业方面创造新的经济增长具有一定的风险，因此，把经济增长的目标转移到对资源消耗较少且技术含量较高的 IT 类行业。由于政府政策和资金上的大力扶持，以及其发达的互联网信息技术基础，韩国的电子游戏产业得到了长足的进步，韩国已经发展为世界游戏行业的佼佼者。网络游戏在韩国国内普及率非常高，在网络游戏上进行的电子竞技运动也日渐成为韩国的"国技"，走出了一批又一批专业的电子游戏玩家，在一定程度上引领和宣传了网络游戏的消费潮流。韩国网络游戏在国际游戏市场上也很有影响力，大量的网游产品出口到全球各地，中国是韩国游戏最大出口国。2010 年，韩国网游出口额已经达到 16 亿美元[1]，成了韩国文化输出的重要渠道。

3. 我国网络游戏产业

与国外网游产业类似，中国网络游戏产业是个相对更年轻的市场。整个中国网络游戏行业经历了从代理国外优秀网络游戏起步，到进行自主研发国产网络游戏，到目前的各类网络游戏百花齐放，正一步步走向成熟。收费模式也由最初的记点收费模式，转为后来的包月包市场收费模式，直至今日的大量免费模式。近年来，在政府的大力扶植下，网游产业发展迅速，目前，我国网络游戏玩家超过5 000 万人，网络游戏产品出口到全球 100 多个国家或地区。

中国网络游戏真正起步于 1998 年，联众游戏世界的推出是中国游戏行业起步的标志。随后的几款优秀游戏如《万王之王》、《石器时代》宣布中国网络游戏正式进入大发展时期。2001 年网易推出本土游戏《大话西游 Online》，盛大公司代理的韩国网络游戏《传奇》发布。在《传奇》的带领下，中国网络游戏发展进入黄金时期。2005 年，由第九城市公司代理的暴雪公司名作《魔兽世界》正式上线，取得巨大成功。越来越多的游戏制作公司看到了网络游戏市场的巨大前景，先后加入网络游戏产业的竞争之中，《完美世界》、《剑侠情缘》、《天骄》等一系列优秀国产游戏相继面世。2006 年，巨人网络推出免费网络游戏《征途》，开创了免费网络游戏的先河。

从 2000 年中国第一款真正意义上的网络游戏《万王之王》开始，中国网络游戏产业已经进入第 13 个年头。网络游戏在国内互联网产业中占有重要地位。2006—2011 年我国网络游戏产业发展规模统计见表 6-3[2]。由表 6-3 可以看出，中国网络游戏市场收入稳步上升。2007—2011 年网络游戏产业收入相比较前一年的增长

---

[1] 网游资讯. 网游韩流未结束 2012 韩国风仍将延续[EB/OL]. http://www. 8844.com/html/news/youxi/zixun/2012/01-11/384603.html. 2012-11-30.

[2] 中国新闻出版研究院. 2011—2012 中国数字出版产业年度报告[EB/OL]. http://www. chuban.cc/yw/201207/t20120720_125664.html. 2012-09-06.

率分别为 61.62%、73.88%、39.45%、26.30%和 44.73%。网络游戏产业的收入总量在不断上升，而增长速度则先高后低。2006—2008 年是中国网络游戏市场发展的黄金时期，每年都以 50%以上高增速发展。根据《2011 年中国游戏产业报告（摘要版）》的数据显示[1]，预计 2016 年中国 PC 网络游戏市场实际销售收入将达到 858 亿元人民币。2012—2016 年的年复合增长率为 14.9%。与此同时，网络游戏也带动了相关产业增加收入。该报告称，2011 年，电信业务受 PC 网络游戏带动产生的直接收入达 466.0 亿元人民币，比 2010 年增长了 15.0%；IT 行业由此产生的直接收入达 155.4 亿元人民币，比 2010 年增长了 11.0%，此项收入的主要来源是 PC、网络游戏服务器、网络及存储产品、软件及服务等；出版和媒体行业产生的直接收入达到 111.8 亿元人民币，比 2010 年增长了 30.0%，其主要来源是相关网络媒体与杂志书籍的广告销售收入。

表 6-3　2006—2011 年我国网络游戏产业发展规模统计（单位：亿元）[1]

年　　份	2006	2007	2008	2009	2010	2011
规　　模	65.40	105.70	183.79	256.30	323.70	468.50
增速（%）	—	61.62	73.88	39.45	26.30	44.73

2009 年，网易和九城有关于《魔兽世界》代理权的争夺事件给中国网络游戏行业敲响了警钟。国产网络游戏运营商逐渐意识到开发自有产权网络游戏的重要性。仅仅依靠代理国外网游产品只能处处受制于人，无法获取最大的利益，也会严重阻碍国内整个网络游戏产业的良性发展。

网络游戏作为一种新型的文化出版物，其在市场上的出版发行有待规范，市场运作条例有待完善。我国网络游戏的出版发行以及运营必须遵守《互联网出版管理暂行规定》和《网络游戏管理暂行办法》等法规，各地方也有权制定各种网络游戏法规以及管理标准。各项法律法规的制定，严格了市场准入制度，明确了网络游戏产业链各部分职能，加强了对虚拟物品虚拟货币发行的管理，落实了对网络游戏玩家权益的保护，为网络游戏产业的健康发展提供了良好的平台，有利于进一步规范网络游戏开发和运营市场。在我国，网络游戏的出版发行监管主要由文化部负责，新闻出版总署负责网络游戏的网上出版前置审批，一旦上网，由文化部管理。经过新闻出版总署前置审批过的网络游戏，文化部不再重复审查，允许其上网；未经新闻出版总署前置审批上网的，由文化部予以依法查处，新闻出版总署不直接对上网的网络游戏进行处理。此外，新闻出版总署负责对境外著作权人授权的在互联网上网的游戏出版物进行审批，其他进口网络游戏的审批工作由文化部负责。

---

[1] 国际数据公司，中国互联网信息中心. 2011 年中国游戏产业报告（摘要版）[EB/OL]. http://wenku.baidu.com/view/7dc918da5022aaea998f0f7a.html. 2012-11-30.

6.2.3 网络游戏产业链

网络游戏产业链是"指在网络游戏产业内部的不同企业承担不同的价值创造职能，产业上下游多个企业共同向最终消费者提供产品（服务）时形成的分工合作关系或网络"[1]。中国网络游戏产业链，如图 6-4 所示。在网络游戏产业链中，开发商、运营商和玩家处于核心地位。

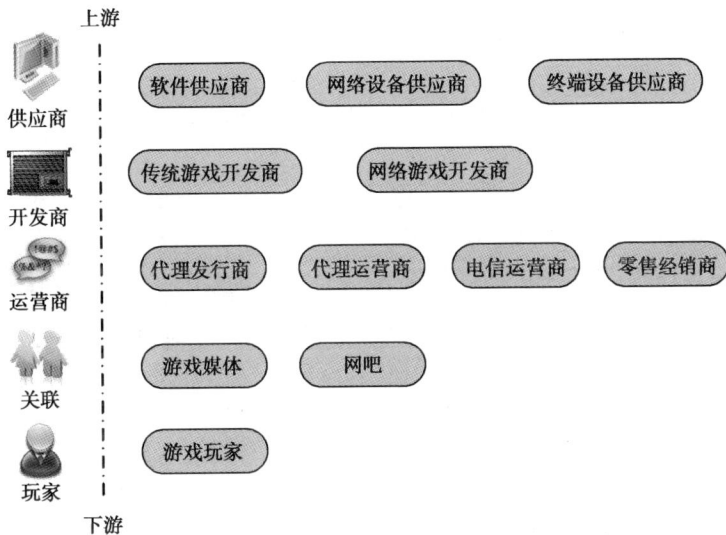

图 6-4 中国网络游戏产业链 [2]

1. 网络游戏开发与开发商

网络游戏的开发一般遵循如下流程：由游戏策划部门创作出游戏的剧本，如故事情节和人物设定；然后由程序开发部门按照游戏剧本的要求制作出网络游戏的原型程序；之后将该程序投放给开发人员进行内部测试，以便发现并解决游戏中的 Bug，调整游戏平衡性问题；再将游戏投入外部用户，进行短时期内的公开测试，进一步解决游戏中可能存在的问题；最终测试完毕的网络游戏产品将移交给网络游戏开发商主导运营，同时在之后的时间内不断更新发布网络游戏补丁等后续升级产品。

网络游戏开发商很多是由传统游戏开发商转型而来的，如美国的暴雪娱乐（Blizzard Entertainment）及艺电（Electronic Arts）游戏公司。他们在投入网络游戏产品开发制作之前，大多已经在电子游戏尤其是 PC 游戏界有了成熟的作品和较大

[1，2] 张玥. 中国网络游戏产业链结构及趋势简析[EB/OL]. http://games.sina.com.cn/y/n/ 2011-10-30/1037543539.shtml. 2012-11-20.

的市场影响力。随着网络游戏市场的日趋扩大，一些传统单机游戏开发商顺应潮流开始了网络游戏的开发。以暴雪公司为例，从 20 世纪 90 年代初期的即时战略游戏（RTS）《魔兽争霸》开始，暴雪公司逐步奠定了其在电子游戏界的地位。后续发行的《魔兽争霸Ⅱ》、《暗黑破坏神》以及《暗黑破坏神Ⅱ》和《魔兽争霸Ⅲ》无一不获得了空前的成功，几乎每一个作品都是能够代表时代水平的高质量大作。巨额的销量让暴雪成为全球最赢利的游戏公司之一，这几款游戏也分别成为全球游戏历史上被盗版数目最多的游戏之一。然而这几款游戏均为单机游戏，或只能在局域网联网和网上平台对战。面对网络游戏时代的来临，暴雪敏锐地察觉到了市场正在酝酿的变革。在充分研究网络游戏市场的基础之上，暴雪公司在 2004 年推出全 3DMMORPG 网络游戏《魔兽世界》。《魔兽世界》在内容上延续了《魔兽争霸》系列的人物设定和故事情节并将其延续，其精美的 3D 画面，史诗般的故事情节，完美的配乐和完善的游戏玩家系统让其在全球网络游戏市场上所向披靡。《魔兽世界》全球用户超过 1 000 万人，成为全世界玩家数目最多的网络游戏之一。至此，暴雪公司成功实现了从单机游戏开发商到网络游戏与单机游戏开发并存的完美转型。与此同时，一些新的网络游戏开发商在网络游戏大发展浪潮中逐渐走出来，如国内知名的互联网公司网易，其自主开发的网络游戏产品代表作《梦幻西游》也备受好评。

一款网络游戏的开发需要耗费大量的资金和时间，如果在网络游戏投放市场之前开发商对网络游戏的赢利预期缺乏把握，在开发过程中便会背负巨大的风险。这就造成了网络游戏开发商对开发游戏积极性的降低，进一步导致游戏质量降低及同质化严重的问题。美国采取的是运营商先期预付版税给开发商的商业模式，一定程度上降低了开发商的风险并提高了其对游戏开发的积极性，有利于优秀网络游戏的面世和市场的发展。

2. 网络游戏运营与运营商

网络游戏的运营与运营商是网络游戏区别于传统单机游戏商业模式的关键环节。网络游戏的运营是指网络游戏运营商在接到网络游戏开发商的运营授权后，开展网络游戏上线后的销售、管理、维护及更新等工作。网络游戏运营商具体是指运营其他游戏开发商授权的网络游戏，以出售游戏时间、游戏道具或相关服务等获得收入的网络公司[1]。同时，网络游戏运营商也应当承担打击外挂、私服等不正当游戏手段的职责，切实提供安全公平的网络游戏环境，保证用户的利益不受侵害。传统网络游戏运营商的赢利主要通过售卖点卡、游戏时间、虚拟道具和虚拟货币等途径获取。而最近网络游戏产业界出现了大量免费游戏的产品，即玩

---

[1] 艾瑞咨询. 2007—2008 中国网络游戏运营商竞争力分析报告[EB/OL]. http://wenku.baidu.com/view/abae4ed53186bceb19e8bb6a.html. 2012-05-11.

家可以不限时间、不限点数地在线免费游戏，网络游戏运营商则通过游戏内置广告、虚拟物品以及虚拟货币来获取利润。免费网络游戏是未来网络游戏运营的趋势。

国内网络游戏产业的发展起步于代理运营国外网络游戏，主要原因是当时国内缺乏优秀的网络游戏作品。初期通过代理国外网游的国内运营商有盛大网络、第九城市、网易等。在代理运营国外网络游戏的过程中，国内网络游戏运营市场逐渐成熟。纵然国外网络游戏的运营授权费高昂，也有部分游戏公司（如盛大公司）在代理运营游戏过程中获利不菲。2003 年 1 月，当时盛大代理的在全国广受欢迎的游戏《传奇》的韩国开发商 Actoz Soft 单方面宣布中止与盛大的授权协议。这一事件给中国网络游戏运营商敲响警钟，仅仅代理国外网络游戏而没有自主开发的产品只会让自己在竞争中日渐被动[1]。但即使到目前为止，中国市场上最受欢迎的网络游戏也几乎都不是国产产品。在将来，网络游戏开发运营一体化将是我国网络游戏运营和开发的大趋势，网络游戏知识产权自主化势在必行。

6.2.4　网络游戏玩家

在网络游戏所构建的网络虚拟世界中，网络游戏玩家是进行游戏的关键部分。人们可以不论时间、地点、种族、国籍聚集在一起，通过隐藏自己的身份方式融入虚拟世界，从而摆脱现实生活中的烦恼与束缚。同时，游戏中引人入胜的内容和与其他游戏玩家进行的竞技与沟通带来心理上的快感和放松也是吸引网络游戏玩家欲罢不能的重要原因，而这一点也正是其他单机游戏所无法比拟的优势。

1．网络游戏玩家构成

网络游戏可以在互联网上方便地接入，因此其玩家构成也对网络游戏的研究有着重要的参考价值。据统计，截至 2011 年 12 月底，国内网民数量达到 5.13 亿人，而 2011 年中国 PC 网络游戏用户数目达到 1.2 亿，占国内网民总数的 23.4%[2]。

网络游戏玩家一向以男性用户为主导，在大型网络游戏中这一现象尤其明显。据统计，2011 年中国 PC 大型网络游戏用户中女性比例占 22.2%，而在小型休闲棋牌类游戏中，女性比例稍高，占用户总数的 40.2%[3]。

［1］艾瑞咨询. 2007—2008 中国网络游戏运营商竞争力分析报告[EB/OL]. http://wenku. baidu.com/view/abae4ed53186bceb19e8bb6a.html. 2012-05-11.

［2］CNNIC. 第 29 次中国互联网络发展状况统计报告[EB/OL]. http://wenku. baidu.com/ view/4bf1d267caaedd3383c4d378.html. 2012-05-01.

［3］国际数据公司，中国互联网信息中心. 2011 年中国游戏产业报告（摘要版）[EB/OL]. http://wenku.baidu.com/view/7dc918da5022aaea998f0f7a.html. 2012-11-30.

　　网络游戏玩家年龄职业构成显示：中低年龄段，尤其是学生阶层，是网络游戏玩家的主力军。2011 年中国大型 PC 网络游戏用户中，10～29 岁年龄段占全部玩家的 82.5%；小型休闲类网络游戏中，这一年龄段比例仍有 59.8%。在玩家职业分布中，学生占玩家总数最多，其次是企业公司一般职员。月收入 2 000 元人民币以下的人群占据网络游戏玩家的大多数，而月收入 8 000 元以上的用户最少，只有 3.3%。造成这一现象是因为网络游戏对大龄人群仍属新兴事物，而对于年轻阶层则较容易接受。学生和普通职员空闲时间较多，有时间玩网络游戏，同时他们的收入也最低。而高收入人群可能由于工作繁忙等原因很少有时间玩网络游戏[1]。

　　网络游戏玩家学历构成显示，网络游戏玩家人数多少与学历高低成反比。2011 年中国 PC 大型网络游戏玩家中本科学历以下人群占据玩家总数的 83.2%，在小型休闲网络游戏玩家中则占据 81%[2]。由此可见，我国网络游戏玩家以低学历人群为主，这一点与我国网络游戏玩家年龄分布低龄化现象相吻合。

　　根据百度数据研究中心发布的《2011 年度网游行业报告》[3]，沿海发达地区网络游戏玩家数量明显多过其他地区。广东、浙江、江苏和山东四省汇聚了中国近 23%的网络游戏玩家。由此可见，网络游戏普及率与地区经济发展程度有很大关系。

2. 网络游戏玩家心理与行为

　　（1）网络游戏对玩家心理有积极影响。网络游戏已经成为现代人最重要的休闲方式之一，甚至成为一些人日常生活不可缺少的一部分。玩家在进行网络游戏的时候，可以使身心得到充分的放松，从紧张的学习和生活中摆脱出来，有利于身心健康。有的网络游戏寓教于乐，玩家可以从游戏中学习各种历史文化知识。同时，由于很多网络游戏需要玩家之间合作完成，可以培养人与人之间的团队协作能力。网络游戏逐渐成为人们在虚拟世界交流合作的良好平台。

　　（2）网络游戏对玩家心理也会产生负面影响。在给予玩家休闲放松娱乐的同时，部分网络游戏也对一些玩家心理产生了不良影响，这一现象在青少年玩家中尤其明显。网络游戏玩家人数最多的群体是青少年，青少年正处于心理与生理快速发育时期，心智尚未成熟，因此对媒介传递的内容也缺乏应有的正确判断。很多网络游戏存在暴力、血腥、色情等内容，青少年一旦接触，很容易被其所误导并造成不良影响。同时，部分玩家在进行虚拟世界的游戏时，会对游戏内容以及

　　[1，2]国际数据公司，中国互联网信息中心.2011 年中国游戏产业报告（摘要版）[EB/OL]. http://wenku.baidu.com/view/7dc918da5022aaea998f0f7a.html. 2012-11-30.
　　[3]百度数据研究中心. 2011 年度网游行业报告[EB/OL]. http://wenku.b aidu.com/view/ f92e82ed172ded630b1cb6ea.html. 2012-11-30.

其带来的兴奋与快感产生依赖性，进而造成网络成瘾现象。据调查，世界范围内出现的许多青少年暴力犯罪事件都与其沉迷于网络游戏，并幻想将游戏内容搬进现实有关。因此，网络游戏也有了"精神鸦片"、"电子海洛因"一说。

　　为了应对这一现象，优化互联网环境，国家有关部门逐渐从内容到运营对网络游戏的审查和监管进行了严格控制。2007 年国家八部委发出《关于保护未成年人身心健康实施网络游戏防沉迷系统的通知》，通知规定了不同年龄段允许的健康游戏时长，在一定程度上遏制了玩家对网络游戏的沉迷。同时网络游戏分级制度的逐步建立，网络游戏实名制的运行，以及网络游戏市场准入审查的日益严格，都为构建健康和谐的网络游戏环境、保护未成年人身心健康提供了坚实保障。

第 7 章

Chapter 7

▶数字教育出版产业

　　数字技术的发展使信息交流的即时性、互动性大幅提升，信息传播主体日益多元、传播内容泛化。在教育领域，信息化、数字化的步伐日益加快。在这样的背景下，支持教与学的数字化与信息化的整体解决方案逐渐成为世界各国教材建设和发展的新动向，各出版集团针对市场需求采取了不同的出版策略并呈现出新的形态[1]。本章将梳理数字教育出版的相关概念及这一产业在国内外的发展历史，然后着重从市场、产品、技术和内容四个方面探讨数字教育出版商业模式，通过国内外案例讨论传统教育内容提供商、数字分销商、数字出版技术开发商等各个利益相关主体在数字出版教育产业中的机遇与挑战。

---

[1] 覃文圣，周立军. 教育出版数字化的新形态[N]. 出版商务周报，2009-03-22，9.

▎7.1 数字教育出版产业概述

面对数字教育这块蛋糕，不论是传统教育内容提供商，还是以技术见长的电子阅读产品生产商，抑或是占有渠道传播优势的电信服务商，甚至是学校、培训机构等教育服务提供方，都在寻找各自在数字教育产业链上的位置。数字环境中，教育和出版作为知识传播的重要环节，相互之间有着紧密的联系，如图 7-1 所示。

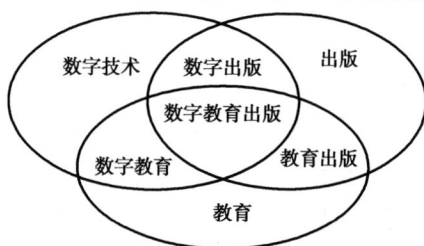

图 7-1 出版、教育与数字教育出版的关系

7.1.1 数字教育出版的概念与特征

广义上的数字教育，包括了一切以电子、计算机、远程通信等技术手段辅助实施的教学过程[1]，包括教师在课堂上利用投影设备进行视频演示、过程模拟，以及学生在个人计算机上通过光盘、软件等辅助设备学习。狭义的数字教育则强调通过技术手段使人们不受时间和空间的限制随时随地进行个性化的自主学习，在一定意义上相当于人们通常所说的在线学习（e-learning）[2]。

教学过程要实现跨越时空，技术前提是互联网的广泛应用，而且需要开放的教学内容资源库。从真正实现教育资源数字化共享这一层面来看，全球范围内数字教育的先驱是创立于 2001 年的麻省理工学院（MIT）"开放课程软件（Open Course Ware，OCW）"平台[3]。它集成了 MIT 所有课程和许多高质量的稀缺教学资源，将这些内容以教学资源包的形式储存在数据库中，通过互联网提供给全世界的学生免费学习和使用。发展到今天，OCW 平台上的在线本科生和研究生课程共有1 700 多门（类），全美超过 100 所大学将自己的教学资源上传到 OCW 上与全球学

---

[1] Tavangarian D., Leypold M., Nölting K., Röser M. Is e-learning the Solution for Individual Learning?[J].Journal of e-learning, 2004, 22（3）:199-216.

[2] www.e-learningconsulting.com. 2012-04-10.

[3] ocw.mit.edu.

习者共享[1]。

　　数字教育出版的另一个特征是教学资源内容与新技术、新媒体的整合，其中资源内容的质量是核心，技术是支撑，平台是关键。真正的数字教育出版不仅仅是纸质教材、教辅的数字化，更重要的是利用数字技术为学习者提供全面、个性化、专业化的服务，不仅提供内容，还提供学习氛围、学习激情和解决方案。

7.1.2　我国数字教育出版发展概况

　　在我国，数字教育发端于中小学。为了平衡东西部之间、城乡之间教育发展的巨大差距，让更多中小学生享受优质教育资源，我国教育主管部门制定了相关政策，鼓励社会资本进入中小学远程教育领域，参与网络学校（以下简称网校）建设。自 1996 年起，在北京、上海等教育发达地区陆续出现了多所网校，到 2000年，全国范围内中小学网校数量达到 1 000 余家，北京四中和 101 网校的付费用户达到 10 多万人，北师大附中、附小有超过 50 万学生参与网上学习[2]。然而，由于完全市场化带来的资本投入急功近利、网校教学内容趋同等原因，截至 2006 年，我国中小学网校数量锐减到 200 家左右。中小学网络教育经历了从备受市场追捧到落入低谷，从狂热、浮躁到理性、谨慎的转变[3]。

　　与中小学网络教育的大起大落相比，我国高校里的数字教育发展得较为理性平稳。20 世纪 90 年代中后期，各大高校图书馆开始从国外购买数据库、订阅电子期刊，大学图书馆馆藏资源介质实现了由纸质向电子版本的转型。学生可以使用个人计算机登录学校图书馆主页，通过在线浏览、下载等方式了解国外最新研究成果、进行在线学习。1999 年，在教育部、中宣部、新闻出版总署、国家版权局等多个部委的支持下，由清华大学联合全国学术界、出版界、图书情报界专家启动了国家知识基础设施工程（China National Knowledge Infrastructure，CNKI）的建设。2001 年一个大规模集成知识信息资源的数字化学习平台正式上线，为以高校师生、科研人员为主的社会各界提供知识服务。2002 年，在教育部主持下，教育科学研究院和中国图书馆联盟启动我国中小学数字图书馆建设，一时间在全国范围内出现了各种类型的中小学数字图书馆。其中，以国家"十一五"重点出版工程"CNKI 中小学数字图书馆"影响最大，使用最广。

　　经过十多年的飞速发展，数字教育已经在中国取得了巨大的成就：不仅在一定程度上改变了学校教育方式，使新技术更好地为师生服务，还让课堂教学变得

---

　　[1] MIT. OCW Annual Report 2011[EB/OL]. ocw.mit.edu/about/site-statistics/11_Eval_Summary_112311_MITOCW.pdf. 2012-04-20.

　　[2，3] 杜永生. 网校十年：谁是网络教育资源的提供商？[N]. 中国图书商报，2006-11-07，8.

更轻松；在成人非学历教育，尤其是公司内部培训和个人自主学习方面，数字教育在某些地区和专业领域中甚至全面取代了课堂上的师生面对面教学，成为最主要的教育方式。与传统的教育模式相比，数字教育的主要优势在于：

（1）打破了时间和空间的限制，赋予学习者最大限度的灵活性；

（2）节约教育开支，降低教育门槛，提高教育质量，促进教育公平；

（3）使针对不同学习者的个性化教育成为可能；

（4）改变了教学的面貌，极大地提高了教学互动性和学习者的积极性；

（5）为全球化和跨文化教育的实现创造了条件。

在中国，传统教育出版单位占有最大的教育出版资源。但是这并不意味着在教育数字化进程中出版企业与其他竞争者相比占据更有利的地位。恰恰相反，作为内容提供商的传统教育出版机构在中国教育的数字化转型进程中并没有抢占到先机。纵观当前国内市场上的数字教育产品和服务，或者由数据库运营平台整合提供、或者由电信服务商垄断渠道、或者被具有技术优势互联网公司或电子阅读器生产商把持终端，真正由教育出版机构主导运行并获得市场好评的数字教育资源还很少见。在这样的背景下，全面整合内容、渠道、技术优势，优化配置相关资源，不仅能够促进教育出版产业在数字时代大跨步发展，为国家经济和文化的增长做出贡献，还能够解决我国目前存在的优质教育资源稀缺，教育质量城乡、地域差距明显等现实问题。

7.1.3　西方发达国家数字教育出版发展概况

在英、美等发达国家，数字教育的互动服务主导模式业已成为各大教育出版商关注的焦点。《美国高等教育数字教材销售报告》统计数据显示，2006—2008年，出版商的数字教材销售额增幅在80%～100%，2009年更是达到100%，报告预计，到2014年，美国高教及职教市场，数字教材销售收入占教材总销售的比例，将从目前的0.5%增长到18%，达15.8亿美元。2007年，美国数字教育产值就已经达到6.3亿美元，并以12%的比例逐年增加[1]。更有报告指出，2010年全球范围内自主学习（Self-paced E-Learning）的数字产品和服务总利润已经达到321亿美元，预计未来五年的平均年增长率为9.2%，到2015年的时候，总利润将高达499亿美元[2]。2011年的统计显示，全美国以数字形式出版的教科书占当年出版

---

[1] Ben Mason. E-Learning 2.0[EB/OL]. www.e2-b.com/blog/2007/06/e-learning-revenues-keep-growing.html. 2012-03-01.

[2] Ambient Insight Research. Global self-paced E-learning Market Research. Overview[EB/OL]. www.ambientinsight.com/Resources/Documents/Ambient-Insight-2010-2015-Worldwide-eLearning-Market-Executive-Overview.pdf. 2012-03-01.

的全部教科书比为 20%[1]。

美国的数字教育出版产业发展相对成熟，产业结构和布局较为合理，传统出版商在数字教育出版产业链中定位明晰，实现了价值。培生教育集团（Pearson Education Group）、约翰·威立（John Wiley & Sons Inc）、麦格劳·希尔教育出版集团（McGraw-Hill Education）等出版企业纷纷以搭建数字教学平台、提供数字内容、为教育机构提供信息化解决方案等方式参与到数字教育出版产业中来，并发挥了极其重要的作用。由五家主要教材出版商联合成立的数字教材出版公司 courseSmart[2] 在 2009 年的销售环比增加 400%。美国大学书店协会（NACS）2009 年秋季发布的一份针对 1.6 万名在校大学生的调研报告显示，至少 42% 的大学生已经购买或阅读过至少一本电子教材，与 2007 年相比上涨了 24 个百分点。预计到 2012 年，大学书店的教材销售有 10%～15% 是数字形式，而目前这一比例只有 2%～3%[3]。

在新加坡，早在 1999 年，由教育部和相关科技部门联合开发的"电子书包"就进入了中小学校园大规模使用。经过十多年的发展，新加坡已经成为全球基础教育领域"电子书包"使用率最高的国家。

早在 20 世纪 90 年代，欧洲的许多大学已经完成了数字化教学管理系统基础设施的建设，学生日常管理系统极大地方便了教学和师生之间的沟通。一些具有学科特色的数字教学实验项目纷纷开展。例如，由牛津大学、剑桥大学等多所欧洲知名学府发起，威廉和芙罗拉·休利特基金会（William and Flora Hewlett Foundation）资助的开放大学开放学习（Open University's OpenLearn）[4] 项目，广泛整合了不同大学的数字教学资源和数字馆藏，为学习者提供统一入口的开放平台，方便其自学。

▎ 7.2　数字教育出版的市场划分

目前教育界和学术界对数字教育存在不同的分类方法：有的根据学习者年龄，分为成人数字教育（Adult E-Learning）和少儿数字教育（K-18 E-Learning）；有的根据教育过程是否依赖于互联网，分为在线教育（Online Learning）和线下教育（Off

---

[1] Ambient Insight Research. Global self-paced Elearning Market Research. Overview[EB/OL]. www.ambientinsight.com/Resources/Documents/Ambient-Insight-2010-2015-Worldwide-eLearning-Market-Executive-Overview.pdf. 2012-03-01.

[2] www.coursesmart.com.

[3] 李维章. 美国电子书教材市场什么样？ [N]. 中国图书商报，2010-05-28.

[4] www.conted.ox.ac.uk/courses/online/.

Line Computer-based-learning）；还有的根据学习的模式，分为同步数字教育
（Synchronous E-Learning）和非同步数字教育（Asynchronous E-Learning）[1]。

　　对于数字教育出版产业来说，更具产值意义的分类方式是根据受众市场来划
分数字教育类型的。参考其他国家对数字教育市场的划分，我们将数字教育出版
市场划分为学前教育市场、基础教育市场、高等教育市场、非学历教育与职业培
训市场。

7.2.1　学前教育市场

　　根据第五次人口普查的统计结果，我国有 1 亿 0～6 岁的学前儿童，约占总人
口的 8.5%[2]。如果按照每个家庭每月为 6 岁以下孩子教育投资数十元的保守估计，
学前教育市场的消费总额可以达到数百亿元[3]。从消费内容来看，支付幼儿园和
早教机构"入园费"以及购买家庭教育辅助产品是我国大多数城镇家庭最主要的
两项学前教育支出。

　　随着中国经济的发展和居民人均可支配收入的提高，家长们对婴幼儿教育的
支出比例逐年增加。2010 年，受到高度关注的《国家中长期教育改革和发展规划
纲要（2010～2020）年》及《关于当前发展学前教育的若干意见》相继出台，国
家从政策高度对学前教育予以重视。在国家确定了支持民营资本进入早教行业的
基调下，今天的早教形态已经发生了很大的变化。除了国家公立幼儿园、取得办
学资质的私立特色幼儿园，各大中城市还出现了许多面向 0～3 岁幼儿的"亲子园"
和各类培训型早教机构。据估计，目前我国各地有单体幼儿园十几万所，早教机
构近千所。与九年义务教育国家指定教材不同，我国学前教育阶段的教材和活动
用具由各幼教机构自主选择，具有特色的幼教机构往往会结合自身特点选择不同
的教材教具。例如，我国成立时间最早、规模最大的早教机构"红黄蓝"率先将
中英双语教学引入学前教育中，在全国近 500 家连锁亲子园中聘请外籍幼教、使
用英语低幼读物甚至引进原版读物成为了"红黄蓝"的特色。

　　除了各种类型的早教机构如雨后春笋般纷纷建立，学前教育在我国的迅速发

　　[1] 所谓同步数字教育是指多个不同学习主体同时参与、共同进行的数字化学习过程，比
如通过多人同时在线的网络虚拟课堂（Virtual Classroom）、电视电话会议（Audio and Video
Conference）、即时消息讨论（Instant Messaging）、共享电子白板（Shared Whiteboard）等方式学
习。而非同步数字教育则是指在特定时间内由学习者自主决定、单独进行的数字化学习。典型
的非同步数字教育主要有数字化自学课程（Self-paced Courses）和讨论小组（Discussion Groups）
两种方式.
　　[2] 国家统计局. 第五次人口普查数据[EB/OL]. www.stats.gov.cn/tjsj/ndsj/renkoupucha/
2000pucha/html/t0301.htm. 2012-03-23.
　　[3] 李蕾. 学前教育市场新一轮爆发在即[N]. 中国经营报，2012-02-20.

展还表现在人们对幼儿家庭教育的日益重视上。家庭教育是指在家庭生活中，由家长（首先是父母）对子女进行的教育。作为教育的重要组成部分，家庭教育是学校教育和社会教育的基础和延伸，是终身的教育。改革开放三十多年来，随着计划生育政策的执行和国民经济的发展，人们对独生子女家庭教育重要性的认识逐步提高。一方面，家长对幼儿教育的开始时间不断提前，越来越多的年轻父母自孩子一出生甚至在胎儿期就开始对其进行教育。另一方面，普通家庭对婴幼儿教育的支出不断增加，父母在家庭教育方面的投入可谓"不遗余力"。作为知识载体的出版物承担着教育传播的功能，不论是在学前教育机构，还是在家庭教育过程中，婴幼儿出版物都具有重要的作用。应早教市场的需要，学前教育的出版物呈现出多样化、互动性强、教学功能与游戏趣味并重等特点。近年来，随着数字技术的发展和网络的普及，越来越多的早教内容以光盘、点读笔、手机应用等多种电子方式呈现。数字出版物的出现，最大限度地满足了学前教育市场多样化、个性化、注重互动性和趣味性的需求。

在我国，最早开发学前教育数字化出版物的机构是洪恩教育公司。创立于 20世纪 90 年代中期的北京洪恩教育科技股份有限公司，最初是作为计算机教育机构被人们所认识的。20 世纪 90 年代末，洪恩推出的以《开天辟地》、《万事无忧》为代表的多媒体教学软件，让中国上百万个家庭学会了计算机[1]。随着计算机的普及，洪恩看到了幼儿英语与计算机结合的出版物具有巨大的潜力，这方面的产品在当时的中国尚属市场空白。于是洪恩将主要精力投入到电子化幼儿英语教育产品研发中来。2003—2004 年，洪恩开发的《洪恩小乌龟学美语》、《洪恩三只小猪学英语》等学龄前儿童学英语教材配合洪恩"朗读者"点读笔上市，引起了市场轰动[2]。作为先入者，洪恩在以点读笔为代表的幼儿教育电子产品市场上占据了绝对领先的地位。

经过十多年的持续发展，今天的洪恩教育科技股份有限公司已经成为了拥有自主知识产权核心技术、整合国内幼教专家优质资源、提供多种婴幼儿教育产品和工程服务，并且以数字内容制作和电子形态呈现为突出优势的幼儿教育产品提供商。今天，洪恩教育提供的数字教育产品主要有以"朗读者"和"小小朗读者"点读笔及其配套书籍为代表的有声读物、洪恩波噜噜美语系列动画片、洪恩有声挂图、《洪恩宝贝+》电子杂志等多个不同类别、上千个品种。通过在全国各地的新华书店设立"洪恩点读笔专柜"，渗入幼儿园和亲子园等幼教机构，在当当、卓越等 B2C 电子商务网站销售、招代理商加盟等多种渠道，洪恩教育的产品进入到无数幼儿园和家庭。尤其值得称道的是，洪恩幼儿英语和洪恩点读笔不仅在大城

[1，2] 洪恩公司. 洪恩公司发展历程[EB/OL]. www.langduzhe.hongen.com/html/ zoujin/fazhan.
2012-04-20.

市拥有广泛的市场受众，在广大二线城市和县级市也大受欢迎。购买了点读笔的家长可以在洪恩教育的网站上下载最新的有声读物并配合从新华书店门市或者在网络书店购买到的纸质图书使用。这样一来，无论是在农村还是城市，每个家庭都可以通过购买和使用洪恩教育的电子幼教产品对孩子进行早期教育，从而有效地解决了地区差异导致城乡教育差别的现实问题。到 2010 年，全国已经有上万所幼儿园和 300 多家早教机构正在使用洪恩教材，"朗读者"点读笔已经售出 30 万支，洪恩系列产品出口到美国、意大利、韩国、印度尼西亚等全球十多个国家[1]。

7.2.2　基础教育市场

基础教育是一个动态的概念，在中国是指高中以前的所有形式的教育。狭义的基础教育可以理解为九年义务教育，广义上来讲还包括家庭教育，也有人从推动教育普及的角度将高中教育纳入基础教育中来。在美国，所谓的基础教育主要是指幼儿园到高中阶段的教育（K-12）。从受众对出版物内容消费的特点出发，我们认为数字教育出版面向的基础教育市场主要是九年义务教育和高中阶段。因为这两个阶段对教育出版物的需求都是刚性的，教学方式都以集中的课堂教学为主，教材内容一般要通过严格的审查才能出版。我国九年义务教育的课程标准由教育部制定，相应地，教材内容必须与课程标准相适应，由具有出版资质的教育出版机构竞标出版，出版后要通过教育主管部门的审查方能面向中小学生发行。迄今为止，全国只有不到 20 家出版社参与到九年义务教育阶段的教材出版中来。与我国情况基本相同，日本、美国、英国、加拿大等大多数西方国家的基础教材出版也有着严格的审查机制，一些国家甚至由政府相关部门亲自实施中小学教材的出版活动。正因为如此，与学前教育和高等教育相比，基础教育出版的进入门槛无疑高出许多。

从全球范围来看，为了适应基础教育的数字化变革需要，教材出版商们开始尝试用新技术生产数字化内容，努力从传统纸质教材出版商向数字教学内容和服务提供商转型[2]。加之经济不景气的原因，发达国家的政府不得不缩减公共支出以减轻负债，在这种情况下，许多中小学图书馆由于缺乏经费不得不关闭裁员，更多学校将有限的经费投入到数字教育出版资源的采购上。比起副本量有限的纸质图书，电子资源不受同时使用的用户数量限制、不占空间、节约管理成本。有研究表明，一旦基础设施建成后，使用数字化教育资源进行教学，要比使用传统

［1］洪恩公司. 洪恩品牌介绍[EB/OL]. www.langduzhe.hongen.com/html/zoujin/pinpai.2012-04-20.

［2］Sam S. Adkins. The US Market for Self-paced eLearning Products and Services: 2010—2015 Forecast and Analysis [R].p8.

纸质出版物节约近 80%的成本[1]。2010 年的一项调查显示，美国的基础教育自主学习数字产品市场规模接近 50 亿美元，未来五年这一市场将以每年平均 16.9%的增速发展[2]。全球最大的教育出版商培生教育出版集团（Pearson Education）早在20 世纪 90 年代初就宣布将基础教育出版内容更多地以非纸质载体呈现。2010 年，培生教育集团的数字内容和相关服务利润为 16 亿英镑，占整个集团当年总利润的29%[3]。根据销售数据，2005 年到 2010 年的五年时间里，整个培生集团中数字出版物利润增长最快的细分市场是幼儿园到高中（K-12）基础教育部分。

在我国，从 20 世纪 90 年代末开始，在教育部基础教育司和基础教育资源中心的指导下，中央和各省市基础教育电化教育馆、基础教育资源网陆续成立，中小学课堂教学资源逐渐以数字化的形态呈现在互联网上，供全国各地的中小学教师下载使用。到 2010 年，全国和各省市自治区的基础教育资源网站上，已经累积了上百万个（集）音频、视频、教学课件、动画演示等不同类型和主题的教学资源。人民教育出版社、江苏教育出版社、浙江教育出版社、北京师范大学出版社等中小学教材出版社纷纷二次开发其出版教材的电子版本和数字化衍生产品，通过建设教学资源网站、提供下载服务、维护在线社区等多种手段满足师生的教学需求。高等教育出版社基础教材出版中心、外研社基础教育分社等非传统基础教育出版机构也纷纷依托自己的内容资源建立基础教育服务网站，通过电子书包、名师在线指导等方式在数字基础教育出版市场上占有了一席之地。

在我国基础教育领域数字化实践上走在前面的是人民教育出版社。依托人民教育出版社成立半个世纪以来积累的出版内容和教材编写专家名师团队资源，通过网络电子课本、特级教师同步辅导、名师指导拓展学习等多种在线教育资源提供方式，人民教育出版社下属的人教学习网（www.gopep.cn）为全国的中小学师生提供便捷、高效的网络学习平台和网络学习产品。人教学习网的内容分为学生专区、教师专区、家长专区三种类型；设有电子书包、特级教师同步辅导、名师指导拓展学习、中考好帮手、高考好帮手、师生在线、教学资源、教学研究、教育资讯等九个不同栏目；同时通过资讯中心、下载中心（选课中心）、在线学习平台、互动社区、论坛和博客等五大功能模块来实现教育资源共享和相关信息交流，如图 7-2 所示。

---

[1] Sam S. Adkins. The US Market for Self-paced eLearning Products and Services: 2010-2015 Forecast and Analysis [R].p8.

[2] Sam S. Adkins. The US Market for Self-paced eLearning Products and Services: 2010-2015 Forecast and Analysis [R].p11.

[3] Pearson. Open to Learn: Pearson Annual Report and Accounts 2010[R/OL].p 34. http://ar2010.pearson.com/files/pdf/Dearson-AR10.pdf.

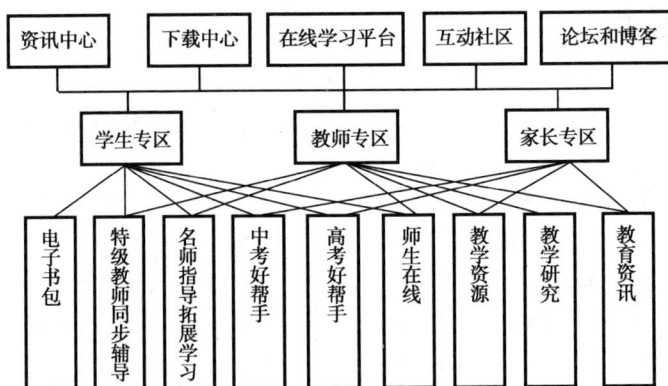

图 7-2　人教学习网的功能模块和内容分类

　　用户可以通过实名注册免费使用人教学习网的资讯中心、互动社区、论坛和博客功能。如果需要进行在线学习或者下载相应课程的教学资源包，则用户需要通过购买学习卡来支付每年数十到上百元不等的费用。通常，将传统纸质课本电子化以后加入动画、视频、真人演示手段制作而成的单册电子课本的定价为 20～30 元，根据特级教师讲课内容和教案制作的同步辅导电子资源包每年每门课平均定价在 100～150 元。从购买最多的资源排行来看，小学阶段用户主要购买电子课本，而初高中阶段的读者则更加青睐特级教师同步辅导电子资源包。从 2010 年正式上线到 2012 年 4 月上线运营不到两年，人教学习网已经积累了来自全国 30 余名特级教师的在线授课视频和 238 门课程内容的中小学课程资源，超过 20 000 名用户购买了人教学习网的数字内容和服务。网站下属论坛的注册会员达到了 23 777 人，经常在线参与讨论的活跃会员将近 8 000 人[1]。

7.2.3　高等教育市场

　　高等教育是面向具有中等教育基础的人群进行的专业教育，是培养高级人才的教育活动，具有科学研究和服务社会的功能。面向高等教育的出版（Higher Education Publishing）一直是全球出版市场中最重要的利润来源之一。原因在于，与大众出版相比，市场对高等教育出版物的需求更强、更稳定。通常来说，大学教材的定价相对较高，尤其是欧美国家，一本教材往往定价上百美元或数十欧元。因此，对于出版商来说，出版受市场认可的教材往往能为其带来可观的利润回报。随着我国经济的持续发展和国家对高等教育投入的不断增加，截至 2010 年，我国

---

[1] 统计时间为 2012 年 4 月 8 日。

有各类高等教育机构在校学生 2 300 万人[1]，中国已经成为了全球最大的高等教育出版市场。

从供方来看，跨国出版公司已经成为了英语大学教材的主要生产者，麦格劳·希尔、培生教育、威立等国际出版巨头占据了全球高等教育出版市场的半壁江山。就非英语教材出版而言，各个国家情况不同。以我国为例，高等教育出版集团和 108 所高校出版社是高等教育出版市场上的主要竞争者。依托直属教育部的优势，成立于 1954 年的高等教育出版社在将近 60 年的发展历程中积累了大量优质内容资源，在高等教育基础课教材出版方面具有核心优势，2010 年，高等教育出版社的高等教育类出版物产值达到了 7 亿元。除了高等教育出版社，分布在全国各地的 108 所大学出版社也在我国高等教育出版物市场上占有重要地位。一方面，大学出版社与大学教师和学生有着天然的联系，更了解他们的需求，可以更好地与读者和作者进行面对面地沟通。另一方面，依托大学的学科与专业优势，大学出版社在特定的细分市场上优势明显。例如，清华大学出版社出版的计算机和土木工程教材被全国许多相关专业的大学生使用，北京大学的哲学和语言学教材在其他高校广受认可。

近年来，受到电子出版物、网络资源共享和教材租赁服务的冲击，全球范围内传统纸质版大学教材出版出现了整体衰退。2011 年，美国高等教育教科书市场近六年来首次出现了负增长，比 2010 年下滑了 2%[2]。在欧美国家，大学教材定价普遍较高，大学生在购买教材时表现得比较谨慎，非买不可的内容才会付费购买。同样的内容，如果有价格便宜的电子版可以选择，学生一般不会购买昂贵的纸质图书。在中国，虽然大学教材定价不高，但高等教育出版受内容同质化、侵权使用甚至盗版的影响非常严重。开课之前，大学生一般会在学校周边的二手书店或者图书馆寻找教材，或者在遍布校园的复印店整本复印教材，实在找不到替代品的情况下才会购买全新教材。如果读者购买了盗版或侵权的教材，正规出版社必然遭受到很大的损失。

在这样的背景下，积极开发电子出版物，逐步实现从纸质图书生产商向高等教育数字内容提供商转型以应对新技术带来的种种挑战，成为了国内外许多高等教育出版机构的共识。市场上走在数字出版前沿的基本上是拥有雄厚资金实力和优势内容资源的跨国出版商。2011 年全球高等教育教材出版的两大巨头麦格劳·希尔集团和培生教育集团联手打造的数字教材发布平台 inkling（www.inkling.com）正式上线，两家出版机构都将自己的优势内容数字化以后放在该平台上销售。除了传统出版机构，一些拥有技术资源但没有版权的数字技术

[1] 来源于教育部网站统计数据。

[2] John W. Warren. The Progression of Digital Publishing: Innovation and the E-volution E-books[J]. The International Journal of the Book, 2010, 7 (4): 13.

开发商，如 CafeScribe、CourseSmart、Vitalsource 和 Xplana 等第三方平台在 2010年取得了惊人的增长。此外，2010 年美国连锁书店巴诺（Barnes & Noble）将数字版本的大学教材作为旗下电子书店的主要产品强势推出。Copia、Google-eBook 等由互联网公司开发的电子图书产品也受到高校师生的喜爱。在我国，清华大学出版社、外语教学与研究出版社等国内领先的大学出版社分别在数字出版方面做出了许多尝试。例如，2010 年清华大学出版社全资设立了电子书销售平台"文泉书局（www.wqbook.com）"全面负责清华大学出版社及其合作出版社——西安交通大学出版社、广西师范大学出版社、北京航空航天大学出版社的出版物和电子书的在线销售。截至 2012 年 1 月，在"文泉书局"销售的图书品种已经达到 7 000 种，合作出版社达到 10 多家。外研社作为涉足数字领域较早的高等教育出版机构，在数字化产品内容开发和赢利模式建立两个方面都取得了初步成功。目前，外研社旗下的数字出版物有电子图书、电子期刊、在线课程、移动产品等多种类型，读者可以通过在线即时支付、购买充值卡、注册成为会员并缴纳会费等多种方式购买和使用外研社的数字出版物。

由教育部主导推动，高等教育出版社参与建设，国家精品课程资源中心负责推广、运营的国家级精品课程集中展示与在线学习平台国家精品课程资源网（www.jingpinke.com）是目前国内内容规模最大的高等教育数字资源平台。国家精品课程资源网上的高等教学资源内容大致可以分为四类：一是以教育部精品课程资源建设成果为基础建成的分学科专业的"教学资源库"；二是以高等教育出版社出版的教材为主，收集了数家大学出版社教材目录和内容简介，支持部分图书内容的在线预览和全文检索的"在线教材中心"；三是整合"中国大学视频公开课"、高等教育出版社"名师名课"等项目教学视频课程的"视频专区"；四是收集海外高校、企业开放课程资源，将其汇集到平台上并通过分类、标签和链接提供服务，方便国内师生检索和查看。除了上述四类核心资源，国家精品课程资源网还提供面向高校教师的培训、提供高等教育资讯、为注册会员高校提供教学资源的数字化保存、整合国内企业面向高校毕业生的岗前培训资源等多种服务。截至 2010 年，国家精品课程资源网已经汇聚了各类课程 4 000 多门，视频教学录像 2 000 多个（集），2 000 多个国内高等教育机构成为该网站的注册会员[1]。作为非营利性网站，目前国家精品课程资源网的日常维护和运营主要靠国家财政拨款和教育部精品课程建设项目划拨经费的支持。会员单位的用户可以用统一的会员账号免费登录网站浏览、下载自己感兴趣的教学资源。普通用户可以通过上传注册、每天登录、分享网站链接、上传教学资源等方式获得积分，并用积分"换购"教学资源。

---

[1] 国家精品课程网. 关于我们[EB/OL]. http://www.jingpinke.com/about/us. 2012-03-12.

7.2.4 非学历教育与职业培训市场

在资讯总量飞速增长、知识更新步伐加快的信息时代，传统的课堂教学与集中式的学校教育已经无法满足人们的需要。学历并不足以代表一个人的能力，即使拥有了高学历的劳动者，也需要在工作中不断学习新的知识和技能。早在 1999 年，美国公司花在员工身上的平均培训教育费用就达到了 625 亿美元，超过 30 亿美元用在基于电子手段和数字媒体的培训上 [1]。有学者做出预测，每隔三到五年，将有 50% 的劳动者面临知识技能过时的危险 [2]。

在构建终生教育体系和学习型社会的时代背景下，我国成人非学历教育和职业培训呈现多元化发展势头。从办学机构来看，既有高等院校开设的非学历教育课程，又有企业对内部员工提供的岗位培训，也有社会力量开办的各种培训班；从认证性质来看，既有国家承认的资格证书考试，又有面向部门行业的认证，还有非认证的职业培训；从面向人群来看，既有适合社会人员学习提高的项目，又有适合在校学生扩充知识的课程。

与面向学生的课堂教学相比，非学历教育与职业培训主要具有以下几个特点：学习者更加独立，学习者已有的知识和经验会对其学习新的知识起到辅助作用，学习者的学习动机与其所从事的工作和扮演的社会角色有较强的相关性，学习往往在学习者的业（课）余时间进行；不同的学习者往往具有不同的学习需要和对课程的不同要求。以上特点使得传统的集中式、一对多的教学方式很难开展。在这种情况下，依托通信技术和网络传输的数字化教学方式往往更加适应各种非学历教育与职业培训的需要。

作为我国目前最大的非学历综合教育机构，新东方教育科技集团自 2000 年起就进军数字教学资源的研发与出版。依托新东方近 20 年办学积累的课程、内容、教师以及品牌资源，新东方在线（www.koolearn.com）自 2000 年上线之初就收到了良好的市场反应。经过十多年的发展，新东方在线已经成为国内实力较强的网络教育服务平台和领先的外语培训类网络教育品牌。截至 2010 年 10 月，新东方在线网站个人注册用户已逾 800 万人，移动学习用户超过 100 万人。目前，新东方在线的网络课程服务横跨留学考试、学历考试、职业教育、英语充电、多种语言、中学教育等 6 大类 60 余种小类，共计 1 200 多门课程 [3]。与此同时，新东方在线还在企业培训领域享有盛誉，先后为联想、中国移动、可口可乐、中国建设

［1］Khirallah DR. A new way to learn. Information week 22–23[EB/OL]. http://www. informationweek. com. 2012-03-12.

［2］Dongsong Zhang. Jay F. Nunamaker. Powering E-Learning In the New Millennium: An Overview of E-Learning and Enabling Technology[J]. Information Systems Frontiers, 2003, 5（2）: 207-218.

［3］数字来源：新东方在线（www.koolearn.com）主页的介绍.

银行等世界五百强企业提供过企业培训服务。2007 年 5 月，公司正式宣布进军数字图书馆领域，并实现快速突破，目前已与全国数百家高等院校展开合作，为大学在校生提供新东方原创英语学习视听课程。

7.3　数字教育出版的产品类型

　　数字技术和新媒体的飞速发展全面改变着教育出版的面貌。托马斯·爱迪生在 1913 年曾预言"图书将被动态的图片取代"[1]。1940 年，美国国会议员乔治·F·祖克在国家教育发展报告中将幻灯片描述为"教育领域继印刷术之后最具革命性的发明"[2]。随着无线电传输技术的发展和成熟，20 世纪 30 年代到 40 年代，依托电台广播建立的"空中教室"在美国广泛建立；1953 年，世界第一个电视教育台在美国爱荷华大学成立，专门为大学师生提供教育节目转播服务。[3]1982年，微型计算机开始普及，大量进入学校和家庭的个人计算机，使借助磁盘、光盘等新载体储存的教学内容能够被人们更容易地获取和使用；20 世纪 90 年代，互联网走进人们的生活，开启了人类教育的新纪元；Web2.0 时代的到来，促进了网络上人与人之间的信息交换和协同合作，使教育模式更加以学习者为中心、更加重视交流与分享。

　　历史进入到 21 世纪的第二个十年，数字教育呈现出前所未有的丰富形态，与之相适应的数字教育出版产品也越来越多样化。

7.3.1　计算机辅助教学工具

　　利用计算机辅助进行教学是数字教育最常见的方式[4]，计算机辅助教学是指在计算机辅助下进行的各种教学活动。计算机最初被运用到教育中是在 20 世纪 60年代。到了 20 世纪 70 年代，随着微型计算机的普及，借由计算机辅助完成的教

　　[1] L Cuban. Teachers and machines: The classroom use of technology since 1920[M].New York：Teachers College Press,1986.
　　[2] C. F. Hoban. Focus on learning: Motion pictures in the school[J]. American Council on Education, 1942, 23（4）：322-345.
　　[3] Gary A. Berg. The Knowledge Medium: Designing Effective Computer-Based Learning Environments[M]. London: Idea Group Inc. , 2006: 14-17.
　　[4] 美国称 Computer Assisted Instruction，英国称 Computer Assisted Learning，也有称为 Computer Based Learning 或 Computer Based Training，虽然侧重点略有不同，但在本文中上述概念被视为同义词，统一翻译为"计算机辅助教学"．

学开始在从小学到大学的各个教育阶段出现[1]。从形式来看，计算机辅助教学既可以利用多媒体教室内配备的多媒体计算机和大屏幕投影等设备向学生呈现多媒体课件，辅助教师进行课堂教学；也可以配合光盘等载体，通过安装在学生的个人计算机上或者桌面运行等方式向学生展示，帮助其自学。

除了使抽象的内容更直观和生动地展示给学习者之外，计算机辅助教学工具还可以为学生提供一对一的辅导，对学生在学习过程中的疑问做出即时反应或针对性回答，让每个学生可以按照自己的进度学习不同内容。对一些因为害羞、怕出错或者其他原因不敢在同学面前发言或提问的学生来说，计算机辅助教学工具可以帮助他们单独向教师提问，以便教师更好地掌握其学习情况、了解问题所在、对其进行辅导。当然计算机辅助教学也有其缺点，首先要搭建计算机教学基础设施需要相当的前期投入，后期对内容资源库维护和更新也会产生不小的花费；同时，还有人质疑过度引入计算机手段将降低人在教学过程中的参与程度，反而不利于学习目的的实现。

要实现计算机辅助教学，离不开计算机硬件、系统软件和课程软件三个部分的支持。其中，计算机硬件是保障，系统软件是环境，课程软件则为计算机辅助教学提供内容资源。它是教师和程序设计人员根据教学需求，用计算机语言或可见写作系统编制的教学应用软件。要实现计算机辅助教学，最难的部分是编写课件。课程软件反映了教学内容、教学目标、教学策略和教学经验，是教师智慧和经验的结晶。虽然课件内容的创作离不开教师，但是课件制作有时却需要专业技术人员（如程序员）借助一定的硬件环境和软件工具实现。

7.3.2 在线学习社区

在线学习社区是一类特殊的在线社区，是互联网虚拟社区与数字教育相结合的产物。在线社区的基本架构是一个任何人都可以发布内容的信息系统，其原型是基于互联网传播的、开放的电子公告板和网络日志。以教学为功能的在线社区发布的内容主要围绕某一主题展开，用户是具有某种共同学习需求的人群。一般来说，一个基本的在线学习社区应该包括以下三个核心部分：首先是内容，围绕某一主题的信息、文章、新闻或者话题；其次是讨论区、新闻组或电子邮件系统，这样才可以保证社区成员能够接收和反馈非即时发布的信息；最后是在线聊天功能，以便用户即时交流。

内容和用户是在线社区的两大核心资源。一个成熟的在线学习社区不仅需要

---

[1]Encyclopedia Britannica[EB/OL]. http://www.britannica.com/EBchecked/topic/130589/ computer-assisted-instruction-CAI. 2012-03-20.

有优质的内容资源作为支撑，还应该有一定规模的注册用户和具有较高参与度的核心用户。在线社区研究者 Amy Jo Kim 在其 2000 年出版的 Community Building on the Web[1] 一书中提出过在线社区会员生命周期（membership lifecycle of online communities）的概念，她根据在线社区用户参与社区程度的不同，将其划分为五个生命周期：旁观者或潜水者（Peripheral 或 lurker）、参与者或菜鸟（Inbound 或 Novice）、完全进入者或活跃用户（Insider 或 Regular）、管理者或领导者（Boundary 或 Leader），以及退出者或老手（Outbound 或 Elder）。运作在线学习社区不仅需要不断吸引新的旁观者加入发言，进而全面参与社区活动，还需要将普通参与者发展为管理员和领导者，以带动社区活跃度。

作为成立时间最早、用户最多的语言学习在线社区，沪江网（www.hujiang.com）下属的沪江部落（bulo.hujiang.com）具有相当影响力。截至 2012 年 4 月，沪江部落已经有注册用户 1 130 万，被称为"最具亲和力的原创英语学习网站"。自创立以来，沪江部落一直坚持"互动与创新"的特色，致力于让枯燥的语言学习变得轻松。注册会员可以在沪江部落上参加语言学习小组讨论（即相应主题的子论坛），通过发送站内短信息向版主、管理员或者"语言学习达人"提问更新自己的状态（碎碎念），写学习日记和好友交流心得（日志），参加每天举行的听写训练及比赛（听写酷），订阅适合自己的多媒体学习资源（节目单），在线全网查词和鼠标划词查询（小 D 词典）。全论坛的 20 项服务、8 种语言学习功能、每天更新的学习资料、实时在线的专业辅导，满足了不同学习者的各种各样的语言学习需要。

在提高论坛用户黏性方面，沪江部落采取鼓励每天登录用户"打卡"以赚取"沪元"[2]、制定"21 天"学习计划、奖励勋章等方式吸引用户重复登录沪江网，提高其依赖度和忠诚度。在论坛内容建设方面，沪江部落采取的是内部编辑原创加用户贡献相结合的方式整合优质内容资源。一方面，沪江网有自己专业的语言专家团队和网站编辑人员，保证网站内容的原创性。另一方面，网站鼓励广大语言学习爱好者自发贡献内容，上传音频、视频，但编辑会对用户贡献的内容进行必要的把关和审核。

除了较高的用户黏性和优质的网站内容，沪江部落和沪江全网成功的原因还在于持续的创新能力和一直以来以用户需求为中心的发展策略。2004 年，沪江首创将 VOA 及 BBC 英语听写、美剧英语学习、听歌学英语等优质内容引入在线学习社区；2006 年，沪江博客将英语电台、沪江日语电台、沪江法语电台、朵朵校园广播等四大"沪友"[3] 原创电台节目，大量外语歌曲翻唱知名网友均入驻沪江

[1] Amy Jo Kim. Community Building on the Web：Secret Strategies for Successful Online Communities[M]. London: Peachpit Press，2000.
[2] 沪元：即沪江网全网通用的虚拟货币，用户既可以通过参与论坛在线活动，如每天登录、参加听写比赛赢取奖励等方式获得，也可以通过购买获得，虚拟"一沪元"等于人民币"一元钱"．
[3] 沪江网的用户称自己为"沪友"．

播客；2010 年，又推出"开心词场"、"沪江英语听说读"等 iPhone 和 Android 手机应用……可以说，沪江网自成立以来，一直引领着国内互联网语言学习的前沿。也正因为如此，沪江网不仅在国内广受欢迎，还拥有相当规模的海外用户，在国际上也具有一定的影响力，同时也获得国内外数家知名投资基金的多轮千万美金投资，资金实力雄厚。

　　通过分析国内外成功案例和失败教训可知，在线学习社区的成功秘诀是为其成员提供优质的内容和服务，以使其感到在社区停留付出的时间和机会成本有所回报。具体来说，就是要令社区成员对社区形成依赖，养成借助社区完成学习或者解决疑难问题的习惯。此外，要对经常登录社区的成员提供一定的奖励，这种奖励不见得一定是物质层面的，因为人们在虚拟网络上一样需要他人的认同和尊重，因此可以考虑以精神奖励激励活跃用户，比如对帮助其他成员解决学习困难的用户给予积分奖励，或者对贡献优质学习资源的用户提高其权限级别等。

7.3.3　个人移动终端

　　移动终端（Mobile Terminal），也称移动数据终端（Mobile Data Terminal），是指可以在移动中进行数据处理的设备。广义的移动终端包括移动计算终端、移动通信终端和移动娱乐终端，具体产品包括手机、笔记本电脑、平板电脑、手持阅读器、车载电话，甚至 POS 机等。但对于数字出版而言，大多数语境下人们所说的个人移动终端主要是指具有多种功能的智能手机、电子阅读器和平板电脑。一般来说，个人移动终端有两个基本特征：一个是需要一个可以显示信息和数据的屏幕，另一个是要有用于输入信息和指令，以便实现人机交互的键盘或者触摸屏。随着集成电路技术和无线通信技术的迅猛发展，今天的移动终端已经有了强大的处理能力和通信功能，将计算、娱乐和通信紧密结合，如图 7-3 所示。它不仅可以通话、编辑收发信息、拍照、录制视频、听音乐、玩游戏，还可以实现包括定位、生物信息扫描、化学元素含量测试等功能。

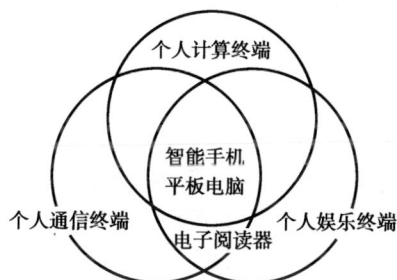

图 7-3　具有不同功能的个人移动终端

个人移动终端作为具有教育功能的载体开始逐渐被人们所关注是在最近十年，尤其是随着具有独立操作系统的智能手机的普及和 3G 网络的广泛建立，越来越多的人开始注意到手机可以作为学习辅助工具来使用。与非智能手机依靠语音、短信、彩信、WAP 等方式传播信息不同，智能手机在内容呈现和与用户互动方面具有明显的优势。通过 3G 网络下载、安装的软件和应用程序，在相应的手机操作系统平台上运行，可以实现各种强大的功能，带给用户特殊的体验。例如，安装在手机中的各种阅读软件、学习软件、电子词典等，能帮助用户随时随地进行学习。

2010 年 4 月苹果公司 iPad 的发布，标志着以往桌面计算机、笔记本电脑时代被手持平板电脑时代所替代的趋势的来临。iPhone、iPad 改变的不仅仅是人们对计算机的使用习惯，也正在改变人们的生活方式和阅读方式。学习不再是枯燥而孤独的事情，借助个人移动终端，学习成了一个社会化的、轻松有趣的过程。以 APP 为代表的应用模式有望成为新的教育出版模式。随着苹果公司 iPhone、iPad 的推出，3G 手机及 3G 平板电脑的出现，手机通信正在迅速地与计算机网络相融合，使手机与电子阅读器、平板电脑三屏合一，将深奥的知识和海量的信息以"傻瓜"的方式呈现在用户面前，极大地改变了教育出版的形态甚至是学习的面貌。

个人移动终端应用于数字教学依靠的核心资源仍然是内容，即教材及相关的内容资源。在开发基于个人移动终端的数字教学资源方面，一些小型技术公司往往能够在激烈的竞争中脱颖而出，进而整合传统教材出版机构的内容或者为出版巨头招致麾下。创立于 2011 年的 inkling（www.inkling.com）是一家专门从事 iPad 应用程序开发的软件公司，它将自己定位为"使大学教科书变得更加智能（smarter）的增值服务提供商"。与传统意义上的教材出版机构不同，inkling 并不直接与作者接触、编辑教材内容，也不占有出版内容的版权，而是对已有教材的文本、图片等内容进行数字化加工：通过编程序语句、加入音频、视频和 3D 动画、添加外部链接和互动功能模块等多种手段使其成为能够被 iPad 运行和演示的程序。iPad 用户可以先从 APP Store 里下载 inkling 客户端应用，然后通过客户端软件或者 iTunes 商店下载教材的免费章节试读，一旦用户决定购买，就可以付费下载其他章节。值得注意的是，inkling 出版的教科书是按章节定价和销售的，每章售价从 1.99 美元到 10.99 美元不等，如果整本购买，inkling 教科书比纸质版本教科书便宜 10% 到 40%。以麦格劳·希尔出版的麦康奈尔（McConnell）所著《经济学（19 版）》为例，新版纸质书售价 133.5 美元，精装书售价 188.6 美元，Kindle 电子书售价 139.39 美元，inkling 整本售价 139.99 美元，单章售价 8.99 美元。除了可以按章节分别购买，inkling 还为付费用户提供了互动交流平台和即时测试功能。读者在使用 iPad 阅读教材时，可以随时通过嵌入的 inkling 电子公告板和短消息收发功能模块，与正在使用同一本教材的其他读者进行消息互通，还可以将自己的学习心得分享到

Twitter 或者 Facebook 等社交网络。根据研究，阅读完教材篇章后立刻进行与教材内容有关测试的学生，比反复阅读同样内容但没有做测试的学生记忆的内容多 50%[1]。为了加深学习者对教材内容的记忆，inkling 在每章教科书内容结束后都加入了测试。当然，测试并不是枯燥的问答和填空，而是以多媒体的形式互动地呈现，比如在介绍脑部组织的章节结束后紧跟着一个拼图测试，学生可以滑动手指在 iPad 屏幕上拖动被打乱的脑部解剖图完成测试。inkling 不仅受到学生用户的欢迎，也吸引了国际著名风险投资公司 Sequoia Capital 和跨国教材出版商麦格劳·希尔的注意，前者先后两次向 inkling 注资，后者授权 inkling 出版其畅销教材。目前来看，inkling 运营良好，收益稳步增长，在售新书不断增加，已经在 2012 年实现赢利。

7.3.4　虚拟教室

虚拟教室（Virtual Classroom）是在计算机网络上利用多媒体通信技术构造出学习环境，可以使处在不同地理空间的教师和学生进行学习的平台。虚拟教室利用网络将物理上可能处于不同空间的"教"与"学"环境集成在一起，组织教学活动、在线讲课、实时解答，实现视频教学、同步辅导、同步测试等教学功能。

之所以被称为"教室"是因为这种类型的数字化学习平台与教室这种传统意义上的教学场所有一定的相似性：两者都是为学生和教师提供了一个同时学习、进行教学的场所，不同的是传统教室需要学生和教师聚集在一个物理上的共同空间，而虚拟教室则允许学生和教师处在异地，通过网络，利用多媒体通信技术进行学习。与在线学习社区、个人移动终端和其他类型的计算机辅助教学有所不同，虚拟教室强调的是教学过程的同步性，即要求学习者和教师同步在线。虚拟教室作为计算机技术、多媒体技术、数字压缩技术、网络通信技术等多技术、多学科、多领域融合交叉结合的产物，彻底改变了数字教育人机互动的局限性。学生面对的不再是计算机屏幕上由像素点构成的图文信息，而是通过视频或者网络摄像头传送到屏幕前的"活生生"的人——老师和其他学习者。不同学习者之间、学习者和教师之间，这种双向的即时互动营造出一个"面对面"的教学氛围，既摆脱了传统教学对统一学习地点的要求，又保持了人与人之间的互动性。因此，虚拟教室是一种真正完全突破空间限制的学习模式。

从其构成来看，虚拟教室可分为内容资源库（也称教学资源库）、在线讲授平台（也称创作平台）、网络传输系统（如可以支撑视频会议的网络和服务器集群）、

---

[1] Pam Belluck. To Really Learn, Quit Studying and Take a Rest[EB/OL]. http://www.nytimes.com/2011/01/21/science/21memory.html?pagewanted=all. 2012-03-24.

用户终端（如带有网络摄像头和语音传输系统的个人计算机）几个组成部分。其中，内容资源库和在线讲授平台是虚拟教室的核心，网络传输系统和用户终端为虚拟教室提供技术支撑。因其在超越地域限制和面对面沟通方面的优越性，虚拟教室在跨国公司内部培训市场得到了广泛的应用。

培生虚拟学习平台（Pearson Virtual Learning, www.pearsonschool.com）是全球最大的教育出版跨国公司培生教育集团（Pearson Education）与美国佛罗里达虚拟学校（Florida Virtual School）[1] 共同建立的、为全球幼儿园到高中阶段（K-12）学生服务的虚拟教室。2007—2011 年，培生虚拟学习平台平均每年为超过 10 万名学生提供了在线学习资源和一对一的学习指导，数百所美国中小学借助该平台定制了符合自身需求的虚拟教室服务。2009 年和 2010 年，培生虚拟学习平台连续两年获得了美国软件协会（Software and Information Industry Association）评出的"最佳虚拟学校解决方案奖（CODiE Award Winner for Best Virtual School Solution for Students）"[2]。

除了优质的内容资源，与其他虚拟教室相比，培生虚拟学习平台的优势在于以下两方面：一方面是针对不同的学校和学习者专门设计个性化的虚拟学习解决方案；另一方面是利用多种手段激发学生兴趣，真正做到了让学习趣味化、生活化，更加贴近学生。除了依托佛罗里达虚拟学校成立 20 年来积累的丰富教学资源向学生提供高质量的内容，培生虚拟学习平台还为不同的学校提供量身定制的数字教学服务。通过建立数字教学管理系统、将学校已有教学内容电子化等方式，培生让学校的日常教学变得更加方便、简单。老师不仅可以将课程内容、家庭作业等信息发布在平台上，而且还可以利用平台制订教学计划和编写课堂练习。学生利用学号登录平台后就可以进行在线学习，完成作业练习并与其他同学讨论，如果遇到疑难问题，还可以通过视频电话向教师请教。这种针对每个学校单独设计的在线教学服务受到了许多教学机构的欢迎，使培生的虚拟学校在美国甚至加拿大广受欢迎。

针对数字环境下学生学习方法的变化，培生虚拟学习平台还开发了智能手机应用、iPad 版客户端等功能，让学生随时随地可以利用手边的个人设备进行学习。例如，培生教育集团和佛罗里达虚拟学校联手将"美国历史"这门小学基础课的教学内容开发成 iPad 和 iPhone 游戏，让学生以角色扮演的方式"参与"到历史事件的模拟中，通过游戏关卡回答问题、学习历史知识点。与此同时，老师和家长也可以通过互联网和学生进行联机互动，以游戏角色的身份给予学生指导。该应用一经推出就获得了广大学生、老师和家长的欢迎，真正做到了寓教于乐。

---

[1] 佛罗里达虚拟学校（Florida Virtual School，FLVS）是全球领先的、为全美国幼儿园到中学阶段的学生提供免费在线学习资源的非营利性平台.

[2] 数据来源：www.pearsonschool.com/index.cfm?locator=PS12Fz.

7.3.5　电子书包

如 5.2.1 所述，电子书包是一种整合了文本、音频、视频、动画等不同类型的数字化教学内容，需借助终端阅读设备阅读的资源包。电子书包主要应用于教育出版领域，是数字教育出版产品的重要类型。其中，数字化内容与阅读终端是其核心构成要素。电子书包就外在载体而言，与一般意义上的个人移动终端并无二致。但是，真正意义上的电子书包又与一般意义上的电子阅读器和个人计算机不同，从其功能来看不是简单的平台+终端的组合，而是以学生（尤其是中小学生）为主体，基于网络传输的数字化教学资源，以笔记本电脑、上网本电脑、平板电脑等信息终端为载体，涵盖课程教材、上课讲义、作业辅导和考试测验等内容功能模块的平台。真正意义上的电子书包应融合数字化的教材内容、课程设计、教学资源、教学成果测试系统、课堂讲义、教师解答，以及家长、学生和教师之间互相交流等多种功能。

电子书包是数字出版产业的一个重要领域，世界各国都十分重视发展电子书包。比如，新加坡于 1999 年就开始在其中小学校园大规模推广电子书包，欧美等发达国家也大力发展电子书包。我国近几年也在大力推进电子书包的应用，并于 2011 年率先在上海虹口区试点。但是，与美国电子书内容嵌入通用个人移动终端的趋势不同，中国电子书包厂商倾向于开发专用的硬件来承载教学内容。汉王是国内相对较早开发电子书包载体的技术公司。2011 年上市的汉王电子书包从外观上看是一款可旋转成平板状态的 10 英寸屏幕电脑，同时还带有键盘和手写输入功能。汉王电子书包采用英特尔的硬件平台基本架构，采用凌动嵌入式处理器。汉王电子书包预装了可以打开电子课本且支持做标记和注释的阅读软件 Foxit，课程学习辅助系统、朗文当代英语高级词典，以及其他辅助的功能增强型软件（如手写输入软件、画图软件）等。通过电子书包内置的无线上网模块，使用者可以通过 Wi-Fi、WLAN 等方式接入互联网，收发信息、浏览网页、提交作业和讨论问题。为了防止中小学生使用电子书包上网玩游戏，汉王还预先安装了一个家长管理软件，家长和老师可以通过该软件来精确控制孩子使用电脑的时段，还能够屏蔽特定的网站、游戏和软件，使电子书包不具备普通电脑的网页浏览功能。将数字化以后的教材内容导入到汉王电子书包中，学生就可以利用屏幕阅读，用手写笔输入和做标记，教师可以通过电脑控制学生电子书包的显示画面。学生们用电子书包完成作业后，系统会自动统计出数据，教师可以迅速而直观地掌握全班学生的情况，同时，如果需要查询某一名特定学生的作业，直接点击学生的名字，该生的答题情况就一目了然。2012 年，汉王被重庆江北区教育信息化项目选为硬件支持方，汉王电子书包走进了重庆江北区徐悲鸿中学等首批六所试点小学，成为了学生们课本和书包的替代品。

虽然我国这几年一直在力推电子书包的发展，政府制定了多项支持政策，国内许多厂商也纷纷开展电子书包业务，但就目前的推广情况来看，电子书包在国内市场上的认可度还不尽如人意，主要有以下几方面的原因。

（1）电子书包不仅仅是形式上取代传统书包，还是基础教育教学方式改革的一个缩影。电子书包在中小学的推广，需要教育方式、相关管理制度、教师教学模式和家长观念的配合，而这正是目前我国电子书包发展条件中所欠缺的。

（2）就电子书包产业而言，电子书包行业缺乏技术标准和行业规范，市场上各式各样的电子化教学辅助产品纷纷以电子书包自称，一些厂家甚至将原有的掌上学习机改头换面以电子书包的噱头再次进入市场。而由于缺乏教材内容的支持，即使在技术上已经满足了功能需求，连汉王这样的市场领军者也只敢将自己的电子书包定位为教学辅助产品，离真正提供教材阅读的电子书包还有一定的距离。不能提供完整的教学内容和学习系统，电子书包就和其他的电子教学辅助设备没有任何区别。

（3）电子教材是否能够完全取代纸质教材这一影响到电子书包市场发展的关键问题目前还处在激烈的争论中。许多教师和家长都认为电脑在中小学教育中的作用被夸大了，商家对概念的炒作和相关部门的盲目推广难以掩盖电子教材的不足。尤其是在小学阶段，学生还是应该以纸质图书为主要学习载体。

要实现电子书包的全方位辅助教学功能，需要教育服务提供方、教学内容生产商、终端提供商、电信服务商、教育主管部门等各个相关方面的通力合作。与一般电子图书相比，电子书包的产业链更加复杂，不同地区在教材教辅使用上的差异性十分明显，加上从内容生产到课堂使用，任何一个环节一旦出现问题，就会影响整个学校甚至整个地区的教学活动，因此对售后服务要求更高。正因为电子书包的推广和普及面临许多实际困难，使得现阶段电子书包在我国中小学的应用还处于试点阶段。

▎ 7.4 数字教育出版的技术应用

数字教育出版发展需要相关技术的支持，无论是传统教育出版物的数字化还是基于网络环境和远程虚拟教学全新开发的电子教学内容，都要依托技术手段和相关设备才能得以实现。出版不仅仅是对内容的加工和生产，还包括传播和扩散，从这个角度来看数字教育出版所涉及的技术相当广泛，既有通信技术，又有信息管理技术，还需要用到数字媒体技术与数字内容保护技术。澳大利亚学者 David F. Radcliffe 从实现功能的角度将开展数字教育所需要的支持性技术分为四种类型：通信技术（Communication Technology）、协调技术（Coordination Technology）、共享技术（Sharing Technology）和管理技术（Management Technology）[1]。接下来，我们将借鉴 Radcliffe 的分类，对数字教育出版所应用到的主要技术做一个简单的梳理，并就当前数字教育出版的内容创作、复制传播、教学应用所涉及的几种主要技术做概要性介绍。

7.4.1　远程教学通信技术

数字技术给教育出版带来最大的变革是使教材内容得以借助计算机等电子设备实现远距离传输，使教学活动可以突破地域限制、实现异步进行。教学内容以数据的形式在计算机与计算机之间或计算机与终端设备之间进行信息传递，局部地区甚至全世界范围内的学生可以通过计算机和网络进行同步或者异步学习。

数字教育出版所应用的远程教学通信系统与其他数据通信系统一样，主要由数据终端设备、中央计算机系统、数据电路三部分构成。数据终端设备是产生数据的数据源和接收数据的数据宿；中央计算机系统负责处理经由终端设备输入的数据信息，并将处理结果向相应的数据终端设备输出，一个中央计算机系统可以对应多个不同的终端设备；数据电路位于终端设备和中央计算机系统之间，为数据的传输提供了通道。在数字化教学进行的整个过程中，教材、课件、讲义、教案、教师的课堂讲授等内容首先被加工制作成数字化的形式，比如将教师的课堂讲授录制成数字信号的视频，将教材文字和图画转化成不同格式的网络文档等。接下来，通过一定的终端设备，将上述数字化的教学资源通过通信线路上传到中央计算机系统，如数字化教学平台的后台服务器。然后再通过网络平台和传输通道，向处在不同地区的学习者所持有的数据终端进行传输。数据终端在接到这些以代码表现的数据信号后，再对这些信号进行解码并转化成学习者可以理解的文字、声音、图像、动画等媒体形式，通过屏幕、音箱等外接设备显示出来，供学习者阅读、聆听、观察，从而进行学习。

随着互联网的普及和信息传递速率的提高，近年来基于 Internet 的即时通信方式在教育数字化领域得到了广泛应用。与传统的通信方式相比，即时通信可以实

————————

　　[1] David F. Radcliffe. Technological and Pedagogical Convergence between Work-based and Campus-based Learning[J]. Educational Technology & Society，2002，5（2）：88-93.

现信息的即时传递和用户的交互,并可将音频、视频通信、文件传输及网络聊天等功能融为一体,为远程教学提供了一种新的可能,不同地区的学习者和教师可以在同一时间参与到统一教学过程中来,真正实现了学生与学生之间、学生与教师之间不受物理距离限制的零距离即时交流。即时通信涉及 TCP/IP、P2P、C/S、多媒体音/视频编码/解码/传送、Web Service 等多种技术应用,其技术原理主要是客户/服务器通信模式和对等通信模式。

远程通信技术的应用,使图片、文字、视频得以实时传播,处在不同地区的学习者和教师可以通过在线视频、网络电话等工具进行交流,借助多点触碰的高清晰大尺寸显示屏,处在地球两端的教师和学生可以真正实现"穿越空间"的面对面教学。美国伊利诺伊大学贝克曼研究所成像技术实验室(Beckman Institute's Imaging Technology Group)[1] 发起的"虫虫显微镜计划"(Bugscope, www.bugscope.beckman.uiuc.edu)就是远程教学通信技术在幼儿园儿童到 16 岁青少年生物学启蒙教学当中的杰出运用。"虫虫显微镜计划"的目的是激发儿童和青少年探索昆虫世界的兴趣,让孩子们有机会利用最先进的电子显微镜探索大自然的奥秘。无论在世界的哪一个角落,只要有可以浏览网页的计算机和互联网,孩子们就可以在教师和家长的帮助下在"虫虫显微镜计划"网站注册并申请使用电子望远镜,向科研人员和专家提出自己感兴趣的问题。孩子们可以把从自己家花园、湖边、树林等任何地方找到的昆虫寄到伊利诺伊大学的"虫虫显微镜计划"总部。一旦昆虫寄到,"虫虫显微镜计划"就开始启动:工作人员将对收到的每一只昆虫进行编号、解剖并制作标本、启动电子显微镜进行观察并将显微镜观察到的图像抓取下来,进行标注,并连同对寄送昆虫者所提问题的回答一并传送到网站服务器上。寄出昆虫的小朋友可以随时登录网站查看工作人员对昆虫样本的处理进度,一旦显微图像制作完成,他们就可以及时观察到电子显微镜下的昆虫,并得到专业人士对自己所提问题的解答。此外,"虫虫显微镜计划"网站上还有专门的讨论区,每周都有昆虫学家在讨论区与中小学生进行在线交流,回答他们提出的各种问题。

此外,教师还可以以班级为单位注册账户,给伊利诺伊大学寄去昆虫,并申请专家以在线视频直播的形式面向整个班级的学生进行讲解。例如,2012 年 5 月 14 日,美国东部时间上午 8 点 30 分到 9 点 30 分,新泽西州的迪尔福德小学(Deerfield elementary school)二年级一班的 21 名学生就在生物课堂上通过教室里的计算机大屏幕与伊利诺伊大学联线,上了一堂关于"蝴蝶身体构造"的在线课程。通过"虫虫显微镜计划",全班同学看到了电子显微镜下由他们自己捕捉到的蝴蝶的身体构造。

---

[1] 美国伊利诺伊大学贝克曼研究所成像技术实验室的主页:itg.beckman.illinois.edu.

7.4.2　教学信息管理系统

教学信息管理系统既是校园信息管理系统的一个组成部分，又是实现数字化教学的必要保障和前提条件。一个完整的教学信息管理系统应该包括师生信息维护、学习管理、学习辅导、信息查询等功能。教学信息管理系统服务的对象主要是教师和学生。面向教师，系统应该设置教师个人信息更新和维护、课程内容及相关信息的上传和发布、学生选课情况查询、课表查询、成绩录入和发布等基本功能；而针对学生的需要，系统应该设计学生个人信息维护、选课、下载课件资料、查询成绩、教学质量评价等基本服务模块。开发教学信息管理系统不仅需要数据库建设、网站制作和网页设计等技术的支持，更需要丰富的信息、内容和资源，以及简单易用的用户体验。

一般来说，师生的个人信息可以通过师生登录系统后自行录入。以教师为例，登录教学信息管理系统以后，可撰写个人简历、教学日历、本人照片、联系方式等资料，并且随时更新。数据库后台对这些资料进行收集、加工和处理后汇总成全校的师生信息资料，按照年级、班级或专业分类维护和管理。学生的考试成绩、平时表现等情况由教师量化评估并录入到系统中，供学生查询。同样的，学生也可以通过系统对教师的教学质量进行评价和打分。此外，教师还可以将教学课件和相关学习资料发布到系统平台上，如有临时调换课程、上课时间发生改变的情况发生时，教师可以通过系统发布消息并通知学生，学生可以在第一时间收到相关信息。

荷兰莱顿大学[1]计算机网络系统（Universititeit Leiden Computer Network，ULCN），是 2010 年正式上线投入使用的基于互联网的教学信息管理系统。莱顿大学全校近 25 000 名师生员工可以从统一的主页经由学生、教师和员工三个不同入口登录到 ULCN 系统，分别根据各自的需要使用系统的不同功能。以学生模块为例，ULCN 设置了电子邮件收发（uMail）、电子黑板公告（Blackboard）、个人信息维护（uPrefes）、远程教室（uSis）等功能。上述功能模块让学生一次登录系统后就可以使用莱顿大学的电子邮件系统收发邮件；查看电子黑板公告上发布的全校课程信息，并进行选课、评课等功能操作；下载教师发布在系统中的课件、文档以及视频、音频等资料。如果在学习中遇到问题，学生既可以在与课程相关的版块用发私信、发邮件、给教师留言的方式向教师请教，又可以通过即时消息工具与在线的其他同学和教师展开互动交流。除此之外，ULCN 还集成了莱顿大学

---

[1] 荷兰莱顿大学：成立于 1575 年，是欧洲持续运作历史最悠久的大学之一，也是欧洲大陆声望及学术地位最高的综合类研究型大学，享有极高的国际声誉.

数字图书馆的检索查询功能，登录系统以后系统便默认为用户同时也登录了大学图书馆，教师和学生可以一边使用该系统学习，一边检索图书馆的馆藏，通过数字图书馆搜索电子文献。如果教师在其发布的课件中提及参考文献或者参考书目，可以通过一个简单的操作链接到图书馆目录，这样一来，学生就可以通过一次点击查询到文献所在的虚拟或物理位置。

ULCN 系统的教师功能模块设计也有其独到之处。首先，ULCN 满足了教师从备课到录入学生考试成绩的几乎所有需求，利用该平台，教师不仅可以组织、管理和保存自己所授课程的相关资料并选择性地供学生开放获取，还可以在线评阅学生提交的论文、作业、实验和设计并给学生打分。学期末，UCLN 会根据教师预先设定的培养方案和教学大纲为每位学生生成一份反映该生学习进度及考试分数的成绩单，既为教师免去了期末评卷打分的辛苦，又使整个考核过程一目了然，真正做到公平公开。上课之前，教师既可以通过 ULCN 系统上传参考书目和相关资料，并通过短消息群发的方式通知每一个学生登录系统下载资料；还可以通过该系统直接给学生的邮箱发送相关资料。不仅如此，绑定了手机的学生还会收到一条 ULCN 系统发出的短信，提醒收到教师发的课程资料。更加方便的是，作为一个开放的教学信息管理系统，ULCN 还添加了 Facebook、Twitter、教师的外部个人博客和邮箱等链接，帮助教师更加方便地维护分布在互联网不同位置的教学相关信息。

7.4.3 教学内容数字化技术

教材的创作、编辑、制作成本高、周期长，不仅印量大，而且在制作过程中往往采用丰富的色彩、精心制作的版式并要辅以大量的习题、提示及各种补充材料。对任何一个出版商来说，出版教材都是一笔风险极高的巨大投资，一旦出版的教材遭盗版或者仿冒，将给出版商带来难以弥补的巨大损失。此外，即使教材受到市场认可，其按时按量出版和发行也是不小的挑战：教材的消费具有鲜明的季节性特点，能否在适合的时间将足够量的教材交到学生手中将决定教材出版的成败。数字时代的新兴出版技术将解决其中的许多问题。在显示屏幕上，不同的色彩由不同的数字表示，图片和文字的区别也仅仅是像素点排列的不同而已；篇幅的长短也不是问题，因为电子书的制造成本不随图书厚度的增加而增加（尽管编辑成本和设计成本会有所增加），即使篇幅最长的教科书也不会增加学生已经超重的书包重量[1]。并且，电子书可以利用数据库检索来

[1，2]（美）威廉·E·卡斯多夫. 哥伦比亚数字出版导论[M]. 徐丽芳，刘萍，译. 苏州：苏州大学出版社，2007：97.

提高学习效率、建立外部资源链接来扩大知识范围，还可以利用多媒体加强显示效果。

将教材内容数字化涉及多种技术，其中最核心的是标记技术，因为标记有助于识别和命名给定内容的各个部分及其特征，它提供了一种方式来标注、描述和界定出版内容，从而使其转化为计算机可以理解、分辨和处理的信息。20 世纪 90 年代以来，互联网的出现创造了相对简单却使用广泛的超文本标记语言 HTML，进而演化出了更加灵活、功能更加强大的可扩展标记语言 XML。借由这些标记语言，人类语言和文字可得以转化为计算机理解的结构和形式，经过浏览器显示出来并在网络上广泛传播。一本具有书名、文字图片内容、页码、索引、分不同章节的纸质版本教材通过标记和网络编程，可以被浏览器显示，并且保留原有纸质版本的格式，甚至通过内外文件的互相链接、嵌入等实现教材内容展示的优化，使学习者可以更加直观、生动地学习和掌握教材内容。

将文档数字化并将它们放置在网络上还算不上是真正的数字出版，真正的数字出版是有关如何组织内容，确保它含有丰富的元数据，以及在内容与内容之间建立语义链接的问题[1]。这不仅要求我们输入的信息是计算机可以阅读的，更需要计算机理解数据并帮助我们处理这些数据。语义处理技术正是帮助我们将文档网站转化为数据网站的技术，语义处理技术和网络服务协议可以让计算机帮助我们整理、辨别和理解网络上浩如烟海的数据信息。今天，语义处理技术在数字出版、数字图书馆领域得到了广泛应用，许多基于语义网技术架构或语义搜索技术的出版平台、检索平台和应用平台逐渐进入人们的视野。例如，学术出版领域的 Scopus、Web of Science 等网站利用数据抓取集成方式为读者提供文章引用量、订阅量等信息，帮助读者评估出版内容的价值；大众出版领域的 Flipboard、Zite 等增强型阅读终端能够理解读者的兴趣偏好，并且向读者推荐文档。

对于人文社会科学领域的高等教育来说，教学内容数字化应用有着特殊的意义。众所周知，与自然科学和工程技术领域依赖期刊论文传播信息知识不同，人文社科领域的知识传播大多采用图书这种载体。随着近年来各大学研究性图书馆普遍遭遇 "期刊危机"[2]，可用于采购学术专著的经费不断被缩减，传统图书出版这种模式因为市场购买力不足，越来越难以为继。这种情况下，制作数字化人文社科专著并通过网络进行传播推广就凸显出特殊优势。美国布朗大学意大利学专业下属数字人文实验室（Italian Studies Department's Virtual Humanities lab at Brown University）开发维护的《十日谈》网（Decameron Web）[3] 就是教学内容数字化技

---

[2] 20 世纪 80 年代以来，以美国为首的发达国家陷入经济滞胀，国家缩减教育科研开支，图书馆采购经费不足，加之主要学术期刊纷纷涨价，引发了 "期刊危机".

[3] www.brown.edu/Departments/Italian_Studies/dweb/index.php.2012-04-23.

术在人文领域的应用范例。

《十日谈》网是一个专门研究 14 世纪意大利作家薄伽丘经典作品《十日谈》的学习性网站。布朗大学意大利学专业的师生历经三年时间，将《十日谈》这部西方文学、艺术、思想史上的经典作品的意大利语、拉丁语、英语的优秀译本全部标记后上传到基于语义技术架构的网站上，同时将不同时期译本中出现的地图、插画以及世界各地与十日谈主题相关的艺术作品以数字形式嵌入到网页中。读者登录网页，可以阅读《十日谈》原文，同时对照英语译文进行全文检索，遇到地名人名还可以点击进入到专门的名词解释页面。网页版《十日谈》保留了各个译本原书中的插图和地图，并且对其进行了数字化修复和还原，读者可以点击放大这些艺术珍品，进行近距离的仔细观赏。

除了对原作的数字化多媒体呈现，该网站还用开放的应用程序结构及浏览器插件对原著文本进行语义增强和信息整合。例如，当用户把光标放在特定的文字段落上时，网页浏览器会出现一个新的小窗口，显示来自外部数据库的相关信息资料，如储存在其他平台上的已有研究论文。由于《十日谈》涉及不少宗教背景和中世纪意大利地理、历史、文化背景知识，给学习者造成了困难，所以在网站中对这些知识进行解释非常有必要。此外，网站还设置了主题讨论区，帮助学习者在网站上进行互动交流，在对已有著作和文章进行学习讨论的同时，这些讨论区里的内容又形成了新的知识。最重要的是，该网站的全部内容都是免费开放的，世界任何一个角落的学习者，只要想了解《十日谈》这部伟大的作品，都可以通过计算机和互联网登录该网站进行学习。

7.4.4 基于 Web2.0 的教学内容组织技术

Web2.0 这一概念出现于 21 世纪初资本市场上互联网公司泡沫的破灭。随着互联网公司股价大跌，一大批互联网公司陷入危机甚至关停倒闭，并由此引发了股市的动荡和衰退。就在人们高呼互联网经济已经崩溃的时候，一些新程序和新网站涌现出来，获得了广大互联网用户的青睐。于是有人指出，互联网不仅没有崩溃，反而比以往更重要。分析这些新兴的程序和网站，不难发现，它们与传统的互联网应用相比，都具有一个共同的特征：注重用户自身对互联网的参与和分享。原先以浏览网页、获取信息为主的互联网消费方式，变成了现在的用户参与信息组织、随时随地分享各种观点和信息的互联网"创新民主化"使用过程。人们将这种用户参与网站内容制造和注重交互性的互联网站和应用称为Web2.0。而实际上，Web2.0 与 Web1.0 之间并没有绝对的界限，Web2.0 技术可以成为 Web1.0 网站的工具，一些在 Web2.0 概念之前诞生的网站本身也具有Web2.0 特性。

直到今天，Web2.0 仍然没有一个被广泛认可的定义，不少互联网公司从经济利益出发对 Web2.0 进行营销意义上的炒作，使这个本就在讨论中的概念更加令人困惑。我们认为，Web2.0 本质上是一种新的理念，这种理念的核心是用户参与内容组织和基于互联网技术的信息分享。虽然缺乏科学的定义，但是目前有不少基于 Web2.0 理念开发的典型技术、应用和网站已经获得了广泛的认可。这些技术和应用包括博客、微博、RSS 订阅服务、用户贡献内容的百科全书、视频共享网站、用户自定义标签、即时信息、社会化网络、评论和评分，等等。

如今，这些 Web2.0 技术已经被广泛应用到电子出版和数字化学习领域。在上述两个领域交集的数字教育出版实践中，Web2.0 已经占有了重要的位置，起到了引领颠覆性创新的作用。在 Web2.0 环境中，学习已经不再是特定环境中特定集体的程式化教与学的过程，也不再是学习者闭门造车式的苦心孤诣，而已经成为了社会化的过程。从这一角度来看，前文所提到的远程教学通信技术、教学信息管理系统、教学内容数字化技术都或多或少与此处描述的 Web2.0 技术环境有关。但是，我们仍然将基于 Web2.0 单独提出来讨论，原因不仅在于 Web2.0 在今天的数字出版和数字教育领域的地位已经不可小觑，更在于未来的数字教育出版产业中，Web2.0 的理念、技术和产品，将发挥更加重要的作用。

维基空间（wikispace, www.wikispaces.com）是一个基于互联网的开放式多人协作工具。截至 2012 年 4 月，维基空间这个由 11 名网络工程师在硅谷创立的互联网分享平台上，已经有接近 400 万个个人用户和 300 余个机构用户注册并创建了自己的维基页面。用户只需要通过邮箱即可注册，登录维基空间后可以用所见即所得的方式在网络上进行创作、浏览、修改和发布任意内容。允许发布的内容不仅包括文本、图形图像，还兼容视频、音频、外部链接等。与运用 HTML 等专业而复杂的标记语言相比，维基空间通过简单标记、直接以关键词来建立链接，用所见即所得的方式创建内容。因此几乎不需要网页制作和编写程序的专业技能，人人都可以在维基空间上建立自己的动态开源页面。网页一经建立，不仅内容可以随时改动、浏览者可以参与内容修订；而且页面可以增长，页面修订的历史也会被系统自动记录，任何访问该页面的用户可以清楚地观察到系统内的变动。创建人可以对自己在维基空间里创建的页面进行权限设置，决定该页面是否对公众公开、或者对特定的群组成员公开，通过授权，群组内的成员可以任意创建、修改或删除页面。

维基空间分别为幼儿园到高中（K-12）和高等教育两组用户提供了不同功能的写作页面和相关工具，其中每个组还分别设置了教师和学生两个不同身份的入口。针对有可能不熟悉网页内容创建操作的青少年用户，维基空间的写作页面设计得较为简单，并且为他们的写作提供了必要的演示和帮助。教师可以利用维基空间进行备课、发布教学内容并和学生共同使用维基页面进行交流。借助简便、易用、开放的维基空间,作为页面写作者的学生和教师自然构成了一个网络群组,这个群组内的所有成员不仅可以共享某个领域的知识,而且还可以为该领域不断贡献新的知识。

7.5 数字教育出版的内容加工

今天我们所掌握的技术,已经满足了将已有内容数字化和依托互联网平台创作、发布数字化内容的需求。当人们将原先以纸质版本承载的教材、教辅声情并茂地以多媒体形式展现出来时,才发现仅仅实现内容的数字化还不够,还需要对如何让教师和学生以合理的方式获得和使用这些内容、如何使用数字内容进行教学效果评估等一系列问题进行考量。从广义上看,数字教育出版内容管理是指以数字化方式对教学内容进行生产、复制和传播的过程。数字教育出版的内容管理既是创造价值的过程,又是数字出版教学的内容解决方案,还是贯穿数字教育出版产业链的主线。从流程来看,数字出版内容管理分为三个阶段:创建或者获得内容、加工内容、发布或者上传内容,中间的内容加工环节是数字教育出版生产活动价值增值的核心部分、是数字技术嵌入教育出版并发挥其优越性的关键环节,主要可以分为教学内容维护、教学方法设计、教学效果评估等部分,如图 7-4 所示。

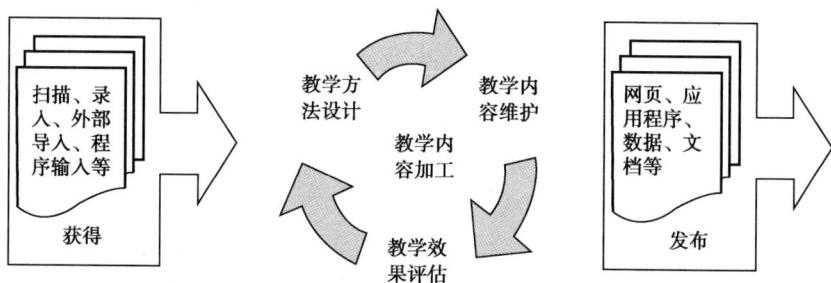

图 7-4 数字教育出版的内容管理

7.5.1 教学内容维护

对教学内容维护可以从优化和更新两个方面来进行。教学内容优化可以使课程教学内容之间相互呼应,将教材知识与学习者认知结构中已有的观念相结合,帮助学习者构建系统的知识体系;教学内容更新可以弥补教材由于编写、审定等原因导致的出版周期过长,落后于科学技术和社会政治经济发展、难以及时反映当下社会现实的不足。

　　数字出版技术为传统教学内容的优化和更新提供了便利的手段，使教学内容不仅更能及时反映社会生产力、政治、经济、文化的发展；而且与教师、学生、教学目的、教育观念等其他相关教学要素之间具有更好的适应性；更重要的是，数字出版技术最大限度地拓展了教学内容，使其具有超越文本的、与学习者个性相符合的特征。具体来看，数字出版技术从教学内容的采集、选择、组织、呈现和学习者知识网络建构这五个方面为教学内容的维护提供了支持，如图 7-5 所示。

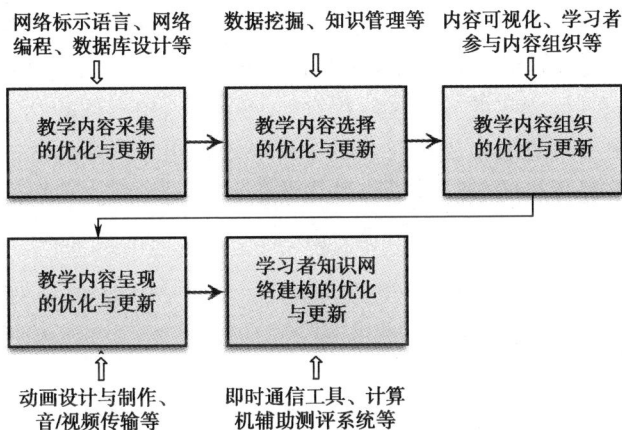

图 7-5　数字教学内容维护

7.5.2　教学方法设计

　　所谓教学方法设计，就是围绕一定的教学目标，依据教学内容和学习者认知特点，设计教学要采用的策略、方法及其组合[1]。在信息技术迅猛发展、知识更新日益加快的今天，教学领域正面临着方法改革的巨大挑战和机遇。由于作为保证教学方法得以有效开展重要条件的教学手段发生了变化，数字环境中的教学方法与以纸质教科书为知识载体、以师生面对面课堂讲授为知识传播形式的传统教学方法应有所不同。高科技手段的应用使教材、教辅、学习资料的配置得以不断更新，使学生始终处于所学知识的前沿，保持强烈的求知欲。互联网在教育领域的广泛应用，极大地强化了学习者的主动学习意识，培养其创造性和批判思维；扩展的教学空间和开放的教学资源使书本不再是知识的唯一来源，教师掌握的知识和信息不一定比学生丰富，这就要求数字时代的教学方法设计要以学习者为中

---

　　[1] 李剑萍. 大学教学论[M]. 济南：山东大学出版社，2008：89.

心，满足其个性化需求。

基于数字技术和网络传播环境的教学方法设计是数字教育出版首先考虑的重要环节，它的内容结构不仅包括教学过程各个阶段的方法，如教学理念、目标、原则、程序、手段、策略等。同时，数字化的教学方法不囿于课堂教学，还包括学习者置身于家庭、社区时的家庭教育方法和远程教育方法。数字化教学方法设计的特色在数字教育出版物上体现为互动性、体验式和个性化。与传统出版物相比，数字出版物能在教学过程中让学习者亲身感知、理解、验证教学内容，从而更有效地发现知识、理解知识、掌握知识，解决实际问题。体验式教学法的支持者们认为："阅读的信息，我们能记得百分之十；听到的信息，我们能记得百分之二十；但所经历过的事，我们确定记得百分之八十。"[1]数字技术使原本抽象、难以理解的知识以可视化的方式展现出来，甚至加入用户体验功能。例如，在学习细菌这种肉眼不可见的微生物时，学生可以通过电子书页面的放大功能观看三维动画；而在学习飞机驾驶这种操作性很强的技能时，学生可以通过模拟机舱体验操作全过程。

7.5.3　教学效果评估

教学效果评估是对教学情况的直接反映，是教学过程不可或缺的有机组成部分，是教学组织、实施的必要保证。任何一部教材的内容都是按照一定方法编排的，教师所进行的一系列教学活动都是有一定教学目的的。学习者通过学习，是否掌握了知识，教学方法是否有效，教材编排是否合理，还存在哪些不足等，都需要通过一定方法进行检测并及时反馈，以利于教学的顺利进行。传统课堂教学效果评估主要有两个方面：学习者的课堂表现和课后测试。课堂表现的评估主要依靠观察学习者的学习情绪是否高涨、兴趣是否浓厚、思考问题是否积极、是否与教师互动交流等。而课后测试则依托考试、作业完成。尽管课堂表现和课后测试能够基本反映教学效果，但教学整体效果、学习者对知识结构的整体掌握情况、教师在教学实施过程中的辅助性工作情况等还不能完全从传统教学评估中反映出来。此外，传统教学效果评估常常采用的口头提问和标准化考试也存在不足。对于性格内向、不愿意面对同学公开发言的学习者，口头提问往往无法达到评估效果，甚至会引起学习者的逆反和抵触，伤害其自尊心。而标准化考试虽然最大限度地保证了教学效果评估的有效性和可靠性，但是容易忽略个体差异，一旦标准设置出现了偏差，则测试效果将大打折扣。

---

[1] 刘吉发，刘强，段联合等. 教学方法论：10 余种教学方法的设计与实践[M]. 西安：西北大学出版社，2009：135.

　　近年来，随着新技术的应用和教育方法的发展，一些融合了教学效果评估功能的新型数字教育出版物得到推广，在学校和家庭中被广泛使用，弥补了传统教学评估的不足。例如，利用被全球英语学习者和高等教育机构广泛认可的托福考试就采取了基于网络的全计算机测试，听、说、读、写四个部分的考核内容全部由计算机完成，最大限度地保证了全球统一。与此配合的托福考试培训教材也大多以电子形式出版，全面模拟计算机考试环境，甚至可以仿真模拟托福考试的打分系统，为学习者的学习效果进行打分。

7.6　数字教育出版案例分析

　　数字技术与教育出版的联姻是教学资源内容与新技术、新媒体整合的过程，其中资源内容质量是关键，内容的易接近性和可获得性是根本，配套服务的跟进是保障。作为数字学习内容的提供者应该为教师和学生提供权威的、同步的电子教材，这不仅仅是完成纸质图书的数字化，而更重要的是积极利用数字技术为读者提供全面的服务，不仅提供内容，还提供学习氛围、学习激情和解决方案，创造出极具个性和高度专业化的数字产品，让教育服务延续到整个学习普适化过程中[1]。

　　总结国内外数字教育出版的模式，常见的有三种：产品服务模式、资源服务模式和技术服务模式。下面分别就这三种模式的典型代表罗塞塔石碑多语言学习软件、外语教学与研究出版社（以下简称外研社）新标准英语网和培生校园网测试系统进行分析。

7.6.1　罗塞塔石碑多语言学习软件

　　罗塞塔石碑（Rosetta Stone）多语言学习软件是美国 Rosetta Stone 语言科技公司基于对大脑科学研究成果的充分应用，于 1993 年开发的一款外语学习软件。经过了二十年的发展与应用，罗塞塔已经衍生出 30 种语言学习课程，在全世界超过 150 个国家和地区拥有数百万付费用户，包括美国国防部和国家宇航局在内的机构都将其作为员工外语培训的首选学习软件。目前，该软件在中国内地推广的是在线版本，购买者须使用账号在线进行学习，而在国际上该公司主推硬盘安装版本[2]。

[1] 覃文圣，周立军. 教育出版数字化的新形态[N]. 出版商务周报，2009-03-22，9.
[2] 罗塞塔石碑软件网站主页：www.rosettastone.com.

与其他语言学习软件不同，罗塞塔石碑软件最大的特点是它采用了"沉浸强化训练"（Dynamic Immersion™ Method）的方式设计、安排教学内容，通过计算机网络技术模拟了母语的环境及学母语的自然过程。罗塞塔石碑软件并不以学习者的母语去解释新的语言，而是由浅入深地安排内容，以图像和所学新语言建立联系，从而巩固了语言学习的每一步。在该软件中，图像、动画、声音、文字永远联系在一起，学习者通过观看图片、聆听标准语音和查看提示文字进行语言学习。根据软件的教学进度安排，学习者每天在学习新的课程之前会重复已经学过的课程，进行循环记忆，像孩子学习母语那样从简单的名词、动词开始，快速提升到复杂的概念和词语。对中国学习者来说，其模拟母语的人机互动教学环境可以弥补常规应试型外语教学的缺憾，通过软件特有的高灵敏度声纹识别系统、语音评测仪和键盘输入自动检查仪等方法对比学习者发音及书写与原音原文的异同，并根据两者之间的差异度对学习者的学习效果进行打分，从而提高学习者的学习兴趣和动力。

以英语教学为例，该软件设计了美式英语和英式英语两套不同的教学内容，分为一级到五级五个不同难度层级，一级建构语言基础，学习基本词汇；学习者学完三级可以与外界自如沟通，在语言应用方面能达到大学英语四级水平；学习者如果按照软件设计的方法全部学完五级内容，可以实现与以英语为母语的外国人交流，阅读中高级文件和来往邮件。

罗塞塔石碑从用户需求出发，创新语言学习教学过程，并将第二语言习得规律研究的成果和软件设计结合，开发出特色鲜明、优势突出的软件，受到学习者的广泛欢迎。

7.6.2　外研社新标准英语网

新标准英语网（New Standard English Online，www.nse.cn）是外研社基础教育分社整合外研社成立30年来积累的优质基础教育出版资源和专家资源打造的国内基础英语教育门户网站。网站于2010年8月正式上线，定位是为用户提供强大的教学支持和丰富的教学服务，满足中小学师生个性化、多样性及专业化需求的教学平台[1]。

新标准英语网为用户提供的主要内容包括外研社成立以来出版的经典基础英语教材、畅销读物、精品试题、名家讲座和其他海量相关资源等。网站上的教材整合了大量与课本相关的音/视频、动画、图片等多媒体素材，学生通过简单的点击鼠标操作，就可以实现模拟图书翻页、放大缩小、播放录音、观看动

---

[1] 外研社简介[EB/OL]. www.nse.cn/nseres/manual/FLTRP.html. 2012-04-29.

画、角色扮演等功能。另外，网络教材内嵌家庭作业系统，可以大大简化布置、收集和批改作业的流程，同时提供线上交流互动服务，支持在线答疑；网络教材还能通过学生档案全程跟踪记录学生学习动态，方便教师掌握学生的总体情况，给予有针对性的指导[1]。网站融合了国内外的先进教育技术，将水平自测、语音评测、写作测评等在内的各种先进技术广泛应用于英语教学领域，以用户需求为导向，从教学实际出发，供师生按需选用，最大限度地满足了英语教与学的个性化需求。新标准英语网分为网络教材、题库系统、师训平台（中小学英语教师培训平台）和读写教程（有氧英语读写课程）四个专业功能模块。其中，网络教材是外研社出版的《英语》新标准的数字化版本；题库系统是由外研社自有的基础英语试题库发展而来；师训平台依托的是外研社多年来积累的师资培训材料和经验；读写教程是外研社与麦格劳·希尔教育测评中心联合开发的。

新标准英语网的上线是将外研社基础教育分社历年来独立开发的多个中小学英语在线学习产品整合到一个门户网站的优化方案。对外研社来说，面对统一的管理平台可以提高运营效率、实现相关内容的及时优化和更新；对用户而言，通过统一的入口单点登录有利于节约时间、提升用户体验的感受。

7.6.3　培生校园网测试系统

培生校园网测试系统（Pearson Schoolnet，www.schoolnet.com）是全球最大的教育出版商培生教育出版集团专门为幼儿园到高中阶段（K-12）的学校用户开发的数字化教学效果评估一体化解决方案。截至 2011 年 12 月，培生网络校园测试系统在美国本土已经拥有近 10 万个机构用户，为 500 万名学生和教师提供包括随堂测试在内的教学效果评估服务。

针对不同学校的不同教学需求，培生校园网测试系统会开发不同的测试模块，根据学校制定的教学大纲编制测试题目、开发测试软件，并通过校园内部局域网及互联网将学生家里的计算机、教室里的计算机设备、教师的个人计算机连接起来。这样一来，学生的课堂表现、课后作业完成情况、期中（末）测试成绩便成为一个整体被系统记录下来。系统会为每位学生生成一张动态"成绩单"，实时反映学生的学习状况和作业完成状况，如果学生成绩出现波动，教师和家长可以及时发现问题并及时帮助学生解决。那些性格内向、不愿意在同学面前提问和发言的学生，则可以通过系统向教师提问，在课堂或者课后得到

---

[1] 搜狐教育. 新标准英语网上线，整合外研社三十年优质资源[EB/OL]. learning.sohu.com/20100831/n274608992.shtml. 2012-05-01.

一对一的辅导。教师不仅可以通过培生网络校园测试系统整体掌握学生的学习状况，还可以与其他班级的学生做横向对比，遇到问题还可以咨询培生教育出版集团的顾问和编写教材的专家，通过论坛、邮件等方式直接与其沟通，获得教学支持与指导。

除了教学评估这一主要功能，培生网络校园测试系统还可以用作学生学籍管理、班级沟通、家校联系等工具，为教师和家长更好地帮助孩子学习提供全方位帮助。

第 8 章
Chapter 8

▶数字学术出版产业

      学术出版是传播学术研究成果和进行科学交流的重要工具和平台,学术出版产业的发展水平是一个国家和地区出版产业发展水平乃至科技发展水平的重要体现。荷兰作为一个西欧国土面积较小的国家,能够跻身出版产业强国和科技发达国家行列,正是缘于其学术出版产业非常高的发展水平。也正是由于学术出版产业在出版产业及科技发展中的突出作用,各国普遍重视学术出版产业的发展,联合国教科文组织发布的《2010 年科学报告》就明确地表明了各国普遍重视科研的投入及其成果的出版活动[1]。与此同时,就全球出版业数字化程度来看,学术出版在数字出版的竞技场中则是一马当先[2],用户的数字化阅读程度最高,市场最为稳定与成熟,数字学术出版商不仅实力雄厚,同时经过多年的发展、探索已形成了较为稳固可行的发行与定价模式。因而,在数字出版时代,各国更加重视发展学术出版产业,比如学术出版领域的开放存取运动就得到了大多数国家政府的有力支持。基于此,我们认为,提升数字出版产业发展水平,必须高度重视发展数字学术出版产业。本章在简要梳理数字学术出版产业相关概念、特征及发展概况的基础上,将从用户、市场、产品与服务及其提供商、发行与分销、定价等方面探讨数字学术出版产业的发展。这些既是支撑数字学术出版产业发展的重要保障,也是探索发展我国数字学术出版产业以提升产业发展水平及国际竞争力的重要研究课题。

    [1] 联合国教科文组织. 2010 年科学报告[EB/OL]. http://unesdoc.unesco.org/images/0018/001898/189883c.pdf. 2012-04-11.

    [2] 徐丽芳. 浮现中的大众消费类数字出版产业链[J]. 出版广角,2008 (12):16.

8.1 数字学术出版产业发展概述

数字学术出版产业，是基于数字学术出版经济活动所形成的一种新兴的产业形态。自 20 世纪 90 年代各主要学术出版商进军数字出版以来，数字学术出版产业就取得了很大的发展，探索出了比较成熟的商业模式，形成了汤姆森、爱思唯尔、斯普林格和约翰·威立等令人羡慕与称道的国际出版巨头，并在数字出版产业中占有重要的地位。历经二十多年的发展，当前的数字学术出版产业正值兴盛。本节将简要分析数字学术出版产业的相关概念及其特征，梳理其发展历程，并探讨其发展现状。

8.1.1 数字学术出版的概念与特征

1. 数字学术出版的概念

数字学术出版，即采用数字化的技术手段和形式进行的学术出版活动。具体来说，就是在科学、技术、医学及人文社会科学出版的过程中，信息的处理、存储与传递均采用二进制代码的数字化形式并借助计算机或类似设备来进行的。数字学术出版作为数字时代学术交流的重要手段，不仅仅是传统学术出版介质与技术手段的改变，更是整个学术出版流程的改变，乃至整个学术交流方式的改变。例如，近年来广受图书馆界和学术界欢迎的开放存取出版，不仅彻底改变了传统学术出版的流程及发展模式，而且完全基于网络和数字技术开展出版活动，发行从付费走向了免费，也彻底颠覆了以出版商为主导的传统学术交流方式。

数字学术出版是学术出版数字化的产物。在此之前，传统学术出版正面临着严重的发展困境。首先，传统学术出版具有受众面小、时效性强、出版销售周期长的特点，在科学技术不断向纵深方向发展、科研人员数量迅猛增长[1]、学术出版市场需求更加多样化和专业化的今天，传统学术出版物的出版、发行面临着极大的压力和风险。其次，学术出版物的数量和价格剧增，使得图书馆订购面临艰难抉择。仅以学术期刊为例，据统计，美国学术期刊在 1975 年至 1995 年间从 4 175 种增加到了 6 771 种[2]。同时据 Blackwell 期刊价格指数显示，在 1990 年到 2000

———————————

    [1] Gorman G E, Fytton. Scholarly Publishing in an Electronic Era [M]. //Dr John Houghton. Economic of publishing and the future of communication. London: Facet Publishing，2005：165-182.

    [2] D. W. King, C. Tenopir. Designing Electronic Journals with 30 Years of Lessons from Print[J]. Journal of Electronic Publishing，1998，4（2）.

年期间学术期刊的价格增幅将近 200%[1]。在此双重压力下，作为学术出版物主要订阅者的图书馆面临订购难题，在馆藏和经费有限的情况下急切希望转变订购方式，传统学术出版商也由此面临舆论和市场需求的双重压力。最后，随着互联网的普及，科研人员获取科研信息和开展科学交流的方式也发生了重大变化。作为学术出版物主要读者的科研人员越来越习惯于通过网络获取科研信息并进行科学交流，而以纸质出版为主的传统学术出版，未来发展面临严峻挑战。

数字出版技术在学术出版领域的应用，不仅推动了学术出版的数字化进程，催生了数字学术出版，也有效解决了传统学术出版面临的诸多难题，对处于困境中的传统学术出版无疑是一种"福音"。学术出版的数字化有利于其以海量的信息、集成化的呈现和突破时空的方式满足读者个性化需求，加之数字学术出版的周期更短、方式更灵活，而广受用户欢迎。此外，其低成本、零库存、零印刷的优点，减轻了图书馆面临的压力。早在 20 世纪末，斯普林格、爱思唯尔等欧美学术出版巨头就已意识到数字化对学术出版的积极影响，纷纷开展数字出版业务。2011 年，爱思唯尔全年营收中数字化的比例为 63%[2]，而同期的汤姆森则高达 90%[3]。由此可见，数字化是处于困境中的传统学术出版的出路，数字学术出版是数字出版技术与学术出版相结合的产物。

数字学术出版是数字学术出版产品与服务提供商、技术开发商与平台提供商、分销商及代理服务机构等为用户提供各种数字学术出版产品和服务的经济活动过程。其中，数字学术出版产品与服务包括各种学术研究成果、在线学术出版平台以及学术服务等。当前，数字学术出版较为成熟和普遍的做法是，整合大量的学术出版产品与服务，并搭建在线出版平台集成发布，用户可直接在平台上进行订阅，爱思唯尔、斯普林格、威立等知名的学术出版商即是此种情形。此外，代理服务机构在数字学术出版中主要从事数据库的代理推广、专业数据调研等代理活动。

2．数字学术出版的特征

数字学术出版，虽然作为学术出版的一部分与传统学术出版存在较多的共性，但同时也表现出了很多特性，主要表现在产品与服务、提供商和市场需求等方面。

---

[1] 李武．开放存取运动将解决学术期刊危机？[EB/OL]．http://media.people.com.cn/GB/22114/45282/45283/3230636.html．2012-10-17．

[2] Reed Elsevier. Annual Reports and Financial Statements 2011[EB/OL]. http://reporting.reedelsevier.com/media/47777/reed_ar_2011.pdf. 2012-04-23.

[3] 根据励德·爱思唯尔、汤姆森集团年度财务报告整理而得，详见：http://www.reedexpo.com/zh-cn/media-centre/4/；http://phx.corporate-ir.net/External.File?item=UGFyZW50SUQ9NDU4Mjg2fENoaWxkSUQ9Ndg1NjIyfFR5cGU9MQ==&t=1．

（1）数字学术出版产品与服务方面

① 数字学术出版产品的专业性、针对性特征更强。学术出版本来就具有很强的专业性和针对性，其内容针对的是各学科、各专业领域内的科研人员。而在数字出版环境下，其专业性、针对性更加明显，要求学术出版商的专业化程度更高。因而，进入 21 世纪以来，爱思唯尔、汤姆森等学术出版商纷纷抛售其教育出版业务或非核心业务，更加专注于其专业领域，强化专业性。

② 数字学术出版服务的个性化特征明显。数字学术出版平台所具备的智能化检索、个人信息保存、定制出版、被引情况统计分析、参考文献交叉引用分析等个性化服务功能操作，是传统学术出版无可比拟的。

③ 数字学术出版产品时效性更强。数字学术出版依托网络，能够实现内容编辑、加工、发布的一体化；同时，通过网络传递，省去了印刷环节和物流过程，出版周期更短，时效性也更强。此外，数字学术出版允许学术论文以单篇的形式即时出版，而不必像传统学术出版要以整本形式出版，从而极大提高了学术内容的时效性。

④ 数字学术出版产品与服务高度集成。通过在线平台传播其产品及服务是数字学术出版的主要形式，数字出版平台的高度集成性决定了平台中的产品及服务的集成性，比如我们所熟知的中国知网就高度整合了我国大部分学术内容资源。产品及服务的集成性是数字学术出版商获得规模优势的前提。

（2）数字学术出版产品与服务提供商方面

① 数字学术出版对提供商的资源整合能力要求更高。在传统三大出版领域，学术出版对资源整合的能力要求是最高的。而在数字出版时代，在"赢者通吃"的环境下，要求提供商要能够集成大量的内容与服务以获得规模效应，这就要求其应具备较之传统学术出版更强的资源整合能力。当前的 SpringerLink、ScienceDirect、Wiley、CNKI 等无一不是整合了较之传统出版更多的学术资源才取得了今天的发展。

② 提供商的品牌知名度对用户忠诚度及其发展影响巨大。学术出版专业性强的特征决定了一旦在某一专业领域内形成品牌知名度，就能够较快地形成稳固的忠诚读者群。在数字出版时代，提供商的知名度会通过网络得以迅速扩大，形成更广泛的忠诚读者群。同时，图书馆因品牌知名度而订购了某一数据库后，出于对本馆读者阅读习惯和转换成本考虑，就会持续订购，由此则会进一步巩固提供商的市场地位及品牌知名度，促进其持续发展。

③ 数字学术出版产品与服务提供商多以在线平台的方式呈现并提供其数字学术出版产品与服务。传统学术出版商，主要通过"捆绑销售"的方式尽可能多地将其产品推销给图书馆等消费者。数字学术出版商，更主要的是将其所有的数字产品及服务集中呈现在在线平台中，并按不同的主题划分为不同的在线数据库，

消费者可以订购整个平台的内容，也可以只订购其中的几个数据库，甚至仅是其中的某篇论文，等等。因而，数字学术出版产品与服务提供商呈现及销售内容的方式与传统学术出版商具有很大差异性。

（3）数字学术出版市场需求方面

①　与传统学术出版相类似，数字学术出版市场的读者面较窄、市场需求较小，基本集中在高校图书馆和相关科研机构。但是，因其需求价格弹性较低，同时其需求是一种刚性需求，因而读者群非常稳定，市场需求的持续性也较好。

②　数字学术出版的市场需求由对产品的需求逐渐转向对服务的需求。今天，科研人员已经不仅仅满足于对科研信息的获取，同时还希望学术出版商能够提供更多的服务，帮助其开展科学研究。基于这一点的认识，汤姆森集团如今已不仅仅只是学术出版商，更多的时候被称之为信息服务提供商，其为金融、法律、教育、医疗、科技等领域的科研人员及从业人员提供了多款研究工具、研究软件及解决方案，协助其加快论文的写作和发表过程，加速其科学发现与创新进程[1]。中国知网目前也正在不断完善其平台，积极进行平台的升级换代，力图突破传统数据库以提供学术文献为主的瓶颈，为用户提供包括检索、个性化服务等各项增值服务[2]。此外，数字学术出版的个性化和集成化需求程度高，科研人员对学术内容及服务的个性化要求越来越高，期望数字学术出版商能够提供更多针对个人具体需求的内容和服务。同时，科研人员需要的不是一篇篇、一本本的学术论文、学术期刊或者学术专著，而是将所有内容打碎之后重新整合而成的内容，是一种集成性的学术内容。

8.1.2　数字学术出版产业及其发展历程

据市场调研公司 Simba Information 最新发布的《全球 STM 出版 2010—2011》数据显示，2011 年全球 STM[3] 出版市场规模达 211 亿美元，较之 2010 年增长了 3.4%[4]。据估计，STM 出版产业中数字化比重约占 60%～70%[5]。可见，数

---

[1] 汤姆森·路透产品与服务简介[EB/OL]. http://www.thomsonscientific.com.cn/productsservices/. 2012-03-07.

[2] 张丹. CNKI 数字出版平台新功能及产生的用户价值分析[J]. 图书馆学刊，2010（3）：110-111.

[3] STM：Science（科学）、Technology（技术）和 Medical（医学）的简称。STM 和人文社会科学出版统称学术出版，其中，STM 出版是学术出版最主要的组成部分，占据了学术出版市场的绝大部分.

[4] Simba Information. Global STM Publishing 2010-2011[EB/OL]. http://www.simbainformation. com/Global-STM-Publishing-6059305/. 2012-10-03.

[5] Econtent. EPS Forecasts STM Information Market to Reach Nearly $11 Billion By 2008[EB/OL]. http://www.econtentmag.com/Articles/ArticleReader.aspx?ArticleID=16942. 2012-10-03.

字学术出版产业已成为整个学术出版产业十分重要的组成部分。

1. 数字学术出版产业的内涵

数字学术出版产业，是生产、提供数字学术出版产品与服务的国民经济生产部门，是所有参与数字学术出版经济活动的企业或组织组成的数字出版产业部门的一个重要领域。数字学术出版产业是数字出版产业乃至文化产业的重要组成部分，发展数字学术出版产业对于提高我国科技发展水平、提升我国数字出版产业竞争力具有积极影响。

数字学术出版产业主要包括以下几个组成部分。

（1）传统学术出版产业中的数字化部分。目前，尤其在我国，大部分学术出版商都同时开展传统出版业务和数字出版业务，完全地、直接地以数字化的形式开展的学术出版活动仍只是少数，多数的数字学术资源仍是在传统学术出版资源的基础上进行数字化加工而来的，因而传统学术出版产业中的数字化部分是数字学术出版产业的重要构成部分。

（2）专业数据库。专业数据库出版是数字学术出版产业早期的普遍选择，而今多已升级为在线的学术出版平台，数字学术出版产品及服务也主要通过在线出版平台提供给用户，因而专业数据库也是数字学术出版产业的重要构成部分。

（3）开放存取出版产业。开放存取运动的兴起是为了缓解传统学术出版商大肆提价造成的"期刊危机"和"学术交流危机"，开放存取出版的内容主要是学术内容，开放存取出版产业是数字学术出版产业的重要部分。虽然国内开放存取仍处于起步阶段，但国外开放存取运动已取得不小的发展，并在数字学术出版产业中占有重要地位。

（4）按需出版中的学术出版部分。按需出版能够很好地解决学术出版市场需求小、读者面窄而带来的图书的发行问题、绝版问题以及库存问题，由此成为了学术出版的重要出版形式，所以按需出版中的学术出版部分也是数字学术出版产业的构成之一。

2. 数字学术出版产业的特征

数字学术出版产业是在数字学术出版产业化的发展过程中形成的，并表现出了很多不同于传统学术出版产业的产业特征，可以将之主要概括为"三高一明显"——产业集中度高、国际化程度高、进入壁垒高以及规模效应明显。

（1）数字学术出版产业集中度高

学术出版的规模效用由此带来的是其较高的产业集中度。2002年9月，著名的信息咨询机构摩根·斯坦利（Morgan Stanley）发布了一份有关科技出版的调查报告显示，爱思唯尔等欧美9家大型学术出版商占据了整个科技出版市场份额的

57.7%[1]。由此可见，学术出版产业具有较高的产业集中度，而这一情况在数字学术出版产业中表现得更为明显。就数字学术出版的主要用户（图书馆和科研机构）的数据库订购情况来看，ScienceDirect、SpringerLink、Web of Knowledge、Wiley Online Library、Engineering Village 是最主要的选择，也是目前全球使用率较高的数字学术出版平台。而相关调研数据也表明，在当前数字化比例已经超过 60%的全球 STM 出版市场中，励德·爱思唯尔、汤姆森、威科集团（Wolters Kluwer）、斯普林格以及威立这 5 家学术出版机构占据了其中 52.3%的市场份额[2]。国内的情况也是如此，目前我国的数字学术出版产业主要由中国知网、重庆维普、万方数据这三家数据库出版商所垄断。由此可见，数字学术出版产业的集中度非常高。

（2）数字学术出版产业的国际化程度高

科学无国界，学术出版也没有国界。数字学术出版产业国际化特征主要体现在以下三方面。

① 出版语言的国际化。出版语言国际化被认为是学术出版的十大特征之一[3]，当前的数字学术出版产品主要以英语为主，德国、荷兰作为非英语国家，斯普林格、爱思唯尔却占据了数字学术出版产业的前列，正是缘于其英文出版的策略。目前，我国的学术期刊也逐渐注重英文出版，这都说明了数字学术出版产业出版语言的国际化程度非常高。

② 出版流程的国际化。得益于网络通信技术的进步和在线学术出版平台带来的优势，人们可以方便快捷地进行交流、上传文章、下载论文，这就使得在数字学术出版过程中，不仅作者是国际化的，出版商向全球作者组稿；稿件的编审是国际化的，来自全球不同角落的审稿专家和编辑们通过网络进行交流和稿件编审；同时发行也是国际化的，通过网络实时向全球用户传播学术内容，从而整个出版流程都实现了国际化。

③ 数字学术出版商的国际化。网络带来的通信、传播成本的降低，为其实现跨国管理提供了可能，也促进了学术出版商的全球化扩张。目前全球知名的学术出版商基本上都是跨国集团性质，其业务遍布全球，国际化水平非常高。

（3）数字学术出版产业的进入壁垒高

数字学术出版产业较高的产业集中度和明显的规模效应导致了其进入壁垒较高，新的进入者要想进入这一领域必须具备足够的规模优势。由于市场主要集中

---

[1] Morgan Stanley. Scientific Publishing：Knowledge is Power[R/OL]. http://www.econ.ucsb.edu/~tedb/Journals/morganstanley.pdf. 2012-03-07.

[2] Econtent. EPS Forecasts STM Information Market to Reach Nearly $11 Billion By 2008[EB/OL]. http://www.econtentmag.com/Articles/ArticleReader.aspx?ArticleID=16942. 2012-10-03.

[3] 刘雪立，徐刚珍，方红玲，等. 科技期刊国际化的十大特征及其实现[J]. 中国科技期刊研究，2006（17）：536-540.

在少数几家学术出版机构，也在无形中阻隔了竞争者的进入。对此，我们可以从以下三个方面理解。

① 数字学术出版对出版商能力及内容资源的要求很强，前期的固定成本花费很高，无形中就阻止了那些实力较弱的市场进入者的进入。

② 由于数字学术出版规模优势、品牌优势的存在，无论作者还是用户倾向于选择那些具有较强优势的出版商的产品及服务，并由此形成忠诚度，要争取到这些群体对于新进入者而言比较困难，由此减少了竞争对手的进入。

③ 图书馆较高的转换成本，使得其不轻易放弃长期订阅的数据库而改订新的数据库，这也提高了市场进入的壁垒。

（4）数字学术出版产业的规模效应明显

学术出版领域的规模效应早已被证明，爱思唯尔、斯普林格、汤姆森、威立等大型学术出版商曾经风靡一时的并购热潮，正是缘于他们对学术出版规模效应的认知。而数字学术出版产业较之传统学术出版其规模效应更加明显，原因在于今天的科研人员对学术信息的需求兼具集成化与分散化，图书馆在经费有限的情况下倾向于订购那些知名度高、学术资源丰富的数据库，只有集成了海量学术资源、具有足够的规模优势，才能满足用户的需求、吸引用户的关注和使用。用户在向这类学术出版商转移的同时学术出版资源也在向其转移，这就有可能会导致新的学术出版机构的建立更加困难，而大型学术出版机构依托其已有的规模优势实行"捆绑销售"，"绑架"图书馆的数据库订购，进而导致小型学术出版商市场份额被蚕食，从而进一步扩大其规模，数字学术出版产业的规模效应也更加凸显。

3. 数字学术出版产业的类型

出版业属于内容产业范畴，而学术出版对内容的依赖性则更强，高质量的学术内容资源是所有学术出版商追逐的焦点，这在数字出版时代依然没有改变。按数字学术出版基于内容资源的不同发展模式，我们认为，数字学术出版产业主要可以分为高端内容资源型和内容资源集成型两种类型。

（1）高端内容资源型

高端内容资源型数字学术出版产业，主要基于高端学术内容资源的大量占有开展数字学术出版活动。学术出版领域的高端内容资源主要指的是由各学科领域的一流学者产出的创新性学术成果，谁占有了这类内容资源，也就占领了学术出版的制高点[1]。爱思唯尔、斯普林格等传统学术出版巨头在数字出版时代依然能保持其市场地位，正是源于其占有大量的高端学术内容资源。而衡量高端学术内容资源的标准，目前普遍流行以是否进入 SCI（科学引文索引）、EI（工程索引）、ISTP（科技会

---

[1] 方卿.资源、技术与共享：数字出版的三种基本模式[J]. 出版科学，2011（1）：28.

议记录索引）等国际著名科技文献检索系统来衡量。据《2010 期刊引用报告（科学版）》（*Journal Citation Reports*，*JCR*）显示，2010 年爱思唯尔有 857 本期刊被 SCI 收录，占其收录的 8 073 本期刊的 10.62%。在 JCR 收录的 200 多个学科领域中，爱思唯尔 2008 年和 2009 年分别在 51 个和 57 个领域拔得头筹，整体期刊影响因子全球第一[1]。由此不难看出为何在今天爱思唯尔依然牢牢占据全球第一大学术出版商的地位，这同时也表明了高端内容资源对于学术出版的重要性。

通过对当前数字学术出版产业实践发展的考察，我们认为要实现高端内容资源型数字学术出版，首先应该打造一个高端内容资源的在线出版平台，其次则要具备聚集、掌握一批学科领域高端学者资源的能力，再次还应该培育专业化、学者型的编辑、审稿队伍，最后则是要建立严格的同行专家评审制度。

（2）内容资源集成型

内容资源集成型数字学术出版产业，主要基于学术内容资源的高度集成开展数字学术出版。数字学术出版中内容资源的高度集成主要指的是整合集成专著、期刊、论文、报告等众多学术内容资源于一体，以此形成规模效应并提供给用户。在我国虽然众多的学术出版社、期刊社掌握着学术内容资源，并且大部分也构建了自己的在线发布平台，但是真正具有影响力并占据市场主导的却是集成了大量学术内容资源的中国知网、重庆维普和万方数据等数字学术出版平台。以中国知网为例，表 8-1 说明的是其收录的主要内容资源情况[2]。由表 8-1 可以看出，中国知网集成了丰富的学术内容资源，其收录的正式出版的期刊数量，就占到了我国2010 年 9 884 种期刊总数[3]的 80%左右。正是源于其学术内容资源的高度集成造就了中国知网在我国数字学术出版产业中的领先者地位。

表 8-1　中国知网主要内容收录情况

文献数据库名称	文献收录情况	文献数据库名称	文献收录情况
中国学术期刊网络出版总库	7 773 种学术期刊	中国重要报纸数据库	581 家地市级以上报纸
中国博士论文数据库	404 家博士培养单位	国家标准全文数据库	中国标准出版社
中国优秀硕士论文数据库	620 家硕士培养单位	国家科技成果数据库	83 个采集点
中国重要会议论文数据库	18 031 个学术会议	中国年鉴网络出版总库	2 346 种 17 888 本年鉴
中国专利全文数据库	国家知识产权局，知识产权出版社	中国工具书网络出版总库	4 000 多种工具书，1 500 万个词条

[1] Reed Elsevier. Annual Reports and Financial Statements 2010 [EB/OL]. http://www.reedelsevier.com/investorcentre/reports%202007/Documents/FINAL_Reed_AR2010.pdf. 2012-04-08.

[2] 统计来源：由武汉大学图书馆镜像点接入. http://epub.cnki.net/grid2008/index/zkcald.htm. 2012-04-08.

[3] 新闻出版总署. 2010 年全国新闻出版业基本情况[EB/OL]. http://www.gapp.gov.cn/cms/html/21/493/201109/722877.html. 2012-04-08.

内容资源集成型数字学术出版主要可以通过以下方式实现。

① 搭建数字学术出版平台，通过在线出版平台海量的存储空间集成大量的学术内容资源，并对内容资源进行再整合利用。斯普林格就是通过打造全球第一个集成不同语言的图书、期刊论文、工具书等类型产品的数字学术出版平台SpringerLink，而保持了其全球第二大 STM 出版商的市场地位。

② 实施全球化学术出版战略，通过全球化的组稿集成世界各国的学术内容资源，同时通过全球化的合作，共建共享学术内容资源，从而提高学术内容资源的集成量。很多学术出版商都是通过实施全球化战略实现了其扩张发展，比如目前牛津大学出版社的海外市场份额已经远高于其英国国内的市场份额，中国知网目前也积极与斯普林格等国外部分数据库展开合作，增加外文学术文献以进一步扩大中国知网文献集成量。

4．数字学术出版产业的发展历程

1961 年美国化学文摘出版社用计算机编制期刊《化学题录》，被公认为数字出版技术在出版业的最早应用[1]，也是学术出版数字化的开始。然而，我们认为，数字学术出版产业的真正形成却始于 20 世纪 90 年代末及 21 世纪初。因为，单个的、独立的实践应用并不能称之为产业，只有经过一定时间的发展并形成产业化，即形成一定的规模并成为国民经济中的重要组成，才能称之为产业。20 世纪 90 年代，欧美大型学术出版机构纷纷运用数字出版技术开展学术出版，随着越来越多的学术出版机构加入数字化浪潮中，不断开发出各种数字化的发展模式，数字学术出版的规模得以形成，产业化程度不断加深，在此基础上，形成了数字学术出版产业。虽然如此，追溯数字学术出版产业的发展历程，我们认为从学术出版的数字化起源开始考察，是比较合适的。数字学术出版产业从其起源发展至今，主要经历四个发展阶段。

（1）光盘出版阶段。电子出版技术在科技出版物编辑领域的应用以及光盘介质的发明，推动了光盘型学术出版物的产生和发展。光盘因其存储容量大、成本低等特点，成为了数字学术出版早期较常选择的载体形式。光盘出版也是数字学术出版产业早期的主要发展形式。最早的光盘读物《美国学术百科全书》就属于学术出版范畴。

（2）数据库出版阶段。产生于 20 世纪 50 年代末 60 年代初的数据库技术，早期在出版领域主要用于书目、索引及全文的检索服务，强调专业信息服务，因而早期的数据库出版主要集中于以学术出版为主要构成的专业出版领域。数据库出版应用最成熟、发展最好的形式之一就是学术信息数据库出版。我国的数据库出

[1] 林穗芳．电子编辑和电子出版物：概念、起源和早期发展（上）[J]．出版科学，2005（3）：6．

版的最早实践就是国家医药管理局科技情报所于 1981 年成功开发的中国药学文献数据库。数据库技术在学术出版领域的应用模糊了学术出版与专业出版的产业边界，拓展了数字学术出版的业务开展方式和范围。

（3）网络学术出版阶段。作为网络出版早期形态的联机情报检索服务系统，自 20 世纪 60 年代产生以来，就和学术出版关系密切。美国国家医学图书馆是较早采用联机检索系统的学术服务机构，联机情报检索服务系统也主要用于情报机构和图书馆传递情报信息和进行科学交流。而伴随着互联网的普及和在学术出版中的应用，以及网络对于降低学术出版物高昂的印刷和发行成本的积极影响，网络学术出版得以飞速发展，目前几乎所有的学术期刊都已实现上网，网络出版已成为数字学术出版的主要形式。

（4）数字学术出版平台阶段。随着互联网技术，尤其是其硬件设备存储、传输、通信性能的增强、软件应用技术的进步，互联网的信息处理和信息应用能力得到极大提高，为聚合、加工、发布海量内容资源和服务的数字出版平台的产生提供了可能，直接推动了出版网站向数字出版平台发展。而数字出版平台的集成化、个性化、智能化等特征，又与数字学术出版的集成化、定制化、碎片化等功能性特征要求十分契合，因而成为了当前数字学术出版产业主要的发展模式。未来数字学术出版产业将有可能向按需出版、语义出版等方向发展。

8.1.3　数字学术出版产业发展现状

与数字大众出版产业和数字教育出版产业相比，数字学术出版产业的发展最好，主要体现在数字出版技术在学术出版中应用得最好、最成熟，数字学术出版的赢利模式也最为稳定、成熟。但是，就国内外的发展情况来看，存在很大的差异，欧美发达国家的数字学术出版产业由于开展的时间早、市场化程度高、科技发达、需求旺盛等原因，远远将我们甩在身后。2010 年，中国知网、重庆维普、万方数据三大数据库出版商的销售收入仅为 7.11 亿元[1]，而这几乎已经是我国数字学术出版产业的全部产值，却不及爱思唯尔 2009 年医学出版 3.2 亿英镑的在线销售收入[2]。由此可见，我国的数字学术出版产业的发展仍任重而道远。

1. 国外数字学术出版产业发展现状

如前所述，由于开展时间早、市场化程度高、科技发达以及市场需求旺盛等原因，欧美主要发达国家数字学术出版产业的发展远远好于国内，全球的数字学

[1] 郝振省. 2009—2010 中国数字出版产业年度报告[M]. 北京：中国书籍出版社，2011：95.

[2] 由爱思唯尔 2009 年财务报告整理所得. Reed Elsevier. Annual Reports and Financial Statements 2009[EB/OL]. http://www.reedelsevier.com/investorcentre/reports%202007/Documents/ReedElsevier_AR09.pdf. 2012-04-08.

术出版市场甚至包括传统学术出版市场在内，其市场份额基本为其垄断。其中，爱思唯尔、斯普林格、汤姆森、威立、威科等学术出版巨头控制了约 52.3% 的市场份额。目前，并没有确切的关于全球数字学术出版产业的统计数据，但是从当前全球 STM 出版的市场规模，STM 出版中数字化比重约占 60%～70%，以及 STM 出版占据了学术出版市场的绝大部分这一现实，我们可以大致看出当前全球数字学术出版产业的发展现状。

　　全球 STM 出版市场规模及增速方面，国际 STM 出版商协会（International Association of STM Publishers）的数据表明，当前全球 STM 出版市场规模在 250 亿美元左右，2006—2010 年五年间其规模稳步提升，年均增长约 5%，如图 8-1 所示。另据国际 STM 出版商协会于 2011 年 4 月召开的 STM 年度春季会议（STM Annual Spring Conference）上发布的预测数据显示[1]，2011 年至 2013 年全球 STM 出版市场规模将分别达 263 亿美元、276 亿美元和 290 亿美元，年均增长速度在 5% 左右。可见，未来几年内全球 STM 出版仍将保持稳步提升的发展势头。在全球 STM 出版市场稳步增长和学术出版数字化程度不断加深的双重推动下，我们可以推断全球数字学术出版产业正处于稳步、持续发展的过程中。

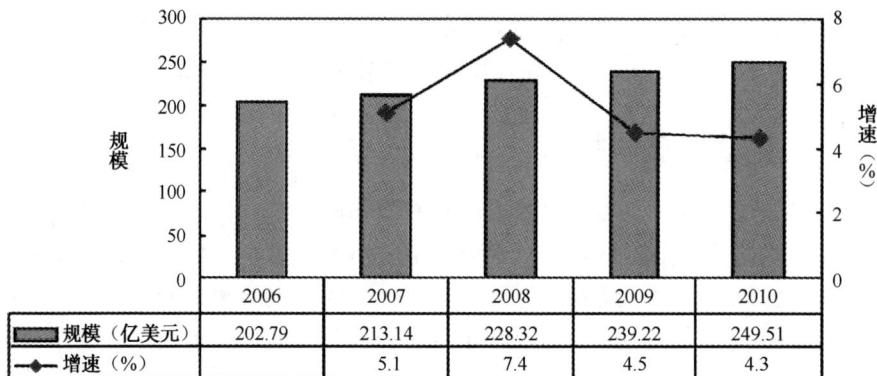

	2006	2007	2008	2009	2010
规模（亿美元）	202.79	213.14	228.32	239.22	249.51
增速（%）		5.1	7.4	4.5	4.3

图 8-1　2006—2010 年全球 STM 出版市场规模及增速[2]

　　全球 STM 出版市场产品类型构成方面，期刊是其最主要的产品形态。由于大部分学术研究成功均具有一定的时效性，而期刊论文的时效性最强，故多数最新的科学研究成果主要选择发表在学术期刊上，期刊论文在成为科学交流最主要的载体的同时，也就成为了 STM 出版最主要的产品形态。国际 STM 出版商协会[3]、

　　[1,3] David Bousfield. Insights and Trends in the Global STM Market[EB/OL]. http://www.stm-assoc.org/2011_04_26_Spring_Conference_Bousfield_Insights_and_Trends_in_the_Global_STM_Market.pdf. 2012-10-03.
　　[2] Simba Information. Global STM Publishing 2010—2011[EB/OL]. http://www.simbainformation.com/Global-STM-Publishing-6059305/. 2012-10-03.

Simba Information[1]的研究数据显示,期刊占全球STM出版市场的比重分别为38%(2010 年)和42%（2011 年）,且均排在第一位,就说明了这一点。在此情况下,加之数字学术出版产业中几乎所有的学术期刊都已实现了数字化,由此,我们可以大致推断数字学术期刊市场是数字学术出版市场最主要的构成部分。

2. 国内数字学术出版产业发展现状

目前,我国数字学术出版产业以数字学术期刊的销售收入为主,其他形式的数字学术出版物所占比例较小。而数字学术期刊主要为传统学术期刊的数字化,普遍做法是学术出版商在出版纸质期刊的同时,将其交由数据库出版商进行数字化加工处理,并代为销售期刊的数字版本,完全数字化的学术期刊很少。基于这两点认识,我们主要以分析中国知网、重庆维普、万方数据这三大我国主要的数字学术出版商的发展状况,来窥探我国数字学术出版产业的发展现状。

（1）从其发展规模来看

表 8-2 反映的是 2006—2010 年我国三大专业数据库的销售收入情况。从表 8-2 中可以看出,虽然 2008 年我国三大专业数据库的销售收入较之前一年有所回落,但是 2006—2010 年这五年间整体的销售收入是呈增长的趋势的。其中,2010 年的市场规模达 7.11 亿元,较之 2006 年的 4.3 亿元,表现出了一定的成长性。而从这三家的市场占有率来看,中国知网的市场规模最大,占据了一半以上的份额,中国知网文献的集成度、文献量以及市场占有率也说明了这一点。中国知网共收录了近 8 000 学术期刊、10 190 万篇文献,共有 6 000 多家机构用户和超过 4 000 万个人读者,本科院校占有率100%;相应的,万方数据和重庆维普的文献量分别为 4 285 万篇和 3 000 余万篇,高校占有率都只有 80%[2]。由此不难看出,中国知网的市场规模缘何在三大数据库中占比最大。

表 8-2　2006—2010 年我国三大专业数据库销售收入情况（单位：亿元）[3]

年　　份	中国知网	重庆维普	万方数据	总　　计
2006	＞2	＞0.3	2	＞4.3
2007	3	0.35	2.2	5.55
2008	3.6	0.2	1.1	4.9
2009	4.5	0.3	1.6	6.4
2010	4.4	0.51	2.2	7.11
总计	＞17.5	＞1.66	9.1	＞28.26

［1］International Association of STM Publishers. STM Market Size and Grow, 2006—2010 [EB/OL]. http://www.stm-assoc.org/industry-statistics/stm-market-size-and-growth-2006- 2010/. 2012-10-03.

［2,3］郝振省. 2007—2008 中国数字出版产业年度报告[M]. 北京：中国书籍出版社,2008.

（2）从其发展速度来看

2007—2010 年，我国三大数据库的销售收入以年均 14.77% 的速度增长，如图 8-2 所示，然而，由于 2008 年三大数据库的整体业绩滑坡（主要是重庆维普和万方数据），从而导致 2008 年出现了负增长。其中，2007—2008 年，中国知网的增速高于平均增速，重庆维普和万方数据则低于平均增速；2009—2010 年情况则恰好相反。由此我们认为，近两年重庆维普和万方数据在业务增长方面要稍好于中国知网，中国知网可能正面临着一段时间高速发展之后业务增长的瓶颈。

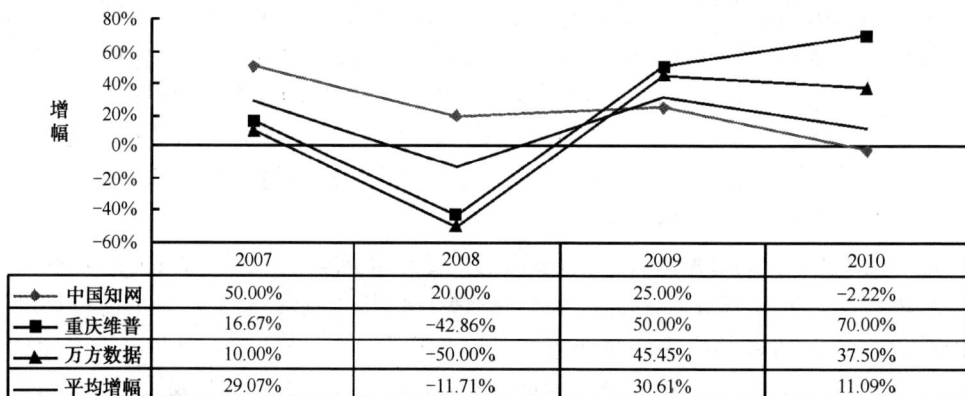

增幅	2007	2008	2009	2010
◆ 中国知网	50.00%	20.00%	25.00%	−2.22%
■ 重庆维普	16.67%	−42.86%	50.00%	70.00%
▲ 万方数据	10.00%	−50.00%	45.45%	37.50%
─ 平均增幅	29.07%	−11.71%	30.61%	11.09%

图 8-2　2007—2010 年我国三大专业数据库销售收入增长情况 [1]

8.2　数字学术出版用户与市场

用户是学术出版服务的对象，是其实现生存、发展的基础，而用户的规模决定了学术出版的市场容量，市场的容量则又影响着学术出版产业的发展规模与未来发展前景。用户和市场对于传统学术出版产业的发展意义重大，对于数字学术出版产业也同样如此。从这个意义上讲，我们有必要对数字学术出版的用户及市场进行分析。

8.2.1　数字学术出版用户

数字学术出版的用户主要指的是购买、使用数字学术出版产品与服务的个人或组织，是数字学术出版发展的基础，是其服务的主要对象。无论是传统学术出

[1] 郝振省，2007—2008 中国数字出版产业年度报告[M]：北京：中国书籍出版社，2008.

版还是数字学术出版，其最终用户其实就是科研人员，一个国家科研人员的规模决定了其学术出版的市场规模及其在全球学术出版市场的地位。联合国教科文组织于 2010 年发布的《2010 年科学报告》显示，美国、欧盟的科研人员拥有量各约占全球总数的 20%，居前两位；而在每百万居民科研人员数量方面，美国和欧盟 2007 年的这一指标分别为 4 663 人和 2 936 人，也居世界前列[1]。正是欧美国家庞大的学术出版用户群体支撑起了其在全球学术出版的龙头地位。

1. 数字学术出版用户的主要类型

用户类型的划分事关学术出版商的细分市场、目标市场的选择以及营销活动的推广，因而学术出版商历来重视用户类型的划分工作。一般来说，可以根据用户的规模、用户的地理区域分布、用户的角色分类与需求以及用户与学术出版商的关联等来对用户进行划分，以方便进行市场细分和市场推广活动的开展。目前，比较流行的是按其规模分为个人用户与组织用户两类，也可以综合使用以上划分标准进行划分。牛津大学出版社就是首先按其规模将用户划分为个人用户和组织用户，然后再按地理分布进行细分。本文采用按用户规模的划分标准将数字学术出版用户划分为个人用户和组织用户两种类型。

（1）个人用户

个人用户指的是以满足个人消费为目的购买、使用数字学术出版产品与服务的个体，主要表现为单个的、独立的科研人员消费、使用数字学术出版产品与服务。

数字学术出版个人用户的分布、需求以及购买决策、购买行为等特点鲜明。首先，个人用户分布广泛，比如中国知网的个人用户就包括公务员、高校教师、高校学生、中小学教师、医务人员、企事业工作人员等[2]，个人用户广泛分布于各行各业中。其次，个人用户需求量较少，往往是在进行科学研究、撰写论文、学习或者解决工作中的实际问题的过程中，需要参阅、借鉴他人的研究成果，由此产生了对数字学术出版产品与服务的需求及消费行为，需求既无规律性也无持续性。再次，个人用户的购买决策受诸多因素影响，除了考虑价格因素以及个人的承受能力外，还要考虑产品内容的权威性、产品的易用性、购买的方便程度等因素，综合以上因素之后个人用户才会做出购买与否的决定。最后，在购买行为上，个人用户多根据个人使用习惯以及他人推荐，直接登录数字学术出版平台查找相关内容，或者通过搜索引擎查找到所需学术信息的链接后登录，进而购买使用，购买完成后基本不会再次购买。

由于个人用户基本上是在线直接支付购买数字学术出版产品及服务，因而如

---

[1] 联合国教科文组织. 2010 年科学报告[EB/OL]. http://unesdoc.unesco.org/images/0018/001898/189883c.pdf. 2012-04-11.

[2] 邱猛. 清华同方知网赢利模式研究[D]. 西安：西北工业大学，2007：26.

何收费以及收费的标准问题就显得尤为重要。个人用户的主要收费标准有按流量计费、按每单位内容资源计费以及预售点卡等方式。以中国知网为例，个人用户注册登录中国知网主页后，就可以通过中国知网卡、支付宝、网上银行、手机短信、邮局汇款等方式购买使用中国知网的资源，并根据个人用户充值金额的多少赠与一定的赠券金额。其产品的主要收费标准参见表 8-3。由表 8-3 可知，中国知网根据不同类型的数字学术出版产品，实施不同的计价、收费标准，常规资源按0.5 元/页的标准收取流量费，而像工具书等则按条目等收取价格不等的费用。目前，大多数数字学术出版平台的做法均与中国知网相类似。

表 8-3　中国知网主要产品收费标准一览表[1]

产品类型	标准价格		产品类型	标准价格	
常规数字出版	0.5 元/页		中草药实用手册	0.2 元/页	
独家数字出版（新产品）	1 元/页		建筑工程造价与规范	0.2 元/页	
优先数字出版（新产品）	价格/篇		专利	8 元/篇	
统计年鉴	全文	0.5 元/页	哈佛商业评论	15 元/篇	
	表单	2 元/个	国学宝典	8 元/篇	
工具书	0.2 元/条		科技成果	有鉴定书	5 元/条
国家标准	价格/条			无鉴定书	2 元/条

（2）组织用户

组织用户是以满足组织内成员需求为目的购买、使用数字学术出版产品与服务的用户，主要包括高校图书馆、高校之外的其他科研机构（以下简称科研机构）、公共图书馆、企事业单位以及产品提供商的合作伙伴等。由于公共图书馆和企事业单位的需求较少，对数据库的使用率较之高校图书馆和科研机构较低，特点也不是很鲜明，因而对于组织用户，我们主要选取高校图书馆和科研机构以及提供商的合作伙伴进行分析。

① 高校图书馆与科研机构。高校与科研机构聚集着大量科研人员，是开展科学研究的重要阵地，高校图书馆与科研机构是数字学术出版产品与服务最主要的购买者。高校图书馆与科研机构具有以下几方面的特征。

• 数量较为明确且分布较为集中，有利于出版商针对性地开展营销推广活动。

我们可能无法对个人用户进行统计，但是高校图书馆和科研机构的数量还是可以进行粗略统计的。同时，无论是高校还是科研机构，主要集中分布在经济、文化、科技较为发达的地区，比如北京、上海等地就是我国高校和科研机构云集

---

［1］数据来源：由"中国知网流量计费标准表"整理而成，http://ec.cnki.net/czzx/account/account.html．2012-04-11．

之地。数量上的明确、分布上的集中方便了出版商开展营销推广活动。

- 需求量大，需求的持续性、稳定性较好。

这类组织用户一旦确定订购某一数据库，一般都会在较长一段时期内以包库的方式持续订购该数据库的资源，特别是高校图书馆，不仅仅只是订购一两个数据库，往往会批量订购多达几十个数据库的内容资源，需求量大、需求稳定、持续性好。

- 参与购买决策的人员较多。

以高校图书馆为例，图书馆管理决策人员及采购人员、高校管理者、各学科带头人或系主任甚至包括教师和学生等主要使用者的意见都会对购买决策产生影响，其影响程度的大小则视各自在其中的角色和地位的不同而不同。此外，在进行选购的过程中，这类用户主要考虑数据库资源的收录数量、内容产品的权威性以及产品的技术水平与售后服务等因素，对价格因素的考虑倒在其次。因而，像爱思唯尔、汤姆森等出版商即使提高了其产品价格，多数高校图书馆与科研机构还是不得不订购其产品。

- 购买数字学术出版产品与服务主要是提供给其内部成员使用，帮助其开展科学研究。

高校图书馆与科研机构内部成员一般通过组织的内部网络的授权站点链接到相应数据库中，免费使用已订购的内容资源，一般使用的数量及次数不受限制。同时，高校和科研机构的科研人员在使用行为上具有极大的并发性，表现为同一时段内的多人使用和同一产品的多次使用，针对这一情况，实践当中出版商依据高校与科研机构的不同规模和并发使用情况采取了不同的收费标准。

对于这类用户，出版商们一般采用"捆绑销售"的方法，将其数字学术出版产品与服务打包销售给高校图书馆或者科研机构，并依据用户订阅的时间期限、订阅的数据库、订阅者账户并发使用者数量以及内部成员数量的不同，收取不同的订阅费。同时，该订阅费是事先确定的，并约定了一定时期内订阅费是固定的以及订阅费上涨的幅度。

② 数字学术出版产品与服务提供商的合作伙伴。即使像爱思唯尔这类全球顶尖的学术出版商，其所占有的学术资源也只不过是全球学术资源中的沧海一粟，不可能穷尽所有。而用户的需求又是多元的，出版商们为了能够尽可能多地为用户提供其所需的内容，有时会与其他学术出版商或者一些学会、协会开展合作，使用其产品和服务以实现资源的互补共享，或提供对方资源的链接，这时提供商的合作伙伴也就变成了其产品的用户。例如，中国知网就与斯普林格、威立等公司的期刊数据库进行合作，用户可以在中国知网的检索平台上实现跨库检索，相关资源摘要和中国知网知识网络节点等浏览服务，以及全文链接功能。

对于这类用户，首先，双方之间从根本上不应存在利益冲突，即不为直接的竞争对手关系，同时双方的内容资源不重复，或者共享之后可以实现资源优势互补，只有这样才能达成战略合作伙伴关系，比如中国知网与斯普林格。其次，如果是两个学术出版商之间，作为各自的用户，双方一般是在各自的出版平台中整合对方的内容资源库，为各自用户提供跨库检索，并提供全文或者全文链接。如果是出版商和学会之间，则可能是学会为出版商提供自身出版的学术内容，出版商则提供其相应的产品或服务作为补偿，提供的内容和补偿的产品的规模与范围由双方商定。万方数据与中华医学会之间的合作就属于这种情况，其中，万方数据获得了中华医学会旗下 123 种医学期刊的独家数字化信息网络传播权，相应地万方数据也为中华医学会的期刊提供网络发布平台和数字化技术服务，以此实现合作共赢。再次，提供商及其合作伙伴对对方产品与服务的使用一般不以支付一定的费用为取得使用权的代价，而是以相应的资源进行互换，资源的互补共享是这类用户存在的前提。

从资源和服务使用层面来分析，数字学术出版产品与服务提供商的合作伙伴也应属于提供商的组织用户，毕竟也使用了其资源或者服务。但是，从一般意义上讲，我们所说的组织用户，主要是指高校图书馆、科研机构以及企事业单位。

2．个人用户与组织用户的区别

通过上述分析，我们可以看出数字学术出版产品及服务的个人用户与组织用户之间在需求特点、使用行为和购买行为等方面存在较大的差异。

（1）需求特点方面

个人用户需求量小，而组织用户的需求量大。个人用户作为一个个体其需求毕竟有限，而组织用户因为其所要服务的对象是组织内的所有成员，具有一定规模，其需求的批量性、巨量性突出，需求的规模也远非个人用户可以比拟。同时，个人用户基于个人专业、学识、研究领域的局限，其需求的内容范围较为集中在其专业研究领域内，需求的内容也十分明确；与此相反，组织用户由于其内部成员来自多个不同的学科领域，使得其整体的需求范围广泛，也没有较为明确的需求内容。再有，个人用户的需求不具备很好的稳定性，完全视其在学习、研究、工作的实践过程中的需要而定，而组织用户一旦订购了某一个学术出版商的数据库，出于馆藏资源和成员使用习惯的考虑，在较长时间内会持续订购该数据库，具有较好的稳定性。此外，个人用户的需求更侧重于产品内容的权威性与易用性、购买的方便程度以及产品价格，而组织用户则更关心产品所收录学术内容的数量与权威性以及产品的技术水平与售后服务。

（2）使用行为方面

一方面，个人用户主要通过登录出版商的在线出版平台，或是通过搜索引擎

的相关链接登录，然后购买后使用。而组织用户并不是数字学术出版产品的最终
使用者，其购买的数据库一般通过内部网络的授权站点登录相关学术出版平台以
供内部成员下载使用。另一方面，个人用户的使用行为是一种单一的使用行为，
而组织用户对某种数字学术出版产品的使用则有可能是并发的使用，因而并发使
用者的数量也成为了组织用户计费的标准之一。

（3）购买行为方面

可以从购买目的、购买决策和购买方式三方面来理解个人用户与组织用户的
区别。

① 从购买目的来说，个人用户是为了个人需求而购买，而组织用户则是为了
满足内部成员的需求、为内部成员服务而产生的购买行为。

② 从购买决策来说，个人用户自己是购买行为的主要决策人甚至是唯一决策
人，而组织用户购买决策的做出，却是多人参与的结果，组织管理者、组织采购
员、组织内部成员各自在决策过程中发挥不同的作用。

③ 从购买方式来说，个人用户主要以单位内容（比如一篇论文）的方式购买，
而组织用户则更多的是采用包库的方式购买。

不同类型的数字学术出版用户其需求不同，因而学术出版机构也就需要根据
不同的用户提供不同的产品与服务。约翰·威立出版集团将其用户分为作者、图
书馆员、书商、教师、团体和出版社成员等不同类型，分别为其开辟网站，提供
不同的服务。无论是何种类型的用户，都是数字学术出版发展的基础和原动力。
然而，数字学术出版产品与服务最终的和最主要的使用者是科研人员，从这个意
义上讲，无论是组织用户还是个人用户，数字学术出版最终关注的应该是科研人
员的需求。

8.2.2　数字学术出版市场

数字学术出版市场是与数字学术出版产品及服务的生产和消费相关的各种经
济活动和经济关系的总和，是数字学术出版产品与服务实现交换和价值的场所。

在数字学术出版市场中，数字学术出版产品与服务的生产和消费是其两项最
基本的经济活动。全球数字学术出版产品与服务的消费状况即其市场规模，我们
可以从前文"国外数字学术出版产业发展现状"部分看出。对于数字学术出版产
品与服务的生产状况，虽然目前很难统计，但是基于全球 STM 出版物的出版规模
及其数字化程度，我们还是可以大致看出其生产规模。表 8-4 描述的是 2002 年和
2008 年全球 STM 出版物的出版情况。从表 8-4 中可以看出，虽然发展中国家 STM
出版物的增长速度十分迅猛，但是从欧美发达国家出版物的生产规模可以看出其
依然占据着 STM 出版市场的垄断地位。

表8-4　2002年和2008年全球STM出版物出版情况一览表[1]

	总出版物（种）		种数的变化（%）	出版物占世界份额（%）		份额的变化（%）
	2002	2008	2002—2008	2002	2008	2002—2008
世界	733 305	986 099	34.5	100	100	0
发达国家	617 879	742 256	20.1	84.3	75.3	-10.7
发展中国家	153 367	315 742	105.9	20.9	32.0	53.1
美国	226 894	272 879	20.3	30.9	27.7	-10.4
欧盟	290 184	359 991	24.1	39.6	36.5	-7.8
日本	73 429	74 618	1.6	10.0	7.6	-24
中国	38 206	104 968	174.7	5.2	10.6	103.8

　　除了生产与消费，市场细分和市场结构也是数字学术出版市场值得关注的两个重点问题。一方面，学术出版较之大众出版和教育出版，其市场细分的深度更高，这在数字出版时代也是如此，而市场细分关乎出版商目标市场的选择、产品的生产和市场推广活动，是学术出版商应该关注的焦点之一。另一方面，市场结构或者说市场的竞争状况，也是数字学术出版市场应该重点关注的问题，通过对全球市场格局的认识，我们可以较为清楚地把握我国数字学术出版产业在全球的市场地位，并由此探寻提高我国数字学术出版国际地位的策略，这是增强我国数字学术出版国际市场竞争力的前提条件。下面就将从市场细分和市场结构两方面对数字学术出版市场做一简要分析。

1. 市场细分

　　市场细分（Segmenting）是美国营销学家温德尔·史密斯（Wendell R. Smith）于1956年提出的，是将某个产品或服务市场划分为不同子市场的过程。数字学术出版的专业性强、专业化程度高，在市场高度专业化的前提下，数字学术出版商必须要对其服务的市场进行细分，以使其产品的生产和分销能够更加精准化。欧美学术出版巨头正是在市场深度细分的基础上，选择一定的目标市场而取得巨大成功的，因而进行市场细分是十分必要的。

　　市场的细分标准有很多种，在传统的市场细分理论中，主要可以按地理、经济、人口、心理、行为等因素进行细分。细分市场由在一个市场上有相似需求的

---

[1] 联合国教科文组织. 2010年科学报告[EB/OL]. http://unesdoc.unesco.org/images/0018/001898/189883c.pdf. 2012-04-11.

顾客所组成[1]，因而按其用户细分可以作为数字学术出版市场主要的细分标准之一，而基于学术出版产品重要性的考虑，我们认为产品则是其另一个主要的细分标准。基于用户的市场细分，可以按其规模分为个人用户和组织用户市场，也可按其地理分布分为不同的区域市场，还可以按其角色分为作者、合作伙伴、代理商、图书馆等市场[2]。基于产品的市场细分，可以按其产品形式分为图书、期刊、工具书等市场，也可以按产品的学术内容分为不同的学科市场。

按学科划分数字学术出版市场是目前最为流行的做法，除了按大的学科门类分为科学、技术、医学和人文社会科学出版市场外，学术出版商还会对其进行进一步细分。图 8-3 描述的就是约翰·威立出版集团在三级细分模式下，按学科划分的子市场[3]。由图 8-3 可知，约翰·威立按学科将其市场细分成 21 个子市场，每一子市场下又有若干个子类，每个子类又分为若干个小类，比如农业科学下的农业子类下又有 13 个小类。因为篇幅关系我们并没有详细列出其三级类目下的小类个数，但从中还是可以看出约翰·威立以学科为标准将其学术出版市场划分成数百个子市场。目前，爱思唯尔、斯普林格等大多数学术出版商都以学科为标准对其市场进行深度细分，只是主要的细分标准略有不同。比如爱思唯尔在进行学科细分后，又按照产品形式进行进一步细分[4]。

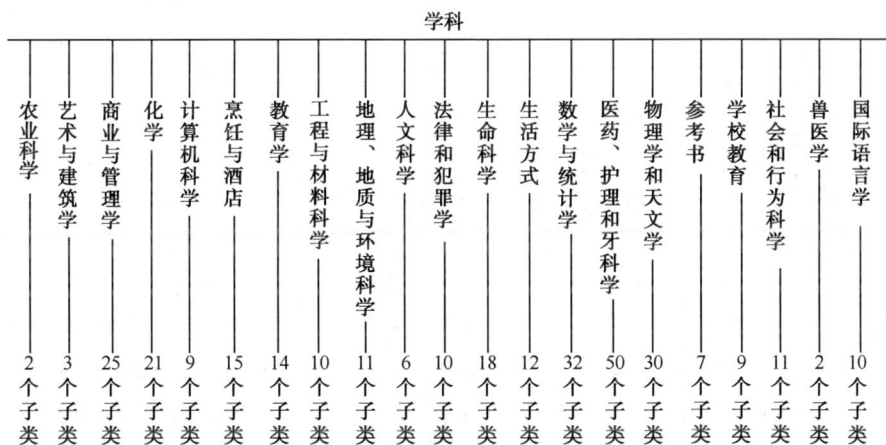

图 8-3 约翰·威立按学科市场细分图

[1]（美）菲利普·科特勒. 营销管理（第 11 版）[M]. 梅清豪译. 上海：上海人民出版社，2003：306.

[2] 刘银娣，唐敏珊. 欧美大型学术出版机构营销战略研究[M]. 广州：华南理工大学出版社，2011：71.

[3] John Wiley & Sons Inc. Browse Subjects [EB/OL]. http://as.wiley.com/ WileyCDA/Section/id-302370.html. 2012-04-14.

[4] 刘银娣，唐敏珊. 欧美大型学术出版机构营销战略研究[M]. 广州：华南理工大学出版社，2011：74.

2．市场结构

数字学术出版市场的市场结构可以从三个方面来理解，即市场主体、市场格局（竞争状况）、市场集中度。

（1）市场主体方面

数字学术出版市场的主体包括了作者、数字学术出版产品与服务提供商、数字出版技术开发商与平台提供商、数字学术出版物分销商、代理商、用户等，每一类主体根据其在数字学术出版产业中的角色和功能、地位的不同，对数字学术出版市场的发展起到不同的作用，并共同促进数字学术出版市场的持续发展。其中，作者是学术内容的创作者，是出版商竞相角逐的对象，同时作者也是学术出版物的消费者，在身份上与用户重合。一般情况下，提供商、技术商与平台商、分销商三者是统一的，通过平台技术研发搭建学术出版在线平台提供、分销数字学术出版物是数字学术出版的常见方式，国外的爱思唯尔、斯普林格以及国内的中国知网、万方数据、重庆维普等皆是如此。代理商是中介服务机构，在数字学术出版中主要从事数据库的代理推广、专业数据调研等代理活动，前者即代理分销商，后者则相当于内容提供商。基于此，在数字学术出版市场中我们主要关注用户和数字学术出版产品与服务提供商，其中用户在前文"数字学术出版用户"中业已涉及，在此不再赘述；提供商将在"数字学术出版产品、服务与提供商"中具体阐述，而基于数字学术出版物分销的重要性，我们也将在本章后面简要介绍分销商的分销及定价方式。

（2）市场格局（竞争状况）方面

从 20 世纪开始，学术出版的总体收益不断增加，由此吸引了大量企业进入，学术出版市场的竞争日益激烈。而在数字出版时代，随着技术商、平台商等纷纷加入这一市场，其竞争更显激烈。市场竞争激烈是数字学术出版市场格局的基本面貌，而从全球数字学术出版市场竞争格局来看，欧美发达国家占据主导、垄断地位。首先，欧美发达国家依靠其科技水平、经济实力以及英文出版的优势，能够强化其在全球学术出版中的地位，从而主导、控制全球的学术出版市场。其次，强大的科技研发支出支撑造就了欧美发达国家在学术出版市场上的领先地位，2007 年北美和欧盟的研发总支出占到了全世界研发支出总量的 57%[1]，研发支出的多少在一定程度上体现了一个国家或地区能够支撑的科研人员的规模以及能够创造科研成果的数量。这是数字学术出版市场的重要组成要素，谁主导了这些市场要素谁就能主导市场，而欧美国家无论在科研人员的拥有量还是在科技出版物的占有份额（详见表 8-4），都占据着领先地位，由此不难看出欧美发达国家在数

    [1] 联合国教科文组织．2010 年科学报告[EB/OL]．http://unesdoc.unesco.org/images/0018/001898/189883c.pdf．2012-04-11．

字学术出版市场中的主导地位。还有，由于欧美国家学术出版的数字化起步较早，其数字化程度远高于世界其他地区，作为全球数字学术出版的先锋，目前全球最畅销的学术期刊数据库均来自欧美国家，由此也奠定了其在全球数字学术出版市场的主导地位。

就我国在全球数字学术出版市场中的地位而言，虽然《2010 年科学报告》的数据表明 2007 年我国科研人员总数已占到全球的 19.7%，和美国与欧盟基本并驾齐驱，并预测未来我国将成为拥有科研人员最多的国家，表 8-4 也表明我国 STM 出版物占世界的份额已经具备一定的竞争力。但是，《2010 年科学报告》同时也指出了我国科技论文质量和影响力仍较低等诸多问题，因而我们不能仅从量的角度衡量我国学术出版的国际市场地位。诚如前文所言，2010 年中国知网、重庆维普、万方数据三大数据库的销售收入仅为 7.11 亿元，而这几乎已经是我国数字学术出版产业的全部产值，却仍不及爱思唯尔 2009 年医学出版 3.2 亿英镑的在线销售收入，这才是我国数字学术出版全球市场地位的真实写照。针对此，我国的学术出版必须坚持充分的市场细分、注重英文出版方式、强化同行评审、加强编辑和审稿队伍的培养等市场运作方式，这既是制约我国学术出版国际竞争力的重要原因[1]，也是提高我国数字学术出版全球市场地位的重要策略。

（3）市场集中度方面

通过前文对数字学术出版产业特征的分析可知，数字学术出版市场高度集中。一方面表现为全球市场向少数国家和地区集中，欧美发达国家控制了全球大部分数字学术出版市场份额。另一方面则表现为市场向少数学术出版巨头集中。例如，爱思唯尔、汤姆森、斯普林格、威立和威科等几大学术出版巨头占有全球一半以上的学术出版市场份额，国内的数字学术出版市场也几乎为中国知网、万方数据、重庆维普三大数据库所垄断。

8.3 数字学术出版产品、服务及其提供商

在传统学术出版模式下，学术期刊和学术专著是学术出版产品的主要形式，由于技术、条件等限制，学术出版产品提供商主要以提供学术期刊与专著为主，能够为科研人员提供的个性化服务很少。在数字出版时代，学术出版产品的形态更加丰富，同时，产品提供商也由提供学术产品为主向提供个性化学术服务为主转变。集成了海量学术产品与服务的数字出版平台是当下以及未来数字学术出版产业发展的趋势，数字出版平台以其快捷检索、快速上传下载、检索结果统计分

[1] 方卿. 科技出版国际竞争力研究[M]. 武汉：武汉大学出版社，2008.

析、个性化增值服务等功能赢得了广泛的用户和市场。

8.3.1　数字学术出版产品与服务

数字学术出版产品与服务，是产品与服务提供商为满足其用户的需求而向用户提供的有关学术出版的物品和服务的总和，是数字学术出版活动的产物，在数字学术出版产业中具有重要作用。首先，从市场构成要素来看，数字学术出版市场包括了产品与服务及其提供商、用户、购买力、购买动机等，产品与服务是数字学术出版市场的基础构成要素，只有具备了一定的可供交换的产品与服务，数字学术出版市场才能得以存在。其次，产品与服务是数字学术出版产业得以发展的前提条件，产业的发展必须依靠于提供的产品和服务能够有效地满足用户的需求，以此才能实现其价值，维持数字学术出版产业的发展。最后，从数字学术出版产品与服务内部构成来看，主要表现为学术内容和学术服务，而学术内容尤其是高质量的学术内容是学术出版商竞争的焦点，是数字学术出版产业最重要的资源要素。

作为数字学术出版市场的基本构成要素，数字学术出版产品与服务包括了各种数字化的学术内容资源、数字学术出版平台、学术服务以及读取、使用相关产品与服务的设备等，因而，数字学术出版产品与服务可以分为内容产品、平台产品、学术服务和终端阅读设备产品等四种主要的类型，而不同类型的产品或服务其内容和发挥的作用各不相同。

1．数字学术出版内容产品

数字学术出版内容产品与传统的学术内容产品有着本质的不同，主要表现在内容产品的生产、传播活动均以数字化形式进行，包括了各种数字化形式的学术专著、学术期刊、工具书、学术新闻报道、学术报告、标准、专利等。数字学术出版内容产品是科研人员开展科学研究、进行学术交流的主要资源，是数字学术出版市场最为基本和基础的产品类型，也是学术出版商获取利润的主要来源。

其中，数字学术专著和数字学术期刊无疑是最重要的两种内容产品形态。数字学术专著以其对学术问题的深入思考和全面阐述而成为学术交流的重要手段，同时数字学术专著的发行也能促进其印刷版图书的销售。美国国家科学院（National Academy of Sciences）在长期提供电子版学术专著的过程中就发现其能带动印刷版图书的销售[1]。学术期刊上发表的论文是科研人员获取科研信息的最主

[1] 徐丽芳，刘锦宏．数字学术出版研究综述[M]//黄先蓉．出版学研究进展．武汉：武汉大学出版社，2006：366-367．

要方式，因而在学术出版中最重要的就是学术期刊的出版。数字学术期刊出版，不但能解决印刷期刊的时滞问题，还能在一定程度上缓解学术"期刊危机"。但是目前的数字学术期刊多是印刷版期刊的数字化，真正纯数字化的学术期刊出版仍处于起步阶段。其他形态的数字学术出版内容产品也是科研人员开展学术研究、进行科学交流所必需的重要学术资源。

内容产品是学术出版的安身立命之本，因而对于学术出版商发展数字出版业务而言，内容先行至关重要。中国科学出版集团作为我国首家科技出版集团，在进军数字出版时坚持牢牢把握内容产品这条生命线。"内容先行，聚合优势内容资源"是其数字化转型的第一步战略举措，"成为以科学、技术、医学、教育为主要领域的国家级的科技出版旗舰"，也是其开展数字出版的首要定位。中国科学出版集团董事长柳建尧也认为："要坚守内容为核心，做好数字内容是安身之本。"[1]

2. 数字学术出版平台产品

2012 年 3 月出版业最大的软件与服务提供商出版技术公司（Publishing Technology）与新成立的网络学术出版商 GSE 宣布推出一款全新的数字学术出版平台产品——GSE 科研在线[2]，这只是近年来学术出版商们推出数字学术出版平台的一个缩影，平台产品已经成为了数字学术出版产品发展的趋势。数字学术出版平台兼具了内容出版、发布、发行等功能，对于缓解学术出版的时滞问题等难题发挥了重要作用，同时以其快捷检索、快速上传下载、检索结果统计分析、个性化服务等传统学术出版所不具备的强大优势，而得到广泛使用。纵观国内外数字学术出版产业中的那些佼佼者，比如国外的爱思唯尔、斯普林格、汤姆森、威立等，国内的中国知网、重庆维普、万方数据等，无不是依托其数字出版平台向其用户提供、发布数字学术出版产品与服务。当下，平台产品已经成为数字学术出版服务用户、赢得市场的最重要的方式，也是我们应该重点关注的数字学术出版产品类型。

集成性和开放性是数字学术出版平台所应具备的两个最主要的特征。数字学术出版平台首先应该能够集成各种数字学术内容资源和学术服务，以满足用户的多元需求。纵观国内外著名的数字学术出版平台，无不具备内容资源的集成功能，聚合了海量的学术内容资源。中国知网目前就收录了 8 000 多种学术期刊，文献总量达到 10 190 万篇，万方数据也收录了 7 000 余种期刊，约 4 285 万篇学术论文，

[1] 新闻出版总署科技与数字出版司编. 实践·探索·启迪：数字出版案例选编[M]. 北京：中国书籍出版社，2011：49.

[2] 从挺. 网络学术出版商 GSE 推出学术研究门户[EB/OL]. http://www.bookdao.com/article/37021/. 2012-04-16.

重庆维普则收录了 8 000 多种中文期刊，3 000 余万篇文献[1]。数字学术出版平台还应该具备开放性的特征，这种开放性主要体现在三个层面：首先是在内容上传方式、定价机制和相关销售数据等方面对内容提供商开放；其次是在信息网络传播权和版权信息等方面对著作权人开放；最后也是最为重要的是对传播渠道的开放，应该允许网络、手机、终端阅读器等各种传播渠道实现对接，尤其应该实现与平台外部的链接，以促进平台及其内容资源的传播[2]。

在线学术出版平台、开放存取仓储、学术出版机构主页、辅助科学研究与交流的在线平台、科研人员的个人主页和博客等都是数字学术出版平台产品的具体形式。其中，在线学术出版平台是目前数字学术出版、尤其是收费模式的数字学术出版的最主要发展方式，以其能够整合集成期刊、专著等多种形式的学术内容，以及快速、方便的检索功能等而广受欢迎，SpringerLink、ScienceDirect、CNKI 等就是其中的典型代表。开放存取仓储则是开放存取运动下的代表性产物，是免费模式下数字学术出版的重要发展方式。辅助科学研究与交流的在线平台也是一种重要的平台产品，GSE 就是这样一种通过语义技术和新奇的功能为科研人员开展科学研究及交流提供帮助的在线平台。而个人主页、个人博客等则是网络时代个人发表学术观点、进行学术交流的非正式渠道之一，能够增强学者间学术交流的互动性。

数字学术出版平台的基本功能主要包括：一是稿件的在线处理，或者称内容的在线出版，要求能够实现学术内容资源的在线投稿、同行评审以及编辑加工，这可以通过平台的在线投稿系统实现。美国斯坦福大学图书馆旗下的 High Wire 出版社开发的 Bench Press 系统是较为有名的在线投稿系统，具备在线投稿和同行评议等功能，目前已经有 91 种学术期刊采用这一系统。[3] 二是产品与服务的在线发布，要求既能实现学术内容资源的快速发布，同时还应该能够实现快速检索与订阅，兼具发布与发行的功能。万方数据知识服务平台就是一个在线发布平台，中华医学会与其开展合作试水 STM 的数字出版形式，正是看重其在线发布平台的强大功能。而诸如个性化服务功能、学术服务功能等则是数字学术出版平台吸引用户使用、实现价值增值的重要功能。

SpringerLink 作为全球首个电子期刊全文数据库出版平台，在很多方面值得我国数字学术出版平台借鉴、学习。目前，SpringerLink 已于 2006 年升级进入第三代界面，成为全球第一个提供多语种、跨产品的数字学术出版平台。该平台整合了多种数字资源，提供期刊、图书、参考书等多种资源的在线服务，利用参考文

---

[1] 数据来源：来自中国知网、万方数据和重庆维普网站，数据截止日期为 2012 年 4 月 16 日.

[2] 季守利. 数字出版平台的几个为什么[EB/OL]. http://www.bnup.com.cn/ news.php?id=4343. 2012-04-01.

[3] Current Sites[EB/OL]. http://benchpress.highwire.org/sites.dtl. 2012-04-16.

献 DOI 技术实现了对 300 多个出版商的期刊与专著进行相关链接，用户通过 PubMed、ChemPort、CrossRef 等链接可以获取参考文献书目、文摘乃至全文。此外，该平台还支持 RSS 信息推送定向服务，提高了其平台的营销能力，并开发了内容管理系统（SpAce）、编辑出版在线协同工作系统等一系列的技术系统拓展了其平台功能。SpringerLink 于 2006 年 12 月在伦敦获得了最佳 STM 信息产品大奖[1]，就是对该平台功能和成就的肯定。

3. 学术服务

数字学术出版领域的学术服务主要指的是数字学术出版商提供的各种有助于科研人员开展科学研究和科学交流活动的服务总称，主要包括：个性化信息的制定与推送等个性化服务，跨库检索、知识搜索等各种检索服务，检索结果的相关统计分析等增值服务，引文分析、论文影响因子分析等科学评价服务，组织学术会议、论坛等学术交流服务，等等。一定的学术服务能够加快科研人员科研信息的搜集、学术成果的创作与发表、科学交流的进程等，是提供商实现价值增值的重要手段。

当前，随着科研人员对服务需求的增强，学术服务的地位和价值在学术出版市场中得以凸显，数字学术出版产品提供商也逐步向数字学术出版服务提供商转变。汤姆森公司就是一个典型例子，其已经成功地由传统科技出版商转变为专业信息服务提供商，为金融、法律、教育、医疗、科技等领域的研究人员和从业人员提供综合性的专业信息、服务及其解决方案。

4. 终端阅读设备产品

自亚马逊的 Kindle 取得成功之后，开发终端阅读器就成了众多出版商追逐的目标，市场上充斥着琳琅满目的各式终端阅读设备。可能对于电子书市场，尤其是大众类电子书市场，开发终端阅读设备不失为一条促进数字内容分销的可行之道。然而，对于专业性很强、期刊论文占有很大比重的学术出版市场，终端阅读设备产品的价值和作用仍有待观察，至少目前还没有迹象表明开发相应的终端阅读设备产品已经成为数字学术出版产品生产活动的重要方式。

但是，目前也有少数学术出版商展开了这方面的实践。我国的人民军医出版社开发的医学手持阅读器——军医掌上图书馆就是其中之一。军医掌上图书馆专门为部队外出执勤任务时设计，其中预装了 1 000 本人民军医出版社的医学图书，并以"医学书城"网站作为内容补充更新的后台支持，不用携带成百上千本笨重的纸质书即可满足部队官兵一站式、移动、便携、快速阅读的需求。当然，由于其针对的是特殊人群的特殊需求，实际效果还有待观察。但是，人民军医出版社

---

[1] 丁岭. 斯普林格数字出版发展模式探析[J]. 大学出版，2008（4）：60-63.

的实践值得关注和探讨。

8.3.2　数字学术出版产品与服务提供商

　　数字学术出版产品与服务提供商，是为数字学术出版市场提供用户所需产品与服务的机构的统称，提供商通过为数字学术出版用户提供符合其需求的产品与服务，从而实现价值的创造和利润的获取。学术产品与服务提供商因为控制着学术出版与科学交流的主要载体——学术出版物的提供，因而成为了推动学术出版发展和主导学术交流的关键。数字出版时代，学术交流已经不仅仅只有学术出版物这一种主要方式，个人主页、E-mail、博客等非正式交流方式的兴起，在一定程度上突破了学术产品与服务提供商对学术交流的控制与垄断。尤其是开放存取出版的兴起，是对传统学术出版商学术出版物垄断权的撼动和威胁。然而，从目前实践发展的情况看，学术出版产品与服务提供商对学术出版物和科学交流的主导权地位并未发生根本性改变，因而在数字出版时代，学术出版产品与服务提供商的地位依然十分重要。

1. 数字学术出版产品与服务提供商的构成

　　在全球范围内，由于传统学术出版商较好地实现了数字化转型，或者依然控制着优质的学术内容资源，因而数字学术出版产品与服务提供商主要还是以传统学术出版商为主。而我国的情况则有所差异，由于我国处于学术出版数字化转型初期，传统学术出版商在资源、实力、技术等方面存在诸多不足，无法培育出中国的"爱思唯尔"与"斯普林格"，因而，虽然大多数传统学术出版商也建立了自己的网站，尝试开展了数字出版业务，但是主导我国数字学术出版市场产品与服务的提供的却是清华同方知网等技术开发商。除此之外，数字学术出版产品与服务提供商还包括：专业协会或学术团体等学术出版机构、数字学术出版技术开发商、专业信息调研机构、学术出版代理商等。

　　（1）传统学术出版商。这是数字学术出版产品与服务提供商中的"主力军"，主要的学术内容资源都是由其生产、加工并提供给科研人员的，也是数字学术出版市场创收的主体。目前，传统学术出版商正在经历两方面的转变：一方面是向数字出版方向转变；另一方面则是向信息服务提供商转变。汤姆森·路透集团是成功实现了这两个转变的典型代表，其最初只是加拿大一家专业出版机构，后来转变发展成为全球信息资讯服务巨头，主营业务方向已从专业出版转向了提供信息服务；同时，汤姆森·路透集团也在积极实行数字化转型，该集团目前数字化产品收入的比例已高达 90%。

　　传统学术出版商又分为两类：一类是传统的商业学术出版商，这是最常见的传统学术出版商；另一类则是大学出版社。大学出版社是学术专著的主要出版商，出版学术专著是其主要职责之一。在欧美等国家，大学出版社是不以赢利为目的的，而是服务于其大学的学术研究与交流，因而大学出版社也成为了开放存取运动的积极倡导者和践行者。牛津大学出版社就是这样一家大学出版社，除了 Oxford Journals 数据库这一付费的数字出版产品外，牛津大学出版社还与牛津大学图书馆合作，允许全球科研人员在线免费搜索访问 2002 年以来牛津大学作者发表的学术论文。

（2）专业协会或学术团体等学术出版机构。2012 年 4 月 11 日在北京举行的中国科学技术协会（中国科协）学术建设发布会上，中国科协有关人员指出，目前，我国科技期刊总数已超过 5 300 种，其中科协系统主办的科技期刊超过 1/3 [1]。由此可见，专业协会或学术团体设立的学术出版机构也是学术内容的重要提供者。美国电气电子工程协会（Institute of Electrical and Electronics Engineers，IEEE）是其中的典型代表，作为全球电子、电气以及计算机领域重要的学术出版机构，其提供的 IEEE Xplore 数据库是目前该领域科研人员开展科学研究必不可少的工具。2010 年 IEEE Xplore 进行了重新改版，以使其更加适应数字学术出版发展的需要，提升其用户的科研效率。

（3）数字学术出版技术开发商。技术开发商的加入是学术出版产品与服务提供商在数字出版时代最显著的变化，技术开发商提供的技术产品与技术服务本身也是数字学术出版产品与服务的一种，是网络时代下科研人员开展科研活动的重要工具，能够加速其科研进程，同时还能够实现对数字学术出版产品的版权保护。例如，前文提到的 GSE 科研在线，就能够帮助科研人员在网络环境中进行科研信息的收集、成果的快速发表以及科研交流等。又如，美国出版商协会提供的数字对象标示符（Digital Object Identifier，DOI）技术方案，被爱思唯尔、Blackwell、威立、斯普林格等大型学术出版商所采用，能够对数字学术内容起到一定的版权保护作用。

（4）专业信息调研机构。随着专业出版与学术出版的界限越来越模糊，专业信息调研机构也被归入学术出版产品与服务提供商的行列。专业信息调研机构主要以提供行业发展信息和分析咨询报告服务为主，科研人员可通过搜索引擎检索到其相关的调研数据和信息，并直接在线购买该产品的电子版或纸质版图书。专业信息调研机构每年往往会针对其聚焦的领域发布一份该领域的调研分析报告，这些报告以其独立性和专业性而得到该领域研究人员的关注和认可，对科研人员开展相关研究具有很大帮助。例如，电子出版服务公司（EPS），其开展的电子出版服务市场监测研究项目，提供了全球多个出版领域的市场发展状况，对研究、预测相关出版市场提供了数据支撑。

[1] 中国科学技术协会. 2012 中国科协学术建设发布会在京举行[EB/OL]. http://www.cast. org.cn/n35081/n35096/n10225918/13809604.html. 2012-04-16.

（5）学术出版代理商。传统的学术出版，尤其是学术期刊的出版，往往采用学术出版商—学术出版代理商—用户的分销模式。而数字时代的学术出版，出版商普遍采用网络直接向用户分销产品与服务，从而绕开代理商以增加产品的附加值，学术出版代理商在数字学术出版中的作用逐渐弱化已成必然。2003 年全球知名的期刊代理商罗氏联合股份有限公司破产，正是代理商地位"式微"导致的。但是作为专业分工的重要体现，学术出版代理商的地位和作用还是不可忽视的，因而我们认为目前学术出版代理商仍然属于数字学术出版产品与服务提供商中的一类，像中国知网在全国各地就有其会员卡的代理商[1]。

2. 我国数字学术出版产品与服务提供商同质化问题分析

同质化是我国数字学术出版产品与服务提供商的一个显著特征和问题所在，正如《2009—2010 中国数字出版产业年度报告》所指出的那样："长期以来，多数纸质期刊采取的多家许可方式，一定程度形成了专业期刊网站期刊产品内容的同质化。"[2] 即同一篇文章、同一种期刊，可以在中国知网、重庆维普和万方数据同时被找到，而这三大数据库在我国高校图书馆的市场占有率都在 80% 以上[3]，这就造成了很多学术内容的重复订购，导致严重的不该有的资源浪费，由此阻碍了数字学术出版产业的健康发展。因而，这里我们将对我国数字学术出版产品与服务提供商的同质化问题做一简要分析。

这里所说的我国数字学术出版产品与服务提供商，主要指的是中国知网、重庆维普、万方数据这三大数据库出版商，因为我国的数字学术出版产业高度集中于这三大数据库。对于三大数据库同质化现象主要可以从其目标市场、内容产品重复率、营销手段等方面来理解。

（1）从其目标市场来看

三大数据库的目标市场存在很多的重合之处，基本都将高校、公共图书馆、科研机构、政府机关、医院等作为各自的主要组织用户，只是在具体的市场占有率上有所差别，如图 8-4 所示。从图 8-4 中可以看出，中国知网、重庆维普、万方数据的目标市场都定位于高校、科研机构、公共图书馆和事业单位这类数字学术出版物的主要订购者，尤其是中国知网的目标市场几乎覆盖了重庆维普、万方数据的目标市场。据了解，在高校、科研机构、公共图书馆这三大学术出版的主要用户群领域，三者并没有进行明确的细分以区别于竞争对手，可见其目标市场具

[1] http://ec.cnki.net/skwd/skwd1.htm.
[2] 郝振省. 2009—2010 中国数字出版产业年度报告[M]. 北京：中国书籍出版社，2011：92.
[3] 郝振省. 2007—2008 中国数字出版产业年度报告[M]. 北京：中国书籍出版社，2008：91.

有较高的重合性。由此，也就导致了各自在为其用户提供的产品、服务及其相关营销推广活动上不可避免地出现同质化现象。

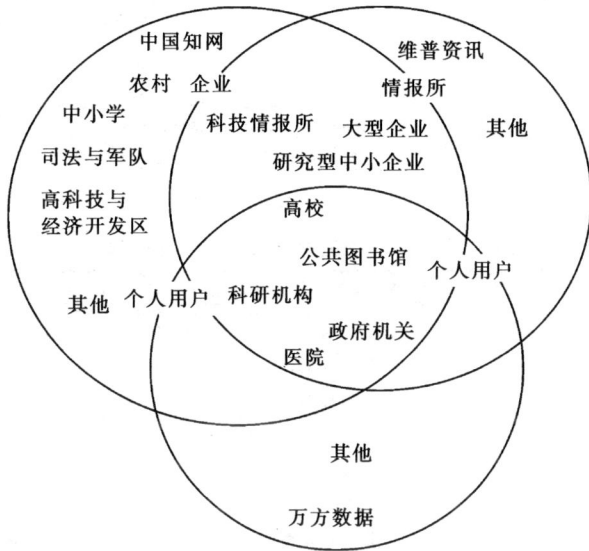

图 8-4 我国三大数据库目标市场分布图[1]

（2）从其内容产品的重复率来看

虽然这几年三大数据库在不断尝试推出新的产品与服务以区别于竞争对手，但是就各自的学术期刊收录情况来看，由于大部分学术期刊采用多家许可的方式实现期刊的数字化，因而总体来说，这三大数据库所收录的学术期刊具有很大的相似性。据统计，中国知网目前约收录了 7 500 多种学术和高教类期刊，万方数据则收录了覆盖 95 个学科的 5 792 种期刊，而重庆维普收录的中文期刊也达到 8 000 多种[2]。而我国 2010 年出版的哲学、社会科学、自然科学和技术类期刊也不过 7 000 多种[3]，可见其中的重复率有多高。相关的通过选取三家数据库 7 个学科的期刊进行对比的实证研究也表明，中国知网与重庆维普、万方数据存在较高的重复率，仅万方数据与重庆维普的重复率相对较低[4]。由此可见，三大数据库内容产品上的同质化现象较为明显。

---

[1] 图中内容来源：郝振省. 2009—2010 中国数字出版产业年度报告[M]. 北京：中国书籍出版社，2011：92；中国知网、重庆维普及力方数据网站。其中，图中椭圆的大小和重合的面积不代表各自目标市场的大小和重合的程度.

[2] 郝振省. 2009—2010 中国数字出版产业年度报告[M]. 北京：中国书籍出版社，2011：97，100-101.

[3] 新闻出版总署. 2010 年全国新闻出版业基本情况[EB/OL]. http://www.gapp.gov.cn/cms/html/21/493/201109/722877.html. 2012-04-08.

[4] 谭捷，张李一，饶丽君. 中文学术期刊数据库的比较研究[J]. 图书情报知识，2010（4）：11.

（3）从其营销手段来看

三大数据库在支付方式和定价方式上也具有一定的相似性，参见表 8-5。由表 8-5 可以看出，这三大数据库都提供支付宝、手机短信以及各数据库阅读卡（支付卡）的支付方式。而在定价方式上则都区分了个人用户和组织用户，个人用户一般均按单位内容（页/条/篇等）计费，只是不同数据库其单位内容产品的价格有所不同；组织用户则基本以网上包库或镜像站的方式定价。由此可见，三大数据库的支付方式及定价方式呈现出了一定的相似性。

表 8-5   我国三大数据库支付及定价方式对比[1]

数据库	支付方式	定价方式
中国知网	中国知网卡、支付宝、网上银行、手机短信、邮局汇款等	个人用户收取流量费，按不同内容单位（页/条等）定基本价（详见表 8-3），包库、镜像的机构用户按其并发登录数、连续订购情况等标准计费
重庆维普	重庆维普阅读卡、支付宝、网上银行、手机短信、汇款等	个人用户按不同的用户和文章篇幅定价。比如，"中文科技期刊数据库"中的文章，手机短信单篇支付，1～6 页文章统一定价为 3 元/篇，6 页以上文章统一定价为 5 元/篇；重庆维普的会员，一篇文章 4 页以内 0.5 元/页，4 页以上 2 元/篇。组织用户则提供包库、镜像站等计费方式
万方数据	手机短信（只限中国移动用户）、支付宝、万方数据卡、ILIB 账户等	个人用户按不同内容单位（篇/条/页）计费，常规期刊论文价格为 3 元/篇，并提供网上包库、镜像站点等计费方式

所谓同质化是同类型的商品中不同的品牌在产品、营销手段甚至目标市场等方面趋同的现象，中国知网、重庆维普、万方数据这三大数据库的目标市场具有较高的重合性、内容产品具有很大的相似性、支付及定价方式也具有一定的相似性，由此可见其同质化问题较为严重。我国数字学术出版产品与服务提供商的同质化问题，一定程度上造成了不必要的资源浪费，不利于资源优化配置，同时也阻碍了我国数字学术出版产业的进一步发展壮大。

8.4   数字学术出版物的发行与分销

据新闻出版总署统计，2010 年全国纸质期刊销售册数为 0.19 亿册，比 2009 年的 1.84 亿册下降了 89.67%，销售金额 10.37 亿元，比 2009 年的 21.73 亿元下降了 52.28%，且 2009 年较之 2008 年其期刊的发行册数与销售金额也分别下降了

---

[1] 数据来源：整理自中国知网、重庆维普及万方数据网站．

39.47%和 16.05%[1,2]。由此可见，印刷版期刊的发行近年来下滑明显，而我国的期刊中大部分为学术期刊，因而我们不难推测出印刷版学术期刊的发行状况。与此相比，以数字化学术期刊销售收入为主的三大数据库中国知网、重庆维普和万方数据的销售收入却增长了 11.1%[3]，二者形成鲜明对比，其实质反映的却是传统学术出版的式微和数字学术出版的兴盛。这在很大程度上是源于数字学术出版在发行、定价等方面的优势。传统学术出版物一般以统一的价格将整本/册出版物通过分销商或者代理商售给读者，而数字学术出版物不仅定价方式上更加多元化，分为个人价、团体价、国内价、国外价，而且发行方式也更加灵活、便捷，可以按单位内容（页/篇/条/册等）、也可以按包库等方式直接在线销售给读者。灵活便捷的发行方式和定价策略得到了用户的广泛认可，促进了数字学术出版物的销售，并推动了数字学术出版产业的快速发展。基于此，本节将简要分析数字学术出版物的发行模式和定价方法。

8.4.1　数字学术出版物发行模式

与传统学术出版物普遍采用出版商—分销商/代理商—订阅者的发行渠道不同，数字学术出版物的发行渠道更为多样化，包括通过网站在线发行、通过数字出版平台分销、按需出版、开放存取等。从目前的实践来看，常见的数字学术出版物的发行模式主要有数据库包库、按需订阅和开放存取出版三种。其中，数据库包库、按需订阅为付费发行方式；开放存取出版为免费发行方式。

1. 数据库包库

数据库包库指的是包库用户一次性订购数据库产品，包库用户在限定的 IP 范围内可以不受次数限制使用所订购的数据库中的内容，并按订购期限、订购内容、并发用户数等收取包库费用的发行模式，主要适用于需求量大、使用频繁的高校、科研机构和企事业单位。

数据库包库是最常见、也是最主要的数字学术出版物的发行模式。首先，通过一次性订购数据库，用户可以用相同的花费购买到更多的学术内容资源，同时，学术数据库尤其是全文数据库本身的学术文献资源量是传统学术出版物所无可比拟的，这对于丰富包库用户的文献资源具有积极意义。其次，当前的学术数据库多已升级为数字学术出版平台，包库用户主要是订购平台中的部分或全部的数据库，而数字学术出版平台检索快速便捷、在限定 IP 范围内使用不受时空及次数限制、允许并发使用等功能优势，能够极大优化用户的使用性能，从而成为了数字

[1] 中国出版年鉴编委会. 中国出版年鉴[M]. 北京：中国出版年鉴社，2011：976.
[2] 中国出版年鉴编委会. 中国出版年鉴[M]. 北京：中国出版年鉴社，2010：867.
[3] 郝振省. 2009—2010 中国数字出版产业年度报告[M]. 北京：中国书籍出版社，2011：95.

学术出版物主要消费者的组织用户最青睐的发行模式。目前，绝大部分数字学术出版平台都采用这一发行模式进行数字学术出版物的分销。

对于包库用户而言，既可以通过镜像数据库的方式也可以通过包库数据库的方式使用所订购的数据库。镜像数据库是指将所订购的数据库安装到用户机构内部的服务器上，建立内部镜像站点，通过机构内部的 IP 检索使用的数据库使用方式，这种方式检索速度快，但是数据库资源具有一定的滞后性。包库数据库则是通过用户机构内部的 IP 远程登录所订购数据库的网址以检索使用其资源的一种方式，由于该方式是在线检索，速度相对较慢，但是数据库资源实时更新。

包库用户在选购数据库时，主要应考虑以下因素：一是数据库资源的集成量和权威性，数据库集成的学术资源越多、数据库越权威，被选购的可能性就越大。二是数据库的使用性能，包括检索、并发使用以及是否与内部成员的使用习惯相契合等。三是数据库的技术含量和售后服务等，这关系到用户的使用体验问题。四是价格因素。五是用户内部成员的需求，即所订购数据库的资源是内部成员开展科学研究需要的。

对于数据库出版商而言，国外的数据库出版商更多的是通过整合自身学术内容资源开发数据库产品，比如爱思唯尔、斯普林格、牛津大学出版社等。但是，也有部分数据库出版商代理分销其他出版机构的学术出版物，比如我国的高等教育出版社就将其 Frontiers 系列英文期刊交由 SpringerLink 代销。而对于我国的数据库出版商而言，其主要是代理发行出版机构的学术出版物。目前，我国绝大部分数字学术出版物都是交由中国知网、重庆维普和万方数据这类数据库出版商代理发行的，这有利于省去出版机构开发和运营数据库的成本与精力，更加专注于学术内容的出版。但是，同时也带来了数据库出版商通过控制发行渠道"绑架"出版商的问题，其不仅攫取了高额的利润，还成功地占领了原本由出版商主导的读者和市场。目前，我国的学术出版单位就处于这一尴尬境地，针对这一问题，部分出版社也在积极探求破解之道。比如中华医学会和中华药学会，就采用招标方式整体出售纸质学术期刊的网络出版权，以获取较以前多出数倍、数十倍的经济收益；而中国光学期刊网和中国地学期刊网，则采用直接收录或链接同一学科期刊网站的方式，集成同一学术领域内的学术内容资源，以此形成一定规模效应，吸引读者购买使用，打破三大数据库的垄断，并获取更多收益[1]。

2. 按需订阅

数据库包库主要是针对组织用户，而按需订阅则更多的是针对个人用户。由于个人用户在需求特点、使用行为、购买行为上与组织用户有极大差别，因而必

---

[1] 赵文义，张积玉. 学术期刊的定价和发行问题分析[J]. 科技出版与发行，2011（5）：54.

须实行不同的适合于个人用户的数字学术出版物发行模式。针对个人用户需求量少、需求持续性较差、仅限于个人使用等特点，按需订阅的发行模式允许个人用户按照个人所需订购内容资源及服务，订阅方式既灵活又能满足用户的个性化需求，是学术出版商针对个人用户的主要发行模式。

按需订阅用户的订购形式主要可以分为三种：一是直接登录不同的数字学术出版平台或是搜索引擎检索并购买所需的内容及服务，这是最常见的一种形式。例如，中国知网除了允许机构用户通过包库、镜像站点的方式订阅内容，还允许个人用户注册登录中国知网查找、购买所需内容及服务，并按不同形式（论文、专著、报告、工具书等）、不同单位（页/条/篇/章等）的内容与服务计价收费。二是长期订阅某类数字学术出版物，出版商一般通过电子邮件直接向其发送所订阅产品，或是通过自身平台专门为用户设计的个人数字图书馆推送。三是订阅一些个性化、定制化的数字学术出版产品或服务，包括科研报告、科研解决方案、定制化的增值服务等，数字学术出版商们需要根据定制用户的个性化需求开发新的产品或服务。

在按需订阅发行模式中，按需出版是值得关注的一种出版方式和出版理念。按需出版（Publishing On Demand，POD），在国外也称按需印刷（Printing On Demand），是计算机技术和数码印刷技术相结合的产物，是指根据消费者在时间、地点、内容等方面的个性化需求采用数码印刷技术直接将其所需的数字化内容进行印刷、装订的一种全新的出版方式。按需出版方式能够有效地降低出版物的生产成本与库存成本，满足消费者的个性化需求，并能提高产品的销量，尤其是其能减少学术专著绝版问题，因而广受学术出版商欢迎与采用。知识产权出版社是我国按需出版的积极实践者和受益者，目前该社按需出版的图书达 600 余种，累计利润近千万元，并保证了著作权人的作品永不绝版[1]。

目前，按需出版主要应用于学术专著出版领域，国外部分出版商正是通过按需出版的方式促进了其学术专著的销售。2007 年，泰勒·弗朗西斯通过按需印刷的方式出版的图书增长了 50%，同时平均每印数的成本却降低了 50%，不仅成本大幅减少，收益也增加了[2]。2007 年，斯普林格通过与专业的印刷公司合作开展按需印刷业务出版其新书，不仅降低了其成本，还使得更多的学术专著得以出版，扩大了其市场占有率[3]。由此可见，按需出版能够有效地促进数字学术出版物尤其是学术专著的销售。

［1］新闻出版总署科技与数字出版司. 实践·探索·启迪：数字出版案例选编[M]. 北京：中国书籍出版社，2011：20.

［2］Informa. Informa Annual Report and Financial Statement 2007[EB/OL]. http://ar2007.informa.com/publishing. 2012-04-21.

［3］Springer. Springer Science + Business Media——Annual Report 2007[EB/OL]. http://www.springer.com/cda/content/document/cda_download document/Annual_Report_2007.pdf. 2012-04-21.

3．开放存取出版

开放存取（Open Access，OA）出版模式是一种免费的发行模式，其最初正是源于"学术期刊危机"而兴起的，"允许所有用户不受经济、法律和技术的限制免费获取公共网络上的论文进行阅读、下载、复制、分发、打印、搜索或超链接论文全文等"[1]。开放存取最突出的特点就是其免费获取性，科研人员可以免费、快速地掌握全球范围内的最新科研成果和学术发展动态，成为其获取科研信息不可或缺的重要方式。随着开放存取运动逐渐为国际科技界、学术界及图书馆界所欢迎和接受，作者付费出版、读者免费获取的开放存取出版模式，对促进学术信息自由传播、推动科学交流正发挥着越来越重要的作用，成为数字出版时代学术出版的一种全新模式，是数字学术出版物免费发行模式的主要实现方式。

8.4.2　数字学术出版物的定价

数字学术出版物的发行收入是数字学术出版商的主要收入来源，是补偿其经营活动所耗费的成本、实现赢利以及扩大再生产的有效保障，而数字学术出版物发行的一个核心问题就是如何定价。切实可行的定价是增加数字学术出版商收入、提高其利润的根本保证，明确、科学、合理的定价方法对数字学术出版机构的持续发展意义重大。数字学术出版物的定价较之传统学术出版物需要考虑的因素更多，除了产品、需求、成本、用户、竞争对手、作者、地理等传统学术出版也需要考虑的因素外，还要综合考虑电子版与印刷版价格的协调问题，不同组织用户的规模、浏览量/下载量、并发使用者数量、数据库订阅期限问题，以及存取数字学术出版物设备的购买成本/维护成本等问题。由此，也导致了数字学术出版物的价格更加多元化，"数字学术出版物市场价格策略的重心似乎已经从确定基础价格转而进化到采用各种价格修订战略"[2]，这就加大了其定价的难度。因而，有必要认真研究数字学术出版物的定价问题。

定价问题，最主要的无非就是定价策略或者说是定价方法的问题，当前应用较为普遍的数字学术出版物的定价方法主要有捆绑定价法、混合定价法、差别定价法、联盟式定价法和读者主导定价法。

1．捆绑定价法

捆绑定价法，也称搭售定价法，是指将不同的产品捆绑打包以一个价格进行

[1] Budapest Open Access Initiative [EB/OL]．http://www.soros.org/openaccess/read.shtml. 2012-04-21.

[2] 徐丽芳，刘锦宏．数字学术出版物经济问题研究综述[J]．出版科学，2006（6）：65.

出售的定价方法。这种方法最初常用于信息行业的商品销售，比如微软公司将其 IE 浏览器与 Windows 操作系统捆绑销售。在数字学术出版中，这种捆绑定价主要针对的是学术期刊，既可以是数字学术期刊与印刷学术期刊之间的捆绑，也可以是数字学术期刊之间的捆绑，还可以是不同期刊数据库之间的捆绑。其中，早期的捆绑定价以印刷版期刊为主，即用户在不削减纸质期刊订阅量的基础上，免费或者以一个较低的价格给予访问阅读电子版期刊的权利；2004 年之后，随着学术期刊逐渐实现数字化，出版商又改变了其捆绑定价的方式，即采取保证一定时期内电子期刊的订阅量则免费或以较低的价格向用户提供纸质期刊，或者是采取纯电子期刊的捆绑，根据其订阅量给予价格优惠。现在，捆绑定价更多的表现为"数字化期刊包"即期刊数据库的方式，比如不同学科的期刊数据库，就可以捆绑成为一个"期刊包"销售。

　　无论是何种捆绑方式，出版商在采用捆绑定价的方式时，"要将具有一定关联性和相似性目标市场的产品或服务捆绑在一起进行定价销售，才能达成预期目标。"[1] 同时，出版商应当许诺或者与用户签订协议规定每年价格上涨的幅度，以避免产生纠纷。"期刊包"的捆绑定价除了考虑其订阅量外，还要综合考虑其订阅年限、使用者数量以及并发使用者数量。

　　采用捆绑定价的方法对于图书馆这种数字学术出版物的主要用户来说是十分受益的，能够以较少的花费订阅到更多的数字学术资源，尤其是对经费有限的图书馆而言。同时，通过捆绑定价的方式，将不同的产品捆绑起来销售，能够降低出版商的营销成本与广告成本，并提高销量。但是，捆绑定价法也带来了诸多消极影响。首先，捆绑定价作为国外大型学术出版商普遍采用的价格策略，通常成为其增加市场进入壁垒的手段，即通过捆绑的方式强行搭售其非核心产品，提高其产品的市场占有率，并以此形成垄断和产业壁垒，限制了竞争。其次，一旦出版商的垄断地位或者市场壁垒形成，就有可能"绑架"图书馆，肆意抬高价格，传统学术期刊的"价格危机"正是由此而来，因而在数字出版时代不得不警惕这一点。

　　捆绑定价法总体来说，对出版商比较有利，因而也就成为了出版商常用的定价方法。比如爱思唯尔 ScienceDirect 就是一个大型"期刊包"，通过捆绑定价以一定的价格将其质量较低的期刊也搭售给用户，从而能以较低的成本获取较高的利润，其目前每年的用户多达上千万[2]。美国化学学会也将其数字学术期刊分为八种"捆绑期刊包"提供给用户。

　　[1] 刘锦宏. 网络科技出版模式研究[M]. 武汉：武汉理工大学出版社，2010：88.
　　[2] Reed Elsevier. Reed Elsevier Annual Report 2007[EB/OL]. http://www. investis.com/reports/reed_ar_2007_en/report.php?type=1. 2012-04-06.

2. 混合定价法

"混合定价法是印刷期刊和数字期刊并存这一现状的产物。20 世纪 90 年代中期，学术出版社推出第一批电子期刊的时候，就引入了混合定价的概念。"[1] 混合定价法即采用多种定价方法确定数字学术出版物的销售价格的一种方法，其主要表现在出版商对组织用户实行捆绑定价，而对其他用户则单独进行定价，一般这种定价以单篇/页论文、单本期刊/图书等作为定价基础。事实上，大多数学术出版商对其数字学术出版物的定价都是一种混合式的定价，既向组织用户提供产品，也向个人用户提供订阅服务，以获取更多的利润。

采用混合定价的方法，首先在价格上更加多元，定价方式更加灵活，能够满足不同用户的需求，能够为更广泛的用户提供产品和服务，以扩大销售。其次，混合定价的出发点是为了满足不同用户的需求，不同于单一定价主要针对某一类用户，其更符合"不要将全部的鸡蛋放在同一个篮子里"的原理，在扩大市场规模的同时也分散了经营风险。

自 2002 年俄亥俄图书馆与信息网络联盟（The Ohio Library and Information Network LINK，Ohio-LINK）与一些主要的学术出版商达成混合定价协议后，混合定价也成为了出版商重要的定价方法，爱思唯尔、牛津大学出版社、中国知网等都采用了混合定价方法。

3. 差别定价法

差别定价，也可称为分层定价，是指在对数字学术出版物进行定价前，先根据一定的标准将其用户分为不同的层次，然后针对不同层次的用户以及不同层次的市场制订不同的定价策略的一种方法。这种差别可以是不同读者的差别，也可以是不同产品及其规模的差别，或者是不同地理区域间的差别，还可以是不同的订阅时间及订阅期限的差别[2]。

差别定价法能够针对不同的出版物对不同读者及其使用价值的不同，衡量其应该给予出版商的成本补偿，避免了不同规模和不同出版物订阅量的用户支付相同的费用，解决了定价方面的公平问题。同时，通过对用户的分层，出版商能够更好地掌握不同用户的需求特征，以此有针对性地制订不同的营销策略与价格策略。

美国物理学会（American Physical Society）的期刊是最早采用这一定价方法的学术出版商，于 2001 年宣布开始对其机构用户实行分层定价。而美国物理研究院（American Institute of Physics，AIP）则根据其机构用户的在线活动量、机构所属

[1] 徐丽芳，刘锦宏. 数字学术出版物经济问题研究综述[J]. 出版科学，2006（6）：65.

[2] 刘锦宏. 网络科技出版模式研究[M]. 武汉：武汉理工大学出版社，2010：87-88.

作者在 AIP 期刊上发表论文的数量以及机构所订阅的 AIP 期刊数量将用户分为五个等级[1]。

4. 联盟式定价法

联盟式定价，或称联盟式计价（计费），是为适应 20 世纪 90 年代中后期"图书馆联盟"的出现而产生的，指的是出版商针对结成图书馆联盟的各成员联合购买数字学术出版物而制订的一种定价策略。面对学术期刊价格的飞涨，图书馆"苦不堪言"，迫使各图书馆间组成采购联盟，联合与出版商或代理商"讨价还价"，为此出版商也相应推出或者说是接受了联盟式计费的方式。数字学术出版产业中，学术数据库，尤其是大型学术出版商的数据库，价格十分昂贵，因此也需要图书馆组成采购联盟。联盟式定价主要分为折扣模式和"大宗交易"模式。折扣模式，即"各成员馆以一种复杂的算法共享折扣。每一成员可自行决定是否仅订阅当前印刷期刊的网络版，或者增加订阅品种。"[2]而"大宗交易"则是捆绑定价的一种典型方式，即出版商与图书馆签订的一份电子版学术期刊的购买协议，其中出版商以一口价提供其成套的期刊，并承诺每年的价格涨幅限度[3]。爱思唯尔是实行"大宗交易"的典型学术出版商。

图书馆组成联盟，以订阅量的优势联合与出版商或代理商洽谈，可以提高其议价能力，争取更大的价格优惠。然而，也有研究人员指出，其实这种联盟式定价的方法也并非都对出版商不利，商业学术出版集团依然能够从中获益[4]。最主要的是可以使学术出版商集中营销力量开展数据库推广活动，降低营销成本。

目前，针对国外数字学术资源价格较为昂贵、国内高校图书馆难以承受的现状，我国高校图书馆之间也组成了高校图书馆数字资源采购联盟[5]（Digital Resource Acquisition Alliance of Chinese Academic Libraries，DRAA），团结合作开展数字资源的采购工作，谋求最优价格和最佳服务。

5. 读者主导定价法

读者主导定价法，是指学术出版商"根据读者定制的产品或服务的价值来确定其价格或由读者决定其所购买的产品或服务的价格的一种定价策略"，这种策略

[1] 徐丽芳，刘锦宏. 数字学术出版研究综述[M]//黄先蓉. 出版学研究进展. 武汉：武汉大学出版社，2006：390.

[2] 徐丽芳，刘锦宏. 数字学术出版物经济问题研究综述[J]. 出版科学，2006（6）：66.

[3] Kenneth Frazier. The Librarians' Dilemma: Contemplating the Costs of the "Big Deal"[J]. D-Lib Magazine，2001（3）.

[4] 徐丽芳，刘锦宏. 数字学术出版研究综述[M]//黄先蓉. 出版学研究进展. 武汉：武汉大学出版社，2006：390.

[5] http://www.libconsortia.edu.cn.

"不仅能够提高出版物价格，而且还提高了出版商的市场竞争能力和销售收入。"其主要有两种实现方式：一种是按照读者个性化需求单独定价销售其定制的产品，价格可参考产品的价值及成本或读者确定的价格制定；另一种是通过读者竞购的方式确定价格。目前，中国学术期刊前沿网等部分学术出版商已开始尝试采用这一定价方式，但是由于其属于一种"新生事物"，发展极不成熟，应用还不是很广泛，因而并非是数字学术出版物的主要定价方法[1]。

　　无论是以上哪种定价方法，都既有其长处也有其局限性，因而需要根据自身情况，尤其是产品和用户的特点，综合考量各种定价方法，最好同时采用几种不同的方法来确定数字学术出版物的价格，如此，才能更好地促进数字学术出版物的销售、增加营业收入、提高赢利水平。

▎ 8.5　数字学术出版商案例分析

　　大众、教育、学术三大出版领域的数字化，以学术出版发展最好，因而数字学术出版产业也涌现出了很多成功的企业与成功的经验。本节基于数字学术出版产业的两种主要类型——高端内容资源型和内容资源集成型为选择依据，各挑选了一家数字学术出版商，分析其数字学术出版的做法和成功经验等。它们是高端内容资源型的典型代表励德·爱思唯尔出版集团和内容资源集成型的典型代表中国知网。

8.5.1　励德·爱思唯尔个案分析

　　励德·爱思唯尔（Reed Elsevier）集团，是由英国的励德国际公司（Reed International PLC）和荷兰的爱思唯尔公司（Elsevier NV）于 1993 年合并成立的全球第一大学术出版商，是全球最负盛名的专业信息出版商和服务商，在全球近 200 个国家和地区设有办事处。

　　从励德·爱思唯尔集团最新的财务报告可知，爱思唯尔的收入来源主要分布在其旗下的五个子公司：爱思唯尔（Elsevier）出版公司（除非有特殊说明，下文所说爱思唯尔均指该公司）、LexisNexis 法律和专业出版公司、LexisNexis 风险解决公司、励德展览公司和励德商业信息公司。其中，爱思唯尔的主营业务为科学、技术和医学出版，即我们所说的学术出版。表 8-6 反映的是励德·爱思唯尔集团 2006—2011 年财务数据。由表 8-6 可知，爱思唯尔学术出版的收入占到了集团总收入的三分之一强。其中，爱思唯尔学术出版的数字化程度连年提高，其大部分学术出版物都是

---

　　[1] 刘锦宏. 网络科技出版模式研究[M]. 武汉：武汉理工大学出版社，2010：89.

经过数字化转换后通过 ScienceDirect 等在线平台销售的。

表8-6　励德·爱思唯尔集团 2006—2011 年财务数据（单位：百万英镑）[1]

	2006	2007	2008	2009	2010	2011
总收入	4 509	4 584	5 334	6 071	6 055	6 002
增幅	4%	2%	16%	14%	-0.30%	-1%
在线收入比例	37%	≈50%	50%	≈60%	61%	63%
STM 收入	1 521	1 507	1 700	1 985	2 026	2 058
增幅	6%	-1%	13%	17%	2%	2%
STM 占总收入比例	34%	33%	32%	33%	33%	34%

1. 励德·爱思唯尔高端数字学术内容资源分析

成为全球领先的科学、技术与医学信息及解决方案的提供商，是爱思唯尔在全球学术出版领域的战略定位和目标，为此，其自涉足学术出版领域以来，就不断强化其在学术出版领域的实力，提高学术内容资源的质量。爱思唯尔主要是通过横向并购其他学术出版商大量占有高端学术内容资源的，表 8-7 列举了近十几年来爱思唯尔对一些学术出版商的并购。

表8-7　爱思唯尔在学术出版领域的并购

年份	并　购　案
1997	收购 JAI 出版社阿伯莱克斯出版（JAI Press/Ablex Publishing）
1997	收购制造材料出版商（Chilton Business Group）
1998	收购当前科技集团（Current Science Group）的 The Beilstein 数据库，生物医学网（BioMedNet）、化学网（ChemWeb），工程信息
2000	收购化学产业信息出版商思科奈尔（Schnell Publishing）
2001	收购哈考特公共（Harcourt General）
2002	收购霍尔兹布林克（Holtzbrink）的 STM 业务
2003	收购美国医学出版商汉雷·贝尔夫斯
2004	收购 Seisint——一种获取、处理、链接及查询公共记录数据的技术开发商
2005	收购医学出版商医学媒体（MedMedia）
2007	收购贝尔斯特恩（Beilstein）化学化合物数据库
2007	收购临床实践模型资源中心（Clinical Practice Model Resource Centre）

爱思唯尔通过不断地并购，尤其是并购那些在某一学术细分市场具有聚集

---

[1] 数据来源：由爱思唯尔年度报告整理.

高质量内容资源的出版商，从而极大地增强了其在学术出版中的影响力。最重要的是通过这些并购案，其学术内容资源得到了极大丰富，质量得到了很大提高，由此掌握了一大批高质量的学术内容资源。同时，爱思唯尔积极开展数字化业务，不断提高其数字化业务比例，从而在数字学术出版市场中继续保持其领先者的地位。

高端型学术内容资源是爱思唯尔的追求和优势。以其学术期刊为例，2010 年爱思唯尔有 857 本期刊被 SCI 收录，占其收录的 8 073 本期刊的 10.62%。在 JCR 涉及的 200 多个学科领域中，爱思唯尔 2008 年和 2009 年分别在 51 个和 57 个领域拔得头筹，整体期刊影响因子全球第一。而据爱思唯尔 2011 年度报告显示，2010 年和 2011 年其不同学科学术期刊的平均影响因子超过了 JCR 收录的相关学科领域学术期刊的平均影响因子[1]。由此可见，正是爱思唯尔占有大量高端的学术内容资源造就了其全球第一大学术出版商的地位。

2. 励德·爱思唯尔数字学术出版开展方式分析

爱思唯尔主要通过开发数字学术出版平台产品以整合其丰富的学术内容资源开展数字学术出版业务。

ScienceDirect 是爱思唯尔最主要的数字学术出版平台产品，其数字学术出版物基本都通过 ScienceDirect 提供给全球的科研人员。ScienceDirect，全称为 ScienceDirect On Site（《Elsevier 电子期刊全文》），是爱思唯尔 1997 年发布的一款数字学术出版在线平台产品，目前拥有近 10 个数据库、上千万篇论文以及大量二次、三次学术文献。通过这一平台开展数字学术出版业务，爱思唯尔为全球科研人员提供了大量高端的学术内容资源和服务，为其开展学术研究和学术交流提供帮助，从而在创造了丰厚利润的同时也在一定程度上推动了全球科学研究和科学交流的发展。

Scopus 是爱思唯尔开发的一个全球最大的学术摘要和引文数据库。Scopus 收录了爱思唯尔精心挑选的全球 15 000 多种 STM 期刊文献的摘要、引文信息，并整合了网络和专利检索，同时提供全文、图书馆资源的直接链接，其他的科研服务软件如参考文献管理软件更是能够帮助科研人员更好地开展科研活动。

其他还有，学术研究表现衡量工具 SciVal Spotlight，加速科学研究的在线资源整合检索平台，专家数据库 Embase、Compendex 等，以及在线学习平台 Evolve 等。通过以上数字学术出版平台为用户提供产品及服务，以及通过"大宗交易"进行数字学术出版物的分销，构成了爱思唯尔开展数字学术出版的主要方式。

---

[1] Reed Elsevier. Annual Reports and Financial Statements 2011[EB/OL]. http://reporting. reedelsevier.com/media/47777/reed_ar_2011.pdf. 2012-04-23.

3．励德·爱思唯尔数字学术出版成功经验分析

通过以上分析及其发展历程的考察，我们认为爱思唯尔开展数字学术出版的成功经验主要有以下几个方面。

（1）确定了数字出版平台为主的发展方式。平台化是数字出版的发展趋势之一，为适应这一发展趋势，爱思唯尔主要通过数字出版平台来开展其数字学术出版业务。ScienceDirect 作为全球最大的数字学术出版平台之一，目前每年有超过上千万的用户，爱思唯尔的绝大多数消费者都是通过这一平台获取其超过 2 000 本学术期刊和上万本学术专著的内容。Scopus、Reaxys、SciVal、Embase、Compendex、Evolve 等数字出版平台，则以其不同的功能定位成为爱思唯尔开展不同的数字学术出版业务的平台，从而为科研人员提供不同的学术产品及服务。

（2）精细化与专业化运作。精细化与专业化是紧密关联的，只有在精细化的基础上才能充分实现专业化。爱思唯尔虽然聚焦 STM 出版市场，但是对这一市场除了分为二十几个学科大类的子市场外，还在此基础上进一步分为了北美、英国、荷兰、欧洲其他地区和世界其他地区等地理细分市场，由此根据不同细分市场的需求特点实现专业化运作。同时，不同于国内主要以一个平台开展数字学术出版业务，爱思唯尔的精细化和专业化运作还体现在，根据不同用户在开展科学研究过程中产生的不同需求，开发了多个平台，以其精准的产品、服务和专业化的市场运作为用户提供服务，尽可能满足用户的不同需求。例如，ScienceDirect 主要提供期刊全文，Scopus 提供引文及摘要，Reaxys 为化学家提供化学领域的解决方案，SciVal 则为政府及学术机构测评其学术研究表现，等等。

（3）实施全球化战略，不断拓展高端学术内容资源的市场占有率。高端学术内容资源是争胜学术出版制高点的关键资源，爱思唯尔通过全球化的并购、全球化的组稿等全球化战略，不断丰富其高端学术内容资源的占有量。同时，通过在纽约、费城、波士顿、伦敦、牛津、巴黎、马德里、米兰、北京、东京、新加坡等全球 200 个地区设立上千家办事处，向全球用户宣传、推广其数字学术出版产品与服务，不断开拓其市场。

（4）侧重组织用户。励德·爱思唯尔集团在其近几年的年报中特别强调了爱思唯尔的战略侧重点在于组织用户，通过创建全球化内容、提高其获取内容的效率和效益等为组织用户创造价值贡献。组织用户是最适合于捆绑销售策略的，也是学术出版主要的收入来源，很多学术出版商都已意识到这点并将其作为主要的营销对象。爱思唯尔对组织用户的侧重主要表现在：通过开发不同的"学术期刊包"将其产品与服务捆绑销售给组织用户，通过"大宗交易"的定价方式与营销方式与组织用户签订订阅协议。

（5）兼顾个性化需求与服务。在数字出版时代，用户需求的个性化越来越明显，这就要求出版商必须注重提供个性化服务。爱思唯尔开发的 ScienceDirect 出版平台，

集成了海量的内容资源和诸多技术功能，不仅充分满足不同用户的个性化内容需求，而且也满足了其个性化功能需求，而 Scopus、Reaxys、SciVal 等更是基于用户个性化需求的考虑而开发的为科研人员提供不同学术服务的平台。爱思唯尔正是通过为全球科研人员提供诸多的个性化学术服务，从而成为了科研人员开展科学研究与学术交流必不可少的选择，并由此强化了其在数字学术出版领域的市场地位。

通过以上的运作，爱思唯尔成功地实现了数字化转型，其做法值得我国的数字学术出版商借鉴和学习。

8.5.2　中国知网个案分析

中国知网（CNKI）是由清华同方知网技术有限公司创建的数字出版平台，是世界银行于 1998 年提出的国家知识基础设施（National Knowledge Infrastructure，NKI）概念的产物，其产生可以追溯到 1995 年成立的北京清华信息系统工程公司（《中国学术期刊（光盘版）》电子杂志社的前身），而 1999 年《中国学术期刊（光盘版）》全文内容投入网络运营、"中国学术期刊全文数据库"创建成立则是中国知网真正诞生的标志。

中国知网致力于互联网出版与专业信息及服务的提供，目前拥有机构用户 6 000 多家，服务的读者超过 4 000 万人，收录国内学术期刊近 8 000 种，收录文献量达 10 190 万篇。从表 8-2、图 8-2 可知，中国知网近年来发展迅速，营业收入整体增长速度超过了 23%，同时在我国三大互联网期刊数据库中其市场份额也最大，是我国数字学术出版产业中的领头羊。

1. 中国知网学术内容资源集成平台分析

中国知网本质上是一个海量内容资源集成的在线出版平台，该平台在内容资源集成、平台结构、平台功能等方面的鲜明特点，是领先于重庆维普和万方数据的重要原因所在。

（1）在内容资源集成方面

由表 8-1"中国知网主要内容收录情况"可知，中国知网已经发展成为集期刊杂志、博士论文、硕士论文、会议论文、报纸、工具书、年鉴、专利、标准、国学、科技成果等中文学术内容资源及 Springer 等海外文献资源为一体的数字出版平台，海量学术内容资源的集成是其发展数字学术出版的突出特点，也是其在数字学术出版市场中取得巨大成功的关键。

（2）在平台结构方面

中国知网可以分为三层：资源层、系统层和应用层，如图 8-5 所示。资源层主要包含中国知网的各种数据库资源及其元数据，是中国知网操作、应用的基础，是其内容资源之所在。系统层则由各类操作技术系统与应用软件组成,支撑着中国知网这一平台的程序运行,也是实现中国知网各类功能操作的技术保障。应用层则由各类具体功能应用组成,包括检索、下载、学习研究、科学评价、在线发布以及个性化服务、定制服务、推送服务等各类服务,是在操作系统的支持下平台的具体应用和运行,用户主要是通过应用层使用中国知网的各种产品与服务的。其中,系统层在后台运行,而资源层和应用层则可以在界面中呈现给用户。

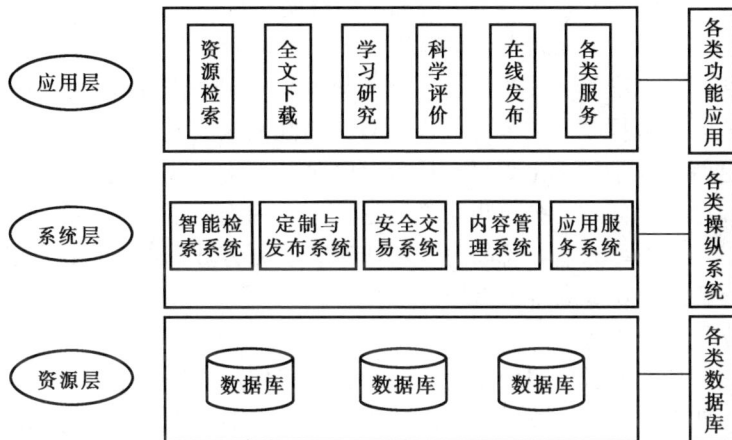

图 8-5　中国知网平台结构[1]

（3）在平台功能方面

中国知网这一数字出版平台主要具有以下几方面功能。一是资源整合功能,如前所述,中国知网集成了各类学术内容资源,将其整合并提供给用户。二是科技查新功能,中国知网提供篇名、关键词、主题词甚至是全文查新技术,能够提高查全率、查准率。三是科学评价功能,中国知网研发整合了"中国学术期刊评价统计分析平台",能够提供检索结果的相关文献统计分析。四是一站式跨库检索功能,中国知网采用最先进的知识挖掘等技术,为用户提供了跨库、跨平台、跨语言等一站式检索应用,用户只需在一个界面中就能完成所有数据库的检索。五是数字化学习功能,这是中国知网新开发的一项服务,能够给用户提供文献管理与研读、笔记记录和管理、论文撰写与投稿等全新的数字化学习体验。六是知识管理功能,通过为用户提供个性化知识服务,帮助其实现对知识的创新、获取、共享、利用等的管理。七是优先数字出版功能,中国知网开发的学术期刊优先数字出版平台,能够快速实现各学术期刊论文按篇即时在线出版,可以有效提高学术期刊文献出版的时效性和影响力。

中国知网数字出版平台,基于其海量学术内容资源、个性化服务、特色化功

[1] 该图参考"CNKI 知识服务平台结构图",参见李宏伟. 清华同方知网知识服务模式研究[D]. 大连:大连理工大学,2009:10.

能的集成，参与数字学术出版市场的竞争，得到了科研人员的青睐，由此取得了较大的成功和发展，是内容资源集成型数字学术出版的典型代表。

2．中国知网数字学术出版成功经验分析

中国知网在数字学术出版市场中的成功经验主要表现在以下几个方面。

（1）依靠内容资源的集成赢得市场

学术内容资源的海量集成是中国知网的鲜明特点，它不仅收录了近 8 000 种中文学术期刊，占到我国期刊出版总数的 80% 以上，而且还收录了大量的硕/博士学位论文、专利、标准等。重庆维普、万方数据与中国知网具有较高的重复率，即重庆维普与万方数据收录的大部分内容被中国知网也收录了，而很多中国知网收录的内容这两家数字学术出版平台还没有收录，前文对我国数字学术出版产品与服务提供商同质化问题的分析也可说明这一点。因而，中国知网无论从其营业收入还是从市场占有率来看，都要好于重庆维普和万方数据，这正说明了中国知网是依靠内容资源的集成赢得了市场。

（2）立足知识服务

中国知网依托其数字出版平台以一站式方式向用户提供全方位知识服务，从而赢得了消费者使用。首先通过精准化的个性化服务实现知识服务创新，近年来中国知网开发了"知网节"等众多新产品，深度挖掘知识数据，以便让用户更精确地找出所需要的知识，实现知识服务的创新与增值。其次以用户需求为中心创新知识管理服务形态，整个 CNKI 数字图书馆以用户知识管理为设计目标，提供多种个性化的知识服务，帮助其实现知识管理。最后通过国际化战略推动知识传播创新，积极"走出去"与国外大型学术出版商合作，将中文学术资源推向世界，同时引进海外知识资源，从而扩大了知识传播的广度。

（3）坚持技术创新，不断进行平台的升级

数字出版产业表现出了很强的技术性特征，而在科学技术日新月异的今天，数字出版技术也是飞速发展，这就要求数字出版技术开发商必须不断推进技术创新，才能站在数字出版的最前沿。凭借领先的技术服务于用户是中国知网重要的发展方式，为此，中国知网不断坚持技术创新，而这主要体现在其数字学术出版平台的升级换代上。中国知网对其平台进行了多次升级，从 KNS3.0、KNS4.0 到 KNS5.0，再到 2008 年发布的新平台，中国知网坚持以技术创新推动平台升级，力图突破传统的以学术文献服务为主的业务瓶颈，为用户提供更多的增值服务，以实现自身的价值增值。

（4）与国外出版商合作，实现跨语言、跨库检索，增强资源集成能力

2008 年 4 月，中国知网与斯普林格签署战略合作协议，全面整合发布了 SpringerLink 上的内容资源，中国知网由此实现了跨语言、跨库检索斯普林格出版

的学术内容资源，进一步增强了其内容资源的集成性。除此之外，中国知网整合的海外内容资源还包括 Wiley 期刊数据库、剑桥大学出版社期刊数据库、Bentham 期刊数据库等全球知名的学术期刊数据库。通过与国外诸多学术出版商的合作，整合其内容资源并实现跨语言、跨库检索，中国知网内容资源的集成能力更加突出，也由此保持了在我国数字学术出版市场中的领先地位。

（5）平台功能、平台服务特色突出

中国知网为用户提供了一站式检索、学术期刊优先数字出版、学术不端文献检测、学科评估论文查询、数字化学习、中小学数字图书馆等诸多功能，以及专业化、个性化、全程一体化、定制化、自动推送等诸多服务，充分满足当下用户日趋复杂多样的需求。而相关的研究表明，中国知网在检索功能上较之重庆维普和万方数据更细致，同时其提供的个性化服务也是最多的[1]。这在一定程度上表明了中国知网较之重庆维普和万方数据，其平台的功能和服务特色更为突出，从而更能吸引用户的使用。

（6）动态性、时效性强

中国知网的文献信息实行日更新制，每日通过互联网或卫星传输数据更新各镜像站点的文献信息。虽然仍存在更新延迟，但是中国知网文献更新速度是三大数据库中最快的，动态更新较好的。同时，中国知网通过学术期刊优先数字出版平台，能够快速实现学术论文的按篇即时出版，这也提高了其时效性。

中国知网开展数字学术出版有很多值得学习的成功经验，但是也存在需要改进的地方。比如，检索结果的展示没能更好地让用户获悉文献内容信息，平台的稳定性还有待加强，中国知网与其他两大数据库存在着较为明显的同质化现象，差异化特征需要强化，同时也是更为主要的，缺乏学术内容资源的生产权利也有可能制约其未来的进一步发展，等等。为此，中国知网可以通过其学术期刊优先数字出版平台，和出版社达成合作出版协议，参与内容的生产，同时，应尽可能多地提供差别化的产品及服务，使之区别于重庆维普和万方数据，提高平台的识别度。此外，基于云出版的集成化出版模式的本质特征，中国知网应积极抢占未来云出版的制高点，以此巩固其内容资源集成型数字学术出版的市场地位……

---

[1] 谭捷，张李一，饶丽君. 中文学术期刊数据库的比较研究[J]. 图书情报知识，2010（4）：12.

第 9 章
Chapter 9

▶开放存取出版产业

　　20 世纪 90 年代，万维网技术的兴起导致了一种全新的学术出版方式——开放存取出版的诞生。在过去的二十余年间，开放存取已经从少数人的理想信念和先锋、试验行为发展成为各国政府、学术界、图书情报界和出版界共同关心的重要课题。这种以新技术驱动的全新学术出版方式的产生和发展不仅将导致现行科学交流体系的深刻变革，而且还将彻底改变现行的学术出版组织与管理模式并造就一个崭新的开放存取出版产业。可以说，开放存取出版产业是数字出版产业的重要产业门类。

9.1　开放存取概述[1]

开放存取的发展历史并不长，但已经深刻地改变了世界学术出版和科学交流的版图。以下将在简要回顾其发展背景的基础上，对开放存取的概念、发展历程、相关技术与标准及其版权问题进行探讨。

9.1.1　开放存取运动的背景

从 1665 年第一种学术期刊《哲学学报》（*Philosophical Transactions*）的诞生开始，基于学术期刊的纸质科学出版系统得以逐步确立。这种延续了 300 多年的科学出版系统虽然由于出版时滞、订阅费用不断提高等问题而不断遭到一些非议，但是，它在科学信息交流体系中的核心地位始终没有被动摇过。直到 20 世纪末，由于技术的驱动，人们对新的学术出版方式的期待才在某些个人或组织基于互联网的学术出版实验和探索中得到部分实现。开放存取进而逐步成为学术界、出版界和图书情报界共同关注的课题。概括来讲，导致开放存取运动兴起的社会背景至少有以下两个方面。

（1）学术出版垄断程度不断提升、学术出版物价格攀升以及学术出版商业色彩不断强化进一步削弱了基于印刷出版系统的科学信息交流活动的有效性。现代学术出版业离服务科学信息交流的初衷和宗旨渐行渐远，甚至大有背离促进学术交流目标的态势。这是促使人们寻求替代方案的重要背景。

近十多年来，经过大量兼并、收购逐渐取得市场垄断地位的学术出版商持续提高期刊价格以攫取高额利润，加上图书馆经费缩减使得始于 1970 年的"学术期刊危机（Serial Crisis）"愈演愈烈，图书馆没有足够财力购买和为用户提供科学研究所需的文献信息，从而影响了进一步的科学研究和教学活动[2]。被广泛引用的 ARL 的统计数据清楚地表明了这一点。与 1986 年相比，2004 年期刊平均价格涨幅为 188%，美国研究型图书馆用于购买期刊的费用涨幅高达 273%；而面对品种不断增加的期刊市场，美国研究型图书馆 2004 年订阅的期刊种数只比 1986 年增加了 44%[3]。

---

[1] 本章 9.1～9.3 节根据以下文献修订：方卿，徐丽芳. 开放存取运动及其研究进展. 海外人文社会科学发展年度报告 2006[M]. 武汉：武汉大学出版社，2007：179-201.

[2] K. Frazier. The Librarians' Dilemma - Contemplating the Costs of the "Big Deal"[J]. D-Lib Magazine，2001，7（3）.

[3] ARL. Monograph and Serial Expenditures in ARL Libraries, 1986—2004[E13/OL]. http://www.arl. org/stats/arlstat/graphs/2004/monser04.pdf. 2006-02-06.

Stevan Harnad 曾指出，学术期刊论文的作者与商业性图书杂志的作者不同，前者主要为了扩大在研究领域的影响（Research Impact）而发表论文，后者写作和出版的主要目的之一则是获取稿酬或版税。因此，从作者角度来看，给获取论文人为设置障碍的做法，如收取高昂的期刊订阅费等就如同向商业广告的受众收费一样，是不合逻辑的[1]。2004 年 8 月初，美国众议院拨款委员会通过了一个法案，表达对公众难以获得研究成果的现象以及期刊涨价问题的关注。该委员会指出，这些现象"与资助这些研究的美国纳税人的根本利益相悖。"[2]正如国内学者所指出的那样，从理论上来说由政府和纳税人资助的研究活动，其成果不应该由私人拥有或控制[3]。不仅如此，这一经济原因对于阻碍发展中国家的用户存取数字资源的影响更加明显。人们相信实施开放存取对于缩小发展中国家和发达国家的信息鸿沟，让发展中国家以较低价格获取数字期刊有着重要意义。

凡此种种，动摇了由"出版商作为学术期刊的出版发行者和图书馆作为学术期刊的服务提供者"这样一个学术交流系统的基石[4]，传统学术出版方式受到了前所未有的挑战。克服了文献获取经济障碍的开放存取出版取代了已不能有效发挥正常功能的传统学术出版方式似乎成了必然选择。

（2）技术因素使然。互联网的普及使得原本高昂的印刷与发行成本降至极低，并极大地提高了科学文献可能的传播范围和传播速度。在这样的背景下，以牟利为首要目标的学术出版商被认为只会阻碍学术交流。于是，学术界和图书馆界开始质疑传统学术出版发行体制的合理性。正如 BOAT 所指出的，随信息传播技术（Information Communication Technology，ICT）而来的挑战学术出版商垄断地位的可能性促使"专业学会、大学、图书馆、基金和其他人热情地拥抱开放存取这一新模式"[5]，以创建真正服务于学术的信息交流系统。

可见，正是传统学术出版商业色彩的不断强化和现代信息技术的迅猛发展直接导致了基于纸质载体的传统学术出版业的衰微和基于互联网的现代学术出版方式——开放存取出版的兴起。但是，为保证文献质量采取的措施如同行评议等所导致的成本并未消失，转向新的出版传播系统以及维持新系统的正常运行也会引发新的成本，因此开放存取出版的可持续发展问题一直受到人们的关注。更有甚者，如 David Smith 认为"出版商提供的价值远远超过同行评审"，而开放存取虽

[1] Stevan Harnad. The Self-archiving Initiative: Freeing the Refereed Research Literature Onlinc[J]. Nature，2001（410）：1024-1025.

[2] http://www.21cbi.com/article/200411/5310.htm.

[3] 毛庆祯. 电子学术出版品的自由化[EB/OL]. http://www.lins.fju.edu.tw/mao/works/fiacademic.htm. 2002-02-19.

[4] 李武. 开放存取期刊[J]. 出版经济，2005（1）：55-57.

[5] Budapest.Open Access Initiative[EB/OL]. http://www.soros.org/openaccess/ read.shtml=. 2006-03-05.

然"已经为学术出版的整个生态系统创造了一个有意义的利基市场",但"就像所有利基市场一样,因其在某些领域完全缺席而更加显著。"[1]

9.1.2　概念界定

"Open Access"这一英文术语大约于 1990 年前后出现在一些文献中,如 1991年发布的《关于全球变化研究数据管理的政策声明》(*Data Management For Global Change Research Policy Statements*)[2]。对于这个术语,有开放存取、开放获取、开放共享、开放访问、开放近取、开放近用、开放阅览、公共获取等多种不同译法[3]。当时它与许多术语,如公共存取(Public Access)、免费在线学术(Free Online Scholarship,FOS)等并行于世,并且具有类似的内涵,即电子文献的免费获取。但是,在 2001 年《布达佩斯开放存取宣言》(*Budapest Open Access Initiative,BOAI*)发布以后,"开放存取"一词逐渐取代其他术语而为学术界、图书馆界和出版界人士所广泛接受。

一般认为,开放存取消除了获取学术文献的两个障碍:一是收费尤其是高收费引起的获取障碍,收费形式包括订阅费、授权使用费等;二是使用许可方面的障碍,比如不许复制、不许创作派生作品等,这些限制大多源于著作权与授权方面的规定[4]。科学公共图书馆(Public Library of Science,PLoS)早期关于开放存取的描述"免费获取,无限制使用"简明扼要地抓住了这个概念的实质性内核。但是更加科学和严密的定义则是通过三个开放存取方面的著名倡议和声明确定下来的。

2002 年 2 月 14 日发布的《布达佩斯开放存取宣言》提出了迄今为止仍被广泛接受的关于"开放存取"的定义,即开放存取是指论文可以在公共网络(Public Internet)中免费获取,它允许所有用户不受经济、法律和技术限制地阅读、下载、复制、分发、打印、搜索或超链接论文全文,允许自动搜索软件遍历全文并为其编制索引,允许将其作为软件的输入数据,允许有关它的任何其他合法用途,除非登录、使用互联网本身有障碍。有关论文复制和传播的唯一限制,即版权在该

---

[1] 大卫·史密斯. 渡过卢比孔河——关于开放存取的异议[EB/OL]. 徐玲,译. http://blog.sciencenet.cn/home.php?mod=space&uid=521339&do=blog&id=617888. 2012-09-29.

[2] U.S. Global Change Research Program. Data Management for Global Change Research Policy Statements(1991)[EB/OL]. http://www.worldagroforestry.org/sites/rsu/datamanagement/ documents/ Session7/BromleyPrinciples.asp. 2006-03-08.

[3] 莫京. 关于 Open Access 译名的建议[J]. 科学术语研究,2005(2):52-53.

[4] Peter Suber. Open Access Overview[EB/OL]. http://www.earlham.edu/~peters/ fos/overview. htm. 2006-01-07.

领域的唯一作用，就是承认作者的署名权、作者对作品完整性的控制权以及作品被正确地引用。此后众多研究人员和一些从事开放存取相关工作的机构，如开放存取期刊目录（Directory of Open Access Journals，DOAJ）[1]、美国研究型图书馆协会（Association of Research Libraries，ARL）[2] 等都基本上采纳了这一定义。

其后，《比塞斯达开放存取出版声明》（*Bethesda Statement on Open Access Publishing*）在开放存取的概念方面有了进一步的限定和明确，提出开放存取出版物必须满足两个条件：①作者或版权所有者向世界范围内的所有用户授予以任意数字媒介免费复制、使用、分发、传播、公开演示其作品，以及制作和传播衍生作品的永久性的和不可撤销的权利及许可。无论用户出于何种合法目的使用该作品，都应注明作者。此外，用户还可打印少量自用的副本。②以符合特定标准的电子形式出现的完整作品及各种补充材料，包括上述授权声明，在首次出版以后应立即存入至少一个在线仓储，此类仓储应得到赞同开放存取、自由传播、协同工作和长期存档的学术机构、学会、政府部门或其他知名组织的支持（如生物医学领域的 PMC）。由此可见，首先，这个定义发展了 BOAI 关于开放存取的思想。BOAI 在论述开放存取的实现途径中曾经指出，研究人员只有以一种合乎开放档案倡议（Open Archives Initiative，OAI）标准的方式来典藏论文，那么这些文章才能被搜索引擎找到并成为开放存取知识共同体的一部分；比塞斯达声明则明确地将符合标准作为认定开放存取对象的必要条件。其次，这个定义从长期保存的角度出发，要求开放存取出版物储存在至少一个由非营利性组织支持的在线仓储中。正是在这个意义上，尽管美国斯坦福大学图书馆声誉卓著的海威出版社（High Wire Press）将11 种期刊在出版后提供同步免费下载，将 109 种期刊出版一段时间后提供自由下载，但仍被质疑为不是真正意义上的开放存取出版，因为这些文献没有提交第三者典藏[3]。最后，这个定义指出只有作者或版权所有者预先将前述使用权授予所有用户，该出版物才能真正地被开放存取。这一关于开放存取的更加明确的定义得到了广泛认可，开放存取的重要文献《柏林科学与人文知识开放存取宣言》（*Berlin Declaration on Open Access to Knowledge in the Sciences and Humanities*），联合国、国际图书馆协会联合会（International Federation of Library Associations，IFLA）支持开放存取的声明等基本上沿用了它的观点，认为开放存取文献应该满足前述两个条件[4]。

[1] DOAJ. Directory of Open Access Journals[EB/OL]. http://www.doaj.org/ articles/about# criteria. 2006-02-08.

[2] ARL's Office of Scholarly Communication's Position Paper. Framing the issue: Open Access [EB/OL]. http://www.arl.org/ scomm/ open_access/ framing. Html. 2005-05-12.

[3] 毛庆祯. 电子学术出版品的自由化[EB/OL]. http://www.lins.fju.edu.tw/mao/works/fiacademic. htm. 2002-02-19.

[4] IFLA. IFLA Statement on Open Access to Scholarly Literature and Research Documentation [EB/OL]. http://www.ifla.org/V/cdoc/open-access04.html. 2006-01-17.

概而言之，上述三个重要文献关于开放存取本质的表述是一致的，即必须对读者免费，而且读者的权限应远远超过传统意义上的合理使用（Fair Use）。因此有学者（如 Peter Suber）将三者关于开放存取的表述统称为"3B 定义"（Budapest-Bethesda-Berlin or BBB definition）[1]。但是具体来看，三者关于开放存取的看法也有微小差别，如比塞斯达和柏林宣言都明确许可读者拥有作品的演绎权，而 BOAI 则未加规定。另外，是否允许将开放存取作品用于商业用途，则三个声明都未明确规定，这些无疑为开放存取实践尤其是开放存取出版活动留下了更大的操作与发展空间。

从上述定义不难总结开放存取的一些主要特征：首先，关于开放存取的前提。就像 OSI 所指出的那样，电子出版或数字出版是开放存取的必要条件[2]。开放存取思想也许在印刷时代就已经萌芽，但是开放存取的实现则必须以数字出版和互联网的普及为前提。其次，关于开放存取的对象，正如 BOAI 提到且在 ARL 开放存取定义中明确指出的那样，是不为获取稿酬和版税而写作的学术论文（Works that are created with no expectation of direct monetary return）。至于论文是否一定要是"同行评审文献"，如 Peter Suber[3]、黄凯文[4]等研究者认为的那样，则是有争议的。许多文献在这一问题上不乏含混和矛盾之处，但是 BOAI 的界定则非常明确：开放存取文献主要包括经同行评议的期刊文献，但也包含未经评议的印前论文。显然，只有这样才能涵盖预印本仓储这样的开放存取实践活动。再次，关于开放存取的服务对象，应该是全世界范围内的任何人，只要他们不是出于非法目的就可以免费使用开放存取文献。最后，对于开放存取出版物，作者主要保留著作权中的部分人身权利，包括署名权和保持作品完整性的权利；至于使用权、修改权和演绎权等则在出版的同时无偿地授予全世界所有的合法使用用户——这一点也是学术成果成为开放存取出版物的必要条件。

9.1.3　开放存取出版发展历程

尽管 20 世纪 70 年代就有一些预印本数据库问世，如高能物理领域的斯坦福

［1］Peter Suber. Praising Progress, Preserving, Precision. SPARC Open Access Newsletter, 2004（77）[EB/OL]. http://www.earlham.edu/~peters/fos/newsletter/09-02-04.htm#progress. 2006-03-05.

［2］Jan Velterop. Open Access Publishing and Scholarly Societies: A Guide. New York: Open Society Institute, 2005: 4 [EB/OL]. http://www.soros.org/openaccess/pdf/open_access_ publishing_ and_scholarly_societies.pdf. 2006-02-08.

［3］Peter Suber. The Open Access Movement[N]. Open Access News，2002-12-16.

［4］黄凯文. 网络环境下科学信息资源的公开与共享[J]. 农业图书情报学刊，2005（5）：38-42.

公共信息检索系统（Stanford Public Information Retrieval System，SPIRES），而且早在 1971 年 Michael Hart 就创建了旨在"让全世界所有人都能够自由地获取为数众多的著名重要文献"的谷登堡计划[1]，但是大多数学者倾向于认为"开放存取"和"开放存取运动"是较新的概念，只可追溯到 20 世纪 90 年代初[2]。

1987 年，锡拉丘兹大学研究生 Michael Ehringhaus 创办了免费同行评审电子期刊《成人教育新视野》（*New Horizons in Adult Education*）。它几乎具备了今天所谓开放存取期刊的全部元素。1991 年万维网的发明导致了电子信息的爆炸式增长，更多免费的同行评审电子期刊问世了。例如，Edward M. Jennings 于 1991 年创办的《E 期刊》（*Ejournal*），1989 年创办，三年后成为免费同行评审电子期刊的《公共存取计算机系统评论》（*The Public-Access Computer Systems Review*），等等。除此之外，还出现了若干电子印本仓储（E-print Archives），较早的如由物理学家 Paul Ginsparg 建立的高能物理领域的印本仓储 arXiv.org 等。这些新型出版形式的共同特征就是提供对电子出版物的免费存取，因此这种科学信息发布方式逐渐被称为"开放存取出版"。

在随后几年间，又陆续创立了数百种开放存取期刊，但是半数以上都中途夭折了，还有许多每年只发表少量文章[3]。1999 年，Harold Varmus 博士提议建立一个生物医学领域的开放存取网站，发布该领域经过同行评议和未经同行评议的论文，公共医学中心（PubMed Central，PMC）由此诞生。由于应者寥寥，2001 年初，Varmus 博士牵头成立了由科学家和研究人员参与和管理的非营利组织 PLoS，宣布他们撰稿、审稿、编辑及校阅的对象只限于那些出刊 6 个月后免费将论文提供给社会大众使用的期刊。但是在刚开始的两三年间，该项目似乎也未达到倡议者的预期目标。总而言之，在开放存取出现后的十多年里，尽管也有一些成功典范，如关于互联网研究的《第一个星期一》（*First Monday*）[4]，但是这一阶段的开

[1] 古登堡计划（Project Gutenberg）是由 Michael Hart 在 1971 年 7 月发起的，是一个以自由的和电子化的形式，基于互联网，大量提供版权过期而进入公有领域书籍的一项协作计划。最初的书籍是英文的，到目前已经有超过 25 种语言的书籍。它所有书籍的输入都是由志愿者来完成的。Michael 希望到 2015 年可用书籍能达到一百万本。据报道，到 2003 年 10 月，其志愿者人数已超过了 1 000 名。古登堡计划首先将书籍通过扫描数字化，然后交由两个不同的志愿者校对两次。如果原来的书籍质量很差，如书籍太古老，那么还会通过手工进行逐词的录入。详见：Project Gutenberg Official Home Site. http://promo.net/pg/. 2006-01-19.

[2] Marta Mestrovic Deyrup, Martha Fallahey Loesch. National and Institutional Policies on Open Access in the United States[J]. Library and Information Service，2005（5）.

[3] A. Wells. Exploring the Development of the Independent，Electronic，Scholarly Journal. Unpublished Master's thesis，University of Sheffield[EB/OL]．http://panizzi.shef.ac.uk/elecdiss/edl0001/index.html．2006-02-06.

[4] 该刊因为在每月的第一个星期一出版而得名．

放存取出版相对于整个科学出版总量来说仍然是微不足道的[1]。

2001 年 12 月 1 日至 2 日，由开放社会研究所（Open Society Institute，OSI）在布达佩斯召开了一次小型研讨会。在会上，来自不同国家、不同学科领域，持有各种观点的与会者——他们大多拥有从事早期开放存取运动的经验，探讨了如何利用 OSI 等机构的资源来协调各种分散的开放存取计划和方案，集聚所有支持开放存取的力量，以便最终能够在互联网上自由地获取各个学科领域的研究论文。会议的一个重要成果就是 BOAI。该倡议给出了迄今为止仍被广泛认可和接受的关于开放存取的定义，并提出了两条对经过同行评议的期刊文献实施开放存取的途径，即作者自行存档（Self-archiving）和开放存取期刊（Open Access Journals）。截至 2012 年 11 月底，已经有 5 712 人和 647 个组织签名响应和声援倡议[2]。

2003 年 4 月 11 日，在霍华德·休医学研究所（Howard Hughes Medical Institute）位于马里兰州切维柴斯的总部召开了为期一天的会议。一群对科学文献开放存取感兴趣的学者们集合在一起起草了《比塞斯达开放存取出版声明》，并于 2003 年 6 月 20 日公布，它明确提出开放存取出版必须满足的两个条件。2003 年 10 月 20 日至 22 日，由德国马普学会（Max Planck Society）发起的包括德国、法国和意大利等多国科研机构与基金会参加的"科学与人文知识开放存取大会（Conference on Open Access to Knowledge in the Sciences and Humanities）"在柏林召开，会上依据布达佩斯和比塞斯达提倡的开放存取精神签署了《柏林科学与人文知识开放存取宣言》，鼓励科学家以开放存取的方式来出版论文。至此，开放存取覆盖的学科范围得以从自然科学领域向人文科学和社会科学领域延伸。

经由布达佩斯、比塞斯达和柏林三个重要的宣言，相关各界人士对于开放存取的内涵和外延有了较为明确和完整的认识。许多国家，如英国、美国、加拿大和澳大利亚等国的政府都对开放存取表示了支持。此外，一些国际组织如联合国、IFLA 也采取十分积极的姿态推动开放存取运动的发展，如前者于 2003 年 12 月发布了《联合国信息社会世界峰会原则宣言》（UN Declaration of Principles）和《联合国信息社会世界峰会行动方案》（UN World Summit of the Information Society Plan of Action），就采纳了关于开放存取出版的诸多建议；后者则于 2004 年 2 月发布《IFLA 关于学术文献和研究文档的开放存取声明》（IFLA Statement on Open Access to Scholarly Literature and Research Documentation）。随着非营利性组织 PLoS 以及营利性组织生物医学中心（BioMed Central，BMC）的开放存取期刊良好的发展势

[1] J.C. Guédon.. In Oldenburg's Long Shadow: Librarians, Research Scientists, Publishers, and the Control of Scientific Publishing. Creating the Digital Future: Association of Research Libraries: Proceedings of the 138th Annual Meeting, Toronto, Ontario, 2001. http://www.arl.org/arl/proceedings/138/guedon.html.

[2] http://www.opensocietyfoundations.org/openaccess/list_signatures.

头，一些传统的学术出版商如牛津大学出版社、斯普林格出版集团等纷纷开始部分地采纳开放存取出版的一些做法。斯普林格甚至于 2007 年购买了 BMC，并成为当今世界上最成功的开放存取出版商。一些科研机构、基金会和慈善机构如霍华德·休医学研究所、惠康信托基金（Wellcome Trust）等则承诺将支付其研究人员在开放存取期刊发表论文的费用。

9.1.4　开放存取相关技术与标准

开放存取出版的发展在很大程度上依赖于相关技术的研发，主要包括以开放存取标准为核心进行的技术开发及应用研究，包括标准的建立、维护和推广，内容数据的传递，数据的永久性保存以及如何让通用搜索引擎挖掘到开放存取的数据资源等多方面内容。

1．开放存取标准

由于开放存取出版物分散在开放存取期刊、机构仓储、主题仓储和作者主页中，所以研究人员要找到某一主题的全部开放存取作品是很困难的。为了使互联网上各种开放存取信息能被用户检索到就必须制订协议，以便能够对分散在各个信息库中的学术资源进行跨库检索。目前，开放存取运动采用的标准有开放文档信息系统（Open Archival Information System）、开放档案倡议（The Open Archival initiative，OAI）、元数据编码及传输标准（Metadata Encoding and Transmission Standard，METS）等。其中，比较有影响的是 OAI。

OAI 是旨在加强不同系统间互操作性的系列标准，最初目的是为了实现学术性电子期刊预印本的跨库检索。2001 年为加强系统间的互操作性以便用户能够更加全面、准确地获取学术性电子全文资源，OAI 进一步发展了元数据收割协议（Protocol for Metadata Harvesting，OAI-PMH），2001 年 1 月公布了此协议的 1.0 版本，2002 年 6 月公布了 2.0 版本，从而实现了数据提供者和服务者之间协议的自动解释和转换 [1]。在数据可永久获取方面它通过给每个数据资源分配唯一的数字对象标识符来保证用户所创建的书签、链接等信息永久有效，避免出现链接失效。借助 OAI-PMH，发布在网上的学术资料不再受限于系统平台、应用程序、学科领域、国界及语言的限制；而用户也无须知道文档存放在哪个数据库、位于哪个物理地点、或者包含什么内容就可以找到基于 OAI 协议的文档，从而达到促进开放存取出版物广泛流通的目的。因此，OAI-PMH 实际上使用户访问和使用学术信息的方式产生了根本性改变。

---

[1] http://www.xzbu.com/1/view-154616.htm.

2．开放存取出版软件系统

对于资源特色各异、服务对象不同的开放存取仓储库本身的系统建设而言，创办者遵守上述标准和协议是必然的选择。迄今为止已经出现了许多建立和维护开放存取仓储的开放源代码软件。根据 Open DOAR 的统计，开放存取仓储软件采用比率居前两位的是 DSpace 和 EPrints，如图 9-1 所示[1]。

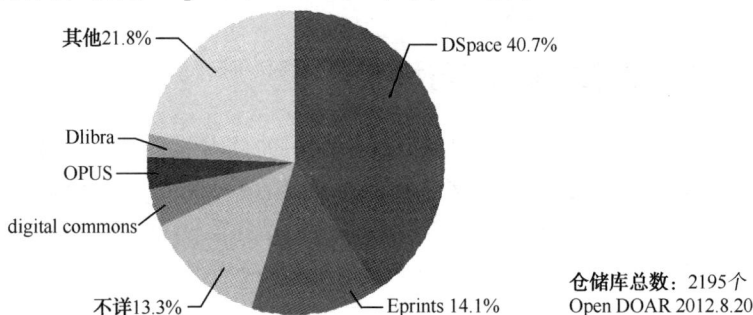

其他21.8%　　　　　　　　　　　　DSpace 40.7%

Dlibra
OPUS
digital commons

仓储库总数：2195个
Open DOAR 2012.8.20

不详13.3%　　　　　Eprints 14.1%

图 9-1　　目前主要的开放存取仓储软件

DSpace 是目前应用最为广泛的开放存取出版软件，它由麻省理工学院与美国惠普公司联合开发。DSpace 是遵循 OAI 协议的开放源码软件，支持多种数字格式和内容类型，允许提交者对所提交的内容进行访问控制，允许使用都柏林核心（Dublin Core）元数据描述作品，可将结果存储到仓储中通过搜索引擎检索条目。DSpace 改变了传统存取资料的方法，可以收集、存储、组织、发布所在机构的期刊论文、技术报告、会议论文、课堂演讲、实验成果等多种类型的学术资料，使得这些珍贵的文献能够以更有效的方式被存取。EPrints 也是一个遵循 OAI 协议的开放源码软件，由英国南安普敦大学开发，主要用于机构仓储，也可以用来创建学科仓储。EPrints 可存储多种文档格式，能兼容各种元数据模式，提交论文的界面功能强大，数据的完整性检查由系统自动完成。2007 年，EPrints 3.0 正式发布，它添加了新插件，确保非技术和技术人员能够创建新的、可共享的小型应用，以运用 EPrints 管理知识库中不断增加的信息交换流量[2]。

此外，伯克利电子出版社（Berkeley Electronic Press，BEPress）的内容制作和传播工具是另一种在欧美国家使用较为广泛的开放存取出版软件系统。其他较为常用的开放存取出版软件有美国加州大学开发的 eScholarship，康奈尔大学的

---

[1]　图片来源：http://www.opendoar.org/onechart.php?cID=&ctID=&rtID=&clID=&lID= &potID= &rSoftWareName=&search=&groupby=r.rSoftWareName&orderby=Tally%20DESC&charttype=pie &width=600&height=300&caption=Usage of Open Access Repository Software – Worldwide.　2012-08-10.

[2]　http://www.open-access.net.cn/5f00653e83b753d652a86001/20085e74/20085e74967084ee5524 d51855bb95b586863/77e58bc65e935f00653e6e908f6f4ef6eprints3-0beta53d15e03.　2012-08-10.

Fedora，华盛顿大学开发的内容数字管理（Content DM），欧洲核子研究中心（CERN）文献服务中心的 CDSWare，荷兰国家图书馆等开发的 DARE，荷兰蒂尔堡大学（Tiburg University）大学开发的 ARNO，瑞士 Jean-Yves Le Meur 等开发的 CDSWare，德国埃森大学（University of Essen）开发的 MyCoRe 等[1]。开放期刊系统（Open Journal System，OJS）则是政府资助开发的免费期刊管理与出版软件，提供给全世界致力于开放存取运动的期刊使用。2010 年，OJS 承认的 OJS 中国站点成立，主要负责 OJS 发行版的中文翻译、开发以及提供本地化支持[2]。上述开放存取软件中的绝大多数都是开源软件，而且多数与 OAI 标准兼容。

3. 开放存取搜索引擎

在搜索服务方面，2004 年 11 月全球著名的搜索引擎谷歌（Google）发布了专门的网页用于搜索主题仓储、机构仓储和研究者个人网站中的学术出版物[3]。美国弗吉尼亚州老道明大学（Old Dominion University）数字图书馆研究小组开发的 Arc 也同样实现了普通搜索引擎对 OAI 数据库资源的搜索、下载、索引与检索服务。Arc 目前已经拥有了由 80 个数据供应者提供的超过 100 万条元数据记录。

著名的开放存取文档搜索引擎有 OAIster 和 Citebase 等。OAIster 搜索引擎是由美国密歇根大学图书馆推出的数字图书馆服务产品，遵守 OAI-PMH 协议。目的在于建立一个目录集合，使得种类繁多、标准不一的各种数字资源变得容易访问。截至 2012 年 11 月有来自 1 100 个机构，包括开放存取期刊出版商或开放存取仓储的 2 500 多万条记录，这些记录每周更新[4]。2009 年开始，美国联机计算机图书馆中心（Online Computer Library Center，OCLC）与密歇根大学图书馆合作，利用 OAIster 作为搜索引擎，为全球读者持续提供基于 OAI-PMH 的开放存取资源访问服务。万维网搜索引擎 Citebase 则是开放引用项目（Open Citation Project）的成果，它允许用户检索学术论文，并将检索结果按照用户所选择的标准加以显示，例如根据论文或作者被引用或被浏览的次数来排序。

其他可以搜索到开放存取文献的搜索引擎还有不少，如爱思唯尔（Elsevier）的 Scirus 也是一个专门的学术资源搜索引擎，54.5 亿个学术条目索引[5]；德国比勒费尔德大学图书馆的学术搜索引擎 BASE（Bielefeld Academic Search Engine），截至 2012 年 9 月存有来自 2 334 个机构的 37 236 309 条记录[6]。

---

[1] http://www.pkp.ubc.ca/ojs/.

[2] http://ojschina.com/?action-viewnews-itemid-73.

[3] http://oaiarc.sourceforge.net/.

[4] http://www.oclc.org/oaister/.

[5] http://www.scirus.com/.

[6] http://www.base-search.net/about/en/about_statistics.php?menu=2.

9.1.5 开放存取版权问题

版权法实质上是在保护创作者利益和保护公众利益之间寻求平衡的一种机制。一方面，它通过保护版权所有人的人身权和财产权来鼓励创作；另一方面，它通过"合理使用"等版权豁免方式来保障公众获取信息和知识的权利。但是在学术论文利用上，作者利益和公众利益几乎不再是一对需要特殊机制来加以调和的矛盾：因为作者的最大利益就是让尽可能多的读者看到他的论文，这和公众的利益是一致的；而不能直接从论文出版中获取经济利益并不会阻碍作者进一步的研究活动[1]。从这个意义上来讲，现行版权法或者更确切地说是在现行版权法规定下一些惯例性做法，如论文作者通常必须将绝大部分版权让渡给出版商——只会同时妨碍作者和公众的利益。因此，开放存取的实践者一直在探索新型的版权方案。

1. 开放存取与版权法

尽管许多开放存取支持者如 ARL 对传统版权法和包括《数字千年版权法》（*The Digital Millennium Copyright Act of 1998*，*DMCA*）、《索尼博诺版权保护期延长法案*》（Sonny Bono Copyright Term Extension Act*）等在内的针对数字作品的版权保护法规颇有微词，但是包括开放存取运动主将 Peter Suber 在内的许多个人和机构也都同意，实施开放存取无须废除、改革或者触犯现行版权法。这其中有促进开放存取发展的策略性考虑；同时也因为开放存取出版与现行版权法并没有根本性冲突，通过操作层面的调整就可以解决大部分矛盾。

开放存取期刊一般采取相当开放的做法，通常由论文作者保留版权，当论文原封不动地出现在其他地方时，只要注明源刊即可。当然，除了作者以外的其他人不允许将内容用于商业用途。因此，一般来说版权问题不会阻碍对开放存取期刊论文的复制和传播，而且目前开放存取期刊使用的版权协议无论对于作者还是期刊来说都是令人满意的。至于开放存取仓储，版权问题要相对复杂一些。传统出版商通常要求排他性地获得论文的几乎所有经济权利。极端的情况比如在芬兰，博士论文通常由作者前期发表在期刊上的四五篇论文为主干构成，而作者必须在获得出版商书面允许以后才能在博士论文中使用这些已发表的论文。因此，仓储式开放存取出版实际上面临较大的版权障碍。其中，由于论文预印本的版权在作者手里，因此以收录预印本文献为主的主题仓储面临的版权挑战较小。但是许多出版商还是会对作者有特殊要求，例如所有向学术出版社（Academic Press）的期

---

[1] Sam Vaknin. Copyright and Scholarship, part1[EB/OL]. http://www.upi.com/inc/ view.php? StoryID=15022002-015414-4119r. 2006-03-08.

刊投稿的作者必须在预印本论文的首页注明："此论文已向学术出版社投稿。论文如被录用，版权可能在不经通知的情况下发生转移，届时此论文将不再可从此处获取。"[1] 而且在某些情况下，以预印本方式刊出全文会被某些期刊认为"已经出版（Prior Publication）"而拒绝发表。而要收录已经过传统期刊发表的论文的机构仓储则面临更大挑战，即必须首先获得出版商许可。许可情况不算太乐观。在一次对重要学术出版商的调查中，有 33 家同意其论文以一种或者两种方式（预印本或后印本）被收入开放存取仓储；有 49 家不同意。这些出版商出版的 7 169 种期刊中，只有 49%种对公共仓储持肯定态度[2]。另外，从长远来看，由于在传统的出版模式中版权掌握在出版商手里，因此，开放存取的决定权似乎也就控制在出版商手里[3]。

2．开放存取出版的版权安排

开放存取的版权法基础是获得版权所有者的授权，或者出版物是公共领域的作品。但是，这并不意味着要求版权所有者放弃所有权力，或者将作品归入公共领域。版权所有者可以采用一种更加简单、有效而且应用日益广泛的方式来向所有用户授予对其作品的开放存取权利。帮助实现这种授权的机制如知识共享许可协议（Creative Commons Licenses），或许多其他的开放内容许可（Open-content Licenses）方案。版权所有者也可以自行创作授权和许可声明并将之附在自己的作品之中。

对于开放存取而言，当版权所有者授权的时候，他所授予的是什么样的权利呢？通常预先授出的是不加限制地阅读、下载、复制、共享、存储、印刷、检索、链接以及利用自动搜索程序遍历全文的权利。大多数作者选择保留的权利是保持作品完整性的权利；还有一些权利人禁止出于商业目的再使用作品。Esther Hoorn 等研究者曾经从作者角度审视了开放存取中的三种版权安排方式，即作者保留版权、共享版权和让渡部分版权[4]。

（1）作者保留版权

创办于 1995 年的同行评议开放存取期刊《比较法学电子期刊》（*Electronic Journal of Comparative Law*，*EJCL*）允许作者保留版权，并将再利用限于教育目

　［1］Franck Ramus. Academic Press Journal Article Copyright Policy [EB/OL]. http://www.ecs. soton.ac.uk/~harnad/Hypermail/Amsci/0579.html. 2006-03-31.

　［2］RoMEO. Rights Metadata for Open Aarchiving Project. [EB/OL]. http://www.lboro.ac.uk/ departments/ls/disresearch/romeo/. 2006-03-28.

　［3］Bo-Christer Bjork. Open Access to scientific publications: an analysis of the barriers to change?[J]. Information Research，2004，9（2）.

　［4］Esther Hoorn, Maurits van der Graaf. Copyright Issues in Open Access Research Journals: The Authors' Perspective [J]. D-Lib Magazine，2006，12（2）.

的。它的版权政策如下：作者保留版权；版权申明中提到可免费用于课堂教学，但是其他利用形式必须获得作者许可；期刊获得第一出版人的授权许可；作者此后再版论文时有义务注明 EJCL 为源刊。EJCL 的版权政策是较早创办的纯粹电子版开放存取期刊的典型做法。让作者保留版权也省去了期刊编辑处理版权许可的麻烦。

（2）共享版权

知识共享是受开放源代码运动的影响而成立的。它提供各种形式的授权许可，这样创作者一方面可以保护他们的作品，另一方面也能够鼓励用户以特定方式利用这些作品。开放存取出版商的典型代表 PLoS 和 BMC 都利用知识共享协议的"署名"许可。这一许可保证了作者的署名权和被正确引用的权利，但同时又允许以多种形式来利用和再利用论文，甚至包括商业目的的使用。这种许可方式可以最大限度地扩大作者和论文的影响。

（3）让渡部分版权

两种素负盛名的期刊《不列颠医学期刊》（*The British Medical Journal*，BMJ）和《核酸研究》（*Nucleic Acid Research*，NAC）都已经从传统的出版模式向开放存取方向转移。它们处理版权的做法是论文的版权归于作者，但是作者将所有的商业利用权利转移给了出版商。举例来说，BMJ 的作者享有版权，但是出版商享有首先出版权和所有的商业利用权利。如果期刊出于商业目的再版或者再传播该论文，那么作者可以得到一定比例的版税。这样做的好处是只要不是用于商业目的，那么作者可以以任何方式来利用论文而无须再获得出版商许可。而且，作者还可以从这种方式中获得收入，这是当前学术出版领域一种非常独特的做法。

3. 知识共享许可和其他开放内容许可协议

现行版权法对于开放存取出版而言是一种不够有效的制度安排。对开放存取出版更有用的制度安排是一种可以由作者来选择具体授权方式的版权许可机制，以尽可能扩大作者及作品的影响，同时最大限度地做到资源共享。这就是知识共享许可（Creative Commons License）、自由艺术许可（Free Art License）、GNU 免费文档许可（GNU Free Documentation License）等开放内容许可协议在开放存取过程中被广泛应用的主要原因[1]。

知识共享简单说来，就是一种网络数字作品（文学、美术、音乐等）的许可授权机制[2]。它是由斯坦福大学数字法律和知识产权专家领导的知识共享组织制

[1] Lawrence Liang. The Guide to Open Content Licenses[EB/OL]. http://pzwart.wdka.hro.nl/mdr/pubsfolder/opencontentpdf. 2006-01-19.

[2] Creative Commons [EB/OL]. http://www.creativecommons.cn/. 2006-03-31.

定的。它致力于让所有创造性作品都有机会被更多人分享和再创造，以共同促进
人类知识和作品在其生命周期内产生最大价值。

　　与传统版权法"保留所有权利（All Rights Reserved）"的做法不同，知识共享
协议的基本观念是"保留部分权利（Some Rights Reserved）"。知识共享协议机制
提供了由四种最基本的授权方式（如图 9-2 所示）组合而成的 11 种权利许可，这
些组合方式构成了从松到紧的授权限制，给作品的创造者更加灵活、便利的选择。
其中，"署名"权保障对作品原始作者的认定，防止剽窃行为的发生；"非商业"
禁止出于商业目的对作品的利用和再利用；"禁止演绎"对于利用作品再创作进行
限制，避免别人通过断章取义和改头换面来歪曲作者的原意；"相同方式共享"只
适用于演绎作品，即要求演绎作品必须采用与原作品同样的授权方式允许别人再
演绎[1]。例如，甲创作的数字相片采用"非商业"和"相同方式共享"的授权方
式。业余抽象拼贴画作者在甲相片的基础上创作的作品也必须提供"非商业"和
"相同方式共享"的授权。在这样的授权机制下，才有可能在尊重原创作者劳动成
果的基础上，有效地进行资源的传播与共享。

图 9-2　创作公用许可的四种基本授权方式

　　从 2001 年创建开始，知识共享许可协议已经受到越来越广泛的应用。到 2009
年，约有 3 亿 5 千万件作品获得知识共享的许可[2]，而开放存取学术出版是知识
共享许可协议的一个重要应用领域。中国大陆版知识共享协议 2.5 版于 2006 年 3 月
正式发布，目前，知识共享协议 3.0 版正在修改和调整中[3]。

▎9.2　开放存取出版利益相关方

　　开放存取涉及广泛的利益相关方，他们的态度和行动在一定程度上左右着开
放存取的发展方向和发展进程。

---

　　[1] Choosing a License[EB/OL]. http://creativecommons.org/about/licenses/index_html. 2006-
03-31.

　　[2] http://creativecommons.org/about/history.

　　[3] http://zh.wikipedia.org/wiki/知识共享.

9.2.1 政府机构

许多国家政府都用纳税人的钱来资助和扶持重要的科研工作，因此人们认为作为纳税人的社会公众有权通过免费获取科学论文来了解研究成果[1]。这是许多国家政府关注学术出版和开放存取的原因所在。英国、美国和欧盟的政府部门曾经对学术出版展开全面、深入的调查。由于 41%的科学论文产生于欧洲，31%产生于美国，这些调查研究的结果对全球的学术出版业产生了重大影响[2]。

2004 年，英国科技委员会（Science and Technology Committee）对科技出版物进行了一项专门调查，目的是了解"学术界对学术期刊的获取情况，尤其是学术期刊的价格和可获得性"；同时，此次调查也评估了当前向电子出版转移的趋势可能对学术期刊和科学安全产生的影响[3]。当年 7 月，调查报告发布，委员会得出的结论是：当前的学术出版模式是不太令人满意的，作者付费的出版模式也许可行[4]。它的一个重要建议是每个研究委员会（Research Councils）的分支机构为其资助的研究人员设立一笔基金，如果研究人员愿意支付开放存取期刊的作者费用，那么就可以使用该基金。英国是执行公开资助的研究成果强制性开放存取政策的机构最多的国家，英国研究理事会全部七个理事会中有六家采纳了强制性命令，英国 PubMed Central 资助小组的全部 10 家成员也已采纳强制性命令。2012 年 7 月 16 日，英国研究委员会发布了新的开放存取政策，规定自 2013 年 4 月 1 日起，所有得到英国研究委员会资助，经同行审议发表的研究文章和会议论文集必须开放存取，虽然英国研究委员会仍将通过混合方式实现开放存取——"绿色"和"金色"开放存取路径。该政策旨在通过向英国高等教育机构、被批准的独立研究机构、研究委员会学院等提供分类财政补贴支付文章加工费（APCs），从而让英国研究机构和研究人员更便捷地在开放存取期刊上发表作品。这与 2012 年 6 月份《芬奇报告》（Finch）的建议一致。同时，英国高校和科学国务大臣戴维斯·维利斯宣布，向英国最顶尖的 30 多家研究机构注入 1 000 万英镑，协助其向开放存取转变，并遵循英国研究委员会指定的、新的开放存取政策[5]。

2004 年 6 月 15 日，欧盟开始一项针对欧洲科学出版市场经济与技术变化情况的调查研究。与英国的报告相似，在考虑作者权利和出版者利益的前提下，检验

――――――――――――――

［1］Peter Suber. Open Access Overview[EB/OL]. http://www.earlham.edu/~peters/fos/overview.htm. 2006-01-17.

［2］Scientific Publishing is having to Change Rapidly to Respond to Growing Pressure for Free Access to Published Research[N]. Economist，2004-08-05.

［3］http://www.parliament.uk/parliamentary_committees/science_and_technology_committee/scitech111203a.cfm.

［4］http://www.publications.parliament.uk/pa/cm200304/cmselect/cmsctech/399/39902.htm.

［5］http://www.escience.gov.cn/ShowArticle.jsp?id=14665.

了科学出版物的价格和获取问题。2008 年，由欧共体电子内容增强计划
（eContentplus）支持的"出版与欧洲研究生态（Publishing and the Ecology of
European Research，PEER）"项目启动，它由出版商、仓储和研究人员合作承担，
项目时间延续四年。它试图通过对欧洲学术成果大规模开放仓储的效果进行分析，
为绿色 OA 领域的决策制定提供参考。PEER 开发建立了开放仓储的基础设施，至
第三年已成功处理 4.4 万篇文献，包括文献及元数据格式不统一、禁阅期（Embargo
Period）管理等技术问题都得到了较好解决。同年，欧洲研究委员会（ERC）成为
首家要求强制实施开放存取的欧盟级别的研究资助机构，而且要求严格：只允许 6
个月的禁阅期；并将适用范围从同行评议论文扩展到数据（Data）层面。

　　2004 年 2 月，美国国立卫生研究院（National Institutes of Health，NIH）宣布
了一个计划草案，该草案要求作者在发表由 NIH 赞助所获研究成果时，应将一份
文章副本提交美国国家医学图书馆（National Library of Medicine）。文章将被存放
到一个在线文库内。作者可以决定什么时候该文章对公众开放，但 NIH 的建议是
越快越好，最迟应在文章发表后 12 个月内开放。NIH 的局长 Elias Zerhouni 认为
此举将改变生物医学出版领域的现状。新政策从 2004 年 5 月 2 日起生效，赞同开
放科学研究文献的科学家对该政策表示了赞扬。纽约纪念斯隆—凯特林癌症中心
（Memorial Sloan-Kettering Cancer Center in New York）主席 Harold Varmus 说："这
是重要和正确的一步，我很高兴这项政策终于制定了。"美国国会对 NIH 的提议同
样表示支持[1]。2008 年 1 月，NIH 颁布了更加激进的开放存取政策，强制要求对
资助产生的期刊论文实施开放存取，三个月后正式生效。该政策要求所有 NIH 资
助的研究人员必须在其经过同行评议的论文正式发表以后 12 个月内将最终稿的电
子版存入开放存取仓储公共医学中心（PMC）中。NIH 实行强制性命令后，开放
存取文章的情况如图 9-3 所示。NIH 在此前两年的科研预算都达到约 290 亿美元
的规模，超过全球 124 个国家的 GDP 值，其所资助的研究每年产生 80 000 篇以上
经过同行评议的论文[2]。因此，这一政策对于开放存取运动的实质性支持作用及
其对世界范围内科研资助机构的示范效应十分可观。2009 年 3 月 11 日，美国总统
奥巴马签署了《2009 年综合拨款法案》（the 2009 Consolidated Appropriations Act），
这使 NIH 的 OA 政策成为一项永久制度[3]。

　　2006 年 1 月第 93 届印度科学大会 OA 特别会议发布了"国家开放存取最佳政
策建议"，包括印度科技部（DST）、科学与工业研究局（DSIR）等 12 个机构在内
的印度政府部门期望来自公共基金资助的研究成果能够最大限度地提供免费获
取。为了实现这一目标，政府采取如下措施：第一，要求全部或者部分由政府资

---

[1] http://grants.nih.gov/grants/guide/notice-files/NOT-OD-04-064.html.

[2] Peter Suber. Open Access in 2008[J].The Journal of Electronic Publishing，2009，12（1）.

[3] http://www.doc88.com/p-463113831516.html.

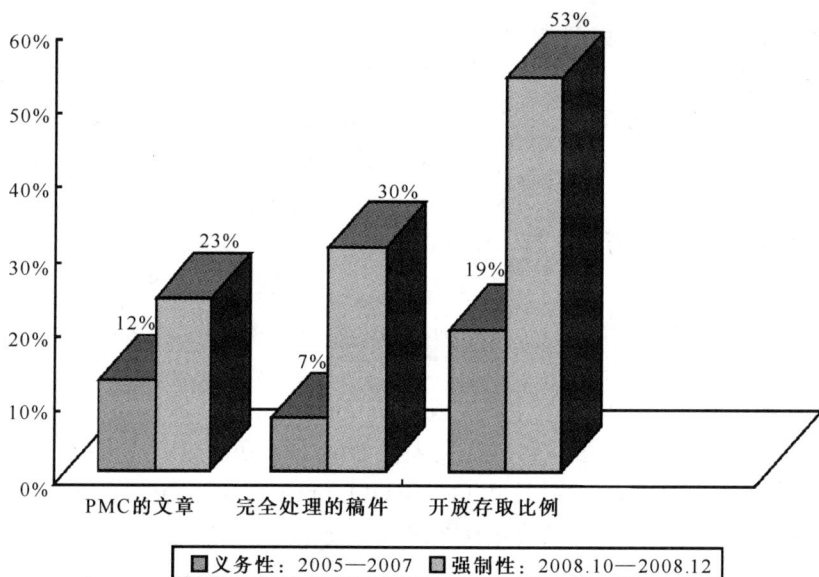

图 9-3　NIH 实行强制性命令后的开放存取文章情况

助发表在同行评议期刊上的论文的电子版存储到某一机构知识库中；第二，鼓励政府资助的研究人员在现有的 OA 期刊上发表研究论文，如果需要的话，政府将提供出版费；第三，鼓励政府资助的研究者尽可能保留论文的版权 [1]。

另外，早在 2004 年初经济合作与发展组织（Organization for Economic Cooperation and Development，OECD）的一次大会上，共有三十多个国家签署了《公共资助研究数据的存取宣言》，承认对研究数据实施开放存取有助于提高世界范围内科研系统的质量和效率。

9.2.2　图书馆界

由于开放存取能够大幅度降低读者获取文献资料的成本，同时也使读者获得资料的时效性大为提高，图书馆无疑是开放存取运动最大的受益者和最有力的支持者之一。1998 年 6 月，ARL 创建了学术出版与学术资源联盟（Scholarly Publishing and Academic Resources Coalition，SPARC）[2]，三年后联盟建立了欧洲分部 [3]，目的在于鼓励开放存取期刊或低价学术期刊的出版，从而使之能够与商业学术出版商昂贵的同类期刊竞争。SPARC 目前拥有近 800 名机构会员，与之合作的开放存

---

[1] 杜海洲. 国际有关开放存取的政策及其对我国的启示[J]. 现代情报，2010（8）：115.

[2] http://www.arl.org/sparc/home/index.asp.

[3] SPARC Europe. www.sparceurope.org. 2006-01-17.

取出版机构和开放存取刊物，如 DOAJ、PLoS、BMC、电子印本网络（E-Print Network）、《经济学公告》（*Economics Bulletin*）和《机器学习研究期刊》（*Journal of Machine Learning Research*）等。SPARC 还发起组织了一个由 ARL、PLoS、医学图书馆协会（Medical Library Association）、保健科学研究图书馆协会（the Association of Academic Heath Sciences Libraries）、公共知识（Public Knowledge）、OSI 和其他机构组成的旨在促进开放存取发展的开放存取工作小组（Open Access Working Group，OAWG）。它开展的一系列活动，如发起纳税人开放存取联合行动（Alliance for Taxpayer Access）；向美国国会和 NIH 写信支持开放生物医学领域的研究成果；向英国下议院委员会递交备忘录，为当前学术出版的现状提供证词并建议委员会采取行动支持开放出版等，都产生了很大的影响。在 2012 年的开放存取周中，SPARC、PLoS 和开放存取学术出版协会（OASPA）协作推出了开放存取评估手册《开放度有多高》（*How Open Is It*）。该手册列出了开放存取中涉及的各种权限以及出版商所能提供的开放度，形象化地说明什么是高开放度，什么是低开放度，确保人们可以清晰地比较、判断不同的出版物性质和出版政策。另外，对加拿大研究型图书馆进行的调查表明，在 18 家被调查的图书馆中有 12 家对开放存取活动提供相应资助，其中 9 家机构为开放存取作者负担发表费用[1]。

2004 年 2 月，IFLA 发布的《关于学术文献与研究文档的开放存取声明》承诺通过大力支持开放存取运动和开放存取出版物来促进全人类对信息的最广泛获取[2]。同年 6 月，大不列颠哥伦比亚图书馆协会（British Columbia Library Association）在《关于开放存取的决议》（*Resolution on Open Access*）中正式宣布将致力于开放存取运动[3]。不久，加拿大研究图书馆协会（Canadian Association of Research Libraries，CARL）向加拿大社会科学与人文科学研究委员会递交了一份简报，推荐几种新型的、更加有效的学术交流方式[4]。同年 10 月，苏格兰国家图书馆（National Library of Scotland）的合作伙伴苏格兰战略信息工作小组（Scottish Science Information Strategy Working Group）起草了《关于开放存取的苏格兰宣言》（*Scottish Declaration of Open Access*），并于次年 3 月正式发布[5]。2012 年 4 月，大英图书馆和专业出版商 SAGE 一起举行了圆桌会议，探讨开放存取的未来，并发布了报告《面向开放存取的未来：图书馆的价值》。大英图书馆学术与馆藏部主任卡罗琳·布拉齐尔表示："图书馆界一直在等待学术交流领域一场巨大变革，现

---

[1] Fernandez, L. and Nariani, R. Open Access Funds: A Canadian Library Survey Partnership[J]. The Canadian Journal of Library & Information Practice & Research，2011，6（1）.
[2] http://www.ifla.org/V/cdoc/open-access04.html.
[3] https://mx2.arl.org/Lists/SPARCOAForum/Message/811.html.
[4] http://www.carlabrc.ca/projects/sshrc/transformation-brief.pdf.
[5] http://scurl.ac.uk/WG/SSISWGOA/declaration.htm.

在可能真的到来了。"[1]

另外，单个图书馆如美国哈佛大学图书馆、耶鲁大学图书馆、华盛顿大学图书馆等都在主页上宣传和推荐开放存取的学术交流方式。国内的中科院半导体研究所图书信息中心也在主页上设立了"开放资源中心"栏目，将科研人员常用的开放存取资源进行集中的组织和揭示[2]。还有一些图书馆则直接投身于开放存取实践活动。例如，2002 年麻省理工学院图书馆与惠普公司共同开发了 DSpace 系统，该系统迅速发展并很快形成了一个由剑桥大学、哥伦比亚大学等 7 所著名大学直接参与的联合机构仓储。另外，加州大学数字图书馆创建的致力于社会科学和人文科学领域研究成果免费访问的 e-Scholarship 也是一个成功的机构仓储，并且它还尝试在仓储内部引入另一种开放存取出版方式，即经过同行评审的开放存取期刊。2006 年，厦门大学图书馆兴建了机构知识库"厦大典藏库"。到 2012 年 3 月，该知识库收录了 1.6 万多个本校学者近年来发表的成果，包括学术价值较高的学术著作、期刊论文、工作文稿、会议论文、科研数据资料以及重要学术活动的演示文稿。在近十个月内，它的访问量达 82 173 个 IP 地址，日均访问量 250 个 IP 地址（排除搜索引擎）[3]。

9.2.3 学术界

学术界对开放存取的认知度和认可度既有国家和地区间的差异，也有学科间的差异，从而在态度和行为上表现出十分复杂的状态。

1. 研究人员

研究人员在选择期刊投稿时会考虑很多因素。刊物的质量、声望、发行量、影响力等都是作者要考虑的。另外出版速度，是否被二次文献（文摘和索引）如科学引文索引（SCI）、社会科学引文索引（SSCI）、中国社会科学引文索引等（CSSCI）收录，也是研究人员所看重的[4]。

由于开放存取出版消除了价格障碍，能够让更多读者阅读和利用论文，因此它对于扩大研究人员和研究成果的影响是有积极意义的。这是许多作者比较容易接受开放存取期刊的一个根本原因。Lawrence 对计算机科学领域实施开放存取的

---

[1] http://www.bookdao.com/article/46855/.

[2] http: //lib.semi.ac.en:8080/tsh/.

[3] http://www.netbig.com/news/6619/.

[4] Rowlands I., Nicholas D., Huntington P.. Scholarly Communication in the Digital Environment: What do Authors Want? Findings of an international survey of author opinion[M/OL]. London City University，2004．http://ciber.soi.city.ac.uk/ciber-pa-report.pdf．2006-02-17.

会议论文所作的调查[1]，以及 Antelman 针对更广泛的学科领域进行的类似研究都证明了这一点[2]。还有一些作者则站在更为自觉的立场，认为选择开放存取出版是向学术研究核心价值观的回归，即必须通过鼓励学术信息交流而非限制学术信息传播来促进学术研究的发展[3]。2004 年为网络信息联合会（Coalition for Networked Information，CNI）所做的针对高校作者的调查显示，87%的被调查者认为开放存取出版最吸引人的是它对所有读者开放以及由此带来的论文发行量[4]。当然，不同学科的情况有所不同。也有一些非常专深的学科领域，其作者更关心其研究成果被少数卓有成就的同行所看重而非在普通大众中的广泛传播。反过来看，由于作者一般也是该学科领域的读者，他们更容易理解开放阅览对科学发展的重要作用。在对科学顾问委员会（Science Advisory Board）成员所做的调查中，14 000 名被调查者中有 80%的人认为由于种种原因无法获取是文献搜索过程中最令人沮丧的事情[5]。

综上所述，对作者而言通过开放存取期刊发表论文可能需要缴纳一定费用，但是一方面大多数作者可以通过研究基金或由所属机构来解决费用问题；另一方面，对于经费紧张的作者，许多开放存取期刊的出版商也愿意减免费用，因此，从理论上来说，作者对开放存取出版模式的接受程度应该是比较高的。但现实情况表明，迄今为止开放存取并没有被学术界普遍接受，它对于学者既有的出版行为与认知的影响非常有限。其中一个显著矛盾就是，科研人员希望将论文开放获取的动机是实现科研成果影响的最大化，而这恰恰也是他们选择在非 OA 期刊上发表论文的原因所在。欧盟委员会主导的开放存取出版研究（SOAP）针对 38 000名活跃的科研人员展开调查，结果显示，89%的受访者表示能从 OA 期刊中获益，但对直接尝试 OA 出版仍存在较大障碍，仅有 8%～10%的科研人员曾在 OA 期刊上发表过文章。

2. 科研机构和科研资助机构

由于一方面开放存取使得研究成果得到更多引用，影响更大；另一方面，这

［1］Lawrence, Steven. Online or Invisible?[J]. Nature, 2001，411（6837）：521.

［2］Kristin Antelman. Do Open-access Articles have a Greater Research Impact?[J]. College & Research Libraries，2004，65（5）：372-382.

［3］Key Perspectives Ltd. JISC/OSI Journal authors survey[EB/OL]. http://www.jisc.ac.uk/uploaded_documents/JISCOAreport1.pdf. 2006-01-14.

［4］Roger C. Schonfeld, Kevin Guthrie. What Faculty Think of Electronic Resources 2003: Project Briefing: Spring 2004 Task Force Meeting[EB/OL]. http://www.cni.org/tfms/2004a.spring/abstracts/PBwhat- guthrie.html. 2006-01-04.

［5］Science Advisory Board 2004. Scientists Frustrated with Limited Access to Full Text Documents[EB/OL]. http://www.scienceboard.net/community/news/news.214.html. 2006-01-04.

些机构的图书馆在获取科研成果时，不必再受高昂定价以及各种保护性技术手段的限制，因此，尽管可能要为研究人员支付一定的论文发表费用，但大多数主流学术科研机构以及科研资助机构对开放存取运动还是持积极态度的。

2004 年 5 月 25 日，澳大利亚 8 所主要研究型大学发布了《对学术信息开放存取的声明》（*Statement on open access to scholarly information*）[1]。澳大利亚的国家学术交流论坛（National Scholarly Communications Forum）也支持向开放存取期刊、机构仓储等方向发展[2]。2004 年 9 月 16 日，美国国家科学院委员会（Council of the National Academy of Sciences）发布声明支持 NIH 的政策，相信它对于全球科学的发展和全球人民的利益有促进作用[3]。美国的基因联盟（Genetic Alliance）拥有600 多个会员组织，非常支持国家科学院委员会的主张[4]。另外，美国大学协会（American Association of Universities）、美国商会（US Chamber of Commerce）、美国独立研究机构协会（Association of Independent Research Institutes）也都公开发表声明对 NIH 表示支持。2010 年 2 月 25 日，美国罗林斯学院人文与科学院全体教职员工一致通过开放存取政策，以便尽可能广泛地传播其研究成果和知识。该政策规定了开放存取著作成果的界定、种类、范围和适用于该校哪些著作权人等。为便于政策实施，还规定了由 Olin 图书馆提供开放仓储服务，保证该校教职员工的成果和著作能及时提供符合标准要求的开放存取服务[5]。

3. 学会

学会对开放存取运动的态度是多样的，支持者有之，反对者有之，持矛盾心态的也不乏其人。尽管不同学会态度各异，但参与到这项运动中来的学会仍然十分可观，一些学会热情地支持开放存取出版运动。例如，美国昆虫学学会（Entomological Society of America）是最早实现论文开放存取的学会之一，到目前为止，发展情况良好。美国湖泊与海洋学会（American Society of Limnology and Oceanography）也同样采用了这种模式，从 2001 年开始到 2003 年，66%的作者为其论文的开放存取支付了费用。2003 年对那些开放存取论文的研究表明，其下载量比基于订阅的论文的发行量高出 2.8 倍[6]。因此，像马普学会这样的重要学会都鼓励其会员在开放存取期刊上发表论文，并在进行学术评价和授予终身教席时对这些文章予以承认。2011 年 9 月，英国皇家学会宣布提供其著名的历史期刊档案

---

[1] http://www.go8.edu.au/news/2004/Go8%20Statement%20on%20open%20access%20to%20scholarly%20information%20May%20%85.pdf.

[2] http://www.humanities.org.au/NSCF/NSCF%20Outcomes%20Final.pdf.

[3] http://www4.nationalacademies.org/news.nsf/isbn/s09162004?OpenDocument.

[4] http://www.geneticalliance.org/openaccess.asp.

[5] http://blog.sciencenet.cn/blog-39523-298017.html.

[6] http://aslo.org/lo/information/freeaccess.html.

共 6 万篇论文的永久免费在线访问，其中包括 1665 年开始发行的世界第一份科学期刊《英国皇家学会哲学学报》（*Philosophical Transactions of the Royal Society*）[1]。2012 年 8 月，英国工程技术学会宣布向全球推出开放存取式期刊。新出版的期刊将涵盖工程技术领域的各个学科，论文内容不再限制在某个具体的技术领域。该刊于 2012 年秋季开始征集论文，于 2013 年正式推出在线版[2]。2012 年 10 月 26 日，英国生态学会（British Ecological Society，BES）和学术出版商威利公司就开放存取期刊《生态与进化》（*Ecology and Evolution*）达成了新的合作。BES 会长 Georgina Mace 说："我们创刊已久的期刊每年都会收到数量越来越多的高品质来稿，这次与《生态与进化》的合作将使我们能够通过出版更多重要的生态学研究成果来进一步服务我们的生态学研究社群。"[3]

　　但是，也有一些学会出于现实考虑而怀着矛盾的心情谨慎对待开放存取出版运动，因为他们认为这多少会威胁到其财政收支情况。原因在于如果对所有人都免费提供期刊内容，那么会员就会缺乏缴纳会费的动力。而且一直以来，学会还利用出版收入补贴其他一些活动，如会议、提供津贴和学会简报等，减少这些活动也会降低对会员的吸引力。因此，他们认为，从长远来看自身的生存和发展将会受到影响。但是从另外的角度来看，开放存取必然导致学会期刊在国际上知名度和影响力的扩大，而且由于潜在读者遍布全球，因此期刊也许能比从前吸引更多广告从而获取额外收入，这种态度在学会中是比较普遍的。由非营利出版商联合签署的《免费存取科学文献的华盛顿原则》（*Washington DC Principles for Free Access to Science*）就一方面对科学文献的开放存取表示支持，但同时也对其后果表达了各种担心[4]。

　　还有一些学会出版商则更多地表示了怀疑态度。美国化学学会（American Chemical Society，ACS）出版部的总裁 Robert D. Bovenschulte 指出："我们没有看到任何令人信服的个案能够促使我们放弃传统的订阅模式，而转向一个充满风险的、未经检验的模式，那样也许会使我们的出版项目面临危险。"而 ACS 更加不愿意看到的，是开放存取出版可能危及它用出版收入支持其他活动。另外，电气工程师学会（Institution of Electrical Engineers，IEE）也对科技委员会呼吁学术出版商采用开放存取出版模式的报告《科学出版：对所有人免费？》（*Scientific Publications: Free for all?*）表示了强烈的保留态度，并提到了作者付费模式的三种

[1] http://www.cnbeta.com/articles/159876.htm.
[2] http://info.edu.hc360.com/2012/08/171826532500.shtml.
[3] http://news.sciencenet.cn/htmlpaper/201211616415974226459.shtm.
[4] Martin Frank. A Not for Profit Publisher's Perspective on Open Access[J]. Serials Review，2004（30）：281-287.

缺陷[1,2]。此外，来自美国微生物学学会（Society for Microbiology）、美国物理学学会（American Physical Society）、美国血液学学会（American Society of Hematology）的反应就更为冷淡。美国实验生物学学会（Federation of American Societies of Experimental Biology）联合会总裁 Paul W. Kincade 对《科学家》（*The Scientist*）杂志说他讨厌"被强迫做任何事情"。

总的来说，学会出版商往往乐于采用更加灵活的出版方式。例如，美国生理学学会（American Physiological Society）规定，作者如果在《生理基因》（*Physiological Genomics*）杂志发表研究型论文必须支付 2 000 美元，发表综述型论文必须支付 3 000 美元[3]。这样，论文一经发表就可以被自由存取；如果作者不交费，那么读者只能通过订阅来获取论文，或者经过 12 个月的禁阅期后再提供开放存取。到 2004 年，大约有 10%的作者同意付费[4]。另外，在同年 11 月 15 日的一场新闻发布会上，美国物理研究院（American Institute of Physics）也宣布旗下的《AIP 进展》（*AIP Advances*）为开放存取期刊，同时它的 11 种期刊提供部分开放存取论文[5]。数学统计研究院（Institute of Mathematical Statistics）理事会则决定将 4 种期刊的所有文章都放入 arXiv 供读者免费阅读。

9.2.4　出版商

一开始，传统学术出版商对开放存取本能地表现出了敌意。然而，一方面是开放存取的发展势不可当，影响力不断扩大；另一方面，一些出版商发现开放存取出版事实上也能提供不同的商业机会，因此愈来愈多的出版商开始接受开放存取出版。

1. 传统商业学术出版商

对出版商而言，开放存取显然是一种挑战。如果从传统的商业模式转变为开放存取模式，那么原来依靠销售所获取的高额利润将不复存在。因此，不难理解，大多数出版商对开放存取一直持怀疑和抵制态度。但是，随着非营利、高水平开放存取期刊日益增加，随着越来越多的资助机构提供经费用于作者付费的开放存

［1］http://www.iee.org/News/PressRel/z21jul2004.cfm.

［2］House of Commons Science and Technology Committee. Scientific Publications: Free for all? [EB/OL].www.publications.parliament.uk/pa/cm200304/cmselect/cmsctech/399/399.pdf.2006-01-28.

［3］http://www.the-aps.org/mm/Publications/Open-Access.

［4］Walt Crawford. Cites and Insights, November 2004[EB/OL]. http://cites.boisestate.edu/civ4i13.pdf. 2006-01-04.

［5］http://china.aip.org/highlights/open_access.

取出版，越来越多的高等教育和研究机构建议研究人员将成果发表在开放存取期刊上，出版商的态度也在逐步发生变化。

有些出版商强调传统编辑过程为学术界提供了必不可少的服务，其专业经验在包括同行评议、权利与许可管理等过程中是十分有价值的。现行学术出版体系的改变意味着学术质量和学术标准的降低，而且将出版费用转嫁到科学家及科研机构头上，最终受害的是整个科研事业。有些出版商强调他们在科学信息交流过程中创造的附加价值，认为如果出版企业都卷入开放存取活动，整个学术出版业将面临巨大风险。还有些出版商主张缺乏资金将抑制他们的创新行为，甚至妨碍其履行基本职能。收入不多的小型出版商对此最为焦虑。

另外，具有代表性的观点如美国出版商协会专业与学术分支委员会（Professional/ Scholarly Publishing Division Committees，AAP）副总裁 Barbara Meredith 所指出的那样：AAP 并不反对开放存取，但是反对政府通过决定研究成果如何出版来干涉自由市场原则[1]。还有一些出版商联合签署了一封致 NIH 的信以表达异议[2]。然而以出版商为主的开放存取运动的反对者显然未能提出说服公众和政府的有力论点，其针对唯利是图指控的辩解诉诸出版物质量和出版行为的可持续性，立论主旨过于细小并且缺乏简明的叙事结构，因此不容易博得同情。唯一较为有力的是"政府干预"的说法，即将强制政策和法令视作"政府无理地干涉私营出版业"[3]。这种诉求较容易在推崇自由市场的欧美社会获得响应。但即便如此，越来越多的出版商迫于压力采取了灵活的策略。他们一边主张任何时候开放存取出版都应只限于研究性文章，对于综述、通信、社论等还是可以实行付费存取模式；一边积极尝试向作者提供混合了传统出版模式和开放存取出版模式的选择组合。

斯普林格出版公司（Springer）选用了一种称为开放选择期刊（Open Choice Journals）的做法，兼容传统的基于订阅的模式和作者付费的模式。这给予了作者更大的选择余地。Springer 怀疑并没有太多人对开放存取出版有兴趣，而开放选择可以证实究竟有多少作者能够接受开放存取这种出版模式[4]。至于基于订阅的学术期刊，出版社计划根据以订阅模式出版的论文数量来逐年调整订阅期刊的价格[5]。2008 年，斯普林格出版公司宣布收购全球领先的最大的开放存取出版商 BMC，每年约有 1 500 万欧元利润。BMC 成立于 2000 年 5 月，提供 180 多种经过同行评议的期刊，旗下包括《生物学期刊》（*Journal of Biology*）、《BMC 医药学》

[1] Sophie Rovner. Legislators Back Open Access: U.S., U.K. Committees Want Publishers to Make Articles Available for Free[J]. Chemical and Engineering News，2004，82（30）：12.

[2] http://www.pspcentral.org/publications/grassroots_email.doc.

[3] Rick Weiss. Open Access to Research Funded by U.S.[N]. The Washington Post，2007-11-01（A2）.

[4] Bobby Pickering. Springer Blasts Open Choice Criticism[EB/OL]. http://www.iwr.co.uk/iwreview/1158226. 2006-01-04.

[5] http://www.springeronline.com/sgw/cda/frontpage/0,11855,1-40359-12-115391-0,00.html.

（*BMC Medicine*）和《基因生物学》（*Genome Biology*）等知名期刊[1]。

　　牛津大学出版社是另一家尝试开放存取的传统出版商。《核酸研究》（*Nucleic Acids Research，NAR*）期刊的作者在付费之后，论文一经发表就可以实现开放存取。NAR 也提供对会员机构的研究人员降低收费的选择。因此，该杂志的收入由作者付费、机构会员费和印刷版订阅费三部分组成。但是到 2005 年，该杂志转变成为完全的开放存取期刊。牛津大学还尝试创办一份全新的开放存取期刊《循证补充替代医学》（*Evidence-based Complementary and Alternative Medicine，ECAM*）。

　　布莱克威尔出版公司（Blackwell Publishing）认为由于它是为学会服务的出版社，因而在采用更为开放的出版模式时面临更大的挑战，因为学会常常用低价获取会刊的方式来吸引会员，因此免费存取也许会导致会员人数减少。到 2006 年为止，Blackwell 将谨慎地尝试名为开放在线（Open Online）的混合系统。作者付费的开放存取文章既可刊登在纸质订阅期刊里，也可通过出版社的在线期刊平台 Blackwell Synergy 自由获取。在试验期间，作者费用固定在每篇论文 2 500 美元或 1 500 英镑。Blackwell 对在线开放的来稿与其他方式来稿的论文以同样方式处理。但与 Springer 不同的是它不要求参与在线开放的作者签订移交其文章版权的合约。2007 年 2 月，布莱克威尔与知名学术出版商约翰·威利出版公司（John Wiley & Sons Inc）合并，成立了威利·布莱克威尔（Wiley-Blackwell）公司[2]。新公司是当今世界上最重要的教育和专业出版商之一，同时也是最大的学术出版机构之一。2011 年，威利·布莱克威尔共有 1 087 种期刊收录在 2010 年的 ISI 期刊引用报告（JCR）中，其中包括首次被收录的 42 种期刊[3]。

　　自然出版集团（Nature Publishing Group）也对开放存取做出了多种反应。其一是主持了为期数月的关于开放存取的在线争论[4]。同时它也尝试多种期刊存取模式，其中最有趣的试验是与欧洲分子生物学组织（European Molecular Biology Organization，EMBO）联合采用开放存取方式于 2005 年春季创建纯网络版的经过同行评议的《分子系统生物学》（*Molecular Systems Biology*）[5]。

　　剑桥大学出版社则决定在新成立的期刊《神经胶质生物学》（*Neuron Glia Biology*）上试验开放存取出版模式，即在论文发表后 6～12 个月期间可以免费存取。但是，该杂志在出版社的杂志目录中仍然被列入收费类，而非开放存取类。

　　长期以来最受学术界和图书馆界诟病的爱思唯尔出版公司对开放存取的态度

　　[1] 王秀华. Springer 收购最大开放存取出版商 BioMed Central Group[J]. 图书情报工作动态，2008（10）.

　　[2] http://periodical.cnpeak.com/news/20111010/n5107354.html.

　　[3] http://www.bioon.com/trends/news/498526.shtml.

　　[4] http://www.nature.com/nature/focus/accessdebate/.

　　[5] http://www.macmillan.com/07092004emboandnpg.asp.

也在发生微妙变化。2004 年，其公共关系部主任 Eric Sobotta 表示公司尽管对英国议会的调查表示欢迎，但却质疑该国政府是否应该实施调查报告中的建议并给予资助。爱思唯尔声称：对英国来说作者付费的模式成本太高，因为英国的研究人员发表的论文要比他们阅读的论文多；开放存取将为自费出版和各种偏见的发表提供便利，因而将危及学术出版的质量，并破坏公众对科学的信任[1]。然而，他也承认提供开放存取是符合公众利益的[2]。爱思唯尔旗下的《柳叶刀》（*Lancet*）杂志正在部分地尝试开放存取出版方式，而《细胞》（*Cell*）、《发育生物学》（*Developmental Biology*）等 28 种期刊则采取延迟开放获取的方式出版[3]。

另外一些传统出版商也表达了对开放存取的兴趣，但是他们更关注找到一种可行的商业模式。还有一些出版商和期刊尝试使用渐进的方式向开放存取过渡，例如生物学家公司（Company of Biologists）、英国医学期刊（British Medical Journal，BMJ）等。2010 年，Hindawi 出版社、加利福尼亚大学出版社等 9 家同行评议期刊出版商以及国际光学工程学会（SPIE）与麻省理工学院进行了开放存取政策方面的合作，允许麻省理工学院从其网站上获取该校教职员工所发表的终稿副本。如此一来，作者无须亲自提交手稿，文章即可在麻省理工学院的开放存取仓储 DSpace@MIT 中出现[4]。

2. 第三方出版商

开放存取运动发展的另外一个重要现状便是开放存取期刊开始得到传统文摘索引服务商，即第三方出版商的认可并成为它们收录的对象。这一点不仅对开放存取期刊本身，而且对广大科研人员都具有十分重要的意义，因为传统文摘索引服务商对开放存取出版物的收录意味着社会评价系统对开放存取出版物的认可。汤姆森·路透公司科学信息研究所（Institute for Scientific Information，ISI）和美国鲍克公司（Bowker）是世界上最著名的两家第三方出版商，它们都积极地接纳了开放存取出版物。

ISI 在其科学网站（Web of Science）上收录开放存取期刊，并提供全文的超链接。到 2008 年，ISI 中共收录开放存取期刊 1 194 种，占 WOS 系统收录期刊的

[1] Elsevier. Elsevier's Comments on Evolutions in Scientific, Technical and Medical Publishing and Reflections on Possible Implications of Open Access Journals for the UK.[R/OL]. http://www.elsevier.com/authored_news/corporate/images/UKST1Elsevier_position_paper_on_stm_in_UK.pdf . 2006-02-17.

[2] http://www.thelancet.com/journal/vol364/iss9428/full/llan.364.9428.analysis_and_interpretation.30166.1.

[3] http://news.sciencenet.cn/htmlnews/2010/6/232877.shtm.

[4] Ellen Duranceau. SPIE 及其他四家出版商确认就开放获取政策与麻省理工学院进行合作[J]. 魏剑，译. 图书情报工作动态，2010（3）：8-9.

12%[1]。此外，它还与 NEC Citeseer 合作建立了一个万维网的引文索引系统来衡量在线论文的影响。

鲍克公司也将开放存取期刊收入其《乌利希期刊指南》。为了让用户找到这些新的学术资源，鲍克公司网站页面上增加了一个"点击开放存取（Click for Open Access）"按钮，以便用户点击就可以直接链接到开放存取出版物的全文站点[2]。

3. 其他

研究表明，引用论文的人群主要来自核心科研领域。这个人群具有较好的资源获取基础，开放存取对于他们阅读和引用文献并没有实质性影响。而下载论文的人群主要来自核心学术圈之外，包括学生、教育工作者、医生、患者、政府和企业研究人员。传统上这些人群并不具备学术资源获取优势，但同样需要追踪最新研究成果。正是他们的需求导致了近年来开放存取中激增的下载量。由此可见，开放存取出版最大的价值或许并不在于传统意义上狭小的学术圈内，而在于更广泛的社会领域[3]。一些眼光敏锐的 IT 公司也看到了开放存取出版模式的潜在价值。例如，谷歌利用开放存取文档来充实自身的内容，以扩大用户数量和访问量。2004年 11 月，谷歌学术（Google Scholar）网站开通，以全新模式向用户提供网上所有可获得的学术文献，包括期刊论文、学位论文、技术报告等[4]。谷歌鼓励作者和出版机构免费提供其学术论文供其检索。利用谷歌强大的搜索功能，用户可以通过作者姓名、出版物名称、出版日期范围、文章标题等方式检索到相关文献，搜索结果按相关程度排序。另外，由雅虎和微软等合作的开放内容联盟（Open Content Alliance），由欧盟、美国国会图书馆和亚马逊联合的百万图书计划（Million Book Project）等也是很有影响的开放存取项目。

9.3 开放存取出版实现途径

BOAI 提出了实现开放存取的两条途径，即自行典藏（Self-Archiving）和开放存取期刊（Open-access Journals）。后来，前者被称为绿色开放存取之路；而后者则被称为金色开放存取之路。尽管 BOAI 指出这并非实现开放存取的仅有途径，

[1] 黄颖，刘万国. ISI 数据库收录的开放存取期刊现状分析[J]. 图书馆学研究，2009（3）：37-40.

[2] Bowker's Ulrichsweb.com (TM) –The Global Source for Periodicals[EB/OL]. http://www.ulrichsweb.com/ulrichsweb/. 2006-02-04.

[3] Philip M. DAVIS. Do discounted journal access programs help researchers in sub-Saharan Africa? A bibliometric analysis[J]. Learned Publishing，2011，24（4）：287-298.

[4] http://scholar.google.com.

并且鼓励人们积极探索从现有科学信息交流体系向开放存取系统转移的其他方式和方法，但是实际上，当前无论是开放存取实现途径的理论探讨还是实践活动，似乎都未超出这两者的范畴。例如，芬兰学者 Bo-Christer Björk 将开放存取总结为实施同行评审的电子期刊、主题仓储（Subject-specific Repositories）、机构仓储（Institutional Repositories），以及作者主页（Author Web Sites）。但根据 BOAI 对自行典藏的描述，主题仓储、机构仓储和作者主页恰好列举了迄今为止出现过的自行典藏形式，因此无非是进一步细化了自行典藏的类别。

9.3.1　作者主页

早期就有一些作者利用 FTP 或 Gopher 站点张贴论文，到 20 世纪 90 年代中期以后，万维网上的个人主页作为存放论文的空间变得更加普遍，BOAI 和 Bo-Christer Björk 将其作为开放存取出版的实现途径也正是基于这样一个现实。当然，个人主页与其他自行典藏方式如主题仓储和机构仓储相比也有它的缺陷，如信息不够稳定，影响较小，较难被搜索引擎发现等。由于上述诸原因，国内一些学者不认可个人主页的自行典藏地位。如吴建中所提的三种开放式学术交流模式就不包括作者主页，他认为自行典藏只包括机构库和主题库两类[1]。其他国内研究者如李武[2]、方晨[3]等也持有类似观点。

9.3.2　开放存取仓储

2008 年以来，开放存取仓储的类型与所涉机构有扩大之势。一些国家和地方政府机构开始建设开放存取仓储；Academia.edu、BiomedExperts、Epsilen 和 Twidox 等许多网络服务机构开始提供仓储服务；各种项目也开始建设项目层面的仓储（Project-specific OA repositories）；而且仓储建设逐渐扩展到人文社会科学领域。此外，开放存取仓储工具层出不穷，许多资源中心和分布式仓储之间的大规模合作也有很大发展。其中"开放存取仓储指南"（Directory of Open Access Repositories，OpenDOAR）是由英国的诺丁汉大学（Nottingham University）和瑞典的伦德大学（Lund University）图书馆在 OSI、JISC、CURL、SPARC 欧洲部等机构的资助下于 2005 年 2 月共同创建的开放存取机构仓储、学科仓储目录检索系统。截至 2012

[1] 吴建中. 开放存取环境下的信息共享空间[J]. 国家图书馆学刊，2005（3）：7-10.
[2] 李武. 开放存取出版的两种主要实现途径[J]. 大学图书馆学报，2005（4）：58-63.
[3] 方晨. 开放获取：解困"学术期刊危机"[J]. 中国教育网络，2005（9）：48-50.

年 11 月 27 日，OpenDOAR 共收录学术性仓储 2 233 个 [1]。

迄今为止，主题仓储和机构仓储仍然是开放存取仓储最主要的两大类型，其出版模型如图 9-4 所示。下面将分别加以介绍。

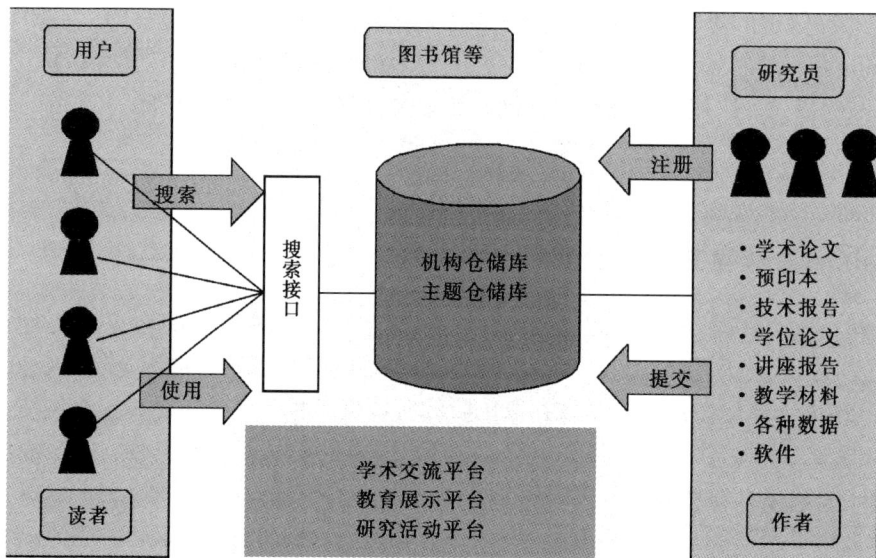

图 9-4　开放存取仓储出版模型图

1．主题仓储

主题仓储（Disciplinary Repositories or Archiving）的特点是研究资料的并行出版。这些资料也许是为学术会议或者传统印刷型期刊而写的，但是预先在仓储中发布。这有利于更快也更加高效地传播科学研究结果。在十分看重出版速度，而且在互联网兴起以前就有交换预印本传统的学科领域更容易产生主题仓储。通常的做法是由作者将论文手稿上传到主题仓储中，这样可以大大降低维护成本。仓储管理者一般对上传过程不加干预，只剔除完全不相关的材料。仓储中的论文可以先于正式出版时间很久就被全球读者看到。这对于像计算机科学这样发展迅速的学科是十分有利的。

1991 年 2 月，传统科学期刊《行为和智力科学》（*Behavioral and Brain Sciences*）建立了一个基于开放存取模式的 FTP 印前仓储，收录一些经过许可的尚未正式发表的论文，但不含附件及其评论。1993 年，它转变为基于万维网的仓储；1999 年发展成为兼容 OAI-PMH 的电子预印本仓储库。1991 年 8 月，美国洛斯·阿拉莫

[1] http://www.opendoar.org/onechart.php?cID=&ctID=&rtID=&clID=&lID=&potID=&rSoft WareName=&search=&groupby=c.cContinent&orderby=Tally%20DESC&charttype=pie&width=600&height=300&caption=Proportion%20of%20Repositories%20by%20Continent%20-%20Worldwide.

斯国家实验室（Los Alamos）的 Paul Ginsparg 建立了名为 arXiv 的电子印本仓储（e-Print Archiving），这是目前全球最著名的主题仓储。物理学家在论文正式发表以前将文章的数字版本张贴上去。仓储不接收只提交文摘而没有全文的文章。2001年后康奈尔大学取代美国国家科学基金会（National Science Foundation，NSF）和能源部成为主要的资助、维护和管理者。同时它也由理论高能物理领域的预印本共享仓储转变为涉及物理学、数学、非线性科学、计算机科学和数量生物学（Quantitative Biology）等学科的电子印本仓储[1]。研究人员按照一定格式将论文排版后，通过 FTP、万维网和电子邮件等方式按学科类别上传至相应库中。arXiv电子印本仓储没有任何先决条件决定某一论文能否进入仓储，也没有任何评审程序，所有人都可以把自己的论文放上去，也可以免费下载其中的论文。不过同行可以对仓储中的论文发表评论，与作者进行双向交流。论文作者在将论文提交到arXiv电子印本仓储的同时也可以将论文提交给学术期刊。如果论文在期刊上正式发表，在仓储中相应的论文记录中就会加入正式发表论文的期刊的卷期信息。面向用户，仓储提供完全免费的基于学科的分类检索服务。arXiv电子印本仓储的建立和发展在加快科学研究成果交流与共享，帮助研究人员追踪学科最新研究进展和避免重复研究工作等方面发挥了重要作用。到 2012 年 11 月，arXiv 在全球拥有17 个镜像站点[2]，共收录 810 355 篇预印本文献[3]。

创建于 1997 年的 CogPrints 是另一个较为著名的主题仓储，它涵盖心理学、神经系统科学、语言学、计算机科学（人工智能、机器人技术、学习、语言、神经网络）、哲学（精神、语言、知识、科学、逻辑）、生物学（动物行为学、行为学、生物社会学、行为遗传学、进化理论）、医学（精神病学、神经学、人类遗传学、医学成像）、人类学（灵长类动物学、认知文化人类学、考古学、古生物学），以及物理科学、社会科学和数学的相关领域[4]。此外，中国的奇迹文库等也都属于这一类型[5]。

2. 机构仓储

与主题仓储和开放存取期刊相比，机构仓储（Institutional Repositories or Archiving）是一种较晚出现的开放存取途径。但是大学及其图书馆显然更有能力保证长期而且系统地存取学术资料，因此机构仓储是第三种非常重要的开放存取

---

[1] P. Ginsparg. Electronic publishing in science. Paper presented at a Conference held at UNESCO HQ, Paris，19-23 February, 1996, during session Scientist's View of Electronic Publishing and Issues Raised, 21 February，1996[EB/OL]. http://arXiv.org/blurb/pg96unesco.html. 2006-02-08.

[2] http://www.douban.com/group/arXiv/.

[3] http://arXiv.org/.

[4] http://cogprints.org/.

[5] http://www.qiji.cn.

出版渠道。机构仓储可以收录大学本身的工作文档和学位论文，当然从更长远的角度来看，关键是要能够较为系统地存取大学的优质新产品，如会议论文、期刊论文等。对于大学来说，机构仓储本身就是一个出色的营销宣传工具。此外，如果大学仓储能够加入开放存取的合作编目和索引服务，就更加有助于扩大大学在全球范围内的影响。因此，对于在互联网时代必须重新调整和制订出版政策和图书馆政策的高等院校来说，机构仓储的建设将是它们长远战略目标的重要组成部分[1]。

全世界有许多机构建立了机构仓储，它们通常使用由南安普顿大学开发的免费软件 eprints.org。通过它创建与 OAI 兼容的文档，能够被谷歌等软件准确定位并搜索到。早期的机构仓储如麻省理工学院的 Dspace，南安普顿大学的 TARD 等。阿姆斯特丹大学的数字学术仓储（Digital Academic Repository，DARE）是通过图书馆联盟或者其他组织连接起来的国际性网络。

2005 年是大学建立机构仓储非常活跃的一年，许多大学宣布正式支持开放存取，也有一些大学出台了相关政策[2]。其中，佛罗里达州立大学的 D-Scholarship 仓储是一个相对成熟和灵活的系统，为佛罗里达州立大学的各个院系及其研究人员提供研究成果和教学资料自我存档、自我管理的全面服务。从存储对象来看，D-Scholarship 不仅存储论文的预印本，而且涉及几乎所有基于电子格式的学术内容，包括工作文档、技术报告、会议录、实验数据、电子演示文稿、多媒体文件和简单的网络文献。佛罗里达州立大学的各个院系和研究人员都可以与图书馆签订协议，成为仓储建设的参与者，同时也是仓储服务的使用者。在建设和维护方面，D-Scholarship 强调院系和研究人员自行提交、自行存储和自行管理的原则，从而使成本降到最低。而面对用户，D-Scholarship 与 arXiv 电子印本仓储一样允许研究人员免费访问该仓储的所有资源，其运行费用目前主要由该校的数字图书馆和媒体中心赞助。

9.3.3　开放存取期刊

许多早期的开放存取期刊（Open Access Journals）是个人创建的，他们使用大学等机构的免费服务器，并且由志愿者免费提供编辑等服务。20 世纪 90 年代中后期以来，更大规模的开放存取期刊出版活动出现了。

随着开放存取期刊数量的日益增长，在 2002 年第一届北欧学术交流大会（First Nordic Conference on Scholarly Communication）上，学者们提出要建立一

［1］Bo-Christer Bjork. Open Access to scientific publications: an analysis of the barriers to change? [J]. Information Research，2004，9（2）.
［2］Peter Suber. Open access in 2005[J]. SPARC Open Access Newsletter，2006（93）.

个全面的开放存取期刊目录，以服务全球的学术界和教育界[1]。最后由瑞典伦德大学（Lund University）图书馆承担了主办和维护开放存取期刊目录（Directory of Open Access Journals，DOAJ）的工作，该目录旨在动态地覆盖所有语种、所有学科经过同行评议的高质量的开放存取刊。截至 2011 年 3 月，该目录已经收录 5 691 种开放存取期刊，478 311 篇开放存取论文[2]，其中有 2 436 种期刊可以搜索到文章内容，涵盖农业与食品科学、生物与生命科学、化学、历史与考古学、法律与政治学、哲学与宗教、技术与工程、艺术与建筑、商业与经济、地球与环境科学、卫生科学、语言与文学、数学与统计学、物理学与宇航学、社会科学等 17 个学科主题领域[3]。

　　根据 DOAJ 的定义，所谓开放存取期刊，即不向读者或其所属机构收费的学术期刊[4]。它认为只有当一种学术期刊能够满足 BOAI 对开放存取的定义，即读者可以任意地"阅读、下载、复制、分发、打印、搜索或超链接论文全文"，才被认为是开放存取期刊。一般来说，开放存取期刊具有以下特点：①必须是学术期刊。所谓学术期刊就是以报道研究发现和研究结果或综述研究结果为主要任务的期刊。②必须采用适当的质量控制机制。所谓质量控制就是利用同行评议（Peer-review）或编辑审稿（Editorial Quality Control）等方式来保证刊发论文的质量。③通常由作者保留著作权。④开放存取期刊的出版者可以是非营利性的（如 PLoS、Public Library of Science），也可以是营利性的（如 BMC）。⑤开放存取期刊采用与无线电台和电视台类似的收入模式：有兴趣传播内容者支付生产成本，而每一个拥有适当设备的人都可以免费接收内容[5]。因此，开放存取期刊的收入也许来自主办大学或学会的津贴；也许来自论文的版面费，该费用可能由作者自己支付也可能由作者所属机构支付。实际上当前的开放存取期刊中只有不到一半（47%）的期刊是收取版面费的，而且在作者及其所属机构支付费用困难的情况下还可以酌情减免[6]。这一点也许能够修正包括许多研究者在内认为开放存取期刊都是由作者付费的一般看法。

　　截至 2012 年 12 月 31 日，世界各国被收入 DOAJ 的近 8 000 种期刊中，分国家和年度统计的期刊数量和排名参见表 9-1。

　　[1] First Nordic Conference on Scholarly Communication[EB/OL]. http://www.lub.lu.se/ncsc 2002. 2006-02-17.

　　[2] http://baike.baidu.com/view/5384686.htm.

　　[3] Directory of Open Access Journals. http://www.doaj.org.

　　[4] Directory of Open Access Journals. http://www.doaj.org/articles/about.

　　[5] Peter Suber. Open Access Overview[EB/OL]. http://www.earlham.edu/~peters/fos/overview. htm. 2006-02-17.

　　[6] 黄凯文，刘芳. 网络科学信息资源"公开获取运动"的模式与方法[J]. 大学图书馆学报，2005，2（3）：38-41.

表 9-1　按年份和部分国家统计 DOAJ 期刊总数排名

排 位	国 家	DOAJ 期刊总数										
		2002	2003	2004	2005	2006	2007	2008	2009	2010	2011	2012
1	美国	16	212	295	381	432	517	694	799	957	1173	1263
2	巴西	0	8	125	172	223	278	350	394	529	660	801
3	英国	5	111	152	190	227	258	290	346	463	508	573
4	印度	0	14	30	44	59	76	98	145	271	363	458
5	西班牙	0	5	21	79	128	155	217	244	321	392	441
6	埃及	3	3	4	8	16	33	61	127	158	284	350
7	德国	4	16	36	70	96	128	155	178	214	242	259
8	罗马尼亚	0	4	5	5	12	17	29	65	144	215	248
9	加拿大	0	24	35	45	60	75	101	131	177	221	255
10	意大利	0	4	13	31	47	59	71	99	144	192	229
11	土耳其	0	4	11	32	42	53	75	99	135	179	209
12	哥伦比亚	0	2	4	9	28	46	64	90	109	142	201
13	伊朗	0	0	0	5	11	23	34	44	75	120	167
14	法国	0	10	16	37	46	56	73	82	118	136	175
15	波兰	0	9	13	21	30	37	56	62	78	126	142
23	日本	2	21	64	84	87	87	91	98	102	102	105
39	中国	0	0	1	2	3	3	8	11	14	32	36

综上所述，开放存取仓储和开放存取期刊虽然各自取得了长足的发展，但是此前一般将两者视为两条独立的、彼此平行的轨道，没有什么交集。作为实现开放存取的金色和绿色之路，两者各有优劣，一直以来也都各有自己坚定的支持与拥护者，以及相对独立的研究。但是，近年来开放存取期刊和开放存取仓储已经表现出持续互动、共同构成统一的开放存取学术交流系统的潜力。这个互动系统有一些显著特点：①与传统科学交流系统几乎以期刊为唯一中心不同，仓储也在其中扮演重要角色。②期刊，也包括套刊在内蜕变为集结内容的品牌，其主要功能体现为质量控制。③论文和期刊不再是一一对应关系，比如一篇论文可以收入多种套刊当中，而且在不同传播阶段可以在不同场所获取[1]。从现实层面来看，金色开放存取和绿色开放存取之路互相补充、渗透，共同提高科学交流效率的远景是可以期待的，不过它的进一步发展仍然面临一些亟待解决的问题，如开放存

　　[1] Stephen Pinfield. Journals and Repositories: an Evolving Relationship?[J]. Learned Publishing，2009，22（3）：165-175.

取仓储的基础设施建设、出版物概念的变化、版本管理、质量保障、资金来源和商业模式、内容保存、政策架构以及学术界各种力量角色的变化，等等。

9.3.4　开放存取出版的经济分析

正是由于允许人们自由、联机地获取研究成果，开放存取出版模式和传统出版模式在以下几方面存在着根本的不同[1]。

（1）商业模式不同。最显著的表现是开放存取出版模式一般不要求读者付费，转而以文稿加工处理费、会员费、资助或广告等形式获取收入。同时，许多科研项目会有一定额度的出版费用，一些国家还有许多基金明确表示可以资助开放存取出版[2]。这样就完全改变了几百年来传统学术期刊的商业环境和赢利基础，成为学术交流史上一次重大而深远的革命。

（2）开放存取出版模式在论文的出版周期及影响因子评价方面与传统出版模式也存在显著差异。大多数学科的论文在引用率方面至少得到了两倍的增长，在某些学科领域中引用率甚至更高。基于开放存取模式，学术成果可以方便地获得，而这将提高和加快学术研究的周期，也就是学术成果出版、被其他研究人员阅读、引用，然后创新的频率加快[3]。科研人员发表研究成果的目的在于迅速而广泛地将其传播出去，而开放存取出版模式具有数字化存储和网络化传播的优势，可以很好地适应互联网时代的信息交流特点。

（3）版权管理方式完全不同。开放存取出版模式较多地采用"创作共用许可"这种版权管理模式，开放存取出版物几乎可等同于公共领域作品。而传统学术出版的版权管理严格，出版者一般要求作者完全转让作品的版权，并限制其他渠道登载。

自开放存取出版模式诞生起，除了商业模式之外，相关讨论主要集中在 OA 期刊与基于订阅的期刊、OA 期刊和 OA 仓储经济性的比较上。传统订阅期刊和 OA 期刊收费模式的区别，如图 9-5 所示。同时，开放存取的作者付费、读者免费模式也一直是有争议的话题。开放存取运动的倡导者坚信在出版领域采用开放存取模式有利于降低出版的直接成本，对科学研究也有正面的推动作用。但是，基于网络技术和数字技术的开放存取出版并不是免费出版，在同行评审、数字化制作和保存、网站维护、主机托管、带宽租赁等多个方面仍然需要大量资金和技术投入。因此，开放存取出版的成本是一个值得深入探讨的问题，它决定了开放存

［1］李金林，张秋菊，冉伦．开放存取学术交流系统与传统学术交流系统比较研究[EB/OL]．http://www.paper.edu.cn/index.php/default/releasepaper/content/201201-623．2012-07-02．

［2］http://www.biomedcentral.com/about．2012-08-01．

［3］黄建年，陶茂芹，安艳杰．JISC 关于开放存取的基本观点[J]．图书情报工作动态．2006（1）：13-16．

取出版的可持续性。

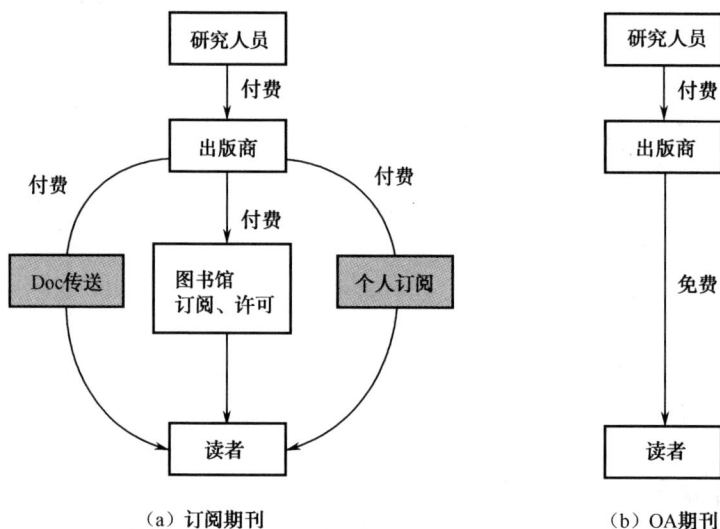

（a）订阅期刊　　　　　　　　　　　　　　　　　（b）OA 期刊

图 9-5　传统订阅期刊和 OA 期刊收费模式的区别

　　早期免费电子期刊的出版一般依靠期刊创办者的自费或获取外界捐助。2001
年以后，开放存取出版渐趋成形，不过其成本控制的伸缩性较强，稿件收集、同
行评审以及出版发行的总成本取决于出版者对期刊的定位。通过使用志愿者或专
家作为免费编辑、应用开源软件作为在线稿件管理系统、避开生产过程中的其他
周折、直接采用技术要求较少的开放存取仓储出版模式，都能有效地降低出版成
本。如果使用专业编辑、严格的审稿和文章处理流程以满足规范的网络归档标准
（如 PubMed Central），这样成本就会有较大增加。《PLoS 生物学》（*PLoS Biology*）
采用较为复杂的同行评审监管过程，相比作者主页和开放存取仓储方式而言，成
本支出更大一些。在该刊的开放存取出版模式中，收稿→评审和修订→电子格式
转换和主机托管→建立符合规范的开放存取资源库是四个最基本的步骤。为满足
自身文章生产和编辑的需要，PLoS 对期刊管理系统进行了二次开发，这使得其每
篇文章的处理成本增加了 20 美元[1]。

　　如果不仅仅是建立一个期刊网站，而是要建立一个容易接入的开放存取仓储
库，则还需要考虑资源的聚合和分发所应用的技术及带来的成本。英国科学家在
这方面做了详细的研究，如图 9-6 所示[2]。在英国，如果不考虑同行评议成本和

---

　　［1］http://www.myoops.org/cocw/plos/downloads/files/oa_whitepaper.pdf.

　　［2］Houghton J, Rasmussen B, Sheehan P, Oppenheim C, Morris A, et al. Economic implications
of alternative scholarly publishing models: Exploring the costs and benefits[R/OL]. Project Report.
http://ie-repository.jisc.ac.uk/278/. 2012-08-01.

增值税，采用纸质和电子版双模态出版的期刊平均每篇文章的编辑处理成本为
3 247 英镑，只采用纸质形式的成本为 2 728 英镑，而只采用电子版的成本为 2 337
英镑。而在开放存取出版模式中，同样不考虑同行评议成本和增值税，采用双模
态出版的编辑处理成本为 2 000 英镑，只采用纸质形式的成本为 1 830 英镑，只
采用电子版的成本为 1 524 英镑。而在以作者自存档为代表的 OA 仓储出版模式
下，包括服务器托管费用，采用同样的同行评审、编辑和生产等编辑处理流程后，
每篇文章的编辑成本约为 1 260 英镑。至于每篇文章的全部成本，则分别是：付
费订阅期刊出版模式成本为 8 296 英镑，OA 期刊出版模式成本为 7 483 英镑，
OA 自存档仓储出版模式成本为 7 116 英镑。由此可以看出在英国 OA 期刊出版
模式比付费订阅期刊出版模式可以节约 813 英镑的支出，采用自存档仓储模式则
要更便宜。

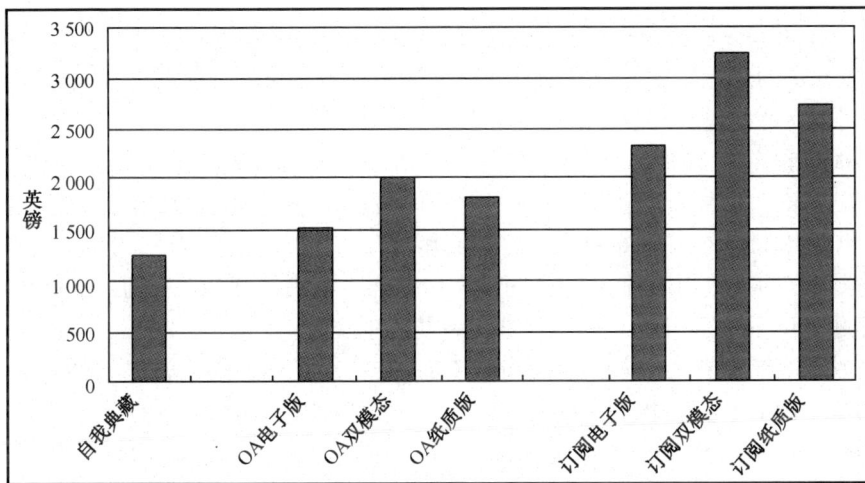

图 9-6　英国学术期刊文章编辑处理成本

　　由此可见，开放存取出版尽管可以降低成本，但是不能完全消除成本。是否
可以据此推论，开放存取出版作为产业的必要性也就在这里。

▌ 9.4　开放存取出版案例

　　在开放存取出版发展过程中涌现了诸多具有代表性的出版机构，以下择取生
物医学中心（BMC）、公共医学中心（PMC）、海威出版社和 arXiv 进行案例分析。

9.4.1 生物医学中心

生物医学中心（BioMed Central，BMC）[1]是最重要的开放存取期刊出版商之一，致力于以开放存取的方式提供经过同行评议的生物化学研究成果。BMC 所有的原创研究论文发表后立即可以在网络上永久性免费访问。

1. BMC 概述

BMC 收录的期刊范围涵盖了生物学和医学的所有主要领域，包括麻醉学、生物化学、生物信息学、生物技术、妇科学等 67 个分支学科[2]。大多数 BMC 期刊发表的论文都即时在公共医学中心（PubMed Central，PMC）存档并进入 PMC 数据库，方便读者检索与浏览全文。BMC 同时允许把它的期刊论文存入其他多个国际文献服务机构（Information Services）[3]，如英国的 EBSCO、法国的 INIST、荷兰的 Koninklijke Bibliotheek 和德国的 Potsdam University 等。BMC 还鼓励作者将已发表文章的最后正式版本立即存入任何适当的数字化知识库或个人主页。BMC 几乎完全支持并遵从开放存取的存储政策[4]。

BMC 的前身是 BioMed Net 网站，该网站作为生物学前沿领域的网络平台，一直与多家权威生物学期刊保持良好的合作关系。1999 年，BMC 正式成立。自成立之初，BMC 就公开宣布要为用户提供其所有期刊的在线免费访问服务；不过作为一家独立的在线出版商，BMC 同时声称自己是彻底的营利性机构。2000 年 6 月 19 日，BMC 提供了第一篇可以在线免费访问的文章。2002 年 1 月 1 日，BMC 开始收取文章处理费（Article-processing Charges）用于弥补出版成本。2004 年，芬兰和挪威先后成为 BMC 的国家会员[5]。2008 年 10 月，BMC 被学术出版巨头斯普林格（Springer Science + Business Media）收购，得以在更大的平台上继续快速发展。截至 2012 年 11 月，已经有惠康信托公司、马普学会、哈佛大学、普林斯顿大学、OhioLINK 等超过 400 个欧美学术机构和资助机构愿意支付出版 BMC 文章所需的费用。BMC 已经能够通过广告、大学和基金会等机构的资助来维持财务上的健康良好运转，从而成为全球最著名的营利性开放存取机构。

BMC 根据运营需要搭建组织结构，在出版人的统一管理下设置了编辑部、市

---

［1］本部分改编自：许洁. BMC 开放存取出版研究[J]. 出版科学，2009（3）：83-87.

［2］http://www.biomedcentral.com/journals/bysubject.

［3］文献服务机构（Information Services）是为全球文献资料收藏者提供完整的文献服务解决方案的在线服务提供商。其提供的服务通常包括：期刊订购服务、参考文献数据库、电子期刊服务、图书订购服务以及与之相关的文献订购、服务和管理平台.

［4］王应宽，王锦贵. 基于赢利模式的开放存取期刊出版：BioMed Center 案例研究[J]. 中国科技期刊研究，2006（3）：17-19.

［5］方卿，徐丽芳. 开放存取运动及其研究进展. 海外人文社会科学发展年度报告 2006[M]. 武汉：武汉大学出版社，2007：179-201.

场部和技术部三个部门，如图 9-7 所示。编辑部又分为医学编辑部和生物学编辑
部。两个编辑部的总编通常由有着丰富经验的学科带头人担任，并分别负责医学
刊物和生物学刊物的总编审工作。市场部主要负责 BMC 的销售和营销宣传等工
作，职责是通过积极地对外宣传与相关组织和个人建立良好的关系，制定会员制
度和优惠政策，通过参与公共活动等方式来提高 BMC 的知名度以保证其赢利。技
术部有两个任务：一是维护 BMC 官方网站的正常运行，保证存放期刊和论文的后
台数据库稳定；二是研发新的数字出版产品和附属出版物。这两个任务分别由网
络部和产品开发部负责完成。值得一提的是，BMC 还聘请了生物学和医学界的顶
级科学家和临床医师担任出版顾问，这些权威专家学者对刊物和文章内容提出建
议，协助出版人出版高质量的刊物。

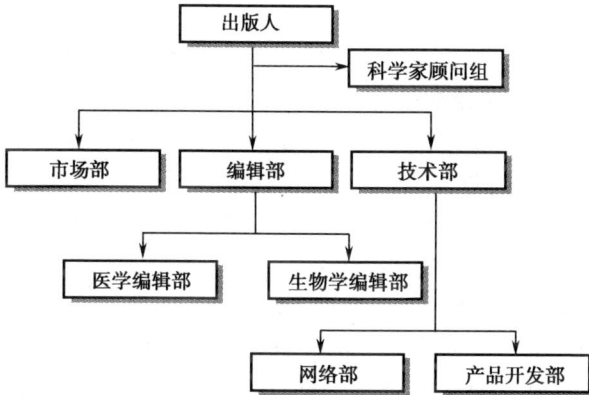

图 9-7 BMC 组织结构图

2. BMC 期刊出版

目前 BMC 的主营业务有两部分。一部分是开放存取期刊。目前 BMC 出版
244 种同行评议生物医学类开放存取期刊，其中 BMC 系列期刊 65 种，另有 11
种待查期刊在 BMC 中存档[1]。所谓存档，即仅向刊物提供内容存储服务，不允
许用户订阅和访问。BMC 期刊既包括《生物学杂志》等生物学、医学领域的一
般期刊，也包括专论某一个科目的专业期刊，如《BMC 生物信息学》、《疟疾杂
志》等。众多在线期刊组成了 BMC 庞大的学术期刊集群。另一部分是开放存取
仓储（Open Repository）。这是一种面向各研究机构的托管型数字存储解决方案。
这里主要探讨 BMC 的开放存取期刊出版业务，因此对于 BMC 的开放存取仓储
业务不做介绍。

BMC 根据自己的经营策略，将旗下的开放存取期刊分为三种情况：带有"开

[1] http://www.biomedcentral.com/journals.

放存取（Open Access）"标识的期刊和论文，用户可以立即和永久在线获取，只要正确引用并注明论文出处，就可以不受任何限制地使用、传播和复制；带"免费（Free）"标识的期刊和论文，此类期刊论文只对注册用户授予免费在线访问全文的权利；带有"订阅（Subscription）"标识的期刊和论文，意味着用户只有在订阅该期刊的印刷版或电子版后才可以访问论文全文，但其摘要对任何用户都是免费的。

（1）创刊

从创立至今，BMC 出版的刊物每年都在增加。除了自己编辑出版的期刊，BMC 有近三分之二的刊物是其他个人或者机构主办的。BMC 为这些刊物提供了一套完整的出版系统，包括在线投稿、同行评议、接受和拒绝稿件的电子工具。

对于有兴趣在 BMC 上创办一份期刊的个人和机构来说，BMC 提供的编辑指导和技术支持将为其减少很多障碍。当然，并不是任何机构和个人都可以申请在 BMC 上开办一份刊物，编辑资历和科研水平是创刊的基本条件。BMC 要求新刊物编辑委员会的成员中必须至少有三位是国家级研究项目的主要研究人员。这一门槛的设立也提高了 BMC 收录文章的质量，确保了 BMC 有可能接受所有该刊物发表的论文，用于永久存档。

具备了以上条件，申请者就可以通过以下步骤在 BMC 上创办一份电子学术期刊。①和 BMC 签署版权许可协议。BMC 出版的所有刊物必须遵守其版权和许可协议。一般来说，BMC 和刊物都不拥有所发表论文的版权，版权归作者本人拥有。②和 BMC 就论文处理费达成一致。由于 BMC 不收取任何订阅费用，所以通过收取论文处理费来支付出版费用。费用额度由创刊者和 BMC 协商达成一致。③决定同行评议政策。这个过程对刊物来说都相当关键。刊物的创办者需要决定原稿的入选水平、每份原稿的评审人数、同行评议是公开或是匿名，以及用稿或退稿政策。刊物编辑负责落实同行评议工作，而 BMC 原稿处理系统负责并提供支持。④确定刊物学科范围及其包含的材料类型。刊物编辑还需要明确刊物的学科范围和内容，以及是否出版研究论文以外的其他非研究性材料，如社论、注释和评论等[1]。

通过以上程序，创刊者初步具备了在 BMC 上出版刊物的条件，接下来就可以着手实施技术对接，将自己的期刊在 BMC 上出版了。

（2）投稿

在 BMC 发表论文吸引着越来越多的研究人员，因为通过 BMC 搭建的全球科学信息平台，作者的研究成果能够被全球科研人员和临床医师搜寻引用，并且作者仍然可以保留版权。这意味着作者的研究成果将会第一时间得到学界的承认。

根据 BMC 的规定，作者投稿需要经过四个步骤。①在 BMC 现有期刊中选择

---

[1] http://www.biomedcentral.com/info/about/faq.

一份适合的期刊投稿，并且认真阅读该刊物的出版要求。提供文章所有作者的基本信息，包括姓名、邮箱、工作单位等。②按照刊物要求修改内容，使之具备可供出版的形态，不同刊物对作者提交的文章格式有不同要求。一般来说，论文文字部分应该以 MS Word（2.0 以上版本），WordPerfect（5.0 以上版本）、PDF、RTF、DVI、TEX 等几种格式提交；数字部分应该以 EPS、PDF、PNG、TIFF、PEG、BMP、DOC、PPT、CDX、TGF 等格式提交。BMC 出版的绝大部分刊物认可数据库、视频、音频等格式的附加文档，但是同样对文档格式做出了细致要求[1]。③提交文章后，BMC 的同行评议机制开始启动。这时，作者需要向 BMC 支付该期刊规定的出版费用（BMC 会员机构的作者可以享受一定额度的优惠，费用往往由机构或者资助作者的基金会承担）。④经过 4～10 周评审，作者会收到期刊回复，经过修改后文章将正式被 BMC 收录并公开发表。

提交文章以后，BMC 会对文章进行即时和严格的同行评议，要求作者必须找到相关领域的专家推荐论文，所推荐的专家应熟悉论文所属领域，能对文章提供客观的评价，同时考虑回避因素，即所推荐的评审专家近 5 年内没有与待审文章作者中任何一人合作发表过文章，不能来自作者所属的研究机构，也不能是编委会成员。

（3）稿件评审

同行评议是科学评价的重要方式，也是政府科学资助机构资源配置的主要方式之一。公正高效的同行评议是保证科学研究质量的基础。BMC 有着严格的同行评议机制，它向读者承诺，出版的所有研究文章都得到了及时而且彻底的同行评议。

BMC 出版的所有"BMC-系列"（BMC-series）期刊都有自己独立的总编和编委会。刊物由 BMC 的总编辑和两位副总编辑（其中一位是生物学总编辑，一位是医学总编辑）共同负责。同行评议的标准由各个刊物的编审者制定。许多期刊都采用传统的匿名同行评议；也有一些期刊包括医学"BMC-系列"则采用"公开同行评议"，即要求评审人员在评论上签名。在某些情况下，所有 BMC 刊物的编审者都必须在审阅后签字。每篇论文的发表过程（递交、审阅报告、作者答复）将和文章一起在网上刊出。对于这些刊物，每一篇发表的文章都有发表前记录（包括提交的版本、评审人员报告和作者答复）的链接。

以 BMC 出版的《生物学指导》（Biology Direct）为例，同行评议通常要经过以下程序：首先作者向该刊编委会中的三名委员提交论文，72 小时以内编委将答复作者是否愿意评审该论文。如果届时编委没有给出答复或者表示不愿意评审，那么作者必须另外找编委审阅。如果三位编委都表示愿意阅读评论该论文，则同

---

[1] http://www.biomedcentral.com/info/authors/.

行评议正式启动。整个过程分为两步。第一步，三位专家先浏览论文，对是否同意出版达成一致；如果同意出版，则进入第二步——评审论文并给出自己的意见。在评议过程中，编委会专家的所有意见都会附在论文后面，论文发表时作者可以选择把评论附在论文后面一并刊出，也可以选择隐藏评论，但是编委会专家的姓名必须刊出。如果三位专家不同意出版或者没有达成一致，那么将由总编辑决定是否出版该论文。这里值得注意的是，如果遭到退稿，作者将不得不放弃出版，而一年当中作者只有四次机会向《生物学指导》投稿（已经录用的稿件不计算在内）[1]。

论文在网上发表后，读者可以针对论文、审稿意见和作者修改情况发表意见，指出问题与不足，作者也可以随时修改完善自己发表的论文。BMC 期刊文章的发表是一个编者、审者、读者、作者互动的动态过程，整个过程所采取的严密的质量控制是传统出版难以企及的。

3. BMC 财务分析

（1）主营业务收入

作为开放存取出版商，BMC 一直致力于为生物学和医学领域的读者提供免费的信息资源，因此向投稿作者收取文章处理费是 BMC 最主要的赢利手段。目前 BMC 出版的全部期刊中有 118 种收取文章处理费。其中 BMC 出版的期刊所收取的标准费用为每篇文章 1 230 英镑/1 545 欧元/1 960 美金）；其他期刊的费用从 390～1 625 英镑不等[2]。BMC 收取的费用除了维持机构的正常运转外主要用于开发和维护用于同行评议的电子工具、采用各种格式编制在线出版物、将论文全文收录在一些永久档案中（如 PMC）、将文章放入 CrossRef 中以实现与其他电子刊物的交叉引用。

在特殊情况下，编辑可以授权免除文章处理费，如作者所在学术机构是 BMC 成员时就可以免除（这其中不包括作者应支付的税金）。开放存取运动发展到今天，已经有越来越多的资金提供机构明确允许直接使用他们的项目资金来支付文章处理费。此外，考虑到不发达国家和地区经济条件有限，为了鼓励这些地区的知识创新，主要的 BMC 期刊都承诺放弃向低收入国家作者收取文章处理费的权利。

（2）会费收入

会员制度的设立有利于 BMC 吸引更多机构加入开放存取阵营，同时也为在 BMC 上发表论文的作者减轻了负担。从另一个角度来说，会员制度也是一种营销手段，提高了顾客忠诚度。按不同类型顾客的需要，BMC 设置了三种不同类型的

---

[1] http://www.biology-direct.com/info/about/.
[2] http://www.biomedcentral.com/info/authors/apcfaq/#howmuch.

会员资格。①预付费会员采用预先付费方式，预先支付待处理和发表的若干文章的费用。文章发表时，全额文章处理费减去相应的折扣后再从账户中扣除。预先支付的费用越高，可享受的折扣越多。②季度付费会员，是每季度根据上季度各科学或医疗协会会员在 BMC 杂志上发表文章的数量向该协会寄账单，也可以享受一定折扣。③支持者会员，根据本机构生物学及医学研究人员和研究生的人数支付一笔统一的会员年费。这些机构的成员在杂志上发表文章时可享受 15%的文章处理费折扣。BMC 支持者会员的会费根据研究生、研究员和相关部门（即生物学和医学）全体教员的总人数计算，具体收费标准见表 9-2。

表 9-2　BMC 支持者会员收费标准（以 2012 年为例）[1]

机 构 名 称	机 构 规 模	需缴会费（英镑）
微型机构	0～500 名生物学及医学教员和研究生	1 421
小型机构	501～1 500 名生物学及医学教员和研究生	2 838
中型机构	1 501～2 500 名生物学及医学教员和研究生	4 259
大型机构	2 501～5 000 名生物学及医学教员和研究生	5 677
超大型机构	5 001～10 000 名生物学及医学教员和研究生	7 098

会员订阅 BMC 出版的任何增值收费产品（比如年报、会议纪要等）可享受 15%的折扣[2]。会员可以在 BMC 网站专门创建的会员页面上列出本机构创作的所有相关研究论文，并自定义会员名称与标志。BMC 目前有 417 个会员机构，这些机构分布在全球的 48 个国家。其中，美国 151 个；德国 47 个；英国 36 个；中国 5 个。中国的 5 个，一是北京的中国科学院（Chinese Academy of Sciences，CAS）；二是上海交通大学医学院（School of Medicine，Shanghai Jiaotong University）；三是深圳北科（Shenzhen Beike BioTech）；四是香港浸会大学中医药学院（School of Chinese Medicine，Hong Kong Baptist University）；五是香港大学（The University of Hong Kong）[3]。

（3）其他收入

除了文章处理费和会员费之外，BMC 还通过其他方式创收赢利。

① 广告收入。BMC 在广告方面是在线出版商成功的典范。它对在其网站上运行的广告，一次点击收取 5 美元的费用，一年广告收入可以达到上百万美元[4]。

---

[1] http://www.biomedcentral.com/libraries/supportermembership.

[2] http://www.biomedcentral.com/about/apcfaq/discount.

[3] http://www.biomedcentral.com/inst.

[4] John Wilinsky. Scholarly associations and the economic viability of open access pubilshing. Journal of Digital Information[EB/OL]. http://ersearch2.csci.educ.ubc.ca/eprints/archive/00000004/01/?printable=1. 2008-08-12.

② 增值服务。其提供的收费服务有两方面：一方面是向期刊提供的收费服务，包括附加相关文章的链接、进行文件校阅和评价、帮助刊物建立文献存储数据库等；另一方面是向科研工作者和临床医师提供的收费服务，包括提供收费邮箱、开发学术文章搜索软件和科学家交流博客等。例如，BMC 针对刊物出版者推出的 Faculty of 1000 系列产品，提供专业领域 1 000 位以上知名专家对已发表论文的评价意见。这对读者判断文章的质量与重要性很有帮助，因此许多刊物愿意为此支付费用以赢得更大的学术影响和更高的订阅率。

③ 开放仓储建设与维护费。BMC 凭借资源优势帮助学术团体与研究机构建立和维护开放存取仓储，在提供优质全程客户服务的同时收取维护费。

④ 基金支持与社会赞助收入。

⑤ 订阅费及其他经营收入，包括部分印刷版与网络版并存的期刊及期刊中部分文章的订阅费，向书店销售期刊的复印件和打印件所取得的收入等。

BMC 不仅创造了多个赢利点，同时还积极树立自己的公众形象，通过举办论坛、评选、赠送会刊和小礼物等方式改变了过去科技期刊出版商给人们留下的刻板严肃的印象，赢得了广大科研人员和临床医师的好评。

4．BMC 影响评价

BMC 的影响既体现在学术圈内——通常以引文评价指标来衡量，同时也体现为学术圈之外的广泛的社会影响。

（1）引文评价

影响因子和其他以引用次数为根据的衡量标准在引导科学家决定在哪里发表自己的研究成果方面有着重要作用。对于 BMC 这样一个基于数字出版的网络平台来说，文章引用跟踪的有效性是最受关注的焦点之一，也是创办者一直努力的方向。目前，BMC 主要使用两种影响因子评价体系。

① ISI 影响因子。汤姆森公司科学信息研究所（Institute for Scientific Information，ISI）是目前世界上覆盖学科较多、较综合全面的科学研究数据库。其中，收录 16 000 多种国际期刊、书籍和会议录，横跨自然科学、工程技术、社会科学和艺术及人文科学各领域。截至 2012 年 11 月，BMC 已经有 121 种期刊被 ISI 收录，影响因子在 0.05～9.04 之间[1]。其中影响因子值最高的期刊是《基因组生物学》（*Genome Biology*）。此外，BMC 所有杂志的文章都采用 Scopus 和 Google Scholar 进行跟踪，以便作者们查看自己的研究成果被引用的次数。

② 非正式影响因子。这是相对于 ISI 影响因子的权威性而言的。ISI 影响因子权威度高，影响力大，但是它也有一定的局限性，往往只能评价被跟踪两年以上

---

[1] http://www.biomedcentral.com/info/about/faq?name=impactfactor.

的刊物的影响力，对于新创刊的刊物，它无法准确及时做出影响力评价。由于 BMC 不断吸收新创办的刊物，传统的数据库跟踪排名无法及时反映文章的被引用情况，为了解决这部分新刊物的影响力评价问题，BMC 引入了一种非正式的因子作为评价体系，即以文章在过去一年甚至更短时间中的被引用次数为评价标准。被引用次数主要来自两个方面：一方面来自科学引文索引数据库（Science Citation Index Database）；另一方面来自目前世界上最大的基于网络资源的科学引文和摘要数据库 Scopus[1]。非正式影响因子排名为 BMC 的子刊提供了一个比 ISI 更加广泛而全面的评价体系。

（2）社会评价

BMC 期刊被各种数据库广泛收录，显示度高、影响力大。其中所有的 BMC 期刊全部进入 PubMed Central、Scirus、Google、Citebase、OAIster、Scopus、CrossRef 等数据库；还有部分期刊选择性地进入 Medline、ISI-Web of Science、Science Citation Indexand Current Contents、BIOSIS、EMBASE、CAS、CABI、INIST/CNRS、LOCKSS、Max Planck、OhioLINK 等。同时，在 BMC 期刊上发表独创研究成果的作者拥有文章的版权。作者可以把研究成果放在个人网站主页上，任意打印，或者在要求文章细节引述准确和标明原始出版者的前提下把自己的文章邮给同事。这就意味着在 BMC 上出版论文，在保留版权的前提下作者的科研成果能够以最快的速度被全球科研人员和临床医师检索和引用。与传统出版模式相比，BMC 的开放存取出版对作者无疑具有强大的吸引力。越来越多的研究人员和临床医师选择把文章投给 BMC 出版的期刊。许多作者表示，在 BMC 上发表论文出乎意料的方便高效[2]。

对于读者来说，BMC 提供的免费开放式资源使其广泛受益。华盛顿州立大学的研究表明，对爱思唯尔出版的网上期刊论文进行访问，平均每篇论文访问成本约为 11 美元。而一篇典型的 BMC 开放存取期刊研究论文在 2 年间平均可以进行 2 000 次的全文访问，同时通过 PMC 的平均访问也可以达到 2 000 次[3]。平均每篇论文 BMC 向科学界收取 870 美元的加工处理费，因此，每篇论文的访问成本 $870/(2\ 000×2)=\$0.2175，仅为商业出版社爱思唯尔访问成本的五分之一。由此可见，从整个社会角度来看，BMC 大大降低了科技文献的获取成本。对于欠发达国家和地区的研究人员来说，BMC 为他们提供了宝贵的研究资料，有效地缩小了经济发展不平衡带来的科学技术鸿沟。来自南非、巴基斯坦、中国大陆、巴西等国

---

［1］http://www.scopus.com/scopus/home.url.

［2］http://www.biomedcentral.com/info/authors/authorcomments.

［3］Matthew Cockeril. BioMed Central,Open Access Pubilshing, and Digital Archiving [EB/OL]. www.asis.org/Chapters/neasis/daser/cockerill.ppt.　2005-06-22.

家的用户纷纷给 BMC 写信表示感谢[1]。

近年来，BMC 在推动生物学和医学领域科学研究方面所做出的成绩也逐渐引起世界各国政府和相关机构的重视。芬兰、挪威、加拿大等国纷纷以国家身份加入 BMC。从 2005 年开始，BMC 积极拓展亚洲业务，分管销售和市场业务的副总裁 Caroline Blenkin 多次到访我国和有关部门与机构磋商合作事宜。2010 年，中国科学院国家科学图书馆与 BMC 签署数字资源长期保存合作协议，成为国际上唯一一家与 BMC 签署本地长期保存协议的机构[2]。毫无疑问，BMC 已经发展成为当今科技出版界十分成功的开放存取出版机构。

9.4.2　公共医学中心

公共医学中心（PubMed Centeral，PMC）是一个储存期刊全文的巨型资料库，用于储存生命科学领域经过同行评议的期刊。PMC 本身并不是一个出版商，只是为自愿存储其出版内容的出版商提供了一个网络平台。同时还提供给读者一个免费阅读和使用文献资料的途径。

1. PMC 概况

2000 年 NIH 创办了 PMC，它的直接主管部门是国家医学图书馆（National Library of Medicine，NLM）下属的全国卫生研究所生物技术信息中心（NIH's National Center for Biotechnology Information，NCBI）。PMC 拥有的文献可以追溯到 18 世纪中晚期至 19 世纪早期。目前，PMC 已经收录有来自 3 317 种刊物的超过 2 500 000 篇论文和报告[3]，而且数量还在不断增加。PMC 的价值在于使海量的各种各样的信息资料以统一的界面完整地呈现在读者面前，像生物学领域的 DNA 库和信息学领域的交叉检索一样。读者通过订阅 PMC 文献可以及时获得最新信息，包括最近加入的期刊和最新收录的文章。此外，PMC 提供有序而且方便快捷的检索方式，为用户检索与生命科学有关的数据库、资料提供了可能，同时还能为用户提供文章的全文和相关资料链接[4]。

2000 年 2 月，PMC 创建之初只存档有两份刊物：一是《细胞分子生物学》（*Molecular Biology of the Cell*），二是《国家科学院公报》（*Proceedings of the National Academy of Sciences*）。刚刚创立的 PMC 遇到很多困难。作者对付费制度的不理解、传统学术出版商的排挤、科研机构和基金会的不支持，等等，使得 PMC 几乎维持

---

［1］http://www.biomedcentral.com/info/about/usercomments.

［2］http://www.clas.ac.cn/dqyd/dj/dw/201202/t20120223_3444699.html.

［3］http://www.ncbi.nlm.nih.gov/pmc/.

［4］http://www.biomedcentral.com/openaccess/www/?issue=2.

不下去。关键时刻，是美国细胞生物学学会（American Society for Cell Biology，ASCB）和美国国家科学院（National Academy of Sciences，NAS）给予了 PMC 积极的支持，使其走出了几近失败的边缘。作为全美最有影响力的两家学术机构，ASCB 和 NAS 与包括《美国微生物学》（*American Society for Microbiology*）出版商、洛克菲勒大学出版社（Rockefeller University Press）、PLoS 等在内的著名学术出版机构保持着密切联系。在它们的倡导下，这些出版机构纷纷将自己出版的学术期刊在 PMC 中全文存档。终于，PMC 存活了下来，并发展成为全世界最大的非营利性生命科学开放存取机构[1]。

2. PMC 业务情况

PMC 收录的 3 317 种刊物涵盖了生命科学的所有领域，BMC 出版的所有期刊都在 PMC 上存档。在 PMC 中存档的期刊分成两类：一类是开放存取期刊（PMC Open Access），另一类是开放存取期刊子集（PMC Open Access Subset）[2]。第一种类型的期刊即完全的开放存取期刊，读者取用刊物内容几乎不受限制。为保护期刊出版者的权利，PMC 允许刊物在出版网络版或者纸质版之后 6～24 个月才存储到 PMC 中。对于存入 PMC 的论文，任何读者都能搜索到论文全文，在保证准确引用和注明作者、出处的前提下还能够免费下载、传播、使用。这样一来，PMC 既保护了出版商的合法权利，也使读者利益实现了最大化。第二种类型的刊物在 PMC 上共有 1 900 种[3]。在 PMC 的网站上，有记号"⊚"的刊物都属于这一类型。这类刊物的特点是作品和科研成果的版权受到一定保护，读者在遵守"创作共用协议"（Creative Commons）或者其他类似协议的前提下才可以自由取用文章内容[4]。这些协议的具体条款有所不同，但基本原则是对读者下载、使用、传播提出一些要求，为创作者提供相应的版权保护，比如要求读者每次下载都要为作者增加积分，禁止商业目的的使用等[5]。BMJ Unlocked、Elsevier Sponsored Documents、IUCr Open Access、Oxford Open、Portland Press Opt2Pay、Springer Open Choice、Taylor & Francis iOpenAccess、Wiley-Blackwell Online Open 等 8 家机构出版的期刊都属于 PMC 开放存取期刊子集（PMC Open Access Subset）。

与 BMC 不同，PMC 并不是出版机构。作为主题仓储，它不接受作者自投稿，而只是通过吸纳期刊来收录刊物所发表的文章。出版机构可以自愿加入 PMC，但是刊物内容必须达到一定的编辑标准和技术要求。

---

［1］Norka Ruiz Bravo.Publication of NIH-funded Research in PubMed Central[J]. ASCB Newsletter，2008（7）.

［2］开放存取期刊子集，即有限制的开放存取.

［3］http://www.ncbi.nlm.nih.gov/pmc/journals/collections/.

［4］PMC Open Access Subset.http://www.pubmedcentral.nih.gov/about/openftlist.html.

［5］License your work. http://creativecommons.org/about/license/.

（1）内容要求。刊物所发表的文章要具备较高的学术质量。具体来说，必须满足以下任意一个条件：①文章必须被美国国家医学图书馆（NLM）收录。②出版者旗下已经有另外的杂志被联机医学文献分析和检索系统 Medline 或者 PMC 收录。③新期刊被主要的检索或者摘要服务提供商收录，比如 Agricola、Biosis、CINAHL、Chemical Abstracts、EMBASE、PsycINFO、Science Citation Index 等。④该刊的编辑委员会中至少有三名成员是 NIH 或者与之地位相等的国内外科研机构的活跃科学家。⑤如果不符合以上条件的期刊想申请加入 PMC 必须先申请联机医学文献分析和检索系统 Medline 的资格。

（2）技术标准。PMC 致力于为广大科研人员、临床医师和教师学生提供统一格式的医学生物学文献，而作为一个非营利性机构，它无法在统一刊物内容的格式上花费大量的财力、物力。因此，PMC 要求所有存档刊物都必须满足下列要求：①出版者必须提供 XML 或者 SGML 格式的论文全文。PMC 不接受 HTML 格式的文本。高分辨率的数字化图片必须提供完整格式的文件。PDF 格式的文件还必须提供 XML 或者 SGML 格式的原文件。如果文章中有其他格式的文件，比如音频或视频也必须一并提供[1]。②出版者必须提供至少 3 篇论文和 50 篇非论文（比如通讯录、会议记录、摘要等）作为格式的样本，这些样本必须包括期刊所收录的文章的各种格式。提供的文章样本应该满足以下标准：文章格式应该是完整的 XML 格式或者 SGML 格式全文；文章中出现的图片应该是原始高清晰数字图片，包括引用的图表；提供可用的 PDF 格式文档以及其他格式的附加文档，比如视频、音频等。

从创刊伊始的两份刊物到今天的 3 000 多种刊物，PMC 在开放存取出版运动的大潮中从来都处于风口浪尖。今天，越来越多的生命科学刊物期待在 PMC 这个强大的在线仓储中存档。因为在 PMC 上发表的论文不仅可以永久存档，还可以更快更广地传播。达到了内容质量和技术标准的刊物可以申请加入 PMC，申请程序如下。

第一，出版者应该提交一封申请信到指定邮箱，信中注明期刊想加入 PMC 的哪个目录下，同时应提供期刊的 ISSN 号码和期刊全名，如果已经有网络版期刊的还应该提供该刊的链接地址。

第二，PMC 的工作人员收到邮件后会要求期刊提供更进一步的信息，比如编辑的推荐信、期刊简介等，同时审查期刊是否达到 PMC 所要求的学术标准。如果符合，PMC 将严格按照以下步骤进行审查：审查期刊提供的文章样稿；如果发现有问题会提醒期刊进行修改，并且允许重新提交，直到第三次提交；如果仍然没有获得通过，期刊将被 PMC 拒绝。

---

[1] http://www.pubmedcentral.nih.gov/about/PMC_Filespec.html.

第三，评估通过后 NLM 和 PMC 将反馈给期刊出版者一个正式的准入协议（PMC Participation Agreement）。

第四，期刊出版者需要向 PMC 提供创刊以来收录的所有文章文档，如果期刊历史久远，需要录入的文章太多，PMC 允许期刊在一年内分次录入。

第五，PMC 将出版者提交的内容放到网上给出版者预览以便发现问题，及时更正。

第六，经过 PMC 核实后，期刊全文将放到 PMC 官网上对外发布。

PMC 将会保护期刊的版权，同时也保护读者的使用权。一旦期刊进入 PMC 网站，期刊名称栏将会出现在网页页眉处，同时期刊标志也会以水印的方式出现在整个页面底部，通过 PMC 网站可以链接到期刊网站。PMC 要求期刊的出版和 PMC 出版尽量同步，一般来说，期刊中的论文应该在出版一年以内提交给 PMC，其他相关资料比如信件、综述等应该在出版三年以内提交。

3. PMC 的运行

PMC 受 NIH、NLM、NCBI 三家机构的管理。这三家机构分别选出管理人员组成 PMC 国际顾问委员会（PubMed Central National Advisory Committee），委员会有 15 名委员。顾问委员会负责监督和评估 PMC 的工作以确保其能够满足研究人员、出版商、图书馆和大众的需求。PMC 国际顾问委员会至少每年在 NLM 开一次会议。

PMC 的日常事务由技术部协助顾问委员会处理。技术部负责网络平台的建设，及时将期刊递交的申请提交给顾问委员会审议，同时和期刊出版者做好技术对接，使不同刊物的内容能以统一的形式及时地刊载在网络上。顾问委员会的专家则负责审查期刊是否具备出版资格，主要是审查申请刊物编委会委员的资历、刊物被其他数据库收录的情况、刊物的影响因子等。

作为不以赢利为目的的开放存取机构，PMC 实质上是 NLM 的巨型资料库。PMC 认为，医学、生物学的信息和知识是一种公共资源，向广大研究人员和读者提供的这些知识和信息属于"公共物品"，因此它不向加入的期刊收取任何费用，但是强调因加入 PMC 做出的技术调整和内容修改所产生的费用一律由期刊承担。

与营利性开放存取出版商不同，PMC 不需要支付同行评议费用，因为相关费用在出版环节已经由学术期刊出版商收取了。PMC 维持正常运行所需要的经费直接来源于基金会的资助，其最大的资助者就是惠尔康基金会（Wellcome Trust）。此外，NLM、NCBI 等主办机构也向 PMC 提供资金支持。由于 PMC 国际顾问委员会的专家全部来自大学、图书馆、基金会，因此他们的劳务费由各自所在的组织机构支付，也就是说他们为 PMC 的工作是"免费服务"。

PMC 申明自己不拥有其存储期刊、文章或其他资料的版权，上述版权归作者个人或者出版机构所有。PMC 鼓励作者以多种方式发表自己的科研成果，比如在个人主页上、在其他在线仓储中等。读者在从 PMC 下载、使用、传播文章或其他资料的过程中必须注意每份刊物和每位作者的版权申明，对于保留版权并对读者阅读使用做出一定限制的刊物和文章，读者有义务遵守，否则由此造成的一切后果由读者自己承担。需要强调的是，PMC 禁止任何人以任何形式成批下载论文和资料。

在为读者提供获取资源的免费捷径的同时，PMC 要求每一位读者在下载和使用有关论文和资料的同时保证正确的引用和必要的致谢[1]。

4. PMC 的社会影响

走过十余年的发展历程，PMC 已经成为当今世界医学、生物学领域规模最大的在线文献存储机构。其规模与成就使其成为数字时代免费资源存储机构的翘楚。PMC 提供的各项服务不仅考虑到美国境内医药卫生从业人员的需求，更加惠及全世界医药科研人员和临床医师。截至 2012 年 11 月，PMC 已经收录了全世界 70 多个国家和地区的近 3 317 种生物学医学期刊。

近年来，PMC 加快了国际化的步伐，开始在美国以外的国家设立分支机构。2006 年 7 月，在惠尔康基金会的带领下，英国九大科研资助机构（包括 JISC）与大英图书馆、曼彻斯特大学以及欧洲生物信息研究所（European Bioinformatics Institute，EBI）签订了建立 UK-PMC 的合同。2007 年，英国 PMC（UK-PMC）正式成立。一开始，UK-PMC 是美国 PMC 数据库的一个镜像。随后，英国的科研人员也可以向 UK-PMC 提交科研成果了，UK-PMC 成为代表英国生命医学研究成果的唯一在线资源[2]，其运营方式和管理方式与美国 PMC 基本一致。根据协议，这 9 家资助机构要求受其资助的科研成果必须向 UK-PMC 提交，以扩大 UK-PMC 的影响。UK-PMC 服务将保证这九家资助机构所支持的科研成果免费获取，可通过多种方式进行检索，并将有丰富的网络资源链接。加入 PMC 期刊相当于默认了 UK-PMC 的权利，反之亦然。基于 NIH 目前使用的模型，英国 PMC（UK-PMC）将提供对医学和生命科学领域经同行评议的研究成果的永久在线存档的免费获取权利。随着欧洲其他国家的相继加入，2012 年 11 月英国 PMC 更名为"欧洲 PMC"（Europe PMC）[3]。2009 年 10 月，加拿大 PMC（PMC Canada）开始运营，表明 NLM 和加拿大卫生研究院（CIHR）、加拿大国家研究委员会科学技术信息研究所（NRC-CISTI）之间正式建立起合作伙伴关系。加拿大 PMC 和欧洲 PMC 一样接收

---

［1］Copy Right. http://www.pubmedcentral.nih.gov/about/copyright.html.

［2］PMC. UK PubMed Central launched today[EB/OL]. http://www.jisc.ac.uk/news/stories/2007/01/news_ukpubmedcentral.aspx. 2012-11-30.

［3］http://www.ncbi.nlm.nih.gov/pmc/about/pmci/.

由美国 PMC 最终生成出版的全部内容,同时也直接向美国 PMC 和欧洲 PMC 传递 CIHR 的论文。目前,美国国立医学图书馆(NLM)正设想通过在其他国家或地区设立服务中心来扩展国际网络 PMC(PMC International,PMCI),并以更丰富的内容、更海量的存储扩大 PMC 的规模,提升 PMC 的服务。

9.4.3　海威出版社

自 1995 年诞生以来,斯坦福大学图书馆的分支机构海威出版社(HighWire Press)[1] 的期刊平台引起学术界的广泛关注,逐步发展成为目前全球最大的免费全文数字学术期刊平台,在科学交流中发挥着越来越重要的作用。

1. 期刊平台产生背景与功能定位

20 世纪后期,纸质学术期刊因为无法赶上信息增长速度而逐渐变得过时;同时,期刊价格和邮寄费用不断攀升造成图书馆无法获得充分的学术资源。互联网的发展与普及为科学信息交流开辟了新途径,学术论文的快捷出版和迅速传播成为可能。在这种背景下,为了解决学术期刊出版速度慢、成本上涨等问题,另外也考虑到各个科学团体和非营利出版商单打独斗缺少资源,难以在网络时代与商业学术出版社展开竞争,于是美国斯坦福大学图书馆在 1995 年开始了"斯坦福网络出版计划"。

美国生化和分子生物学协会(American Society for Biochemistry and Molecular Biology,ASBMB)的著名周刊《生物化学杂志》(*Journal of Biological Chemistry*,*JBC*)是它的第一种出版物。1995 年,面对周刊每年超过 30 000 页而且页数持续稳定增长的局面,协会试图寻找一种新的出版方式。由于文献内容的增长速度实在太快,JBC 的 CD-ROM 版以失败告终。经过 ASBMB 和斯坦福大学图书馆主任 Michael Keller 的协商,斯坦福大学图书馆同意承担 JBC 网络版的出版。1995 年初,斯坦福大学图书馆的分支机构海威出版社组建,5 月份出版了 JBC 的第一个网络版。斯坦福大学图书馆的"斯坦福网络出版计划"也由此开始。随着 JBC 的成功,诸多享有声望的期刊都委托海威出版社出版期刊网络版,如《科学》(*Science*)、《美国科学院院刊》(*Proceedings of the National Academy of Science*)、《神经科学学刊》(*Journal of Neuroscience*)、《临床调查学刊》(*Journal of Clinical Investigation*)、《血液》(*Blood*)、《欧洲分子生物学组织杂志》(*The EMBO Journal*)、《营养学刊》(*Journal of Nutrition*)、《组织化学及细胞化学》(*Journal of Histochemistry and Cytochemistry*)、《细胞分子生物学》(*Molecular Biology of the Cell*),以及由洛克菲

---

[1] 本部分改编自:史海娜. HighWire Press 期刊平台研究[J]. 出版科学,2009(3):88-91.

勒大学出版社、冷泉港出版社和美国病理学、试验疗法学会主办的期刊等。海威出版社在帮助出版商进行期刊在线出版方面建立了显著声誉。2003 年，它获得"ALPSP 学术出版服务奖（The Award for Service to Not-for-Profit Publishing）"。

海威出版社的 144 个合作伙伴大多是有影响力的非赢利学术团体和大学出版社。这些合作者一起创造了科学领域最经常引用的 200 种期刊中的 71 种[1]。截至 2012 年 11 月 25 日，平台收录电子期刊、参考文献和书籍等共 1 718 种，文章总数达 6 707 407 篇[2]，其中 2 118 896 篇文章可免费获得全文。这些数据仍在不断增加。通过该界面还可以检索公共医学中心（PubMed Central，PMC）收录的 3 317 种期刊并免费看到其文摘和题录。海威出版社平台收录的期刊覆盖以下学科：生命科学、人文科学、医学、物理学、社会科学。

与科学公共图书馆（Public Library of Science，PLoS）和生物医学中心（BioMed Central，BMC）等出版平台不同，海威出版社并不出版任何原创文章，不生产、拥有或授权任何内容。它在成立之初只是致力于征集许多纸质期刊并将其全文电子化。严格来讲，它仅是帮助出版商进行期刊在线出版的技术提供者，工作重点是印刷期刊的全文电子化，而不是真正从作者那里收集文章发表的出版商。目前，它的业务主要是为出版商和学会提供电子期刊的各种托管服务。为了持续发展，它把自己定位为全世界出版商、科学家和图书馆员的合作者、新的代理人和咨询顾问，专注于期刊全文、同行评议杂志和其他学术内容的在线托管。作为非赢利出版机构，正如海威出版社的负责人 John Sack 所说：出版商的使命是继续确保独立的、以社团为基础的科学学术出版商在全世界范围内成功地传播学术内容；面对电子出版领域的挑战，建立出版商蓬勃发展所需的社区和技术环境；和出版商合作伙伴一起开发和探索新的理念和新兴科技以创新迎接学术传播挑战的可持续发展方案[3]。

2. 期刊平台特点与影响

经过十余年的发展，海威出版社期刊平台在业务模式、服务范围等方面都形成了自己的特色，并在学术界和科技出版界产生了深远的影响。

海威出版社凭借独特的在线出版技术将140 多个出版商的 1 766 种期刊集成到一个平台上，学科范围涉及生物科学、医学、物理、社会科学和人文领域[3]。其中，包括 52 种免费试用期刊（Free Trials），即在一段时间内提供免费试用的期刊；71 种完全免费期刊（Free Titles），即免费获得的期刊；284 种过刊免费期刊（Free Back Issues），即在一段时间后可以免费获得过刊全文的期刊，时间从 4 个月到 5

［1,2］http://highwire.stanford.edu.
［3］http://highwire.stanford.edu/about/.
［3］http://highwire.stanford.edu/lists/allsites.dtl?view=by+publisher.

年多不等，具体期限取决于各种期刊本身；1 359 种付费期刊（Pay-per-view Options），即按单篇、小时或天数付费阅读的期刊[1]。

（1）期刊平台特点

与其他学术开放存取平台相比，海威出版社平台具有以下特点。

① 自动选择评审专家。海威出版社平台的大部分期刊都采用同行评议系统对论文和大部分其他类型的文章进行评审。2001 年，它建立了 Benchpress 稿件在线提交系统，同行评议程序就由这个系统自动完成。具体的工作流程：首先作者和评审专家注册登录。作者登录作者专区（Author Area）页面提交论文。根据审阅程序，学科范围和语言表达符合要求的论文通常由 Benchpress 系统自动根据题目、关键词和参考文献等传给两位相关领域的注册专家以完成评审；必要时还会请第三位专家。评审专家通常是期刊的顾问或编委之一，熟悉论文所属领域，对文章的科学价值、逻辑连贯性、是否令人感兴趣和写作质量是否达到可接受水平等做出评判。通常作者可以建议或要求回避某些同行评议专家和编辑，所建议的专家应能对文章提供客观评价。系统不要求审稿人在评审报告上签名，但欢迎他们这么做。事实上，许多期刊都采用传统的匿名同行评议，也有的期刊要求双盲评审，但是期刊编辑可以通过"View Details"链接查阅评审者以前评审稿件的记录以及评审所需时间等信息。采用在线提交稿件和在线同行评议，加快了评审进程。

② 论文快速发表。在海威出版社自动审稿系统中，期刊编辑在收到经过同行最终评审的论文稿件后 1 小时内即可实现在线出版。文章以完全可浏览的 HTML 形式和 PDF 形式在平台发表，同时也发表在文章所投的期刊上或者收录到 PMC 机构仓储中。作者可以登录稿件提交系统随时查询论文处理进程。海威出版社的大多数期刊都制定了详细的作者投稿须知和论文写作模板，从文章的题名、摘要、致谢到参考文献，每一部分都有详细的规范，作者必须严格按照要求和规范撰写与提交论文；而且稿件提交系统中的工具也可以帮助作者减少错误。从源头上抓质量和规范，减小了后续编辑加工的负担，为论文的快速及时发表打下了良好基础。

③ 免费提供参考文献的全文链接。在海威出版社平台上，每篇文章都与所有相关文章链接。链接点包括文献索引、作者和主题等。可以说每篇文章都是通往所有其他相关文章的入口。除此之外，阅读全文的读者还可以免费获得文章中直接引用的第一篇文章的全文。这称为"互惠免费期刊链接"。海威出版社平台的期刊出版商认为即使免费链接也不会对期刊征订造成损失，因为此类文章只能在直接链接的情况下免费浏览，而且免费浏览的文章一般是一年前或更早时候发

---

[1] http://highwire.stanford.edu/cgi/search?quick=true.

表的。读者很欢迎这种链接，称其为"无缝隙链接"，这也是海威出版社平台的创新。

④ 最新信息提醒与作者文章推荐。用户可以登录"最新信息提醒（Alerts）"或"我的海威（My HighWire）"页面注册一个免费账号。登录之后，用户将收到论文提醒邮件（Latest Article Alert from Highwire）告知其是否有符合既定标准的文章出版，实时追踪该领域的最新研究进展。另外，用户还可以快速浏览定制的期刊列表中的期刊，跟踪其所关注的主题、作者、文献被引情况等信息。此外，平台具有参考文献免费全文超链接功能，用户可以从某篇文献入手研究完整主题。

⑤ 多种存取策略实现访问。海威出版社平台根据各种期刊的经营策略实施不同的访问策略。在按字母排序的期刊列表中，系统为每种期刊列出多个字段，点击不同字段栏可以浏览期刊的相关信息乃至论文全文，具体包括："期刊名称栏（name）"，其中有些出版物前有"new"标注，表示该出版物加入时间不长；"信息栏（info）"，提供现刊简介及文献的使用范围、方式等；"即将出刊栏（soon）"，表示现刊将于近期加入；"免费过刊栏（Free Back Issue）"，表示现刊在一定时限内可免费使用；"免费试用栏（Free Trials）"，表示在一定时间前免费提供全文；"免费站点栏（Free Site）"，表示该刊全部论文均可免费提供全文。对有上述三种标记可免费提供全文者，点击刊名链接即可进入相应页面查阅全文。无标记的则表示不免费提供全文，对一般读者只提供题录或文摘。

（2）期刊平台影响

海威出版社期刊被 PMC、Scirus 和 Google 等多个仓储和搜索引擎收录、检索和链接。读者可通过 PMC 数据库链接获取海威出版社平台发表的所有研究论文，作者的成果能够被全球的科研人员搜索和引用，因此海威出版社平台的许多期刊有较高的影响因子。2007 年，海威出版社将其出版的 37 个学/协会和大学出版社的自然科学、医学、社会科学和人文领域的 145 种最具影响力的高品质学术期刊集成为"海威优质学术期刊数据库（HighWire Premium Collection）"，并组织免费试用活动。中国是海威出版社平台仅次于美国的第二大用户，所以此次免费试用也为中国的研究人员和学生提供了机会。试用用户可以与海威出版社订购用户一样享用功能齐备的数据库，其中包括重要补充数据、期刊间的免费链接和先于印刷版提前发表的最新文章等。表 9-3 为海威出版社平台影响因子超过 10 的期刊名称。

表 9-3　海威出版社平台影响因子超过 10 的期刊[1]

期　刊　名　称	影响因子
New England Journal of Medicine	44.016
Physiological Reviews	28.721
JAMA	23.494
Endocrine Reviews	19.524
Pharmacological Reviews	15.689
Microbiology and Molecular Biology Reviews	15.5
Journal of Experimental Medicine	13.965
Archives of General Psychiatry	11.207
Journal of Cell Biology	10.951
PNAS	10.5
Clinical Microbiology Reviews	10.443
Blood	10.131

3．平台运营理念与方式

导致海威出版社走向成功的因素除了高质量、高影响的期刊之外，还有它独特的运营理念。

从大型科技期刊入手，不求赢利也避免亏损。海威出版社的工作是从著名的科技期刊 JBC 在线开始的，接下来又花费两年半时间与其他期刊社和机构合作开发了一些著名期刊。由于这些大型科技期刊在线版的个人和机构发行量非常高，资金实力雄厚，有能力和海威出版社一起承担需要巨大资金支持的风险项目。从大型科技期刊入手的另外一个原因是大型科技期刊的引用率和影响因子高，海威出版社的工作容易很快引起国内外科学家的广泛注意和重视。海威出版社作为非营利出版机构，它的使命自始至终都是追求社会成功，和科学信息出版商建立合作关系，以及应用专业知识共同推动科学传播。但在线出版技术和业务环境十分复杂并且充满风险，为了持续发展，他们要求经营不必一定赢利但也不能亏损。

不出版期刊和出售软件，只推销服务。与 PLoS、BMC 和 PMC 等出版平台不同，海威出版社只为出版商和学会提供在线出版服务。大多数出版商对这种模式感到满意，因为与它们之间没有相互竞争的商业目标。除了提供在线技术，海威出版社还运用计量学工具为出版商进行个人和团体订阅市场分析。他们与图书馆人员一起通过计量方法进行数据搜集、管理和客户服务。海威出版社与图书馆人

---

[1] http://www.library.nenu.edu.cn/html/1/303.html.

员共同开发的报告除了有 Counter 统计数据外，还可以帮助图书馆人员和编辑了解普通读者和图书馆读者的兴趣。从报告中出版商可了解的信息包括哪些文章浏览率最高，哪些主题关注率最高，浏览率是否遍及某个机构或某种期刊等。如果需要，海威出版社也可以提供标准的期刊统计报告。海威出版社快速、高品质的服务为其在在线出版领域赢得了良好声誉。海威出版社不仅保持着科技的领先，而且尊重每位出版商独特和复杂的要求，能够针对每个出版商的具体情况提供菜单式可选服务。

开放文档。经过几年的期刊在线服务以后，NickCozzarelli（PNAS）、Bob Simoni（JBC）和 Michael Held（洛克菲勒大学出版社）向海威出版社平台提出了提供"免费回溯过刊服务"的要求。由于图书管理员和研究人员订阅期刊是因为要获取现期刊物，过刊通常只具有重要的教学价值，因此他们提议向公众免费开放过刊（6 个月或 12 个月）为教学服务，并估计这样做并不会对订阅量有明显的影响。越来越多的出版商就此达成共识，海威出版社成为开放存取运动的中坚力量。

和出版商通力合作。海威出版社的发展不仅依赖于成功的运营管理，也依赖于 140 多家出版商和学会的参与。通过 HighWire 出版商论坛，它们与海威出版社之间，以及相互之间保持通力合作并寻找机遇应对挑战。另外，海威出版社每年主办两次会议，一次是在斯坦福大学举行的春季会议，另一次是在华盛顿举行的秋季会议。在 2~3 天快节奏的会议上，海威出版社所有的出版商和学会分享信息，共同探讨在线出版所面临的困难和解决之道。这些会议不是出版社职员和客户之间的交流，而是同行之间为了共同目标集思广益寻找更好在线出版模式的学术会议。

4. HighWire 2.0 电子出版平台

最近，海威出版社发布了基于 XML 的 HighWire 2.0 电子出版平台（代号 H2O）。新平台正在建立一系列电子出版标准，旨在为出版商提供更加灵活的电子出版策略和功能，以适应并兼容任何格式及终端设备。H2O 的新架构还为出版商提供了新工具的创新服务，比如广告系统、社区网络、论坛、RSS 阅读等都充分考虑了终端用户的潜在需求，以应对在线出版的新商业模式和互动销售的市场机会。

第一个进行 H2O 升级的网站是成立于 1997 年的 PNAS 网络版[1]，其站点包含的全文本最早可追溯到 1915 年。2008 年 2 月，海威出版社又宣布与英国皇家学会成为电子出版合作伙伴。皇家学会将提供最早到 1665 年的数据，一共实施 8 个出版项目。这些新产品于 2009 年在 H2O 平台上发布。同年 7 月，新平台又发布

---

[1] http://beta.pnas.org.

了两种新期刊：《植物基因组》（*The Plant Genome*）和《疾病模型与机制》（*Disease Models and Mechanisms*）[1]。随着 H2O 逐渐发展成熟，海威出版社正计划以一对一的方式将出版商的期刊迁移到新平台，并使其和原有系统并行操作。海威出版社希望全部合作出版商都同意迁移。在新一轮在线出版浪潮中，出版商可以选择 H2O 的全部模块或者只定制其中的部分模块，这正是基于标准的 H2O 的重要魅力。

9.4.4　arXiv 电子印本仓储

1991 年 8 月，物理学家保罗·金斯帕（Paul Ginsparg）在美国洛斯阿拉莫斯（Los Alamos）国家实验室建立了 arXiv 电子印本仓储（arXiv e-print archiving）[2]，目的在于促进科研成果的交流与共享，帮助科研人员追踪本学科最新研究进展，避免重复研究[3]。

1．arXiv 业务情况

arXiv 从 1991 年 8 月建立到今天已经有 20 多年的历史。在其发展过程中，arXiv 业务范围不断扩大，论文总提交量也由最初的几百份发展到如今的近 80 多万份[4]，为全球的物理学家和数学家提供了重要的研究信息平台。

（1）arXiv 的业务范围

arXiv 的第一个数据库是 hep-th（高能理论物理），当时只是为一个不到 200 名物理学家的小团体提供使用。随着 arXiv 用户和提交量的急剧增长，其覆盖领域也从单一的高能理论物理到现在已经扩展成为涵盖物理学、数学、计算机科学、非线性科学、定量生物学、计量金融学和统计学的重要的开放存取学科知识库（Disciplinary Repositories）[5]。arXiv 采用三级类目形式，首先分为物理学、数学、非线性科学、计算机科学、定量生物学、计量金融学和统计学 7 个文库。其中，物理学进一步细分为 12 个子库，包括航空物理学、凝聚态物理学、一般相对论和量子宇宙学等；数学文库分为 32 个学科类别；非线性科学分为 5 个学科类别；计算机科学文库分为 40 个学科类别；定量生物学分为 10 个学科类别；计量金融学

---

[1] http://highwire.stanford.edu/publishers/H2O.dtl.

[2] 本节改编自：刘银娣. 电子印本仓储——arXiv 运营情况研究[J]. 出版科学，2009（3）：78-82.

[3] Paul Ginsparg. Winners and losers in the global research village[EB/OL]. http://arXiv.org/blurb/pg96unesco.html. 2008-08-25.

[4] http://arxiv.org/.

[5] Paul Ginsparg. Winners and losers in the global research village[EB/OL]. http://arXiv.org/blurb/pg96unesco.html. 2008-08-25.

分为 7 个学科类别；统计学分为 6 个学科类别[1]。需要注意的是，学科类别不同于子文库，比如作者可以直接将相对论的论文提交到一般相对论和量子宇宙学子文库中，而如果作者提交的是几何学的论文，则只能提交到数学文库中，再按照其所属的学科类别进行分类。

除了作者提交的论文之外，arXiv 还收录了一些物理学和数学的电子期刊全文，包括美国物理协会（American Physical Society，APS）的电子期刊，英国物理学会（Institute of Physics）的电子期刊，爱思唯尔的《核物理电子》（*Nuclear Physics Electronic*），EIPL 的《粒子物理》（*Particle Physics*），JHEP 的《高能物理杂志》（*Journal of High Energy Physics*）、《理论和数学物理进展》（*Advances in Theoretical and Mathematical Physics*，*ATMP*）、《数学物理》（*Mathematical Physics*）电子期刊，美国物理学会（American Institute of Physics）的《相对论评论》（*Living Reviews in Relativity*）[2]、《几何学和拓扑学》（*Geometry and Topology*）和《欧几里得方案》（*Project Euclid*）[3]。这些电子期刊通过 arXiv 扩大了与读者见面的机会，也增强了其在相关学科领域的影响力。

（2）arXiv 的投稿情况

截至 2012 年 11 月 25 日，arXiv 共收到 801 817 份提交的稿件[4]。同年 1 月 1 日的统计数据显示，4 个最大的文库分别是高能物理库（包括高能实验物理、高能框架物理学、高能现象物理学、高能理论物理学）、凝聚态物理库、航空物理库和数学库（包括数学物理）。我们可以根据各个文库投稿占总投稿的比例，以及 2011 年各文库投稿量占当年投稿总量的比例，分析其在各学科领域的影响力及其变化情况，参见表 9-4。

表 9-4　文库投稿所占比例[5]

文　　库	在总体投稿中所占比例	在 2011 年投稿中所占比例
高能物理	20.2%	11.3%
航空物理	17.4%	14.3%
数学（数学＋数学物理）	19.4%	26.7%
凝聚态物理	17.5%	14.4%
量子物理学	5.0%	4.5%

[1] http://arxiv.org/.

[2] Some electronic physics journals[EB/OL]. http://arxiv.org/servers.html. 2008-08-22.

[3] Some electronic mathematics journals[EB/OL]. http://arxiv.org/servers.html. 2008-08-22.

[4] arXiv monthly submission rate statistics [EB/OL]. http://arxiv.org/show_monthly_submissions. 2008-09-07.

[5] 数据更新至 2013 年 1 月 7 日，数据来源：http://arxiv.org/Stats/hcamonthly.html.

续表

文　库	在总体投稿中所占比例	在 2011 年投稿中所占比例
物理学（其他）	5.5%	7.7%
相对论和量子宇宙学	3.5%	2.4%
核试验	3.1%	2.2%
计算机科学	5.2%	12.1%
非线性科学	1.6%	1.0%
定量生物学	0.8%	1.2%
统计学	0.5%	1.5%
计量金融学	0.3%	0.6%

由表 9-4 的数据可以看出，2011 年高能物理文库的增长有下降趋势，数学（数学＋数学物理）文库所占比例显著高于其他文库在总体投稿中所占比例，说明这个文库的投稿有较大增长。新增加的 5 个一级文库，除了非线性科学库当年所占比例比总体所占比例有所下降外，其他 4 个文库都有巨大增长。尤其是计算机科学，从 4.3%增加到了 9.5%，因此，虽然其在总体投稿中所占比例非常小，但是未来仍然有着较大的发展潜力。另外，表 9-4 的数据也表明，arXiv 的优势仍然集中在物理学和数学领域，而非线性科学、计算机科学、定量生物学、统计学和计量金融学 5 个一级文库的影响还很有限。

（3）arXiv.org 稿件质量控制

arXiv 是科学研究论文的自动传播系统，没有与同行评议相联系的编辑工作。在 arXiv 诞生之初，因为管理者和用户都是一流的高能物理学家，所以质量控制并不是问题，稿件的上传、批准等都是自动完成的。随着 arXiv 影响力和知名度的逐步扩大，arXiv 收到的投稿越来越多，于是相继做出了一些调整，如要求作者有一个合法的所属科研单位，即需要有个 ".edu" 后缀的 E-mail 地址作为注册地址。这种方法最初还是比较成功的，虽然 arXiv 中文章质量参差不齐，但是总的来说都符合一定的学术标准[1]。

到了 2004 年，随着提交的预印本越来越多，arXiv 于 1 月 17 日开始引进审核机制——认证（Endorsement）制度。规定已经获得验证的学者（包括那些已经在 arXiv 提交过文章的作者和一些来自知名研究机构的作者）在提交文章的时候可以免除认证程序，而那些第一次提交文章到某个义库或者科目（Subject Class）的作者则需要与合格的 arXiv 认证人（Endorsers）联系，以获得其为学术团体活跃成员的证明。arXiv 根据在 3 个月到 5 年这段时间内的投稿量选择认证人，其中不同的

---

[1] 傅蓉. 开放存取仓储[J]. 农业图书情报学报，2006（12）：137.

学科领域对认证人提交文章的数量有不同的要求，并制定了相应的标准。一般 arXiv 的认证人将会承担一年认证工作。需要注意的是，认证工作并不是同行评议，arXiv 只要求认证人知道接受认证的作者或者看过那个作者想要提交的文章，检查哪篇文章是否适合哪个主题领域，而不要求认证人仔细阅读哪篇文章或者证明文章的质量。如果认证人发现作者对该研究领域的一些基本问题不是很熟悉或者作品与这个领域当前的研究毫无关系，就不应该让此作者通过认证，否则，arXiv 就会终止该认证人的认证权利，不过认证人也可以选择拒绝认证某个作者。事实上，arXiv 在每篇摘要下方都设置有标题为"这些作者中哪些是认证人"的链接按钮，作者可以点击这个按钮进入认证人界面去寻找可以胜任认证工作的人。arXiv 的认证（Endorsement）制度确保 arXiv 以一个与传统同行评议期刊相比低得多的成本（认证人都是志愿者）获取与当前研究相关的内容，继续为科学团体和公众提供免费的学术资源[1]。

除了认可保证制度，为了确保 arXiv 稿件的质量和方便读者的使用，2007 年 8 月 27 日，arXiv 开始使用反剽窃软件[2]。目前，arXiv 管理部门已经因为某些作者过多地重复使用其他作者的文本而退回 14 个作者的 65 篇文章。另外，arXiv 还增加了可以链接到博客的 Trackback 功能。这一方面为研究者之间的即时交互提供了重要平台，另一方面也可以作为评价文章质量的一个重要指标，可以有力地弥补arXiv 缺乏同行评议的缺憾[3]。

（4）arXiv 的版权政策

arXiv 是一个学科知识库，提供对学术文献永久的存取，因此 arXiv 对提交的每一份文献和修改结果都必须保持永久的记录，这就涉及版权问题。arXiv 并不要求作者转让版权，但是需要必要的权利以确保其可以永久地传播提交的文章。因此，arXiv 规定想要提交文章到 arXiv 的作者必须遵守以下规则：①承认 arXiv 对文章的传播是非排他性的和不能取消的。②保证遵守知识共享署名许可协议（Creative Commons Attribution license）或知识共享署名非商业使用相同方式共享协议（Creative Commons Attribution-Noncommercial-Share Alike license）。③证明作品属于公共领域。

arXiv 只支持知识共享署名许可协议和知识共享署名非商业使用相同方式共享协议。一般情况下，作者有权认可这些协议，因为他们持有自己作品的版权，但是需要注意的是，如果作者已经将其文章提交到某一份刊物，那么作者应该证明其选择的许可协议与期刊许可或版权转让协议不冲突。例如，作者拟发表或者在某种期刊发表文章的过程中已经与该期刊签订了版权转让协议，则不应在与该

［1］The arXiv endorsement system[EB/OL]. http://arxiv.org/help/endorsement. 2008-08-25.

［2］The arXiv moderation system[EB/OL]. http://arxiv.org/help/moderation. 2008-08-30.

［3］Trackbacks[EB/OL]. http://arxiv.org/help/trackback. 2008-08-20.

协议相冲突的情况下将文章提交到 arXiv。2004 年 arXiv 开始实行非排他性的传播协议（Non-exclusive License to Distribute）之后，很多期刊协议允许作者将文章提交到 arXiv。不过 arXiv 不接受从出版商网站下载的版权归出版商所有的 PDF 格式文档。arXiv 也不接受那些包含有未授权在 arXiv 上传播的内容的文档，包括评审者的评论（版权归评审者所有），当然也包括剽窃的材料。

　　另外，作者还需要注意的是，arXiv 规定许可是不允许撤销的。因此只有当作者确信他们稍后不会在一本阻止在电子印本服务器上传播的期刊上发表这篇文章的时候，他们才可以小心地上传他们的文章。arXiv 不会因为遵守某种期刊的版权政策而删除一篇已经公布的文章——其许可协议规定提交的作品是不可移除的。然而，给予 arXiv 传播一篇文章的权利并不能排除稍后的版权转让，因此，如果作者已经将文章提交到一种期刊（当然，该期刊应当允许作者提前发表电子预印本），期刊出版商要求版权转让，作者也可以自由地将其在 arXiv 公布的作品的版权转让给期刊出版商。此外，如果作者已经获得某个出版商许可，可以将内容上传到 arXiv，那么作者在文章中必须附上版权声明，版权声明要放在提交文章的第一页[1]。

　　（5）arXiv 开展的特殊服务

　　为了鼓励作者投稿、方便读者使用，arXiv 开展了多种服务。例如，除了"Help"界面和"Frequently Asked Questions（FAQ）"界面服务以及对邮件提示服务之外，arXiv 还开辟了 RSS 服务[2]。arXiv 所有科目的知识库都可以使用日常更新的 RSS 新闻供稿页面。用户可以通过订阅某个文库的 RSS 服务，每天跟踪到 arXiv 的更新，直接在本机查看最新论文摘要，而不会因为文章太多而有遗漏或重复收阅。

2．arXiv 的财务情况

　　开放存取仓储的运行费用目前主要依靠相关机构尤其是所在机构的赞助，比如大学、大学图书馆、研究团体、科学基金等。arXiv 电子印本文库正是借助于这些重要机构的支持和赞助建立起来，并获得持续稳定的发展。同时，arXiv 还通过较低的成本，实现为全球公众免费提供永久研究材料的目标。

　　（1）arXiv 的资金来源

　　arXiv 电子印本文库初期运行费用来自美国国家科学基金会（National Science Foundation，NSF）和美国能源部提供的年度资助，2001 年后转为康奈尔大学所有，成为一个私人的非赢利教育机构，由康奈尔大学图书馆（Cornell University Library）负责维护和运行，接受 arXiv 咨询委员会的指导和大量学科调解人（Subject

----

[1] arXiv License Information[EB/OL]. http://arxiv.org/help/license. 2008-08-28.
[2] RSS 是在线共享内容的一种简易方式（也称为聚合内容，Really Simple Syndication）。通常在时效性比较强的内容上使用 RSS 订阅能更快速获取信息，网站提供 RSS 输出，有利于让用户获取网站内容的最新更新.

Moderators）的帮助。arXiv 目前主要由康奈尔大学提供资金，并接受 NSF 的部分资助[1]。现在 arXiv 主站点设在康奈尔大学，另外在世界各地设有 8 个镜像站点，方便世界各国研究人员随时调用其中的文献。除了 arXiv 的 9 个站点外，arXiv 的文章还可以通过以下三个接口获取[2]：The Front for the arXiv[3]、The IOP's eprintweb[4] 和 The NASA Astrophysics Data System（ADS）[5]。

（2）arXiv 的成本分析

arXiv 能够在没有向全球使用者收取任何费用，仅仅依靠机构提供有限经费和赞助的情况下，为多个专业领域提供如此大的学术研究收藏，离不开其较低的成本。

金斯帕 2001 年在 "*Creating a global knowledge network*" 一文中详细地分析了 arXiv 的成本。金斯帕指出，在 arXiv 这种纯粹传递体系（即仅作为论文发表平台，不参与论文的生产以及商业活动）中，很多生产工作或自动化或转移到作者身上，并减少了同行评议成本、印刷成本和版权转让成本，因此，其成本主要只包括每年的直接劳动力成本，包括处理文件提交和电子邮件业务的工作人员的薪酬。这样 arXiv 每篇文章的成本大概在 1～5 美元之间（维护静态档案数据库的硬件和劳动力成本只占很小的部分）[6]，只有传统的同行评议系统的 0.1%～1%。随着 arXiv 自我调适系统的进一步加强和各个文库的日益成熟，其固定劳动将逐渐不再受现有的新用户不断扩大的影响，而是依赖于建立更方便的本地作者工具（Local Author Tools）。例如，2008 年 2 月 16 日，arXiv 硬件和软件升级，开始接受以 DOCX/OOXML 格式提交的文章，使读者可以查找到用户提交的文章的所有版本。这些文件格式准确且可自动传递元数据、自动链接参考，能够更好地处理数据和其他附件。这样各个研究领域的作者都可以成功地完成自助式提交，使每篇文章的生产成本显著低于传统期刊。这为 arXiv.org 的成功奠定了重要的经济基础。

3. arXiv 的社会影响

arXiv 是最早出现，也是现在知名度最大的电子印本文库，其建立和发展具有重大的社会影响，主要从以下几个方面反映出来。

（1）推动开放存取运动的发展

尽管在 20 世纪 60 年代已经有零星的开放存取运动，1970 年还有一些预印本数据库问世，如高能物理领域的斯坦福公共信息检索系统（Stanford Public

［1］General Information About arXiv[EB/OL]. http://arxiv.org/help/general. 2008-08-19.

［2］Other interfaces to arXiv articles[EB/OL]. http://arxiv.org/servers.html. 2008-08-22.

［3］http://front.math.ucdavis.edu/.

［4］http://eprintweb.org/S/.

［5］http://adsabs.harvard.edu/.

［6］Paul Ginsparg. Creating a global knowledge network[EB/OL]. http://people.ccmr.cornell.edu/~ginsparg/blurb/pg01unesco.html. 2008-08-22.

Information Retrieval System，SPIRES）[1]，但都没有造成太大的影响。arXiv 可以说是开放存取运动的先驱，其成功运作直接启发斯蒂万·哈纳德（Stevan Harnad）参照 arXiv 的模式在 1994 年 6 月 27 日提出了著名的"颠覆性倡议（Subversive Proposal）"，号召将所有"深奥的（Esoteric）"文章——那些为了产生学术影响而非版税的作品——存档，并免费提供给互联网上的所有用户[2]。可以说直到 arXiv 成功建立，才真正推动了开放存取运动的蓬勃发展，兴起了兴建开放存取学科知识库、机构知识库和开放存取期刊的热潮。

（2）获得科学研究者的支持

arXiv 受到科学研究者的积极支持。一半以上的物理学家和数学家将其最新研究成果提交到 arXiv，其中包括很多著名的数学家和物理学家。例如，天才数学家 Grigori Perelman 在 2002 年将自己对于百年难题 Poincaré Conjecture 的初步证明提交到 arXiv，而并没有将这些证明发表在同行评议期刊上，后来其证明被确认无误，并且因为他在数学里奇流（Ricci Flow）和几何学上的贡献于 2006 年获得菲尔兹奖（Fields Medal）。除了 Perelman，arXiv 电子预印本文库的调解人 Terence Tao 也获得了该奖。另外，还有两位在 2006 年获得该奖的科学家都是 arXiv 的重要作者。除此之外，获得物理学领域罗尔夫·奈望林纳奖（Rolf Nevanlinna Prize）的 Jon Kleinberg 和获得应用数学领域重要奖项高斯奖的 Kiyosi Itô 等都在 arXiv 提交了大量文章[3]。

（3）改变科学交流方式

从世界上第一本学术期刊《哲学学报》（*Philosophical Transactions*）诞生开始，基于学术期刊的科学出版系统逐步确立。在漫长的发展过程中，这种科学信息交流体系开始出现种种弊端。论文发表周期过长，传播范围不够广，尤其是在商业出版商逐渐主导科学信息交流体系以后，由于学术期刊订阅费用不断提高，科学信息的传播进一步受到限制。直到 20 世纪 90 年代，以 arXiv 为代表的电子印本仓储的出版和发展，才逐渐改变了这种科学交流方式。

arXiv 的出现和发展为物理学、数学等相关领域科学信息的传播提供了重要的平台，这可以从其巨大的提交量和使用量中窥见一二。arXiv 拥有巨大的提交量。如前所述，截至 2012 年 11 月 25 日已经收到了 801 817 份提交的稿件。其中，2006 年 10 月数学文库的提交量已经达到了 989 篇，迫使 arXiv 不得不于 2007 年 4 月 1

[1] 方卿，徐丽芳. 开放存取运动及其研究进展. 海外人文社会科学发展年度报告 2006[M]. 武汉：武汉大学出版社，2007：179-201.

[2] 维基百科. Subversive Proposal[EB/OL]. www.wiki.cn/wiki/Subversive_Proposal. 2012-11-30.

[3] IMU Prizes 2006[EB/OL]. http://www.mathunion.org/medals/2006/. 2008-09-03.

日起，改变原有的标识符（Identifier）设置[1]，以适应某些文库日益增大的提交需求。其中 2011 年数学文库平均每个月的提交量就达到 1 650 篇[2]。除了巨大的提交量之外，arXiv 还拥有巨大的使用量。从 1996 年到 2002 年这 7 年间，arXiv 提交的每篇文章平均被下载 300 多次，有些文章甚至被下载了数万次。与这个领域的网上期刊相比，其利用率高得多。甚至在传统期刊纷纷上网的这十几年间，其访问量也保持巨大的增长[3]。平均每天都有几百万用户通过 arXiv 及其镜像站点使用 arXiv 的公共科学资源。例如，美国东部时区 2012 年 11 月 26 日凌晨至 11 点 47 分，其主站点的访问量就高达 1 140 097 次[4]。巨大的论文提交量和使用量表明，arXiv 已经开始成为科学家交流的重要平台，打破了由传统学术期刊完全控制科学交流的局面。

arXiv 电子预印本仓储的建立和发展，加快了科学研究成果的交流和共享，在帮助研究人员追踪学科的最新研究进展和避免重复研究工作等方面都发挥了重要作用。它使得每个物理学家、数学家和相关领域的科学家，特别是来自"第三世界"的科学家在了解最重要科研动态方面几乎不存在时差（以前这个时间差至少是一年）。哈佛大学物理学家斯楚明格说："弦论在过去十几年会获得空前的进步，也许金斯帕的功劳比其他任何人都要多些。"[5] 作为世界上第一个成功的电子印本文库，arXiv 在其运营过程中积累了很多丰富的经验，对我国电子印本文库的建设和发展也具有积极的借鉴作用。

[1] 关于 arXiv 的标识符：arXiv.org 给提交的每一篇文章一个标识符作为文章的唯一编号，原有的标识符要求指定文章所在的文库，加上文章提交的年月记录，另外根据文章提交的时间顺序确定一个三位数的次序号，因此每个文库每个月提交文章的数量不能超过 999 篇。从 2007 年 4 月 1 日开始的标识符方案（0704－）的形式就是：arXiv:YYMM.NNNNvV，无须指定文库，其中 YYMM 表示年月，NNNN 表示每个月提交的从 0001～9 999 篇文章，vV 是一个 v 表示版本，加上版本号，以 v1 开始。

[2] http://arxiv.org/Stats/hcamonthly.html.

[3] Paul Ginsparg.Can Peer Review be better Focused? [EB/OL]. http://people. ccmr.cornell. edu/~ginsparg/blurb/pg02pr.html. 2008-08-22.

[4] http://arxiv.org/todays_stats.

[5] 欧阳雪梅，张苹，罗敏. OA 运动的发展历程剖析[J]. 编辑之友，2007（3）：73.

参 考 文 献

[1] 谢新洲. 电子出版技术[M]. 北京：北京大学出版社，2006.

[2] 谢新洲. 数字出版技术[M]. 北京：北京大学出版社，2002.

[3] 陈生明. 数字出版理论与实践[M]. 北京：人民教育出版社，2009.

[4] 陈昕. 美国数字出版考察报告[M]. 上海：上海人民出版社，2008.

[5] 周荣庭. 网络出版[M]. 北京：科学技术出版社，2004.

[6] 徐丽芳. 数字科学信息交流研究[M]. 武汉：武汉大学出版社，2008.

[7] 匡文波. 电子与网络出版教程[M]. 北京：中国人民大学出版社，2008.

[8] 刘锦宏. 网络科技出版模式研究[M]. 武汉：武汉理工大学出版社，2010.

[9] 李东来. 数字阅读：你不可不知的资讯与技巧[M]. 北京：中国图书馆出版社，2010.

[10] 石磊. 分散与融合：数字报业研究[M]. 北京：中国社会科学出版社，2010.

[11] 黄孝章，张志林，陈丹. 数字出版产业发展研究[M]. 北京：知识产权出版社，2010.

[12] 郝振省. 2005—2006 中国数字出版产业年度报告[M]. 北京：中国书籍出版社，2007.

[13] 郝振省. 2007—2008 中国数字出版产业年度报告[M]. 北京：中国书籍出版社，2008.

[14] 郝振省. 2009—2010 中国数字出版产业年度报告[M]. 北京：中国书籍出版社，2011.

[15] 中国出版年鉴编委会. 中国出版年鉴[M]. 北京：中国出版年鉴社，2008.

[16] 中国出版年鉴编委会. 中国出版年鉴[M]. 北京：中国出版年鉴社，2009.

[17] 中国出版年鉴编委会. 中国出版年鉴[M]. 北京：中国出版年鉴社，2010.

[18] 中国出版年鉴编委会. 中国出版年鉴[M]. 北京：中国出版年鉴社，2011.

[19] 方卿，等. 出版产业链研究[M]. 北京：高等教育出版社，2011.

[20] 方卿. 科技出版国际竞争力研究[M]. 武汉：武汉大学出版社，2008.

[21] 黄先蓉. 出版学研究进展[M]. 武汉：武汉大学出版社，2006.

[22] 邓安球. 文化产业发展研究[M]. 北京：中国社会科学出版社，2010.

[23] 邬义钧，邱钧. 产业经济学[M]. 北京：中国统计出版社，2001.

[24] 徐浩然. 文化产业管理[M]. 北京：社会科学文献出版社，2006.

[25] 赵晶媛. 文化产业与管理[M]. 北京：清华大学出版社，2010.

[26] 金元浦. 文化创意产业概论[M]. 北京：高等教育出版社，2010.

[27] 刘银娣，唐敏珊. 欧美大型学术出版机构营销战略研究[M]. 广州：华南理工大学出版社，2011.

[28] 刘友林. 网络广告实务[M]. 北京：中国广播电视出版社，2003.

[29] 聂亚珍，陈冬梅. 产业经济学[M]. 北京：光明日报出版社，2011.

[30] 欧阳有权. 网络文学概论[M]. 北京：北京大学出版社，2008.

[31] 杨公朴，夏大慰. 现代产业经济学[M]. 上海：上海财经大学出版社，1999.

[32] 武汉大学中国高校哲学社会科学发展与评价研究中心组. 海外人文社会科学年度发展报告[R]. 武汉：武汉大学出版社，2007.

[33] 新闻出版总署科技与数字出版司. 实践·探索·启迪：数字出版案例选编[M]. 北京：中国书籍出版社，2011.

[34] 昝胜锋，王书勤. 动漫产业：新型业态与赢利模式[M]. 济南：山东大学出版社，2011.

[35] 中华人民共和国统计局. 中国统计年鉴[M]. 北京：中国统计出版社，2006.

[36] 中华人民共和国统计局. 中国统计年鉴[M]. 北京：中国统计出版社，2007.

[37] 中华人民共和国统计局. 中国统计年鉴[M]. 北京：中国统计出版社，2008.

[38] 中华人民共和国统计局. 中国统计年鉴[M]. 北京：中国统计出版社，2009.

[39] 中华人民共和国统计局. 中国统计年鉴[M]. 北京：中国统计出版社，2010.

[40] 中华人民共和国统计局. 中国统计年鉴[M]. 北京：中国统计出版社，2011.

[41] （美）菲利普·科特勒. 营销管理（第 11 版）[M]. 梅清豪，译. 上海：上海人民出版社，2003.

[42] （美）威廉·E·卡斯多夫. 哥伦比亚数字出版导论[M]. 徐丽芳，刘萍，译. 苏州：苏州大学出版社，2007.

[43] 程素琴. 数字出版传播特性研究[M]. 北京：中国广播电视出版社，2010.

[44] 方卿. 资源、技术与共享：数字出版的三种基本模式[J]. 出版科学，2011（1）：28-32.

[45] 方卿. 关于我国出版业发展战略的思考（三）——出版产业升级[J]. 中国出版，2009（12）：7-10.

[46] 方卿，徐丽芳. 开放存取运动及其研究进展[M]∥海外人文社会科学年度发展报告. 武汉：武汉大学出版社，2007.

[47] 徐丽芳. 产业背景变迁与网络出版的必要性[J]. 出版科学，2002（4）：55-56.

[48] 徐丽芳. 出版竞争策略研究[J]. 出版发行研究，2002（5）：57-60.

[49] 徐丽芳. 网络出版的定制策略[J]. 图书情报知识，2003（5）：91-92.

[50] 徐丽芳. 网络出版的品牌策略[J]. 电子出版，2003（10）：55-56.

[51] 徐丽芳. 基于网络出版的企业组织策略[J]. 出版经济，2003（11）：14-16.

[52] 徐丽芳. 网络出版的定价模式研究[J]. 出版发行研究，2004（3）：58-61.

[53] 徐丽芳. 论出版产业链延伸策略[J]. 出版发行研究，2008（7）：26-29.

[54] 徐丽芳. 出版产业链价值分析[J]. 出版科学，2008（4）：16-19.

[55] 徐丽芳. 网络科技期刊发行模式研究[J]. 出版科学，2009（6）：79-85.

[56] 徐丽芳. 图书经销渠道的数字化创新[J]. 出版发行研究，2010（1）：58-62.

[57] 徐丽芳. 浮现中的大众消费类数字出版产业链[J]. 出版广角，2008（12）：16-19.

[58] 徐丽芳，刘锦宏. 数字学术出版物经济问题研究综述[J]. 出版科学，2006（6）：62-66.

[59] 曹胜玫. 当前数字出版产业链的相关问题及思考[J]. 编辑之友，2009（3）：15-17.

[60] 程蕴嘉. 台湾电子书产业的发展因素与方向[J]. 图书馆杂志，2010（4）：20-24.

[61] 崔景华，李浩研. 发展电子书产业的公共激励政策分析[J]. 出版发行研究，2011（3）：
     40-43.

[62] 丁岭. 斯普林格数字出版发展模式探析[J]. 大学出版，2008（4）：60-63.

[63] 傅强. 数字出版：新的革命[J]. 浙江大学学报（人文社会科学版），2008（4）：84-89.

[64] 贺思超. 中国网络游戏产业现状及政策分析[D]. 北京：北京邮电大学，2007.

[65] 贺子岳，邹燕. 盛大文学发展研究[J]. 编辑之友，2010（11）：75-77.

[66] 黄立雄. 数字出版产业链整合研究[D]. 湘潭：湘潭大学，2010.

[67] 黄先蓉，赵礼寿，慧君. 数字技术环境下出版产业政策需求研究[J]. 出版发行研究，
     2011（7）：25-28.

[68] 黄先蓉，赵礼寿，玲武. 数字技术环境下出版产业政策的调整[J]. 编辑之友，2011（7）：
     15-18.

[69] 黄孝章，杨昇宁，王佐. 数字出版产业发展模式类型概述[J]. 北京印刷学院学报，
     2012，20（1）：34-43.

[70] 李爱勤，胡群. 影响我国数字内容产业发展的关键因素研究[J]. 现代情报，2010（10）：
     61-63.

[71] 李弘，敖然. 开放存取出版模式与传统学术出版转型[J]. 科技与出版，2010（4）：
     8-13.

[72] 李宏伟. 清华同方知网知识服务模式研究[D]. 大连：大连理工大学，2009.

[73] 李璐. 网络游戏产业监管体制研究[D]. 长春：吉林大学，2010.

[74] 李武. 开放存取期刊[J]. 出版经济，2005（1）：55-57.

[75] 李武. 开放存取出版的两种主要实现途径[J]. 大学图书馆学报，2005（4）：58-63.

[76] 李燕. 需求约束对数字出版产业的影响研究[D]. 上海：上海师范大学，2011.

[77] 林穗芳. 电子编辑和电子出版物概念、起源和早期发展（上）[J]. 出版科学，2005
     （3）：6-16.

[78] 林穗芳. 电子编辑和电子出版物概念、起源和早期发展（中）[J]. 出版科学，2005
     （4）：10-31.

[79] 刘佳璐. 网络广告研究[D]. 武汉：华中师范大学，2005.

[80] 刘肖，董子铭. 我国数字出版产业协同发展路径分析[J]. 出版发行研究，2012（2）：
     49-52.

[81] 刘英. 科技期刊网络出版运营模式探析——以龙源期刊网为例[J]. 编辑之友，2010
     （9）：64-65.

［82］莫京. 关于 Open Access 译名的建议[J]. 科学术语研究，2005（2）：52-53.

［83］乔冬梅. 国外学术交流开放存取发展综述[J]. 图书情报工作，2004（11）：74-78.

［84］邱猛. 清华同方知网赢利模式研究[D]. 西安：西北工业大学，2007.

［85］日本数字出版状况考察团. 日本的数字及动漫出版状况调查[J]. 出版发行研究，2009（9）：73-77.

［86］谭捷，张李一，饶丽君. 中文学术期刊数据库的比较研究[J]. 图书情报知识，2010（4）：4-13.

［87］魏彬. 我国数字出版产业政府管制探析[J]. 出版科学，2010（1）：47-49.

［88］魏彬. 我国网游市场管制体系研究[D]. 武汉：武汉大学，2010.

［89］魏巍. 北京市数字出版产业发展研究[J]. 经济研究导刊，2012（4）：201-203.

［90］吴建中. 开放存取环境下的信息共享空间[J]. 国家图书馆学刊，2005（3）：7-10.

［91］熊英，熊玉涛. 数字出版的产业特征与商业模式[J]. 中国出版，2010，8（下）：41-43.

［92］徐萍. 数字报纸的现状与发展研究[J]. 浙江树人大学学报，2009，9（2）：83-86.

［93］杨海平，古丽，沈传尧. 数字内容产业创新管理研究[J]. 图书馆杂志，2011（2）：57-60.

［94］尹达，杨海平. 我国数字内容产业政策法规体系和运行保障机制研究[J]. 图书情报工作，2010，54（23）：19-22.

［95］张丹. CNKI数字出版平台新功能及产生的用户价值分析[J]. 图书馆学刊，2010（3）：110-111.

［96］张峰. 数字化出版和出版数字化[J]. 科技与出版，2004（1）：57-59.

［97］张立. 数字内容管理与出版流程再造[J]. 出版参考，2007（2~3）：28.

［98］张立. 我国数字出版产业的发展趋势及对策分析[J]. 出版发行研究，2008（10）：5-11.

［99］张新华. 数字出版产业的经济特质分析[J]. 科技与出版，2011（1）：41-44.

［100］赵培云. 持续发展电子书产业的制约因素及其应对策略[J]. 图书馆理论与实践，2011（10）：56-59.

［101］赵文义，张积玉. 学术期刊的定价和发行问题分析[J]. 科技出版与发行，2011（5）：52-55.

［102］重庆社会科学院新闻出版研究中心. 数字出版管理态势及其延伸[J]. 重庆社会科学，2011（1）：83-86.

［103］周海英. 我国数字出版产业竞争状况分析[J]. 中国出版，2008（7）：46-49.

［104］Amy Jo Kim. Community Building on the Web : Secret Strategies for Successful Online Communities[M]. London: Peachpit Press, 2000.

［105］C. F. Hoban. Focus on learning: Motion pictures in the school[J]. American Council on Education, 1942, 23(4): 322-345.

［106］Centre for International Economics. Australian digital content industry futures[EB/OL].

http://www.thecie.com.au/publication.asp?pID=105.

［107］D.O. Choi, J.E. Oh. Efficiency Analysis of the Digital Content Industry in Korea: An Application of Order-m Frontier Mode[J]. Contributions to Economics, 2009(4):299-313.

［108］David F. Radcliffe. Technological and Pedagogical Convergence between Work-based and Campus-based Learning[J]. Educational Technology & Society, 2002, 5(2):88-93.

［109］Dongsong Zhang, Jay F. Nunamaker. Powering E-Learning In the New Millennium: An Overview of E-Learning and Enabling Technology[J]. Information Systems Frontiers, 2003, 5(2):207-218.

［110］Gary A. Berg. The Knowledge Medium: Designing Effective Computer- Based Learning Environments[M]. London: Idea Group Inc. , 2006.

［111］Gorman G E, Fytton. Scholarly Publishing in an Electronic Era [C]//Dr John Houghton. Economic of publishing and the future of communication. London: Facet Publishing, 2005.

［112］Günter Mühlberger, Silvia Gstrein. eBooks on Demand (EOD): a European digitization service[J]. IFLA Journal, 2009，35(1):35-43.

［113］International Association of STM Publishers. STM Market Size and Grow 2006-2010 [EB/OL].http://www.stm-assoc.org/industry-statistics/stm-market-size-and-growth-2006-2010/.

［114］John W. Warren. The Progression of Digital Publishing: Innovation and the E-volution E-books [J/OL]. The International Journal of the Book, 2010, 7(4). http://www.rand.org/content/dam/rand/pubs/reprints/2010/RAND_RP1411. pdf.

［115］Kenneth Frazier. The Librarians' Dilemma: Contemplating the Costs of the "Big Deal"[J/OL]. D-Lib Magazine 2001(3). http://dx.doi.org/10.1045/ march2001-frazier.

［116］Martin Frank. A Not for Profit Publisher's Perspective on Open Access[J]. Serials Review, 2004(30): 281-287.

［117］Morgan Stanley. Scientific Publishing: Knowledge is Power[R/OL]. http://www.econ. ucsb.edu/-tedb/Journals/morganstanley.pdf.

［118］Pearson. Open to Learn: Pearson Annual Report and Accounts2010 [R/OL]. http://ar2010. pearson.com/files/pdf/Pearson_AR10.pdf.

［119］Philip M, DAVIS. Do discounted journal access programs help researchers in sub-Saharan Africa? A bibliometric analysis. Learned Publishing, 2011, 24(4): 287-298.

［120］Reed Elsevier. Annual Reports and Financial Statements 2007 [R/OL]. http://www. reedelsevier.com/investorcentre/Documents/Annual%20Reports/2007%20-%20annual%2 0report.pdf.

［121］Reed Elsevier. Annual Reports and Financial Statements 2008 [R/OL]. http://www.

reedelsevier.com/PDFFiles/ReedElsevier-AnnualReports-08.pdf.

［122］Reed Elsevier. Annual Reports and Financial Statements 2009 [R/OL]. http://www. reedelsevier.com/investorcentre/reports%202007/Documents/ReedElsevier_AR09.pdf.

［123］Reed Elsevier. Annual Reports and Financial Statements 2010 [R/OL]. http://www. reedelsevier.com/investorcentre/reports%202007/Documents/FINAL_Reed_AR2010.pdf.

［124］Reed Elsevier. Annual Reports and Financial Statements 2011 [R/OL]. http://reporting. reedelsevier.com/media/47777/reed_ar_2011.pdf.

［125］Robin Peek. Open Access Expands Its Reach[J]. Information Today, 2004 , 21(1).

［126］Simba Information. Global STM Publishing2010-2011 [EB/OL]. http://www.simbainformation. com/Global-STM-Publishing-6059305/.

［127］Sophie Rovner. Legislators Back Open Access: U.S., U.K. Committees Want Publishers to Make Articles Available for Free[J]. Chemical and Engineering News, 2004 , 82 (30):12.

［128］Springer. Springer Science + Business Media—Annual Report 2007 [R/OL]. http://www. springer.com/cda/content/document/cda_downloaddocument/Annual_Report_2007.pdf.

［129］Springer. Springer Science + Business Media—Annual Report 2008 [R/OL]. http://www. springer.com/cda/content/document/cda_downloaddocument/Annual_Report_2008.pdf.

［130］Springer. Springer Science + Business Media—Annual Report 2009 [R/OL]. http://www. springer.com/cda/content/document/cda_downloaddocument/Overview_2009.pdf?SGWI D=0-0-45-960637-0.

［131］Springer. Springer Science + Business Media—Annual Report 2010 [R/OL]. http://www. springer.com/cda/content/document/cda_downloaddocument/Overview_2010.pdf?SGWI D=0-0-45-1335610-0.

［132］Springer. Springer Science + Business Media—Annual Report 2011 [R/OL]. http://www. springer.com/cda/content/document/cda_downloaddocument/Overview+2011.pdf?SGWI D=0-0-45-1175537-0.

［133］Stephen Pinfield. Journals and Repositories: an Evolving Relationship?[J]. Learned Publishing, 2009, 22(3): 165-75.

［134］Tavangarian D., Leypold M., Nölting K., Röser M. Is e-learning the Solution for Individual Learning? [J].Journal of e-learning, 2004, 22(3):199-216.

［135］Vasileiou M，Rowley J. Progressing the definition of "e-book"[J]. Library Hi Tech, 2008, 26(3):355-368.

［136］William E. Kasdorf. The columbia guide to digital publishing[M]. New York: Columbia University Press, 2003.